국립국어원 문학 속의 방언 총서 02

문학 속의 전라 방언

문학 속의 전라 방언

국립국어원
문학 속의 방언 총서 [2]

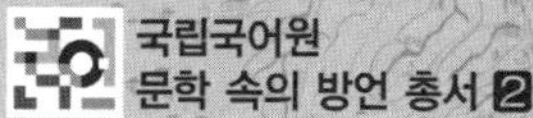

문학 속의 전라 방언

이태영

　소설과 시, 수필과 같은 문학 작품 안에는 작가의 고향이나 작중 인물들의 성격, 출신 지역에 따라 여러 지역의 방언이 반영되어 있다. 그러므로 문학 작품을 바르게 이해하기 위해서는 작품에 반영된 방언을 자세히 살펴보는 일이 매우 필요하다.

　문학 작품에 쓰인 여러 지역의 방언은 언어에 대한 감각이 있는 작가들이 비교적 상세하고 안정되게 사용하고 있기 때문에 방언으로서 매우 중요한 가치를 갖는다. 작품에 쓰인 방언의 여러 모습들은 상당히 정제된 형태로 나타나기 때문에 비교적 안전하게 사용할 수 있다. 흔히 국어사전을 편찬할 때 문학 작품을 가지고 예문을 뽑는데 이는 작가들의 국어에 대한 감각을 높이 평가하기 때문일 것이다.

　그간 문학 작품을 읽으면서 평소에 들어보지 못한 방언의 출현으로 인하여 시와 소설을 제대로 이해하기 어려웠을 것이다. 전혀 해독이 안 되어 오랫동안 궁금한 채로 해독을 미루어 온 어휘들도 많았을 것이다. 전문가들조차도 해독이 잘 안 되는 방언 어휘들을 일반인들이 읽고 이해한다는 것은 매우 어려운 일이다. 이 책에서는 문학 작품에 나오는 독특하고 난해한 방언 어휘들을 지역별로 나누어 해설하고자 노력하였다.

　이 책은 국립국어원에서 수행한 '21세기 세종계획'(국어 정보화 중장기 발전 계획) 중 '한민족 언어 정보화' 분과에서 2004년부터 2007년까지 수행한 '문학 작품 속에 사용된 방언 검색 프로그램 개발을 위한 기초 연구'의 작업 결과물을 보완하고 다듬어서 편찬한 책이다. 이 책에서는 방언 어휘를 표준어와 대비하여 독자들이 이해하기 쉽게 해설하였다. 따라서 앞으로 방언 어휘를 연구하는 데 하나의 지표가 될 것으로 생각한다. 논문을 제외하고는 아직까지 지역 방언의 어휘를 모아 자세하게 해설하고 풀이한 책이 없기 때문이다. 따라서 이 책은 향후 국어사전을 편찬하는 데에도 크게 기여하리라 생각한다.

이 사업에서 '이북 방언'은 서강대 곽충구 교수, '제주 방언'은 제주대 강영봉 교수, '강원 방언'은 관동대 박성종 교수, '충청 방언'은 세명대 박경래 교수, '경상 방언'은 경북대 이상규 교수와 영남대 신승용 교수, '전라 방언'은 전북대 이태영 교수가 맡아서 집필하였다. 이 선생님들은 사업이 끝나고 책으로 펴내기 위해 보완과 마무리 교정 작업에 참여해 주셨다. 이 가운데 '강원 방언'에 대한 사업 결과물은 미리 출판한 바 있다. 이 사업에 함께 참여한 연구보조원은 서강대 박진혁, 삼척대 전혜숙, 세명대 김남정, 경북대 홍기옥, 영남대 전명미, 제주대 김순자, 제주대 김동윤 교수, 전북대 황용주, 김응용, 신은수, 백은아, 여은지 선생님 등이다.

이 사업을 하면서 참고한 문학 작품은 시와 소설, 그리고 수필 등이다. 주옥과 같은 작품에서 방언을 감칠맛 있게 표현해 주신 여러 작가들께 진심으로 감사드린다.

21세기 세종계획 한민족 언어 정보화 분과의 책임자로 여러 해 동안 함께 수고해 주신 전 연세대 홍윤표 교수, 경기대 박형익 교수께 진심으로 감사드린다. 아울러 용역을 할 수 있도록 배려해 주시고 책으로 나올 수 있도록 도와주신 국립국어원 관계자 여러분들께 감사드린다. 상업성이 없는 이 책을 아름답게 출판해 주신 글누림출판사의 최종숙 사장님과 편집을 위해 수고하신 이태곤 부장님, 추다영 선생님께 고마움을 전해드린다.

2010. 10.

21세기 세종계획 한민족언어정보화 분과 연구책임자

전북대학교 이태영

머리말

전라 방언은 전라북도와 전라남도를 포함하는 대방언권의 개념이다. 전라북도와 전라남도가 방언으로 차이를 보이고 있지만 전라 방언이라는 대방언권에서는 동질성을 가지고 있다. 또한 전남북의 경계 지역에서는 서로 혼합하여 쓰고 있는 실정이어서 전라 방언이라고 칭하게 되었다.

이 책은 전라 방언이 들어 있는 시와 소설에서 방언 어휘를 뽑아 용례와 함께 해설한 책이다. 시와 소설 작품이 없었다면 애초에 이 작업은 불가능하였다. 소설에서는 주로 채만식, 송기숙, 조정래, 최명희, 윤흥길, 이병천, 신경숙 소설가, 시에서는 주로 신석정, 김영랑, 서정주, 김용택 시인 등의 작품을 대상으로 어휘와 용례를 엄선하였다.

이 작업을 통하여 필자는 문학작품에 나타난 방언이 우리에게 매우 다양한 언어 세계를 보여주고 있어서 경이로운 세계를 경험하였다. 특히 방언의 다양한 어휘와 방언을 이용한 등장인물의 묘사, 문학이 보여주는 방언의 다양한 기능을 파악하면서 새로운 방언의 세계를 볼 수 있었다. 훌륭한 작품을 써주신 작가님께 진심으로 감사를 드린다.

전라 방언의 어휘에 대한 연구는 많지 않다. 그런 가운데 <전남 방언 사전>, <채만식 어휘 연구>, <혼불의 언어>, <소설어 사전>, <시어 사전>과 같은 선행 업적이 있어서 많은 참고를 할 수 있었다. 다만 방언 어휘의 전국적인 분포는 아직 연구가 되어 있지 않아서 전라 지역에서 쓰인다고 보고된 방언 어휘가 다른 지역에서도 많이 쓰이는 경우를 볼 수 있을 것이다. 이런 점은 충분히 이해해 주시기 바란다.

21세기 세종계획 '한민족 언어 정보화' 분과 책임자로 수고해주신 홍윤표, 박형익 교수님, 그리고 어려운 작업을 함께 해주신 곽충구, 강영봉, 이 상규, 박경래, 신승용 교수님과 연구보조원 선생님들께 깊이 감사드린다.

이 책이 나오기까지 함께 수고해 준 황용주, 김응용, 신은수, 백은아, 여은지 선생에게 감사드린다. 이 책의 문화적 가치를 존중해 주신 글누림출판사의 최종숙 사장님, 기획편집부 이태곤 부장님과 편집에 힘써 주신 추다영 선생님께 진심으로 감사드린다.

2010. 10.
이태영 씀

문학 속의 전라 방언

1. 표제어는 방언형의 가나다순으로 배열하였다.
2. 표제어에는 어휘뿐만 아니라 문법 형태소, 구, 관용어, 속담 등이 포함되어 있다.
3. 표제어에 대응하는 표준어가 있으면 대응 표준어를 제시하고, 대응하는 표준어가 없으면 '대응 표준어 없음'이라 표시하였다. 표제어와 유사한 표준어가 있으면 유사 표준어 앞에 #을 넣기도 하였다.
4. '품사'는 표제어로 제시된 방언형의 품사를 제시하였다.
5. '뜻풀이'는 주로 제시된 예문에 쓰인 용법을 중심으로 하고, 지역어 조사에서 추출한 용법도 참고하여 기술하였다.
6. '다른 방언형'에는 같은 방언권에서 사용되는 방언형들을 우선 제시하였고, 다른 방언형이 없는 경우는 표제어를 제시하였다. '다른 방언형'이 확인되지 않은 경우에는 이 항목을 뺀 경우가 있다.
7. 표제어(방언)는 '사용 지역'에 제시된 지역 외의 다른 지역에서도 사용될 수 있다.
8. '예문'은 표제어의 의미와 용법을 잘 파악할 수 있도록 문학 작품에서 찾아 가급적 문장 또는 소단락 단위로 제시하였다.
9. '설명'은 제시된 방언 표제어의 역사와 어휘 체계, 지역의 문화 등을 고려하여 종합적으로 설명하였다.

가상

- 표준어 : 가
- 품　사 : 명사
- 뜻풀이 : ① 경계에 가까운 바깥쪽 부분.
  　　　　 ② 어떤 중심 되는 곳에서 가까운 부분.
  　　　　 ③ 그릇 따위의 아가리의 주변.
  　　　　 ④ (일부 명사 뒤에 붙어) '주변'의 뜻을 나타내는 말.
- 다른 방언형 : 가상구, 가셍이, 가양
- 사용 지역 : 전라도, 충청도

그 **가상**자리 우거진 박달나무 수풀, 거기 앉았다 일어서는 곰과 범들의 얼굴에서도 정말 참 오랜만의 웃음소리 〈서정주, 愁時〉

농사철만 가까워오면 농사짓기가 걱정이고/밤나무 밑 밭**가상** 그 가시덤불도/다 늙은 여편네들이 빈단다 〈김용택, 아들아, 내 아들아, 1, 225〉

고샅을 돌아 신작로로 나왔을 때 작은놈은 신작로 **가상**의 큰놈 집을 건너다본다. 불탄 자리가 구덩이처럼 시커먼
데 그 위로 눈은 종잇장처럼 가벼이 쌓인다. 〈신경숙, 풍금이 있던 자리, 1992, 184〉

"어둥게 쩌그 골목 끝으서는 **가상**자리로만 가, 삼촌!" 〈이병천, 모래내 모래톱, 1993, 54〉

딴 생각 말고 나랑 냇갈에 빨래나 허로 가드라고. 가서 **가양** 찬물에 발 첨벙 당구고 방맹이질 탕, 탕, 허고 나면 맥힌 속도 시연허게 뚫리제. 〈최명희, 혼불, 1996, 10, 306〉

15세기의 'ᄀᆞᆽ'은 'ᄀᆞᆽ / ᄀᆞᇫ(邊)+-앙'으로 분석된다. 'ᄀᆞᇫ'의 'ㅿ'은 방언 분화를 일으켜서 'ᄀᆞᇫ앙>ᄀᆞ상', 'ᄀᆞᇫ앙>ᄀᆞ장'으로 변하게 된다. 전라 방언에서는 'ᄀᆞᇫ앙>ᄀᆞ상>가상'으로 남게 되었다.

'가상'은 표준어의 명사 '가(邊)'에 해당하는데 단독으로도 쓰지만 주로 '가상자리, 질가상, 밭가상'과 같이 복합어로 많이 사용된다. '가상'은 단독으로 쓸 때, '가양'으로도 많이 사용되는 특징을 보인다. 이것은 'ᄀᆞ상'에서 'ㅿ'이 'ㅇ'으로 변화한 것이다.

'가상'은 표준어 '가'에 대응하지만 경우에 따라 '가장자리'와 대응하는 경우도 있다. 따라서 전라 방언에서는 '가상자리'를 많이 쓴다. '가생이'는 경상도 방언에서 많이 쓰는 어형이다.

각놀다

- 표준어 : 겉놀다
- 품　사 : 동사
- 뜻풀이 : ① 고정되어 있던 두 부분이 헐거워 따로 움직이다.
  　　　　② 집단이나 조직과 어울리지 못하고 따로 행동하다.
- 사용 지역 : 전라도

무엇에 되알지게 얻어맞아 꼬리 부분이 거지반 동강날 정도로 상해서 몸뚱이의 움직임과는 **각놀고** 있었다. 〈한국소설문학대계, 윤흥길, 장마, 95〉

나는 한쪽 어깨를 벽에 의지해 버티고 서 있었고, 동체에서 **각노는** 윤봉이의 머리가 포대기 밖으로 축 처져 까불리는 것이었다. 〈한국소설문학대계, 윤흥길, 양, 128〉

그로서는 오히려 그게 바라던 바였던지 구정물에 뜬 호박씨처럼 집단에서 떨어져 늘 **각놀아도** 마르지도 않고 죽지도 않았다. 〈한국소설문학대계, 윤흥길, 빙청과 심홍, 160〉

더욱이 와이셔츠나 넥타이의 조력도 없이 급한대로 소매없는 러닝셔츠 위에다 아무렇게나 걸친 신사복 윗도리니 누가 봐도 그 차림새가 옷 따로 사람 따로 **각노는** 듯 구성없이 느껴질 건 당연했다. 〈윤흥길, 빛 가운데로 걸어가면, 1997, 1, 266〉

전라 방언 '각놀다'는 아주 많이 사용하는 동사로 물건이나 사람에다 쓰고 있다. '각놀다'는 한자어 '각(各)'과 동사 '놀다'가 합쳐진 복합어로 볼 수 있다. '따로 놀다.'에서 '따로'가 한자어 '각각'으로 바뀌어

'각각 놀다.'로 쓰이다가 '각놀다'가 만들어진 것으로 볼 수 있다.

동사 '놀다'는 '고정되어 있던 것이 헐거워 이리저리 움직이다.'라는 뜻이 있는데 여기에 '따로'의 의미가 첨가되었다. 따라서 '각놀다'는 표준어 '겉놀다'로 '두 부분이 따로 움직이다.'라는 뜻을 가진다.

각단지다

- 표준어 : 강단지다(岡斷-)
- 품 사 : 형용사
- 뜻풀이 : 단호하거나 확실하다.
- 다른 방언형 : 각단, 각단지게
- 사용 지역 : 전라도

"으쩌요, 삭신이 **각단지게** 녹아내릴 것인디?" 조장 한상우가 지삼출을 빤히 들여다보듯 하며 장난스런 웃음을 입가에 바르고 있었다. 〈조정래, 아리랑, 1995, 1, 51〉

"에이, 쯧쯧쯧쯧······ 사람덜이 짜잔허기넌 어찌 그리덜 짜잔혀. **각단지게** 몽딩이고 괭이 들었음시롱도 맨주먹인 그놈덜헌티 요 꼬라지로 당혀! 나가 자내덜 믿고 어디 만석꾼 꿈꾸겠어?" 〈조정래, 아리랑, 1995, 8, 168〉

그러나, 결단력이 없어 자기 앞을 **각단지게** 꾸려 나가기 힘들 사람처럼도 느껴진다. 〈최명희, 혼불, 1996, 1, 65〉

"고추바람 분다."는 암호를 만들어 냈을 정도로 매사에 **각단지고**, 매차고, 여지없는 평소의 그답지 않게 그는 초췌해 보인다. 〈최명희, 혼불, 1996, 1, 296〉

각단지게 매타작 당해 몸 상허는 것보담은 한 사람이라도 매타작 피해 몸 성허먼 존 일 아니겠는가?" 〈조정래, 태백산맥, 2001, 2, 46〉

'각단지다'는 주로 '각단지게'라는 부사형으로 많이 쓰여 '확실하게'라는 의미를 갖는다. '각단지다'는 '확실하다.'라는 뜻의 형용사이다. 주로 전남 방언에서 많이 쓰는데 남원과 같은 전북의 일부 접촉 지역에서도 확인된다.

표준어에서는 명사로 '각단'이 쓰여 '일의 갈피와 실마리'를 나타내고 있는데 작가 송기숙의 '자랏골의 비가'에는 '영감의 무른 태도에 대한 역정 끝이라 하나하나 각단을 지어 가며 대들듯 결의를 보였다.'와 같이 '각단을 짓다.'라는 표현을 쓰고 있다.

한승원의 작품과 조정래의 '한강'에서도 사용하고 있다. 강원도 철원이 고향인 작가 김소진의 '장석조네 사람들'에서는 '꽁이네가 이렇듯 각단지게 다지르고 나오자'의 예문에서 '각단지다'를 사용하고 있다.

개붓하다

- 표준어 : 가붓하다, 거붓하다
- 품　사 : 형용사
- 뜻풀이 : 조금 가벼운 듯하다.
- 다른 방언형 : 개붓허다
- 사용 지역 : 전라도

"허허, 차라리 밑구녁으로 먹고 입주뎅이로 싸는 재간 피우거라. 있는 재물 다 처분허고 **개붓허니** 빈 몸뗑이로 지달려야 공중으로 들림받기도 수월허다는 그 종말론 동네서 니가 무신 수로 한몫 챙기고 빼돌린단 말이냐?" 〈윤흥길, 빛 가운데로 걸어가면, 1997, 2, 82〉

공동체서 똘똘 뭉쳐갖고 살음시나 오직 정결헌 맴으로 일천정성을 다혀서 죽자살자 기도에 심써야만 우리 주님 재림허시는 그날에 한 사람에 낙오자도 없이 **개붓허니** 휴가 될 수가 있다고라우. 〈윤흥길, 빛 가운데로 걸어가면, 1997, 2, 143〉

그런디 돈짐 실은 도라꾸 출입헌 적 없는 걸로 봐서 아매 똥그래미가 수도 없이 그려진 큼지막헌 수표 한 장으로 **개붓허니** 갖다바친 모냥이지? 〈윤흥길, 빛 가운데로 걸어가면, 1997, 2, 249〉

전라방언의 형용사 '개붓하다'는 표준어 '가붓하다'에 대응하는 어휘이다. 전라방언에서는 표준어 '가볍다'를 '개붑다'라고 말하는데 역행동화에 의한 발음이다. '개붓하다'의 경우도 이에 영향을 받아 발음된 것으로 보인다. 주로 윤흥길의 소설에서 발견되는 것으로 보아 전라방언이 분명하다.

'가붓하다'가 '개붓하다'에 비해 널리 쓰이므로 '가붓하다'를 표준어로 삼고 있다. 표준어 규정 제17항은 비슷한 발음의 몇 형태가 쓰일 경우, 그 의미에 아무런 차이가 없고 그중 하나가 더 널리 쓰이면, 그 한 형태만을 표준어로 삼도록 규정하고 있다. 따라서 '개붓하다'를 방언으로 처리하고 '가붓하다'를 표준어로 삼는다.

개완허다

- 표준어 : 개운하다
- 품 사 : 형용사
- 뜻풀이 : ① 기분이나 몸이 상쾌하고 가뜬하다.
  　　　　② 음식의 맛이 산뜻하고 시원하다.
  　　　　③ 바람 따위가 깨끗하고 맑은 느낌이 있어 상쾌하다.
- 다른 방언형 : 개완하다, 개완:허다, 개안허다, 깨운허다, 개얀허다
- 사용 지역 : 전라도, 평안도

> 설운 세상 무거운 눈물 다 씻어 헹기시고, 개버운 혼 말강물로 **개완허게** 극락왕생을 하옵소사. 〈최명희, 혼불, 1996, 7, 224〉
>
> 썩어서 말강물 되신 그 물로 백골의 흰 뼈를 **개완허게** 씻으실 때까지, 어머니, 이 못난 자식을 원망하시고…… 용서하지 마시고 〈최명희, 혼불, 1996, 8, 301〉
>
> 날 적으는, 종의 때를 냉기지 말고, 눈물의 얼룩도 다 빼고, **개완허게** 나면 된다……. 〈최명희, 혼불, 1996, 10, 311〉

　표준어에서 형용사로 쓰는 '개운하다'의 전라도 방언은 '개완허다'이다. 대체로 목욕을 하고 나서 깨끗한 느낌을 말하거나 국물이 입맛에 맞아 시원하거나 맑은 느낌이 들 때 쓰는 표현이다. 방언 사전을 살펴보면 '개안허다, 깨운허다, 개얀허다' 등으로 다양하게 쓰고 있다.

　'개완하다'의 어원을 밝히기는 어렵다. 그런데 경상도 방언에서는 '개운하다'가 '개반하다, 개분하다, 개빈하다'로 실현되는데 이 어휘와 관련지으면 '개반하다'의 'ㅂ'이 약화되어 'ㅇ'으로 변하면서 '개완하다'가 된 것이 아닌가 생각한다.

객광스럽다

문학 속의 전라 방언

- 표준어 : 객스럽다, 객쩍다
- 품 사 : 형용사
- 뜻풀이 : ① 쓸데없고 실없는 느낌이 있다.
          ② 말이나 행동들이 쓸데없고 실없다.
- 다른 방언형 : 객광시럽다
- 사용 지역 : 전라도

머 엄동 시안에 **객광시럽게** 잉어 먹고 잪다, 죽순 먹고 잪다, 그러는 노부모 봉양헌 이얘기? 〈최명희, 혼불, 1996, 4, 127〉

"허어 참, 오래 살다보니께 베라벨 **객광시런** 소리를 다 듣네!" 〈윤흥길, 빛 가운데로 걸어가면, 1997, 1, 22〉

"옴매, 옴매, 이 남자가 참말로 환장혔내벼! 대관절 무신 용처에다 쓸라고 과부 사정은 **객광시럽게** 까락까락 따지고 뎀벼?" 〈윤흥길, 빛 가운데로 걸어가면, 1997, 1, 72〉

멀쩡하던 콧잔등이 **객광스럽게도** 갑자기 시큰해지는 바람에 그는 한동안 몹시 당황했다. 〈윤흥길, 빛 가운데로 걸어가면, 1997, 1, 284〉

"뭣이여? 나가 없는 말 **객광시럽게** 지어냈단 말이냐?" 〈윤흥길, 빛 가운데로 걸어가면, 1997, 2, 132〉

전라방언의 형용사 '객광스럽다'는 표준어 '객스럽다, 객쩍다'에 대응하는 어휘이다. 윤흥길과 최명희의 소설에서 발견되는 것으로 보아 전라방언인 듯하다. '객스럽다'의 '객'이 한자어 '客'이기 때문에 '객광'도 한자어로 보이는데 정확한 한자를 말하기 어렵다. '쓸데없고 실없다.' 라는 뜻으로 쓰인다.

갠소롬하다

- 표준어 : 가느스름하다
- 품　사 : 형용사
- 뜻풀이 : 조금 좁고 가늘다.
- 다른 방언형 : 갠소롬허다, 간소롬하다, 가느소롬하다
- 사용 지역 : 전라도

말이나마 고맙네만 그만두소 원…… 소리는 그렇게 나왔어도 실눈으로 **갠소롬하니** 웃는 눈웃음하며 헤벌어지는 입하며 답북 느긋해 하는 게 갈 데 없습니다. 〈채만식, 천하태평춘, 1938, 5, 139〉

광옥은 반찬을 먹이기도 잊어버리고 **갠소롬한** 눈으로 영호의 받아 먹는 양을 자못 귀여운 듯이 바라본다. 〈채만식, 염마, 1987, 530〉

손으로 남은 젖꼭지를 움켜쥐고 한편 젖을 빨면서 잠이 들려고 눈이 **갠소롬하다가** 대문간에서 터덕거리는 발소리에 놀라 눈을 뜬다. 〈채만식, 탁류, 1987, 297〉

제호는 눈을 **갠소롬히** 뜨고 연거푸 기다란 얼굴을 끄덕끄덕한다. 〈채만식, 탁류, 1987, 324〉

점례는 달빛에 희게 떠오르는 얼굴을 되들고 왼눈을 **갠소롬히** 감으면서 덕쇠의 얼굴을 마주본다. 〈채만식, 言約, 1987, 569〉

환히 밝기만 한 오십 와트 전등불을, 눈도 아파 않고 **간소롬히** 바라보면서 모로 누워 있는 초봉이는, 때와 공간을 완전히 잊어버리고, 다만 머릿속에서만 뜬생각이 두서없이 오고가고 한다. 〈채만식, 탁류, 1987, 247〉

　　표준어 '가느스름하다'의 방언형인 '갠소롬하다'는 예문에서 보면 눈
과 관련된 묘사에만 쓰고 있다. 따라서 '눈이 좁고 가늘다.'라는 의미
를 갖는다. 주로 채만식의 작품에서 쓰는 것으로 보아 당시의 전북지
역에서 많이 사용된 방언으로 보인다. 부사 '갠소롬히'로도 쓰고 있다.
국어사전과 세종계획의 한국 방언 검색 프로그램에는 '간소롬하다'가
경북 방언에서 사용되는 것으로 보고되어 있다.
　　최명희의 '혼불'에서는 '가느소롬하다'을 쓰고 있다. 이 역시 눈과 관
련되어 쓰는데 '가느소롬'을 부사로 쓰고 있다. '가느소롬하다'에서 '간
소롬하다'가 된 것이다.

갬치

- 표준어 : 개미
- 품　사 : 명사
- 뜻풀이 : 연줄을 질기고 세게 만들기 위하여 연줄에 먹이는 물질. 사기나 유리의
  고운 가루를 부레풀에 타서 끓여 만든다.
- 다른 방언형 : 감치, 갬지
- 사용 지역 : 전라도

크기가 제법 멧돌만한데 가운데 부분이 저절로 패어 있어서, **갬치** 먹일 사기가루 빻는 데는 아주 제격이었다. 〈최명희, 혼불, 1996, 1, 53〉

이만하면 되얏지요? 인자 **갬치**를 멕이까요? 이번 연날리기는 맡어놓고 서방님이 일등 허실 거이구만요. 〈최명희, 혼불, 1996, 1, 60〉

갬치 먹인 실은 여간 조심하지 않으면 베이기 십상이다. 마치 실이 톱날처럼 사나워지는 것이다. 〈최명희, 혼불, 1996, 1, 60〉

아아. 강모는 가슴의 핏줄을 **갬치** 먹인 실로 베이게 동여매는 것 같은, 이상한 아픔을 느꼈다. 〈최명희, 혼불, 1996, 1, 70〉

그 긴장이 얼마나 팽팽하였던지, 그것은 사기 가루 **갬치** 먹인 연실처럼, 방안의 공기를 수천만으로 날카롭게 쪼개어 실날같은 칼날로 가르는데. 〈최명희, 혼불, 1996, 6, 287〉

연을 날릴 때, 상대방과 연싸움을 하기 위해 연줄 곧 실에 사기나 유리를 갈아서 풀에 섞어서 바르면 그 연줄이 강해져서 상대방의 연줄을

끊을 수 있게 된다. 연줄에 사기나 유리를 갈아서 바르는 일을 '갬치를 먹이다, 갬치 먹이다.'라고 한다. 최명희의 작품에서 많이 보인다.

원래 '감치'가 음운변화로 '갬치'가 된 것이다. 방언형인 '감치'는 표준어로 인정하지 않고 '개미'를 단수표준어로 삼았다. '개미'와 유사한 표준어로는 '부레뜸'이 있다. 이는 '연줄을 빳빳하고 세게 하려고 부레 끓인 물을 먹이는 일.'을 말하는데 '연줄에 부레뜸을 골고루 먹이다.'와 같은 예에서 사용한다. '부레뜸하다'가 동사로 쓰인다.

갱기찮다

- 표준어 : 괜찮다
- 품 사 : 형용사
- 뜻풀이 : ① 별로 나쁘지 않고 보통 이상이다.
          ② ('-어도' 따위와 함께 쓰여) 탈이나 문제, 걱정되거나 꺼릴 것이 없다.
- 다른 방언형 : 갱기찬허다, 괸잔허다, 괸찬허다, 겐찬허다
- 사용 지역 : 전라도, 함경도

그리서 나는 그렇게 처분대루 응? 맘대루 말이네 허라구 허길래 안주어두 **갱기찬헌** 종(괜찮은 줄) 알구서 그냥 가라구 히였지! 〈채만식, 천하태평춘, 1938, 1, 172〉

인제는 앞장을 밀구 나가머는 조께 **갱기찮얼** 싹수가 있기는 있지만, 글씨 원수년의 돈이 어디 한 푼이나 있어야지! 〈채만식, 金의 情熱, 1987, 512〉

걸어서두 댕길라더냐, 고까짓 것 하룻저녁 좀 서서 가면 어쩔라데야? **갱기찮다, 갱기찮이여**……〈채만식, 강선달, 1987, 197〉

형용사 '갱기찮다'는 표준어 '괜찮다'의 방언형인데 주로 채만식의 작품에 나타난다. 따라서 전북 옥구 임피의 방언이거나 채만식이 주로 쓰는 개인 방언일 가능성이 크다. 방언 사전에 따르면 '괜찮다'는 전라 방언에서 '괸잔허다, 괸찬허다, 겐찬허다' 등을 주로 쓰는 것으로 보고하고 있다.

세종계획에서 만든 '한국 방언 검색 프로그램'에 따르면 '함남, 함북'에서는 '괜게채이타'를 쓰는 것을 알 수 있다.

거시기

- 표준어 : 거시기
- 품   사 : 대명사, 감탄사
- 뜻풀이 : ① 이름이 얼른 생각나지 않거나 바로 말하기 곤란한 사람 또는 사물을 가리키는 대명사.
  ② 하려는 말이 얼른 생각나지 않거나 바로 말하기가 거북할 때 쓰는 군소리.
- 다른 방언형 : 거시키, 거석, 머시기
- 사용 지역 : 전라도, 제주도, 강원도, 평안도, 황해도

"요새두 어머니 아버지가 저어, **거시기** 음!…… 그 집으루 가라구 그리시든?" 승재는 좀 거북해 하면서 떠듬떠듬 물어본다. 〈채만식, 탁류, 1987, 121〉

"그럼 국밥만?" "예 국밥만 주는디 저 **거시기**, 저 돈은 내일 드리께라우." 손들은 또 덕쇠를 올려다보고 〈채만식, 停車場近處, 1987, 299〉

청운의 꿈치고는 어째 듣기가 쪼깨 **거시기**헌 것 같다. 〈윤흥길, 소라단 가는 길, 2003, 18〉

"황새야, 서론이 너무 질다아!" "임마, 어르신들께서 **거시기**로 밤송이를 까라시면 아새끼는 찍소리말고 후딱 거시기부텀 끄내들고 봐야지." 〈윤흥길, 소라단 가는 길, 2003, 25〉

나는 그것이 잘한 결정인지 어쩐지는 모르겠다. "근디 덕수 삼촌은 **거시기**……?" "괜찮여! 말혀봐바. **거시기**가 머셔?" 〈이병천, 모래내 모래톱, 1993, 52〉

고로초롬은 될법도 해라./八字 사난 '**거시기**'가 옛날 옛적에/大國으로 朝貢 가는 뱃사공으로 시험봐서 뽑히어 배타고 〈서정주, 거시기의 노래〉

"아니야 저 **거시키** 서울아씨 시집 안보내우?" 〈채만식, 천하태평춘, 1938, 7, 238〉

"안 그러께요 어머니! 다신 안 그러께요…… 그렇지만 어머니?…… 저 거시키 조사나 잘 좀 해보았수?" 〈채만식, 탁류, 1987, 138〉

국어사전을 찾아보면 '거시기'는 두 가지의 기능을 가지고 있다.

하나는 대명사로서 '사람이나 사물의 이름이 얼른 떠오르지 않을 때, 그 이름 대신으로 쓰는 말'이다. 다른 하나는 감탄사로서 '하려는 말이 얼른 생각나지 않거나 얼른 말하기 거북할 때, 그 말 대신으로 쓰는 군말'의 뜻을 가지고 있다.

사전에서 정의된 것 이외에도 전북 방언에서는 '거시기허다'가 쓰인다. 이 '거시기허다'는 동사를 대신하는 용법으로 쓰인다. 이처럼 전북 방언의 '거시기'는 대명사, 감탄사로 쓰고, '거시기허다'는 동사를 대신하는 대동사로 쓰고 있다.

이 '거시기'는 명확하지 않은 사물이나 사실을 말할 때나, 명확하지 않은 상태나 동작을 이를 때 쓰는 말이다. 즉 어떤 명칭이나 사실이 떠오르지 않을 때, 어떤 상태나 동작을 이르는 말이 떠오르지 않을 때 쓰는 말이다. '거시키'는 채만식의 작품에서만 보인다.

한편, 강원도 출신 작가인 이순원이 쓴 '아들과 함께 걷는 길'에서도 '우리반에 거시기한 여자애들이 열여덟 명이에요.'와 같은 예에서 '거시기하다'가 보이고, 경남 진주가 고향인 작가 이형기의 '별이 물 되어 흐르고'란 글에서 '한 수만 물리자 거시기 머시기 절대로 안 된다.'와 같은 예에서도 쓰고 있다.

거진

- 표준어 : 거의
- 품 사 : 부사
- 뜻풀이 : 어느 한도에 매우 가까운 정도로.
- 다른 방언형 : 거게, 거반, 거자, 거작, 거작이, 거짐, 거즘, 거지, 건짐
- 사용 지역 : 전라도, 전국

올챙이는 인제 일이 **거진** 되어서 마음 놓인다고 담배만 펄심펄심 피우고 앉어 하회를 기대립니다. 〈채만식, 천하태평춘, 1938, 4, 110〉

아까 낮에 우미관 앞에서 맞난 이애기를 하고 있는 그 시각과 **거진** 같은 시각인데. 〈채만식, 천하태평춘, 1938, 8, 236〉

그리한 지 한 사오 일 후에는 열도 내리고 **거진** 병줄을 놓았다는 소식을 듣고 노라는 비로소 마음을 놓았다. 〈채만식, 인형의 집, 1987, 102〉

인제는 병중에 있던 증세가 **거진** 다 없어졌다. 〈채만식, 인형의 집, 1987, 206〉

"강실아, 너 그거 멀었냐?" "아니요." "**거진** 다 했어?" 〈최명희, 혼불, 1996, 2,1 33〉

이 무산과 저 근심바우 사이에 **거진** 한가운데쯤 되는 곳이 바로 옹구네와 평순네, 그리고 공배네, 또 조금 떨어진 동산 기슭에 춘복이가 살고 〈최명희, 혼불, 1996, 3, 265〉

안 쉬고 몇 해를 먹어놓게 인자는 질려서 더 못 먹는디, **거진** 다 혼자서 먹어 치웠제. 〈최명희, 혼불, 1996, 4, 150〉

동문사 인쇄창에서 형설학회 독서구락부 모임을 가지기로 약속한 시각이

거진 되어가는데 김씨가 이렇게 쑥버무리를 들고 나타나니, 혹시 이야기에 물려 지체가 될까 싶은 까닭이었다. 〈최명희, 혼불, 1996, 10, 242〉

"우리허고 나이차가 거진 이십년 가차이 났으니께 아직도 살어 기신다면 시방 아매 극노인이 되셨을 거여." 〈윤흥길, 소라단 가는 길, 2003, 79〉

"인자 가봤자 귀경헐 것도 별로 없다. 지금쯤 아매 시체랑 부상자들이랑 거진 다 치워났을 것이다." 〈윤흥길, 소라단 가는 길, 2003, 151〉

표준어 '거의'의 방언형인 '거진'은 전라도 방언에서 많이 쓰는 부사이다. 역사적으로 '거싀'에서 변천한 것으로 '거의'형과 '거지'형의 분화를 보이는데 전라도에서는 '거지'형이 많이 쓰인다. '거지'에 'ㄴ, ㅁ'이 첨가된 '거진, 거짐'을 많이 쓰고 있다. 문학 작품에서는 주로 전북 지역의 작품에서 많이 쓰고 있다. 따라서 전라방언의 '거진'은 단순한 방언 어휘가 아니라 역사적으로 '거의'보다 오래된 어휘임을 알 수 있다.

이 어휘는 여러 작가들의 글에서도 볼 수 있다. 이광수의 '무명'에는 '나는 모래 위에 엎드려서 거진 다 죄잔한 채송화 꽃을 들여다보며'의 예가, 김동리의 '황토기'에는 '술이 거진 다 마쳐 갈 무렵이었다.'의 예가, 심훈의 '상록수'에서는 '거진 다 술을 끊겠다구 손을 들더군요.'의 예가 보이며, 이효석의 '메밀꽃 필 무렵'에도 '다른 축들도 거진 전들을 걷고 있었다.'의 예가 보인다. 김유정의 '동백꽃'에도 '닭도 고추장에 맛을 들였는지 거스르지 않고 거진 반접시턱이나 곧잘 먹는다.'의 예가 보인다. 김소진의 '자전거 도둑'에서도 '거진 육 개월 가량 소설 쓰기를 전폐하고 컴퓨터와 씨름하며'와 같은 예가 보인다. 경북 대구가 고향인 신동집 시인의 '모과나무'에도 '코에 스미던 모과 열매도 지금은 거진 다 따고 말았다.'의 예가 보인다.

　이것은 '거진'의 쓰임이 전라도에 국한하지 않고 전국적으로 쓰였던 형태로 보인다. 1910년대, 20년대에는 '거진'이 아주 많이 사용된 것으로 보인다.

거판지다

- 표준어 : 거방지다
- 품　사 : 형용사
- 뜻풀이 : ① 몸집이 크다.
　　　　　② 매우 푸지다.
- 다른 방언형 : 거ː판지다, 걸판지다, 거판스럽다.
- 사용 지역 : 전라도

내려선 것을 보니 진실로 **거판던** 체집입니다. 허리를 안어본다면 아마 모르면 몰라도 한아름하고도 반은 더할 〈채만식, 천하태평춘, 1938, 1, 170〉

먹곰보는 더 덤비려고는 안하고, 몸을 휘청거리면서 승재더러 욕만 **거판지게**…… "이 놈아, 네가 명색 의술을 한다는 놈이 그래 이놈" 〈채만식, 탁류, 1987, 125〉

매일같이 진령군을 시켜 **거판지게** 차려놓고 굿을 하였다. 〈채만식, 옥랑사, 1987, 55〉

더구나, 이런 **거판스런** 술상을 받고 있다는 것만으로도 요 며칠 사이 늘 그러했듯 꼭 죄를 짓고 있는 것만 같았다. 〈송기숙, 녹두장군 2, 1989, 038〉

환영잔치가 **거판스럽게** 준비되고 있었다. 〈송기숙, 암태도, 1981, 310〉

'거판지다'는 사람의 몸집이 크다는 것을 표현할 때 쓰는데 표준어인 '거방지다'의 방언형이다. 이때 '거방지다'는 형용사로 '몸집이 크고, 행동이 점잖고 무게가 있다.'라는 뜻이다.

전라 방언에서는 '거판지다'를 '성대하다'라는 의미로도 쓰는데 이것은 전라방언 '걸판지다'와 의미를 공유하고 있기 때문이다. 즉 '걸판지다'는 '성대하다'와 '몸집이 크다.'의 의미로 쓰이고 있고, '거판지다'는 '몸집이 크다.'와 '성대하다'의 의미를 가지고 사용되고 있다. '거판스럽다'가 '성대하다'의 의미로 쓰이고 있다.

건듯하면

- 표준어 : 걸핏하면
- 품   사 : 부사
- 뜻풀이 : 조금이라도 무슨 일이 있기만 하면 곧.
- 다른 방언형 : 건뜻하면, 껀뜻하면, 깐딱허면, 끄덕허면, 끈떡허면
- 사용 지역 : 전라도, 전국

백성들이 하나하나가 사람 같으면 그놈들이 그 꼴로 험하게 뜯어가고 **건듯하면** 잡아다 패겠나? 〈송기숙, 녹두장군 1, 1989, 067〉

건듯하면 얼토당토 않는 트집으로 생사람을 잡아다 저렇게 사흘거리로 몽둥이찜질이오. 〈송기숙, 녹두장군 1, 1989, 104〉

동학도들이라면 언제나 서릿발치는 호령만 하고 **건듯하면** 잡아다 족치던 관가에서, 더구나 전라도 관속의 우두머리인 관찰사가 우리 동학도들 앞에서 자기 수하 수령들을 나무라는 감결을 내렸습니다. 〈송기숙, 녹두장군 3, 1989, 293〉

더구나 그 자는 **건뜻하면** 백성들을 모아 군아로 끌고 와서 등쑵네 멋이네 시끄럽게 하는 놈입니다. 〈송기숙, 녹두장군 4, 1989, 226〉

산매 양반은 우리집 양반하고 웬수가 졌으면 먼 웬수가 졌간디 존일에나 궂은일에나 **건뜻하면** 비온 날 나막신 찾대끼 우리 집 양반만 찾는다요? 〈송기숙, 녹두장군 5, 1989, 050〉

'건듯하면, 건뜻하면'은 주로 송기숙의 작품에서 발견되는데 표준어 '걸핏하면'에 해당한다. '건듯하면'은 '건듯하다', '건듯'과 관련이 있는

것 같은데 그 의미가 상당히 달라 그 관련성을 정확히 말하기 어렵다. 실제로 방언에서는 '건듯하면, 건뜻하면, 껀듯하면' 등으로 아주 많이 쓰는 어휘이다. 작품의 어휘사전을 찾아보면 김유정 소설과 소설 <임꺽정>에서도 볼 수 있다. 이효석의 작품에도 쓰인다.

건방구지다

- 표준어 : 건방지다
- 품   사 : 형용사
- 뜻풀이 : 젠체하며 지나치게 주제넘다.
- 다른 방언형 : 시건방구지다
- 사용 지역 : 전라도

"머시여? **건방구지게.**" 장칠문이 눈을 치뜨며 소리쳤다. 〈조정래, 아리랑, 1995, 1, 23〉

"**건방구지게**, 감옥살이럴 대로 혀보겄다 그것이여? 맘대로 혀." 눈꼬리에 독을 묻힌 통변은 담배꽁초를 내던지며 벌떡 일어났다. 〈조정래, 아리랑, 1995, 1, 37〉

"참말로 **건방구지시.** 사람얼 멀로 보고 그런 느자구없는 생각얼 혔제, 인자 나헌티 매타작얼 당해야 쓰겄구만." 〈조정래, 아리랑, 1995, 1, 38〉

"네 이놈! 어느 안전이라고 그런 **시건방구진** 소리럴 허고 자빠졌냐. 〈조정래, 아리랑, 1995, 1, 161〉

그런디 그 심바람꾼 놈이 즈그 왜놈상전얼 믿고 **시건방구지게** 송 선상헌티 대듬서 헌다는 말이, 당신이 먼디 넘 일에 배 놔라 감 놔라 허고 그냐. 〈조정래, 아리랑, 1995, 1, 242〉

"요런 **시건방구진** 인종겉으니라고." 두 사람은 곧 싸움이라도 벌일 것처럼 말이 거칠어지고 있었다. 〈조정래, 아리랑, 1995, 3, 143〉

"야이 니기미 씨펄눔아, 누구 허락받고 그리 **시건방구지게** 놀아나냐!" 벌렁

코 아이가 침을 내뱉으며한 발짝 앞으로 다가섰다. 〈조정래, 아리랑, 1995, 4, 156〉

"시건방구지게 설렁기리지 말고 애비 말똑똑허니 명심혀. 가자, 어험!" 〈조정래, 아리랑, 1995, 5, 36〉

요런 싹수없이 **건방구진** 새끼 잠 보소!" 눈을 부릅뜬 작은형은 곧 후려칠 것 같은 기세였던 것이다. 〈조정래, 아리랑, 1995, 6, 76〉

"당신 누군디 **건방구지게** 우리 감찰부장님 맨이름을 부르는겨?" 〈조정래, 태백산맥, 2001, 1, 243〉

"시끄러! 아가리 찢어지기 전에 **시건방구지게** 나불대지 말어." 〈조정래, 태백산맥, 2001, 6, 22〉

왜 이런 생각이 드는 것일까. 우리 아들이 잘났다고 내가 **시건방**을 떠는 것인가. 〈조정래, 아리랑, 1995, 8, 263〉

이거 제법이네. 오늘부터 바지를 줄 테니까 큰절하고 받어. 그렇다고 **시건방** 떨면 내쫓기는 거야. 알겠어! 〈조정래, 아리랑, 1995, 9, 306〉

그 아들놈 남일이마저 사람 무시하고 **시건방**을 떠는 것이 애비 짐쩌먹도록 가관이었던 것이다. 〈조정래, 아리랑, 1995, 10, 141〉

"만약에 타관 사람이 아니고 으떤 산서 촌놈이 고러콤 **시건방구진** 소리를 씨월거려서 황대장 자존심을 찔벅거렸다면 요 주먹이 그냥 내비 안 뒀을 것이요!" 〈윤흥길, 낫, 2005, 31〉

"나가 헐 일은 나가 다 알아서 헐 모냥이니께 예펜네가 **시건방구지게** 이려라저려라 간섭허들 말어!" 〈윤흥길, 빛 가운데로 걸어가면, 1997, 2, 136〉

　전라 방언에서는 '건방을 떨다, 시건방을 떨다.'라는 표현을 많이 쓰고 있는 것으로 봐서 '건방'과 '시건방'은 명사이다. '건방'은 '젠체하여 주제넘은 태도'를 말한다. '건방궂은 사람'이란 표현에서처럼 '건방이 궂다, 건방궂다'의 표현이 사용된다. 이러한 표현에서 '건방구지다'가 생성된 것으로 보인다. '건방구지다'와 '시건방구지다'는 주로 작가 조정래, 윤흥길의 작품에서 많이 발견되는데 전라 방언에서 많이 쓰는 어휘이다.

건전주름허다

- 표준어 : 가느스름하다
- 품　사 : 형용사
- 뜻풀이 : 조금 가늘다.
- 다른 방언형 : 건전주름하다, 간잔조름허다
- 사용 지역 : 전라도

"글안해도 **건전주름헌** 성님 눈에 잠이 따뿍 찼소. 혀도, 금세 출발명령 떨어질 것잉께 잠잘 생각이야 허덜 마씨요." 〈조정래, 태백산맥, 2001, 8, 296〉

춘향이 이 말 듯더니 고닥기 발연변식이 되며 요두절목으 불그락 푸르락 눈을 **간잔조롬하게** 쓰고 둔섭이 꼭꼿하여지면서 코가 발심발심ᄒ며 이를 쏀도독 쏀도독 갈며 온 몸을 쑤순 입틀 덧하며 미 쩡 차난 듯 하고 안던이 허허 이게 웬 말이요 〈열여춘향수절가 上, 37ㄴ〉

그 구수한 영남 말투가 **넓주름하니** 호인(好人)답고 야취(野趣) 있는 그의 생김새 허며 표정, 음성과 꽤 잘 어울려 보인다. 〈채만식, 아름다운 새벽, 1987, 29〉

쑥 죄니까 새자 **뾰족조롬하고** 나온단 말이야. 〈채만식, 목침 맞은 사또, 1987, 324〉

　　조정래의 작품에 보이는 '건전주름허다'는 전북 방언에서는 '간잔조름허다'로 많이 쓰는 방언이다. 채만식의 작품에 나오는 '갠소롬하다, 간소롬하다'와 뜻이 유사한 말이다. 대체로 눈이 작은 모습을 표현할 때 쓰인다. 완판본 '열녀춘향수절가'에 전라 방언인 '간잔조롬하다'를 쓰고 있다.

　　채만식의 작품을 보면 '넓주름하다, 뾰족조롬하다'를 쓰고 있는데

'넓-'에 접미사 '-주름하-'가 연결되고, '뾰족하다'에 접미사 '-조롬하-'가 연결되면서 파생된 어휘로 보인다. 그러나 '건전주름허다'의 경우 '건전'의 어원을 알 수가 없다.

건트림

- 표준어 : 대응 표준어 없음.
- 품 사 : 명사
- 뜻풀이 : 일부러 하는 가벼운 트림.
- 사용 지역 : 전라도

"이, 밥이야 배터지게 묵었제." 주성춘이 **건트림**을 해 보이며 자리잡았다. 〈조정래, 아리랑, 1995, 1, 249〉

된장을 물에 풀어 한 사발 마시고 가슴을 쓸어내리며 꺽꺽 **건트림**을 해대며 견디고, 하루거리로 열이 올라 어금니가 마주치도록 부들부들 떨며 〈조정래, 아리랑, 1995, 3, 42〉

요란스러운 소리를 내는 트림은 술이 양에 다 차지 않는 아쉬움을 나타내는 **건트림**이었다. 그들은 일부러 틀어올린 건트림을 따라 솟아오른 술냄새를 맡으며 술이 모자라는 아쉬움을 달래기도 했다. 〈조정래, 아리랑, 1995, 5, 67〉

접두사 '건(乾)-'은 행동을 나타내는 명사 앞에 붙어서 '겉으로만, 일부러'라는 뜻을 가진다. 이에 해당하는 어휘로는 '건울음, 건주정' 등이 있다. '건트림'은 예문을 통해서 보면 주로 시늉을 하는 것으로 보아 일부러 하는 행동을 나타내는 것 같다. 따라서 '일부러 하는 가벼운 트림'으로 해석할 수 있을 것이다. 조정래의 작품에서 주로 발견된다. 전라 방언의 화자들이 많이 쓰는 어휘로 박상륭의 '죽음의 한 연구'에도 '배가 쫄쫄거리며 건트림이 나와 트림을 했더니'의 예가 보인다.

걸리적거리다

- 표준어 : 거치적거리다, 거치적대다
- 품　사 : 동사
- 뜻풀이 : 거추장스럽게 자꾸 여기저기 걸리거나 닿다.
- 다른 방언형 : 걸리적대다, 걸기작거리다, 걸치작거리다, 걸거치다
- 사용 지역 : 전라도, 전국

차라리 아이를 기르는 데 **걸리적거리는** 물건짝이니, 이 기회에 윤희에게로 도로 내주고 선뜻 갈리는 것도 무방은 하다. 〈채만식, 탁류, 1987, 301〉

그리하여 선용은 간혹 늙은 박돌이를 데리고 다닐 때도 있었으나 그역 **걸리적거리기나** 할 따름이어서 주장 단신으로 다니곤 하였다. 〈채만식, 옥랑사, 1987, 165〉

형식은 나흘 만이고 닷새 만이고 문자를 찾아가면 천대부인이 **걸리적거려** 그 나흘이나 닷새 동안 졸이고 그리워하던 마음을 만족히 위로하기가 어려웠다. 〈채만식, 과도기, 1987, 228〉

저 '청인'들과 같이 손톱을 한 치씩이나 길러가지고 시꺼먼 때꼽이 끼게 해서는 도저히 위생이 아니고 그것에 **걸리적거려서** 활발한 활동을 할 수가 없고 하는 것이다. 〈채만식, 懷 1987, 551〉

웬일인지 그의 뇌리에는 소쩍새란 낙엽이 우수수 흩날리는 가을이나 겨울 같은 을씨년스런 계절에만 우는 새로 기억되어 있었기 때문에 여름밤에 듣는 소쩍새 울음이 이상하게도 자꾸만 마음에 **걸리적거렸다.** 〈윤흥길, 낫, 2005, 239〉

"질바닥에 한번 나가보라니깨. 도적놈에 사기꾼 **걸리적거려서** 걸음도 지대

표준어 '뒤적거리다, 끼적거리다, 허우적거리다, 긁적거리다' 등은 '뒤적뒤적, 끼적끼적, 허우적허우적, 긁적긁적' 등과 같은 의태어인 부사에서 온 것이다. 마찬가지로 '걸리적거리다'도 '걸리적걸리적'과 같이 모습을 보여주는 부사에서 온 것으로 추정된다. 표준어인 '거치적거리다'는 '거치적거치적'에서 온 것인데 이때는 '거치적거치적하다'가 가능하다. 그러나 전라방언에서는 '걸리적걸리적하다, 걸리적걸리적' 등을 쓰지 않고 '걸리적거리다'만 사용한다.

박경리의 '토지'에도 '걸리적거리다'가 쓰이고 있다.

걸찍하다

- 표준어 : 걸쭉하다
- 품　사 : 형용사
- 뜻풀이 : ① 액체가 묽지 않고 꽤 걸다.
  　　　　② 말 따위가 매우 푸지고 외설스럽다.
  　　　　③ 음식 따위가 매우 푸지다.
  　　　　④ 노래 따위가 매우 구성지고 분위기에 어울리는 데가 있다.
  　　　　⑤ 집안의 형편이나 권세가 화려하다.
- 다른 방언형 : 걸찍허다, 걸찌익하다
- 사용 지역 : 전라도, 전국

짝 찢을 년이니 오두가 나서 그러느니, 한바탕 귀먹은 욕을 **걸찍하게** 해주고 나서야 저으기 직성이 풀려 〈채만식, 태평천하, 1987, 46〉

소금은 반 숟갈, 후추까지 골고루 쳐가지고는 휘휘 저어서, 우선 국물을 **걸찍하니** 후루루후루루…… 술로 밤새도록 간을 친 속이니, 얼큰한 그 국물이 〈채만식, 金의 情熱, 1987, 214〉

나머지 한 개는 그대로 신문지에 뭉쳐서 통조림통에 집어넣더니 트림을 한바탕 **걸찍하게** 하고서 "자, 가자."하고 일어섭니다. 〈채만식, 어머니를 찾아서, 1987, 242〉

괜히 놀랐다는 듯 혀를 차고는, "성님, 오늘 저녁에 술 **걸찍허니** 한판 안 사실라요?" 그는 장덕풍에게 눈웃음을 치고 들었다. 〈조정래, 아리랑, 1995, 1, 106〉

"우리 그냥 작별허기 서럽고 지랄 같은디 속 풀고 맘 다지게 다함께 노래나 한자락허고 뜨는 것이 어쩌것소!" 지삼출의 **걸찍한** 외침이었다. 〈조정래, 아리랑, 1995, 2, 319〉

백종두와 다나카 그리고 주재소장은 **걸찍한** 점심상을 받았다. 〈조정래, 아리랑, 1995. 3, 174〉

산 모양으로 고봉이었던 밥을 말끔하게 비운 공허는 목젖이 떨릴 만큼 **걸찍하게** 트림을 했다. 〈조정래, 아리랑, 1995. 4, 113〉

큰소리로 한마디를 보태고, 그래도 기미가 냉랭하면 바가지를 손바닥으로 쳐대며 장타령을 **걸찍하게** 풀어놓기 시작하는 것이다. 〈조정래, 아리랑, 1995. 4, 154〉

김씨 문중은 일본 서장도 함부로 하지 못했던 **걸찍한** 집안이었다. 〈조정래, 태백산맥, 2001. 2, 33〉

임군한은 말을 마치며 한바탕 **걸찍하게** 웃었다. 〈송기숙, 녹두장군 1, 1989, 072〉

송대화가 거쿨진 소리로 **걸찍하게** 익살을 부렸다. 〈송기숙, 녹두장군 6, 1989, 067〉

형용사 '걸찍하다'는 표준어 '걸쭉하다'에 바로 대응하는 어휘이다. 이 어휘는 채만식, 조정래, 송기숙의 작품에서 주로 발견된다. 이때는 주로 욕을 하는 모습, 국물이나 음식의 모습, 웃음이나 행동의 모습을 표현한다. 또한 집안의 화려한 모습을 표현하기도 한다. 김유정이나 이문구, 박경리, 김동리, 신동엽, 김수영의 작품에서도 나타나는 것으로 보아 다양한 지역에서 쓰는 있는 어휘로 보인다.

걸판지다

- 표준어 : 걸다
- 품　사 : 형용사
- 뜻풀이 : ① 음식 따위가 가짓수가 많고 푸짐하다.
  　　　　　② 말씨나 솜씨가 거리낌이 없고 푸지다.
- 다른 방언형 : 거:판시롭다, 거:판지다, 걸판시롭다
- 사용 지역 : 전라도

"자아아, 오랜만에 만났으니 우'리 술이나 한잔 **걸판지게** 마셔보세." 〈조정래, 아리랑, 1995, 1, 217〉

삼포댁 일로 마을이 뒤숭숭해진 것을 **걸판진** 풍악판을 벌여 가라앉히자고 마음을 모았던 것이다. 〈조정래, 아리랑, 1995, 4, 31〉

술취한 웃음들이 **걸판지게** 엉클어졌다. 〈조정래, 아리랑, 1995, 5, 313〉

"봉숭 돌릴 때 봉게는 신부댁이서 채리기는 아조 딱 부러지게 때깔내서 **걸판지게** 채렛능갑드만." 〈최명희, 혼불, 1996, 1, 104〉

그가 송별회를 굳이 남원장에서 **걸판지게** 벌이려는 것은 단순히 멸공단원이었던 양효석과 최서학의 서울 유학을 축하하기 위해서만이 〈조정래, 태백산맥, 2001, 5, 36〉

사람들은 다시 당산나무 아래 줄맞춰 서고, **걸판진** 풍악소리에 맞추어 무당의 신바람 도지는 춤이 한바탕 어우러졌다. 〈조정래, 태백산맥, 2001, 7, 268〉

"자, 그러면, 장설은 이만 풀고 오늘 저녁에는 또 이름 과거를 봄시롱 **걸판**

지게 한바탕 놀아 봅시다." 〈송기숙, 녹두장군 3, 1989, 250〉

좀처럼 들을 수 없는 재미있고도 은혜스런 간증이라고 일단 소문이 쫙악 돌아버리자 죄 많은 한 여인의 **걸판진** 입담에 실린 파란만장한 생애와 파격적인 고백을 듣고 싶다는 요청이 사면팔방에서 꼬리를 물기 시작했다. 〈윤흥길, 빛 가운데로 걸어가면, 1997, 1, 247〉

누가 들으면 꼭 곡소리인 줄로 착각하리만큼 그니의 울음소리는 **걸판졌다.**
〈윤흥길, 빛 가운데로 걸어가면, 1997, 1, 284〉

전라 방언의 '걸판지다'는 음식을 잘 차린 것을 말할 때 주로 쓰는데 표준어 '걸다'의 방언형이다. 전라 방언에서는 '거판지다'를 '성대하다'라는 의미로도 쓰는데 이것은 전라방언 '걸판지다'와 의미를 공유하고 있기 때문이다. 즉 '걸판지다'는 '성대하다'와 '몸집이 크다'의 의미로 '거판지다'는 '몸집이 크다.'와 '성대하다'의 의미를 가지고 사용되고 있다. 윤흥길의 소설에서는 '입담, 울음소리'가 푸진 경우를 묘사하고 있다. 전라도 작가인 '한승원, 이청준, 박범신' 등의 작품에도 나타난다.

걸퍽지다

- 표준어 : 걸다, 거방지다
- 품　사 : 형용사
- 뜻풀이 : ① 액체 따위가 내용물이 많고 진하다.
  　　　　② 음식 따위가 가짓수가 많고 푸짐하다.
  　　　　③ 푸짐하고 배부르다.
  　　　　④ 몸집이 크다.
- 다른 방언형 : 거판지다, 걸판지다
- 사용 지역 : 전라도

일행은 밤길에 원체 허기가 졌던 다음이라 술잔부터 **걸퍽지게** 기울였다.
〈송기숙, 녹두장군 1, 1989, 151〉

날씨가 몹시 추워 오오 떨던 사람들이 기름기가 둥둥 뜬 돼지고기 국물을 한 대접씩 받아 **걸퍽지게** 들이켜고 나면 제대로 어한이 되는 듯 모두 얼굴에 연지발이 벌개졌다. 〈송기숙, 녹두장군 3, 1989, 263〉

"오늘 한 사람 도가 텄은게 **걸퍽지게** 한번 마셔 보자." 모두 잔에 술을 따랐다. 〈송기숙, 녹두장군 3, 1989, 154〉

모두 또 한바탕 **걸퍽지게** 웃어 재꼈다. 〈송기숙, 녹두장군 4, 1989, 246〉

두 과객도 한 그릇씩 밥그릇을 붙안고 **걸퍽지게** 우겨넣었다. 〈송기숙, 녹두장군 5, 1989, 317〉

오늘 저녁에 당장 제가 한 자리 **걸퍽지게** 모시겠습니다. 〈송기숙, 녹두장군 5, 1989, 081〉

농민군들은 장막 안에 가득히 앉아 **걸퍽지게** 밥을 먹고 있었다. 〈송기숙, 녹두장군 6, 1989, 063〉

"아따, 오랜만에 쇠괴깃국을 끓여 논게 기냥 웃음판도 **걸퍽지고** 참말로 좋소." 〈송기숙, 녹두장군 6, 1989, 066〉

아이들은 죽사발을 하나씩 안고 **걸퍽지게** 먹어댔다. 〈송기숙, 녹두장군 8, 1989, 186〉

그러면 저녁을 잡수시기 전에 풍물판을 한판 **걸퍽지게** 벌려 홍을 한 번 돋궈봅시다. 〈송기숙, 녹두장군 9, 1989, 292〉

나이로 쳐도 스물 안팎, 안 맡겨주어서 한이지 맡겨만 준다면 계집 하나쯤 **걸퍽지게** 껴안을 덕대들이어서 어느 모로 보든 장정 힘을 쓸 나이였다. 〈송기숙, 자랏골의 비가 8, 1974, 224〉

전라방언의 형용사 '걸퍽지다'는 표준어 '걸다, 거방지다'와 대응하는 어휘다. 주로 '걸다'의 의미로 쓰지만 '거방지다'의 의미로 쓰는 경우도 있다. 전라도에서 '거판지다'는 주로 사람의 몸집이 크다는 것을 표현할 때 쓰는데 표준어인 '거방지다'의 방언형이다. 전라방언 '걸판지다'는 '성대하다'는 의미로 쓰인다. '거판지다'와 '걸판지다'는 의미를 공유하는 부분이 있다. '걸퍽지다'는 이 두 어휘를 다 아우르며 쓰이고 있다. 송기숙의 소설에서 발견되는 특징을 보인다.

검으야하다

- 표준어 : 거무스름하다
- 품　사 : 형용사
- 뜻풀이 : 빛깔이 조금 검은 듯하다.
- 다른 방언형 : 검우야하다
- 사용 지역 : 전라도

> 하늘 끝 **검우야한** 솔무더기 위에는/ 내 學業의 中斷을 걱정하시던/ 돌아가
> 신 아버지의 반쯤 돌린 야위신 얼굴 〈서정주, 어느 가을날〉
>
> 네 갈림길에 선 **검으야한** 소나무가지/ 종노릇 가는 그대 어린것의 길을 가
> 르치는/ 소나무가지를 씻어 비껴가고 있을 때…… 〈서정주, 뻐꾹새 울음〉

　시인 서정주는 표준어 '거무스름하다'를 '검으야하다'로 표현하고 있
다. '검으야하다'는 '검-'에 접미사 '-(으)야하-'가 연결되어 만들어진
것이다. 이런 경우는 방언이라기보다 개인어라고 해야 할 것이다.
　서정주의 시에서는 '하이얀, 히부얀'과 같은 표현을 쓰고 있다. 다른
작품에서는 '보얗게, 보오얗게, 뽀얗게, 뽀오얗게, 하얗게, 하이얗게'
와 같은 예가 보이는데 문학 작품에서는 율격을 맞추거나 의미를 섬세
하게 표현하기 위하여 된소리나 장음을 표기하는 경우가 많다. '하얗
다'의 경우 전라방언에서 '하얀하다'라고 많이 쓰는데, 이러한 변화에
따라 '검으얗다'를 만들고 이것을 다시 '검으야하다'로 표현한 것이 아
닐까 생각한다.

게심심하다

- 표준어 : 밍밍하다, 심심하다
- 품 사 : 형용사
- 뜻풀이 : ① 음식 따위가 제 맛이 나지 않고 몹시 싱겁다.
       ② 술이나 담배의 맛이 독하지 않고 몹시 싱겁다.
       ③ 마음이 싱겁고 심심하다.
- 사용 지역 : 전라도

그러니 인제는 듣기도 헤먹거니와 이편의 위로 윗 말도 밤낮 되풀이하던 그 소리라 말 하는 나부터 **게심심합니다.** 〈채만식, 천하태평춘, 1938 : 7, 239〉

그러나 일본음식점에 발길을 하는 사람은 하나도 없었다. 음식이 매운맛 짠맛이 없이 **게심심하고** 덤덜큼한데다가 술마저 싱거워 전부터 별로 출입하는 사람이 없었다. 〈조정래, 아리랑, 1995, 2, 230〉

"자아, 한잔 받으시씨요. 인자 술도 다 공장술이라 맛이 **게심심허니** 지랄 같기넌 혀도 마시먼 취허기넌 헝게 많이 드시게라." 〈조정래, 아리랑, 1995, 8, 31〉

여름달이 **게심심허고** 텁터그리헌 것에 비허먼 겨울달언 얼매나 적적허고 서러우난 말이여. 〈조정래, 아리랑, 1995, 9, 159〉

전라 방언에서 아주 많이 쓰는 형용사 '게심심하다'는 표준어 형용사 '심심하다'에 접두사 '게-'가 연결된 것이다. '심심하다'의 어원은 '슴슴 ᄒ다'이며 17세기에는 '솜솜ᄒ다'로도 쓰인다. 북한에서 '슴슴하다'는 '자극을 크게 느끼지 않을 정도로 싱겁다.'의 뜻이다. 이 '슴슴하다'가 고모음화하여 '심심하다'가 된 것이다. 현대국어의 '삼삼하다'와도 관련이 있다.

접두사 '게-'의 의미는 정확히 파악하기 어렵다. 이 접두사가 명사에 연결되는 '개-'라면 사전에 정의된 것과 같이 '야생 상태의, 질이 떨어지는'의 의미를 갖기 때문에 여기서도 '질이 떨어지는'의 의미를 갖는 것으로 해석할 수 있다. 그러나 형용사에는 접두사 '개-'가 붙는 예가 일반적이지 않아서 정확히 해석하기는 어렵다.

경우지다

- 표준어 : 대응 표준어 없음.
- 품 사 : 형용사
- 뜻풀이 : 사리나 도리가 밝다.
- 다른 방언형 : 경오지다
- 사용 지역 : 전라도

그놈이 이런 일을 **경우지게** 해낼 수 있을까? 〈최명희, 혼불, 1996, 2, 86〉

오류골댁은 갈수록 야속하고 알 수 없는 말들뿐인지라 아예 대꾸할 마음도 없었지만, 율촌형님이 무어라 하시든지 평소에 대실 질부에 대하여, **경우지고** 대차서 제가(齊家)하고 제세(濟世)할 궁량이 있는 사람이라고 여기던, 여자로 나서 아깝다 여기던 심정이 무색하게 느껴졌다. 〈최명희, 혼불, 1996, 6, 278〉

경우지고 아능 것도 많은 자네가 어디 말을 좀 해 바. 머얼 어쩌겠다는 거인지. 〈최명희, 혼불, 1996, 8, 36〉

옛날에는 그렇게도 관에서 하는 일에 꼬치꼬치 따지고 덤벼들고 **경오지게** 이장을 물고 늘어지더니. 〈김용택, 한수형님이장 1, 7〉

이장단을 대표해서 가장 나이가 많은 사람이 이렇게 말하며 허리를 **경오지** 게 꺾어 보이자 유형은 "아…… 예……" 어쩌고 얼버무리면서 심히 난감한 눈짓을 낙준에게 보내어 응원을 청하고 있었다. 〈한국소설문학대계, 윤흥길, 비늘, 388〉

전라 방언에서 많이 쓰는 형용사 '경우지다'는 명사 '경우(境遇)'에 형용사를 파생시키는 접미사 '-지-'가 연결되어 '사리나 도리가 밝다.'

의 의미를 갖는다. '어떤 조건에 따르는 형편이나 사정을 고려치 않고 무례한 행동을 하다. 경우에 어긋나다.'의 의미로는 '경우 없다, 경우 빠지다.'를 쓰고 있다. 전라방언에서는 아주 많이 사용하고 있다.

고닥새

- 표준어 : 바로, 금방
- 품 사 : 부사
- 뜻풀이 : 시간적인 간격을 두지 아니하고 곧.
- 다른 방언형 : 고닥, 금새
- 사용 지역 : 전라도

> 까짓대를 푹 **쌂어서** 그 물에다가 한참썩 수족을 정구고 나면 **고닥** 풀리느니라. 〈한국소설문학대계, 윤흥길, 장마, 60〉

> 누가 쳐들어와서 나무칼로 낱낱이 귀때지 끊어가도 몰르게 **고닥새** 잠이 들고 말 거여. 〈윤흥길, 빛 가운데로 걸어가면, 1997, 2, 268〉

전라방언의 부사 '고닥새'는 표준어 '바로'에 해당하는 어휘로 '시간적인 간격을 두지 아니하고 곧.'의 의미를 갖는다. 전라방언에서 아주 많이 쓰는 어휘로 '고닥'으로도 쓰고 있다. '고닥'이 하나의 부사라면 부사 '곧'에 접미사 '-악'이 연결된 것으로 이해된다. 그리고 그 뒤에 '금새'의 형태와 혼태를 일으켜서 '고닥새'가 된 것으로 보인다. '아까막새'의 경우 '-새'가 연결된 것을 참고할 수 있다.

고숩다

- 표준어 : 고소하다
- 품　사 : 형용사
- 뜻풀이 : ① 볶은 깨, 참기름 따위에서 나는 맛이나 냄새와 같다.
  　　　　② 기분이 유쾌하고 재미있다.
- 다른 방언형 : 고수하다, 꼬숩다, 꼬습다, 고스름하다, 꼬소롬하다, 꼬시람허다
- 사용 지역 : 전라도

그 맛이 하두 **고수우해서** 언제든지 기회만 있으면 놓치들 않습니다. 〈채만식, 천하태평춘, 1938, 5, 146〉

"……맛이 **고수하냐**? 천하 배라먹을 것! 허천백이 삼신이더냐?…… 대체 조게 어느 놈의 종잘꾸? 〈채만식, 탁류, 1987, 397〉

맛하곤는 어림도 아니요, 사람이 금새 날개가 돋힌 듯 시원하고 **고숩고**, 천하 그런 재밌을 데라곤 없으련 싶었다. 〈채만식, 懷, 1987, 547〉

토방에서 한 바퀴 빙그르르 돌고는 다시 누마루에 내려놓았다. "**꼬숩지요?**" "응." "한양 보겼어요?" "아니." "그러먼 한 번 더 태워 디리끼요?" 〈최명희, 혼불, 1996, 8, 240〉

"멫 마리 잡어다 고아 주께. 뽀오여니 국물 나먼 얼매나 **꼬수와**? 보 되제. 진짜로." 〈최명희, 혼불, 1996, 8, 292〉

표준어 '고소하다'에 대응하는 전라 방언의 '고숩다'는 역사적으로 '고ᄉᆞ다>고소다 / 고수다'로 변하면서 형용사를 파생시키는 접미사 '-압 /

업-'이 연결되어 '고숩다'가 되고 어두된소리 현상이 되면서 '꼬숩다'가 된 것이다. 주로 냄새와 관련되어 쓰고 있다. 표준어의 '고소하다'도 '고스다>고소다'의 변화에 형용사 파생 접미사 '-하-'가 연결되어 만들어진 말이다. 따라서 '고소하다'와 '고숩다'는 같은 기원을 갖는 셈이다.

'고스다'는 15세기에 나타나고, '고소다'는 17세기에 나타난다. '고소ᄒ다. 고소하다'는 20세기에 나타난다. 방언으로 처리하고 있는 '고숩다'의 경우 '고소하다'보다 오래된 고어형임을 알 수 있다.

고실고실하다

- 표준어 : 고슬고슬하다
- 품　사 : 형용사
- 뜻풀이 : 밥 따위가 되지도 질지도 아니하고 알맞은 모양을 나타내는 말.
- 다른 방언형 : 꼬실꼬실하다
- 사용 지역 : 전라도, 강원도, 전국

　　등허리에 달라 붙은 삼베 적삼이 어느결에 **고실고실해지고**, 그 바람에 고
달픈 근심가지도 일순 잊혀지면서 잠시나마 낙낙해지는 것이다. 〈최명희, 혼불,
1996, 4, 100〉

　　부디 어서 아비의 뼈다귀를 질척하고 검은 어둠 속에서 건져내 **고실고실한**
양지녘의 해 바른 흙 속에다 안장하고 싶은 안타까움에 늘 가슴이 〈최명희, 혼
불, 1996, 5, 297〉

　　솥에서 밥을 퍼도 언제나 전실자식 것을 먼저 푸는데 **고실고실** 흰 쌀로 고
봉밥을 소담스럽게 담어 주고, 〈최명희, 혼불, 1996, 7, 202〉

　　연꽃물 먹은 종이들은 어느새 **고실고실** 말라서 차르락차르락 바람 결에 실
리어 뒤척이는 소리를 냈다. 〈최명희, 혼불, 1996, 9, 32〉

　　밥 들어갈 곳은 따로 있는/밥과 김치처럼/**고실고실하거나** 풋풋하고 〈김용택,
밥과김치처럼, 1, 40〉

　　표준어 '고슬고슬하다'는 형용사로 '밥 따위가 되지도 질지도 아니하
고 알맞은 모양'을 표현하는 말이다. 부사로는 '고슬고슬'이 쓰인다. 작

가 박경리의 <토지>에는 '보리를 조금 섞어서 고슬고슬하게 지은 밥에 다가 된장 고추장을 풀고 파와 풋고추를 듬뿍 넣고'라는 예가 보인다.

전라도 방언의 '고실고실하다'는 발음이 완전히 굳어진 것으로 형용사로 쓰인다. '고실고실'은 부사로 사용한다. 이 발음은 전라도의 전형적인 음운 변화 현상으로 '전설모음화'라고 한다. 예를 들면 '시물(스물), 베실 / 벼실(벼슬), 보십(보습), 쇠시랑(쇠스랑), 이실비(이슬비), 마실(마을) 간다, 가실(가을)'과 같은 발음에서 확인할 수 있다.

전라도에서는 밥이 잘 되었을 때는 물론이고, 이불이나 옷 등이 잘 말라서 촉감이 좋을 때 '고실고실하다'라는 표현을 쓴다. 부사로 쓰는 '고실고실'은 박완서의 작품에도 보인다.

곱쟁이

- 표준어 : 곱절
- 품　사 : 명사
- 뜻풀이 : ① 어떤 수나 양을 두 번 합한 만큼.
  ② (수량을 나타내는 말 뒤에 쓰여) 일정한 수나 양이 그 수만큼 거듭됨을 이르는 말.
- 사용 지역 : 전라도, 강원도, 충청도, 황해도

은행의 예금통장에서 녹이 슬고 있는 돈인 걸 두구 놀리느니 보담이야 몇 **곱쟁이** 이문이 아니난 말입니다. 〈채만식, 천하태평춘, 1938, 4, 108〉

꼭 이십 분 안에 다녀오라던 시간보다 **곱쟁이**가 되었거니 해도 그게 그다지 속이 후련한 것도 모르겠었다. 〈채만식, 탁류, 1987, 451〉

"허먼, 앞으로 자꼬 헛눈 폴아 딴사람덜 심이 **곱쟁이**로 들게 맹글겄다 그것이여, 시방?" 조장이 눈꼬리를 치세웠다. 〈조정래, 아리랑, 1995, 1, 56〉

"그려, 니 전정 훤히 열리게 헐라면 넘 허는 것 **곱쟁이**로 열성얼 부려야 혀. 니넌 이 집 장손이고, 니 나이도 인자 열여덟이나 되았어." 〈조정래, 아리랑, 1995, 1, 85〉

"**곱쟁이** 장사는 못해도 본전치기나마 술은 팔어야제잉." 〈최명희, 혼불, 1996, 6, 284〉

오늘 못 들으신 남원소리 **곱쟁이**로 대접헐랑게요. 〈조정래, 태백산맥, 2001, 7, 140〉

'곱쟁이'는 명사 '곱'에 접미사 '-쟁이'가 연결된 어휘로 표준어 '곱,

곱절'의 방언형이다. 다양한 문학 작품에서 발견되는 것으로 보아 전라도 전역에서 쓰는 방언으로 보인다. 이 '곱쟁이'는 앞에 관형어가 있을 때는 '배(倍)'라는 뜻을 가지고 있지만 일반적으로 단독으로 쓸 때는 '두 배'라는 뜻으로 사용되고 있다. 이문구의 작품 '일락서산'에도 "무엇을 네 곱쟁이 합쳐야 그것을 가공한 것 하나허구 맞먹는다는 말인 게여."의 예에서 쓰는 것으로 보면 충청도에서도 사용하는 것을 알 수 있다. 이호철의 작품에도 나타난다.

공그리다

- 표준어 : 다잡다
- 품　사 : 동사
- 뜻풀이 : 마음을 다그쳐 잡다.
- 다른 방언형 : 공글리다
- 사용 지역 : 전라도

저게, 제게 예사 능구렁이가 아니라니까. 그는 마음을 **공그리고** 있었다. 〈조정래, 태백산맥, 2001, 6, 28〉

아이를 받아들인 것을 트집잡을까 봐 처음부터 마음을 **공그리고** 아들을 대했던 것인데, 아들은 의외로 순순하게 넘어갔던 것이다. 〈조정래, 태백산맥, 2001, 6, 110〉

자신의 마음을 헤아려보더라도 그런 기구한 곡절을 겪은 외서댁이 그렇게 마음 **공그린** 것은 당연한 일로 여겨졌다. 〈조정래, 태백산맥, 2001, 8, 216〉

마님의 성화에 못이겨 별당 막음례의 방에 들어서는 순간까지만 해도, 어떻게 해서든지 기회를 엿보아 그녀의 방에서 뛰쳐나가야겠다고 마음 **공그리**고 있었는데, 이쯤 되고 보니 진퇴양난이 되고만 거였다. 〈송기숙, 자랏골의 비가 18, 1974, 053〉

백종두는 못 이기는 척 고개를 되돌렸다. 그러나 속으로는, 어디 두고 보자, 하며 마음을 단단하게 **공글리고** 있었다. 〈조정래, 아리랑, 1995, 3, 158〉

나기조는 고샅을 벗어나며 마음을 잔뜩 **공글리고** 있었다. 신세호가 아무리 자신의 일을 훼방 놓고 들어도 자신이 행사할 권한은 얼마든지 남아 있었던

　전라 방언의 동사 '공그리다, 공글리다'는 모든 예문이 '마음을 공그리다.'의 유형을 보인다. '마음을 단단하게 공글리다.'의 문장에서 보는 것처럼 '마음을 다그쳐 잡다, 마음을 굳게 하다.'의 의미를 갖고 있다. 따라서 표준어의 '다잡다'와 상대하는 방언형으로 보인다.

괘얀시

- 표준어 : 괜히, 괜스레
- 품 사 : 부사
- 뜻풀이 : 공연히, 아무 까닭이나 필요가 없이.
- 다른 방언형 : 괜시, 권연시리, 무담시, 무담시리
- 사용 지역 : 전라도

"시방 가봤자 **괘얀시** 헛걸음만 헌다. 기관고 근방에 순사들이랑 철도 직원들이 시커멓게 깔려서 아무도 못 들어가게 철통같이 지키고 있드라." 〈윤흥길, 소라단 가는 길, 2003, 150〉

"어디 영웅만 맨드는가? 멀쩡헌 인간 **괘얀시** 후끈 달궈서 지가 무신 영웅이나 되는 줄 착각허고 천방지축 날뛰는 등신도 맨들어놓지." 〈윤흥길, 소라단 가는 길, 2003, 168〉

"아니 이 사람이 시방 나허구 실갱이(승갱이)를 허자구 이러넝가? 권연시리 (**괜시리**) 자꾸 쓸디읍넌 소리를 허구 있어! 〈채만식, 천하태평춘, 1938, 1, 172〉

　　전라 방언의 부사 '괘얀시'는 전북 지역에서 많이 쓰고 전남에서는 '괜시'가 쓰인다. 이 어휘는 채만식의 작품에 보이는 '권연시리'와 관련된다. 방언사전을 보면 전남 방언에서 '고얀시리'가 발견되고, 평북 방언에서 '괴난시리'가 발견된다. 또한 충청 방언에서 '고얀히'를 쓰는 것으로 보면 '권연, 고얀'의 발음과 관련된 이형태로 보인다.

구녁새

- 표준어 : 얼굴
- 품   사 : 명사
- 뜻풀이 : 눈, 코, 입이 있는 머리의 앞면.
- 사용 지역 : 전라도

"쌍판에 오목조목 백힌 그 **구녁새**허이며 아까막시 허든 그 짓거리허이며가 으짠지 낯설지가 않드라니깨. 시상 사람 죄다 속여도 황대장 요 눈만은 못 속이지. 암면, 절대 못 속이고말고."〈윤흥길, 낫, 2005, 45〉

전라방언의 명사 '구녁새'는 표준어 '얼굴'에 대응하는 어휘이다. '구녁새'는 단순히 '얼굴'을 이야기하는 것이 아니라 '얼굴의 오목조목한 모양'을 이르는 말이기 때문에 '구멍'의 전라방언 '구녁'에 접미사 '-새'가 연결된 것이다. 얼굴의 오목조목한 모양을 '구멍'으로 보았기 때문에 '구녁새'란 어휘가 생성된 것이다.

구느름

- 표준어 : 구농(咕噥)
- 품　사 : 명사
- 뜻풀이 : ① 못마땅하여 혼자서 하는 군소리.
　　　　② 혼자서 욕을 해대며 중얼거리는 짓.
- 다른 방언형 : 구누름
- 사용 지역 : 전라도

어처구니가 없다고 혀를 끌끄을 차다가 미다지를 도루 타악 닫으면서 **구느름**이 나오기 시작합니다. 〈채만식, 천하태평춘, 1938, 4, 100〉

조씨는 혼자말하듯 **구느름**을 내다가 바눌귀를 꿰느라고 고개를 처듭니다. 〈채만식, 천하태평춘, 1938, 7, 237〉

번번히 마주 앉으면 노래 불으듯 육장 두고서 하는 꼭같은 **구느름**이요 팔짜 탄식인걸 그러니 인제는 듣기도 헤먹거니와 이편의 위로 윗 말도 밤낮 되풀이하던 그 소리라 〈채만식, 천하태평춘, 1938, 7, 239〉

제호는 사람이 의뭉하고, 일일이 내색을 하거나 **구누름**을 하거나 하지를 않아서 망정이지, 그렇다고 우렁잇속 같은 속조차 없는 바는 아니었었다. 〈채만식, 탁류, 1987, 295〉

일어나 시래기를 삶아놓으라고 일러놓고 나간 일이 생각나서, 인제 오래쟎아 돌아와 **구누름**깨나 하겠다 싶어 속이 뜨악했다. 〈채만식, 停車場近處, 1987, 309〉

저 혼자서 **구누름**하듯 하는 말이요, 맨끝에 못난이란 소리는 낮고 분명찮아서 갑쇠는 알아듣지는 못했다. 〈채만식, 정자나무 있는 揷畵, 1987, 360〉

‘구누름’은 채만식의 작품에서만 발견되는 어휘로 1938년도 <천하
태평춘>에서는 ‘구느름’을 쓰고 1987년도 판에서는 ‘구누름’이 보인다.
명사로 많이 쓰고 있지만 ‘구누름하다’와 같이 동사로도 쓰고 있다. 전
북 방언에서 사용하는 일반적인 어휘는 아니다.
　국어사전에 ‘구농(咕噥)’은 ‘구농하다’의 어근으로 처리하고 있는데
‘구농하다’는 ‘못마땅하여 혼자 군소리하다.’의 뜻을 갖는다. 따라서 ‘구
느름’은 이 ‘구농’과 관련이 있는 것으로 보인다.

구질털털하다

- 표준어 : 구질구질하다
- 품 사 : 형용사
- 뜻풀이 : 하는 짓이 깨끗하지 못하고 털털하다.
- 다른 방언형 : 구질구질하다
- 사용 지역 : 전라도

> 갸는 에릴 적부텀 **구질털털헌** 걸 원판 싫어허는 아라 죽을 때도 아매 곱게 죽었을 거여. 〈윤흥길, 장마, 51〉
>
> "이, 딴 동네 지낼 적에넌 안 나든 냄새가 우리 동네에 들어슨게 확 풍기는디, 그거이 한가지가 아니라 여러 가지가 뒤죽박죽인 것이 쌉싸름 허기도 허고 알큰허기도 허고 **시큼털털허기도** 허고, 하도 요상시럽고 궂웅게 나도 몰르게 콧소리가 나옹구마." 〈조정래, 아리랑, 1995. 3. 31〉

표준어 '구질구질하다'는 두 가지의 의미로 사용된다. 첫째는 '상태나 하는 짓이 깨끗하지 못하고 구저분하다.'라는 뜻을 나타내고 둘째는 '날씨가 맑게 개지 못하고 비나 눈이 내려서 구저분하다.'라는 뜻을 갖는다. 그러나 전라 방언의 '구질털털하다'는 주로 사람에게 쓰인다. 그 이유는 '구질털털하다'가 '구지레하다'의 준말인 '구질하다'와 '털털하다'가 복합되어 복합어가 되었기 때문이다. '구질털털하다'는 '사람의 성격이나 하는 짓 따위가 까다롭지 아니하고 소탈하다.'라는 뜻이 있기 때문에 주로 사람에 쓰인다.

전라방언에서는 '시큼하다'와 '털털하다'가 복합되어 '시큼털털하다, 시금털털하다' 등을 쓰고 있다.

굴축스럽다

- 표준어 : 괴팍스럽다
- 품   사 : 형용사
- 뜻풀이 : 까다롭고 별나다.
- 다른 방언형 : 굴축시럽다
- 사용 지역 : 전라도

“점잖으신 분이 어디서 그런 **굴축스런** 소문만 듣고 다니세요?” 행수기생이 서문모한테 잔을 넘기며 깔깔거렸다. 〈송기숙, 녹두장군 8, 1989, 139〉

“이름은 어째서 **굴축스럽게** 쪼르르여?” 경옥이가 너무 심각한 소리를 하자 연엽이는 말머리를 돌리며 웃었다. 〈송기숙, 녹두장군 10, 1989, 181〉

‘굴축스럽다’는 송기숙의 소설에 나오는 어휘이다. ‘굴축’은 한자어로 추측이 되는데 정확한 것은 알 수 없다. 이 어휘는 표준어 ‘괴팍스럽다’와 대응되는데 ‘괴팍스럽다’가 사람의 성격을 나타내는데 비하여 ‘굴축스럽다’는 예문을 통해서 보면 ‘소문, 이름’ 등에 쓰인다. 따라서 ‘까다롭고 별나다.’라는 의미를 갖는다.

"

굴풋하다

- 표준어 : 배고프다
- 품　사 : 형용사
- 뜻풀이 : 배 속이 비어서 음식이 먹고 싶다.
- 다른 방언형 : 굴풋허다, 꼴짝하다, 꼴찍하다
- 사용 지역 : 전라도

깨는 볶아뒀다가 음식에 섞어 먹고 꼬깜 한 접은 큰방 줘 주고 한 접은 저녁일 허고 **굴풋허면** 너 묵어라 〈김용택, 아들아, 내 아들아, 1, 279〉

내외는 **굴풋하던** 다음이라 죽 두 그릇씩을 게 눈 감추듯 했다. 〈송기숙, 녹두장군 4, 1989, 301〉

초봄 **굴풋했던** 판이라 양껏 고기를 우기고 술을 마셨다. 〈송기숙, 녹두장군 8, 1989, 205〉

웃음판이 한바탕 지나가고 모두 걸퍽지게 밥을 우겨댔다. 고된 일에 **굴풋했던** 사람들이라 만물 누에 먹듯 했다. 〈송기숙, 녹두장군 11, 1989, 230〉

　전라 방언에서 자주 쓰는 형용사 '굴풋하다'는 표준어 '배고프다'에 대응하는 어휘이다. '굴풋하다'는 '배가 고프다, 배가 고픈 듯하다.'의 의미를 갖는다. 대개는 식사를 하기 전에 약간 배가 고픈 정도를 나타내는 말이다. '굴풋하다'는 '굶-'에 접미사로 보이는 '-풋하-'가 연결된 것 같은데 정확히 어원을 밝히기는 어렵다.

권연시리

- 표준어 : 괜히
- 품 사 : 부사
- 뜻풀이 : 아무 까닭이나 필요가 없이.
- 다른 방언형 : 궈년시리, 귀년시리, 괜시리, 공연시, 공연시리
- 사용 지역 : 전라도, 강원도

"아니 이 사람이 시방 나허구 실갱이(승갱이)를 허자구 이러넝가? **권연시리** 자꾸 쓸디읍넌 소리를 허구 있어! 〈채만식, 천하태평춘, 1938, 1, 172〉

"에잉! **권연시리** 그년의 디를 갔다가 그놈의 일럭거군을 잘못 만나서 실갱이를 허구 애맨 돈 오전을 더 쓰구 히였구나! 〈채만식, 천하태평춘, 1938, 1, 174〉

권연시리 시방 멍청허다구 그러닝개 그 소리넌 그리두 고까워서 남한티다가 둘러씨우니라구! 〈채만식, 천하태평춘, 1938, 1, 175〉

"**궈년시리** 시방 우넌소리 허니라구! 팔원만 받어요 팔원" 〈채만식, 천하태평춘, 1938, 9, 329〉

궈년시리 돈 소리 헐라거던 아예 내 눈앞에 뵈지두 말구 가빼리라! 〈채만식, 천하태평춘, 1938, 9, 334〉

가만히 보면, 나때미네 **궈년시리** 안 쓸 돈얼 디리읎이 써! 〈채만식, 강선달, 1987, 203〉

"**귀년시리** 시방 우넌 소리 허니라구! 8원만 받어요 8원." 〈채만식, 태평천하, 1987, 179〉

> **괜시리** 속두 잘 몰으구서 돈 그까짓것 일천오십원 으더 먹을라다가, 웬걸
> 일천오십 원이나마 나 혼자 다 먹간듸? 〈채만식, 천하태평춘, 1938, 4, 110〉
>
> "지씨, **공연시** 헛눈 폴지 말어?" 〈조정래, 아리랑, 1995, 1, 56〉
>
> **공연시리** 헛생각 묵지 말란게라. 〈조정래, 아리랑, 1995, 1, 11〉

표준어 '괜히'의 방언형인 '권연시리'는 '궈년시리, 귀년시리'로 쓰인
다. 주로 채만식의 작품에서만 발견된다. 이 방언에서 많이 쓰는 방언
형은 '괜시리'이다. 방언사전을 보면 전남 방언에서 '고얀시리'가 발견
되고, 평북 방언에서 '괴난시리'가 발견된다. 또한 충청 방언에서 '고얀
히'를 쓰는 것으로 보면 '고얀'의 발음과 관련된 이형태로 보인다.

김유정의 '봄봄'에도 '괜시리'가 보인다. 한편, 조정래의 소설에서는
'공연시'를 많이 쓰고 있다. '권연시리'는 전라 방언의 '맥없이, 매럽시'
와도 그 의미가 유사하다.

귀영머리

- 표준어 : 귀밑머리
- 품　사 : 명사
- 뜻풀이 : ① 이마 한가운데를 중심으로 좌우로 갈라 귀 뒤로 넘겨 땋은 머리.
　　　　　② 뺨에서 귀의 가까이에 난 머리털.
- 사용 지역 : 전라도

> 잘하면 지금쯤 첫아기라도 하나 낳았을 테지만, 아직 **귀영머리**를 땋은 채 처자다. 〈채만식, 童話, 1987, 247〉

> 당신은 나이 적고 에레도 저 냥반과 **귀영머리**를 마주 풀었응게로 본처, 큰 어머이가 되고 〈최명희, 혼불, 1996, 5, 213〉

‘귀영머리’는 사전에 “‘귀밑머리’의 잘못’이라고 되어 있다. 따라서 ‘귀영머리’는 ‘귀영＋머리’로 이루어진 것으로 보인다. ‘귀영’은 정확한 뜻을 파악하기가 어렵다. ‘귀영머리’는 ‘귀엣머리’의 이형태로 볼 수도 있다.

전라 방언에서 ‘구석’을 ‘귀영탱이’로, 강원도에서도 역시 ‘귀영’으로 발음하기 때문에 이때 ‘귀영’을 ‘구석’으로 해석할 수도 있을 것이다. ‘구석’은 ‘모퉁이의 안쪽’이란 의미인데 양 쪽으로 머리를 나누다가 제일 아래에서 한 곳으로 모으는 머리가 ‘귀영머리’이기 때문에 이렇게 해석할 수도 있다.

시조시인 가람 이병기의 ‘난초’에 ‘백년 동안이 만나던 그날 같고 마주 푼 귀영머리는 나보다도 검어라’의 예가 보인다. 작가 송수권의 ‘환촌’이란 시에도 ‘귀영머리 흰 할미처럼’의 예가 보이고 있다. 따라서 전형적인 전라 방언의 어휘임을 알 수 있다.

귀영텡이

- 표준어 : 귀퉁이
- 품　사 : 명사
- 뜻풀이 : ① 사물이나 마음의 한구석이나 부분.
　　　　　② 물건의 모퉁이나 삐죽 나온 부분.
- 다른 방언형 : 귀영지, 귀텡이, 구텡이, 구석텡이
- 사용 지역 : 전라도

기왕에 내가 빠지고도 어차피 이뤄질 일이라면, 채라리 한쪽 **귀영텡이** 거들어 주고 성사가 된 담에는 한펭상 골리 주장허는 거이 〈최명희, 혼불, 1996, 4, 238〉

내가 강실이 일 한쪽 **귀영텡이** 거들어 주고는, 성사되면 큰마느래 노릇 톡톡히 험서 〈최명희, 혼불, 1996, 7, 113〉

그러면 아조 어느 **귀영텡이**에 쪽제비 시양쥐맹이로 숨었다가는 〈최명희, 혼불, 1996, 9, 250〉

한 **귀영텡이**에 전라도 농민들도 밥에 뉘 셖인 것맹이로 있는디. 〈최명희, 혼불, 1996, 10, 128〉

　표준어 '귀퉁이'의 방언형은 '귀텡이, 귀영텡이, 구석텡이'이다. '-텡이'는 비하하는 말에 주로 붙는 접미사이다. '귀, 귀영'은 사람의 귀를 나타내기도 하지만 한 부분이라는 뜻으로 '구석'의 의미를 갖는다. 따라서 '귀영'은 '구석, 모서리'의 의미로 보아야 한다. '귀'는 '모가 난 물건의 모서리.'라는 뜻을 가지므로 '귀'를 의미하는 '귀영'은 '구석, 모서리'의 의미를 갖는 것으로 보인다.

그께잇

- 표준어 : 그까짓
- 품　사 : 관형사
- 뜻풀이 : 겨우 그만한 정도의.
- 사용 지역 : 전라도

새참이라고 어디 애들 장난맹이로 한 순구락씩 엥게주먼, **그께잇거** 머, 한 볼때기 깨물고 말 것도 없는디. 〈최명희, 혼불, 1996, 1, 111〉

"서방 없다고 그렇게 막말 허능 거 아니여, 누가 **그께잇** 노무 몸뗑이를 내노라고나 허능게비네." 〈최명희, 혼불, 1996, 1, 263〉

"헐 일도 잔상도 없능갑소. 무신 애들맹이로 **그께잇** 거를 갖꼬 다 트집이다요?" 〈최명희, 혼불, 1996, 3, 18〉

"**그께잇** 노무 논밭 뙈기, 느그집 행랑살이만도 못헌 거이다마는, 그것을 ……어치께 일군 거이라고……황소 공출해 가고는, 〈최명희, 혼불, 1996, 3, 30〉

"아재도 **그께잇** 거 기양 깎어 부리시요. 시언허게. 머리크락이 무신 신주단지라고 한펭상을 이고 살어? 무거운디. 이만 끊고." 〈최명희, 혼불, 1996, 4, 207〉

　　표준어 '그까짓'의 방언형인 '그께잇' 뒤에는 '것', '놈' 등의 명사가 오는 게 특징이다. 이 어휘는 〈혼불〉에서 주로 쓰고 있는데 전형적인 전북 남원 방언의 어휘이다. 전라 방언에서는 일반적으로 '그까짓, 그따우, 그따오, 그따이' 등이 쓰인다. '그께잇'은 '그까짓'과 '그따이'가 혼태되어 나타난 형태로 보인다.

그첨저첨

- 표준어 : 겸사겸사
- 품　사 : 부사
- 뜻풀이 : 한 번에 여러 가지 일을 아울러 하는 모양을 나타내는 말.
- 다른 방언형 : 그참저참, 이첨저첨, 이참저참, 그첨저첨하다, 그참저참허다, 이첨
　　　　　　저첨허다
- 사용 지역 : 전라도, 전국

그래서 분이가 죽은 줄만 알고 **그첨저첨** 만주로 갔더니. 〈채만식, 흘러간 고향, 1987, 382〉

그래서, 꼭이 그래서뿐만 아니지만, **그첨저첨**해서 그는 승재를 맏사윗감으로 꼽고서 두루 유념을 해왔던 것이다. 〈채만식, 탁류, 1987, 138〉

"아니구만요, 여그 헹펜이 자고 꼬어져서 어디 새로 자리잡을만헌 디가 있능가 **그참저참**히서 가셨구만이라." 〈조정래, 아리랑, 1995, 5, 150〉

제 동무들이며 선생에게 실인심을 해, 그래 학교도 다닐 맛이 덜한 판인데, 계제에 월사금 밀린 것으로 창피를 당하곤 하니까, **이첨저첨** 그 거조를 냈던 것이다. 〈채만식, 정자나무 있는 插畵, 1987, 361〉

일변 술도 날씨 선선해진 판에 한바탕 먹어제끼고 싶고. **이참저참** 올라왔던 것이데 〈채만식, 태평천하, 1987, 149〉

방언형 '그첨저첨'은 '이러저러한 일을 아울러 하는 모양을 나타내는 말'이다. 굳이 표준어를 고르면 '겸사겸사'가 해당되는 것 같다. 이 말

은 부사로 쓰지만 그 뒤에 '-하다'가 연결되어 '그첨저첨하다'로 동사로 쓰고 있다. 이형태로 '그참저참, 이첨저첨' 등을 쓰며 전라도 방언에서 많이 쓰는 어휘이다.

비록 사전에는 등재되어 있지 않지만 전상국의 '여름의 껍질'에 '이참저참'이 나오고, 유현종의 '대제국고구려'에도 '그참저참'을 쓰는 것으로 보아 전국적으로 쓰는 어휘로 보인다.

근시럽다

- 표준어 : 근지럽다, 군시럽다
- 품　사 : 형용사
- 뜻풀이 : ① 무엇이 살에 닿아 가볍게 스칠 때처럼 가려운 느낌이 있다.
　　　　　② 벌레 같은 것이 살갗에 붙어 기어가는 듯한 느낌이 있다.
- 다른 방언형 : 군시럽다
- 사용 지역 : 전라도

그때는 그 말이 고깝게 들렸으나, 차차 지나가노라니까, 목간을 안 해서 몸이 **근시런** 줄은 모르겠어도, 말을 그렇게 하면 아주 귀골다운 것 같아, 지금은 유모 제가 걸핏하면 써먹기가지 하던 것이다. 〈채만식, 貧第一章, 1987, 130〉

"아이, 그리두 어떻게 살어!……나는 사흘만 목간을 안허믄 몸이 사뭇 **군시러서** 못견디겠는걸……" 사흘만 목간을 안하면 군시러워 못견딘다는 말은 주인아씨한테서 배운 소리다. 〈채만식, 貧第一章, 1987, 129〉

표준어 '근지럽다'에 해당하는 전라 방언은 '근시럽다, 군시럽다'이다. 표준어에서는 '근지럽다'는 '가려운 느낌이 있다.'라는 뜻이고, '종아리가 군시러워 살펴보니 송충이가 기어가고 있었다.'의 예처럼 '군시럽다'는 '벌레 같은 것이 살갗에 붙어 기어가는 듯한 느낌이 있다.'라는 뜻으로 되어 있다. 전라 방언에서는 '근실근실, 군실군실'과 같은 의태어를 많이 쓰고, '근시럽다, 군시럽다'는 '목욕을 하지 않아서 가려운 느낌이 있다.'라는 의미로 많이 쓰고 있다.

금매

- 표준어 : 글쎄
- 품　사 : 감탄사
- 뜻풀이 : ① 남의 물음이나 요구에 대하여 분명하지 않은 태도를 나타낼 때 쓰는
말. 해할 자리에 쓴다.
② 자신의 뜻을 다시 강조하거나 고집할 때 쓰는 말.
- 다른 방언형 : 금메, 큼메, 끔메, 큼시, 글매
- 사용 지역 : 전라도, 함경도

> **"금매** 말이오. 왜놈덜언 어찌 그리 맛난 생선은 이골나게 잘 아는지 몰르겄습디다 이. 뱅어도 그리 환장얼 안헙디여?" 〈조정래, 아리랑, 1995, 8, 68〉
>
> "요것이 무신 소리여? 어찌서 우리 아그덜이 왜놈군대럴 나가?" **"금매** 말이여, 여그가 조선도 아니고 만주 아니여?" 〈조정래, 아리랑, 1995, 12, 306〉
>
> **"금메요**…… 한 이삼년 됐는갑는디요." 백남일은 자신없이 대답했다. 〈조정래, 아리랑, 1995, 1, 82〉
>
> "신랑은 애들맹이고, 신부는 큰마님 같으네에……." "……**금메** 말이시." 꼰지발을 딛고 넘겨다보던 두 아낙이 소근거린다. 〈최명희, 혼불, 1996, 1, 21〉
>
> **"금메** 말이요, 마누래나 새끼덜언 꿈에 안 뵈는디 대장님언 자꼬 뵌당께요." 〈조정래, 태백산맥, 2001, 6, 161〉

'금매'는 주로 전남에서 사용하는 방언으로 표준어 감탄사인 '글쎄'에 해당한다. 이 말은 남의 물음이나 요구에 대하여 분명하지 않은 태도

를 보이거나 자신의 뜻을 강조하는 감탄사로 전남 방언의 전형적인 어휘로 보인다. 조정래의 작품에서 주로 나타나고 전남 방언과 접촉지역인 남원 방언을 보여주는 최명희의 작품에서 나타나고 있다.

기구망칙하다

- 표준어 : 기구하다
- 품 사 : 형용사
- 뜻풀이 : 세상살이가 순탄하지 못하고 가탈이 많다.
- 다른 방언형 : 기구망칙허다, 기구절창하다
- 사용 지역 : 전라도

> "그 나이에 노환은 무신! 아직도 정정하실 나이에 울화증으로 돌아가셨을 티지. 허기사 울화증이 나실 만도 허지. 그만침 **기구망칙허니** 팔자를 타고 난 냥반도 흔치는 않을 티니께." 〈윤흥길, 낫, 2005, 254〉

'기구망칙하다'는 윤흥길의 개인어로 '기구하다'와 '망측(罔測)하다'를 합쳐서 만든 말이다. 이와 비슷한 말로 윤흥길의 소설에 '기구절창하다'가 나온다. '망측하다'는 전라방언으로 '망칙하다'로 쓴다. 따라서 '기구망칙하다'는 개인어이면서 방언인 셈이다. 윤흥길은 어근이 넉 자로 된 이러한 개인어를 즐겨 쓰는 경향이 있다.

기양

- 표준어 : 그냥
- 품 사 : 부사
- 뜻풀이 : ① 더 이상의 변화 없이 그 상태 그대로.
  ② 그런 모양으로 줄곧.
  ③ 아무런 대가나 조건 없이.
- 다른 방언형 : 기냥, 걍:, 개양, 그양, 양, 지양
- 사용 지역 : 전라도, 강원도, 함경도

괜히 심쓰는 일은 허지 마이? 누가 씨름허자고 허먼 늬가 **기양** 졌다고 항복히뻔지고…… 알었지? 〈이병천, 모래내 모래톱, 1993, 35〉

"야들아, 저 술래밥통을 빼뻔지고 허끄나, **기양** 다른 거를 허끄나?" 〈이병천, 모래내 모래톱, 1993, 40〉

"까불덜 말어! 잔소리 말고 나 두 개만 주먼 **기양** 가께, 어쩔래?" 〈이병천, 모래내 모래톱, 1993, 47〉

"아조 나란히 슨 것은 아니라도 별들이 **기양** 앞스거니 뒷스거니 서로 다투등만." 〈최명희, 혼불, 1996, 1, 86〉

생각을 숫제 안해 부러야제, 생각만 조께 허먼 **기양** 속이 뒤집어징게……. 〈최명희, 혼불, 1996, 1, 112〉

아이고, 성님은 더위 죽겄는디 대림질끄장 허니라고 그러시요잉. 이런 날은 **기양** 앉어만 있어라도 떠 죽겄그마는. 〈최명희, 혼불, 1996, 2, 277〉

표준어 '그냥'의 방언형 '기양'은 부사로 쓰면서 다양한 형태를 보이고 있다. 아주 많이 사용하는 전라도 방언 어휘이다. 작품의 예에서 보는 것처럼 부사로 쓰는 게 일반적인 용법이지만 너무 많이 쓰다 보니 실제 대화에서는 화용 표지로 굳어져 쓰는 경우가 많아졌다. 예를 들면 '내가걍 가서걍 그 녀석을 걍 혼내주야것꼬만걍'의 예문에서와 같이 문장의 모든 성분에 연결이 가능할 정도로 화용적인 표지로 기능하고 있다.

표준어 '그냥'은 19세기에 '그양'과 함께 쓰고 있다. '그양'이 고모음화하여 '기양'이 된 것으로 보인다. '기양'이 축약되면 '걍'이 된다. '기양'이 구개음화하여 '지양'으로 쓰인다. '그냥, 그양'의 어원을 '그'와 '양(樣)'의 결합으로 보는 견해가 있다. '기냥'은 황해도, 강원도, 경기도, 전라도에서 쓰는 것으로 보고되고 있다.

기엉코

- 표준어 : 기어이
- 품 사 : 부사
- 뜻풀이 : 어떠한 일이 있더라도 반드시.
- 다른 방언형 : 기어니, 기어치, 기언씨, 기언지, 기엉씨
- 사용 지역 : 전라도

"어쩌끄나, **기엉코** 그리 되았구나!" 필녀는 발로 땅을 굴렀다. 〈조정래, 아리랑, 1995, 7, 169〉

"이눔이 **기엉코** 일얼 저질러뿌렀구나. 이 일을 워째야 쓸꼬. 이 일얼……." 〈조정래, 태백산맥, 2001, 1, 35〉

"우리 읍에서도 **기엉코** 인물 나부렀구만그랴." 〈조정래, 태백산맥, 2001, 1, 153〉

표준어에서 '기연히'는 '기필코 꼭 그렇게'의 뜻을 가지고, '기어코, 기어이'는 '어떠한 일이 있더라도 반드시'라는 뜻으로 두 어휘가 뜻이 매우 유사하다. 전라도에서는 '기연히, 기어코'의 방언형이 매우 다양하게 쓰여 '기연시, 기연치, 기엉코, 기엉씨, 기어치, 기어이' 등으로 매우 다양하게 쓰고 있다. 전남 방언형 '기엉코'는 '기연시'와 '기어코'가 혼태된 형태로 보인다. 주로 조정래의 작품에서 나타나는 특징을 보인다.

기연시

- 표준어 : 기연히
- 품　사 : 부사
- 뜻풀이 : 기필코 꼭 그렇게.
- 다른 방언형 : 기연히, 기연이, 기언씨, 기언지, 기언치, 기엉씨, 기엉코
- 사용 지역 : 전라도

"**기연시** 비가 오는구만. 얼렁 가드라고." 〈조정래, 아리랑, 1995, 1, 13〉

"만상이. 그거이 무신 소리여. 자네나 나나 **기연시** 집이 가게 되네! 맘이 병이란 말 자네도 알제. 맘 단단허니 묵소, 맘?" 〈조정래, 아리랑, 1995, 1, 324〉

"그 시악시가 위태위태허등마 **기연시** 일 당해부렀구마." 〈조정래, 아리랑, 1995, 3, 308〉

나도 인자 요 다음 시상으 날 적으는 **기연히** 양반으로 나야겄다. 〈최명희, 혼불, 1996, 2, 16〉

그러먼 어뜨케 허겄능가이? **기연이** 도독놈을 찾어내서 쥑에 놓지 살려 놓겄어? 〈최명희, 혼불, 1996, 4, 244〉

요리 고상덜 혀서 한시상얼 **기연시** 보기넌 봐얄 것인디 말여…… 하는 생각을 하고 있었다. 〈조정래, 태백산맥, 2001, 10, 49〉

"저 썩어 문드러질 잡것이 **기연시** 또 찾어왔고나." 〈윤흥길, 소라단 가는 길, 2003, 31〉

"저 개차반, **기연시** 또 고질병이 도졌구만!" 〈윤흥길, 소라단 가는 길, 2003, 173〉

표준어 '기연히(期然-)'의 전라도 방언은 '기연시, 기연이, 기언지, 기언치' 등으로 나타난다. 전남에서는 '기연시'를 많이 쓰는데 '히>시'로 구개음화한 것으로 보이고, 전북에서는 '기연이'를 많이 쓰는데 이것은 '기연히'에서 '히>이'로 발음이 약화된 것이다. 공선옥의 '피어라 수선화'에는 '저 놈의 도둑괭이 새끼, 오늘은 기언씨 작살내불라고 했더니'가 보인다.

길쭘하다

- 표준어 : 길쭉하다
- 품　사 : 형용사
- 뜻풀이 : 조금 길다.
- 다른 방언형 : 길쭘허다, 길쯤하다. 찔춤허다, 길춤허다, 질쭉하다, 찔쭉허다
- 사용 지역 : 전라도, 전국

유동수가 **길쭘하게** 찢은 종이끝을 등잔에 갖다대고 불을 붙이며 김종연을 곁눈질로 쏘아보았다. 〈조정래, 태백산맥, 2001, 4, 293〉

연둣빛 얼룩이 진 **길쭘한** 자실이 한옆으로 비어져 나오면 그걸 손바닥에 받아 무릎맡의 대바구니에 담고 빈 깍지는 도로 치마폭 안에 떨어뜨렸다. 〈한국소설문학대계, 윤흥길, 장마, 36〉

길쭘한 얼굴에 유난히 눈빛이 날카로워보이는 사내가 픽 웃음을 흘렸다. 〈조정래, 태백산맥, 2001, 1, 282〉

　전라 방언의 형용사 '길쭘하다'는 표준어 '길쭉하다'에 대응하는 어휘이다. '조금 길다.'라는 뜻을 가진 이 어휘는 이문구의 소설에서는 '길쭘하다'가 보이고, 김유정의 소설에서는 '길쭘길쭘하다'가 보인다. 채만식 소설에 '걀쯤하다'가 보이는데 이는 '꽤 갸름하다.'의 의미를 갖는다. 따라서 '길쭘하다'는 형용사 '길-'에 접미사로 보이는 '-쭘하-, -쯤하-, -춤하-'가 연결된 것으로 보인다.
　김원일, 전상국의 작품에도 '길쭘하다'를 쓰고 있다.

깊수룸하다

- 표준어 : 깊다
- 품　사 : 형용사
- 뜻풀이 : ① 겉에서 속까지의 거리가 멀다.
　　　　　② 은근히 깊다.
　　　　　③ 꽤 깊다.
- 다른 방언형 : 깊수룸허다
- 사용 지역 : 전라도

성미 급한 친구는 발서 서울아씨가 대복이한테 **깊수룸한** 향의가 있는 것이거니 지레 짐작을 할지도 몰으겠습니다. 〈채만식, 천하태평춘, 1938 : 5, 149〉

채만식의 작품에 나오는 '깊수룸하다'는 형용사 어간 '깊-'에 형용사 파생접미사 '-으스름하-'가 연결된 것이다. '으스름하다'는 '발그스름하다, 둥그스름하다'의 예에서처럼 '(빛깔이나 형상을 나타내는 어근 밑에 붙어) 빛깔이 옅거나 그 형상과 비슷하다.'의 뜻을 더하는 접미사이다. 채만식은 '파르스름하다, 붉으스름하다'와 같이 색채를 나타내는 형용사에 '-으스름하-'가 연결되는 국어의 규칙을 뛰어넘어 '너부스름하다, 굵스름하다, 얄브스름하다' 등을 구사하고 있다. 이러한 규칙으로 인하여 '넓다, 굵다, 얇다, 깊다'와 같은 크기를 나타내는 형용사가 새롭게 탄생되었다.

까깝하다

- 표준어 : 답답하다
- 품　사 : 형용사
- 뜻풀이 : ① 너무 더디거나 지루하여 견디기에 진력이 나다.
　　　　　② 가슴이나 배 속이 꽉 막힌 듯이 불편하다.
　　　　　③ 융통성이 없이 고지식하다.
　　　　　④ 일이 뜻대로 되지 않아 답답하다.
- 다른 방언형 : 까깝허다, 깝깝하다
- 사용 지역 : 전라도, 경상도

그렇게 저엉 알고 자프먼 가서 직접 물어 바아. 머엇이 **까깝해서** 그리싸아? 〈최명희, 혼불, 1996, 1, 217〉

머이 달러졌단디 내 손에가 잽히능건 암것도 없잉게 무단히 **까깝허고**, 멀 좀 알먼 좋겄는디 알든 못헝게 보손 신고 발등 긁고, 넘의 다리 긁는 것이맹이라. 〈최명희, 혼불, 1996, 4, 116〉

"압씨, 조께만 지달르시오. 인자 곧 멩당이 날 거잉게 **까깝허다** 말으시고 어둡다 말으시고, 조께만 더 썩으시오. 〈최명희, 혼불, 1996, 5, 299〉

"헤기 싫으면 내비두시요오. 나는 **까깝헐** 거 하나도 없소. 아쉬운 사램이 시얌 파드라고, 머." 〈최명희, 혼불, 1996, 8, 36〉

아 요리 **까깝허니** 앉어서 기둘리지만 말고 판이 워쩌크름 돼가는지 율어로 찾아가보제 그러요. 율어가 맘대로 오가는 디는 아니드라도, 〈조정래, 태백산맥, 2001, 6, 41〉

'까깝허다'는 '갑갑하다'가 된소리로 발음되어 이루어진 것으로 보인다. 전라 방언에서 '까깝하다'는 '갑갑하다'와 '답답하다'에 대응되는 의미를 둘 다 가지고 사용되고 있다. 특히 사람에게 이 표현을 많이 쓰는데 이때는 표준어 '답답하다'가 가지는 '융통성이 없어 고지식하다.'라는 뜻을 가지고 있다. 전라방언에서 아주 많이 쓰는 말이다.

역사적으로 볼 때 '갑갑하다'는 17세기에 '곱곱하다'로 나타나는데 이는 대체로 심리적 상태의 압박을 나타내는 경우가 많았다. 따라서 이러한 의미가 방언에서 의미의 분화를 일으킨 것으로 해석된다.

전라도 출신인 최기인의 '똠방각하'에 '사람 참말로 까깝허게 구네'의 예가 보이고, 박상륭의 '남도 2'에도 '빨리 재 넘우 못 가는 것이 까깝했을 지겡이었다고요'의 예가 보인다. 박경리의 '토지'에서도 '가보이 까깝해서 못 살겠더라.<토지12,080>'의 예가 보인다.

까락까락

- 표준어 : 하나하나, 일일이, 가락가락
- 품 사 : 부사
- 뜻풀이 : ① 하나씩 하나씩.
          ② 아주 꼼꼼히.
- 사용 지역 : 전라도

　돈이 없어 불값을 못 내서 불을 못 켠다면, 불값이나 못 내니깐 그런다죠…… 불값은 다달이 와서 **까락까락** 받아가믄서, 불은 며칠 있다 한번씩, 것두 죄꼼 구경만 시키다 도루 가져가군 하니깐 약이 안 올라요? 〈채만식, 역사, 1987, 498〉

　"앗다. 구색만 갖추면 되얐제. 멀 그리 **까락까락** 따져, 따지기를." 〈최명희, 혼불, 1996, 3, 304〉

　몸집이 나보다 두 배는 크니까 제 몫에다 덤을 얹을 법도 하건만 그녀는 **까락까락** 숫자를 따져서 야박할 만큼 공평하게 내 것 네 것을 분별해 놓았다. 〈한국소설문학대계, 윤흥길, 직선과 곡선, 268〉

　"옴매, 옴매, 이 남자가 참말로 환장했내버! 대관절 무신 용처에다 쓸라고 과부 사정은 객광시럽게 **까락까락** 따지고 뎀벼?" 〈윤흥길, 빛 가운데로 걸어가면, 1997, 1, 72〉

　전라 방언에서 아주 많이 사용하는 부사 '까락까락'은 표준어 '하나하나, 일일이, 가락가락'에 대응하는 어휘이다. '까락까락 따지다.'라는 표현은 어떤 일을 꼼꼼하게 따질 때 쓰는 표현이고, '까락까락 세다.'

는 물건이나 값을 정확하게 세는 것을 말한다. '까락'을 단독으로 쓰는
예는 발견할 수 없다. 표준어 '가락가락'이 된소리로 변한 것이 아닐까
생각한다.

깐딱하다

- 표준어 : 까딱하다
- 품　　사 : 동사
- 뜻풀이 : '깐딱하면', '깐딱하다가는' 따위의 꼴로 쓰이어 '조금 벗어나다, 조금 잘 못 되다'의 뜻.
- 다른 방언형 : 깐딱허다, 까딱하다
- 사용 지역 : 전라도

"오매, 그러면 **깐딱하면** 잡히겄그만이라우." 〈송기숙, 녹두장군 6, 1989, 264〉

나도 **깐딱했더라면** 잽히는 것인데, 밤똥 누는 버릇 땀새 살았소. 〈송기숙, 녹두장군 8, 1989, 142〉

일이 그렇게 되았으면 **깐딱하다가는** 명년으로 밀치는 것도 안될란가 모르겄어. 〈송기숙, 자랏골의 비가 15, 1974, 243〉

손꾸락 한나만 **깐딱 하면** 그 무지한 소리를 냄시롱 사실이 쇠캐나가는듸, 그 앞에서 몽댕이가 말을 핫 것이여, 바우덩어리가 말을 핫 것이여? 〈송기숙, 자랏골의 비가 5, 1974, 254〉

　전라 방언의 의태어 '깐딱'은 표준어 '까딱'에 대응되는 어휘이다. 이 어휘는 '고개나 손 따위를 아래위로 가볍게 한 번 움직이는 모양.'을 말한다. 여기에 동사파생접미사 '-하-'가 연결되어 '깐딱하다'로 쓰이면 표준어 '까딱하다'의 의미와 거의 같다. 이 어휘는 '깐딱하면', '깐딱하다가는' 따위의 꼴로 쓰이어 '조금 벗어나다, 조금 잘 못 되다.'의 뜻으로 쓰인다. 주로 송기숙의 소설에서 쓰고 있다.

깜밥

- 표준어 : 누룽지
- 품　사 : 명사
- 뜻풀이 : 솥 바닥에 눌어붙은 밥.
- 다른 방언형 : 깐밥, 깡밥, 강밥
- 사용 지역 : 전라도, 충청도, 강원도

나도 째보 **깜밥** 속이요. 입안에 든 거이 깜밥인지는 알겄는디 씹혀야 속속을 알 수가 있제. 〈최명희, 혼불, 1996, 7, 105〉

제 속으로 낳은 제 자식 것은 보리 눌은 잡곡 **깜밥** 어씩어씩 주걱 닦어 훑은 놈으로 담어 주어. 옷을 입힐 때도 새옷은 형만 해 주고 〈최명희, 혼불, 1996, 7, 202〉

솥바닥 닥닥 긁은 **깜밥**에 헌옷 입혀 험한 일 마구 시킨 제 자식은 동지섣달 설한풍에 맨발을 벗고 섰어도 얼굴이 포동포동 〈최명희, 혼불, 1996, 7, 204〉

깨진 그릇에 보리 **깜밥**을 먹으면 어떻고, 헐벗은 몸에 다 떨어진 누더기 옷을 입으면 또 어떠하냐. 〈최명희, 혼불, 1996, 7, 208〉

표준어 '누룽지'에 대응하는 '깜밥'은 전라 방언의 대표적인 방언 어휘이다. 이 어원은 쉽게 알 수 없으나 몇 가지로 해석해 볼 수 있다. 첫째는 '강밥'으로 '단단한 밥'이란 뜻에서 온 것으로 볼 수 있다. 둘째는 '깐 밥'으로 솥에 눌은 밥을 수저로 훑은 밥이란 뜻으로 볼 수 있다. '껍질을 벗기다.'의 뜻을 가진 '까다'를 '훑다'의 의미로 쓴 것으로 볼 수 있다는 말이다. 셋째로 '검은 밥'이란 뜻으로 '검다'의 방언형 '깜다'와 복합되어 '깜밥'이 된 것으로 볼 수 있을 것이다. 그러나 정확한 어원을 밝힐 수는 없다. 이 방언에서 '깜밥'은 먹기 위해 훑은 누룽지를 말한다. 물을 넣어 끓인 것은 '누룬밥(눌은밥)'이라고 한다.

깝북

- 표준어 : 가뜩, 가득
- 품 사 : 부사
- 뜻풀이 : ① 분량이나 수요 따위가 어떤 범위나 한도에 꽉 찬 모양.
  　　　　② 빈 데가 없을 만큼 사람이나 물건 따위가 많은 모양.
  　　　　③ 냄새나 빛 따위가 공간에 널리 퍼져 있는 상태.
  　　　　④ 감정이나 정서, 생각 따위가 많거나 강한 모양.
- 다른 방언형 : 가뿍, 다뿍, 담빡, 담뿍, 답씬, 따뿍
- 사용 지역 : 전라도, 충청도, 북한

그 서슬에 놀란 등잔불이 허리를 질려 **깝북** 숨을 죽인 채 까무러들더니 이윽고 길게 솟구쳐오르며 너훌거린다. 〈최명희, 혼불, 1996, 4, 84〉

에어컨이 가동되고 있다고는 하지만 아직도 드넓은 다방 안에 **깝북** 잠긴 초저녁 잔염(殘炎)을 쫓기엔 아무래도 힘이 부치는 모양이었다. 〈한국소설문학대계, 윤흥길, 제식훈련 변천약사, 146〉

똥통 속에 **깝북** 잠겨 가쁜 숨을 헐떡이며 숨어 있는 당숙모의 꼬락서니만이 눈앞에 가득할 뿐이었다. 〈한국소설문학대계, 윤흥길, 무지개는 언제 뜨는가, 346〉

전라 방언의 부사 '깝북'은 표준어로는 '가뜩, 가득'이다. '깝북'의 이형태로는 '가뿍, 다뿍, 담빡, 답씬'이 쓰이고 있다. 따라서 표준어 '가뜩'과 전라 방언의 '담빡, 답씬'의 음절이 뒤섞여 쓰이고 있는 것으로 이해할 수 있다. 평북 방언에 '갑북'이 쓰이는 것으로 보고되어 있다. 이호철의 '비껴 부는 바람'에도 '밭이랑 같은 구름이 하늘 가득히 깝북 차 있는 것이'의 예가 보인다. 충청도에서는 '갑북'을 쓰는 것으로 보고되고 있다.

꺼끔하다

- 표준어 : 뜨음하다, 뜸하다
- 품 사 : 형용사
- 뜻풀이 : ① 자주 있던 왕래나 소식 따위가 한동안 그치다.
          ② 잦거나 심하던 것이 한참 동안 머츰하다.
- 다른 방언형 : 꺼끔허다, 꺼끔해지다
- 사용 지역 : 전라도, 충청도, 북한

잠시 **꺼끔해지는** 빗소리를 대신하여 멀리서 개 짖는 소리가 짬을 메우고 있었다. 〈한국소설문학대계, 윤흥길, 장마, 35〉

방 안을 가득 채우고도 남아도는 어머니의 진한 핏빛 울음은 어느덧 두루마리 멍석이 되어 어둠에 잠긴 마당 쪽으로 끝없이 풀려 나가고, 그 위로 **꺼끔해졌다** 되거세어지는 장마비가 소리를 지르면서 두텁디두텁게 깔리고 또 깔렸다. 〈한국소설문학대계, 윤흥길, 장마, 44〉

전라 방언의 형용사 '꺼끔하다'는 '잠시 뜨음하다, 좀 뜨음하다.'의 의미를 갖는 어휘이다. 윤흥길의 소설에서 쓰고 있는데, 이문구의 소설에서도 '꺼끔하다, 꺼끔해지다'를 쓰는 것으로 보아 충청 지역에서도 쓰는 방언임을 알 수 있다. 〈조선말대사전〉에 '꺼끔하다'를 쓰는 것으로 보아 북한에서도 사용하는 어휘이다. 이기영의 소설에 많이 쓰인다.

'뜸하다'가 '끔하다'에 비해 널리 쓰이므로 '뜸하다'를 표준어로 삼고 있다. 표준어 규정 제25항은 의미가 똑같은 형태가 몇 가지 있을 경우, 그중 어느 하나가 압도적으로 널리 쓰이면, 그 단어만을 표준어로 삼도록 규정하고 있다. 따라서 '끔하다'를 방언으로 처리하고 '뜸하다'

를 표준어로 삼는다. 따라서 '꺼끔하다'는 '끔하다'와 관련이 있는 것 같은데 '꺼'의 어원을 말하기 어렵다.

껄쩍지근하다

- 표준어 : 께적지근하다, 꺼림칙하다, 꺼림하다
- 품 사 : 형용사
- 뜻풀이 : 마음에 걸려 언짢은 느낌이 있다.
- 다른 방언형 : 껄쩍지근허다, 끌쩍지근하다, 껄척지근하다, 꺼림직하다, 꺼림칙하다
- 사용 지역 : 전라도

"아, 이얘기럴 허자면 순서가 착착 맞어야 허능것 아니드라고. 그 중헌걸 빼묵고 지내가먼 맘이 **껄쩍지근히서** 담 이얘기가 귀에 안 들어옹게 그러제."
〈조정래, 아리랑, 1995, 4, 318〉

"어따, 똥 싸고 밑 안 닦았간디 **껄쩍지근허고** 말고 혀. 맘덜 강단지게 묵어. 경성이고 평양서넌 남자도 아닌 여자덜이 똘똘 뭉쳐 품삯 올려받는다는 소문덜 들었제? 〈조정래, 아리랑, 1995, 8, 41〉

그러면서, 엄니, 속이 **껄쩍지근헌** 일이 생기긴 생겼구만이라, 그녀는 속으로 뇌고 있었다. 〈조정래, 태백산맥, 2001, 3, 259〉

"워째 후다닥 끝장을 내뿔지 못허고 저리 **껄쩍지근허니** 날만 보내고 있을께라?" 전세에 대한 근심의 빛을 드러냈다. 〈조정래, 태백산맥, 2001, 7, 139〉

이런 말씀을 드리면 으떻게 생각하실란가 모르겠소마는, 괴기는 씹어야 맛이고, 말은 해야 맛이더라고 쪼깐 **껄쩍지근한** 구석이 있글래 하는 말씀이오. 〈송기숙, 녹두장군 4, 1989, 145〉

지금 농민군들이 저렇게 기세를 올리고 있으나, 거개가 지금 나라에 대적을 하고 있다는 생각 때문에 마음 한 구석이 **껄쩍지근합니다.** 〈송기숙, 녹두장군

7, 1989, 181)

　전라 방언에서 아주 많이 사용하는 형용사 '껄쩍지근하다'는 표준어로는 '꺼림칙하다, 께름하다'와 대응되는 어휘이다. 일이 잘 되지 않거나 분명하지 않아 마음에 걸리는 느낌이 있을 때, 얼굴이나 모습이 깨끗하지 못하고 지저분할 때 주로 사용하는 어휘이다. 전라 방언에서는 형용사에 접미사 '-지근하-'가 연결되는 어휘가 많이 존재한다. 예를 들면, '얼쩍지근하다, 후덥지근하다, 묵지근하다, 구접지근하다' 등의 형용사는 접미사 '-지근하-'가 연결된 어휘이다. 따라서 이 어휘는 '껄쩍'에 '-지근하-'가 연결되어 만들어진 어휘로 추정된다.

꼬라지

- 표준어 : 꼴, 꼬락서니
- 품　사 : 명사
- 뜻풀이 : ① 사물의 모양새나 됨됨이를 낮잡아 이르는 말.
　　　　　② 어떤 형편이나 처지 따위를 낮잡아 이르는 말.
　　　　　③ 거친 성질을 부리는 버릇이나 태도. 또는 그 성질.
- 다른 방언형 : 꼬락새, 꼬락생이, 꼴싸, 꼴싹, 꼴세
- 사용 지역 : 전라도, 경상도, 경기도, 충청도

"막말이지 나는 주상 허리띠에다 목이라두 매구 늘어져 죽을라우!" **꼬라지**를 내고 핏대를 세우고 하던 것은 다 어디로 갔고, 빌 듯 매달 듯 애원이다. 〈채만식, 金의 情熱, 1987, 317〉

이렇게 멀쩡게 살아 있는 내가…… 그 야속히 보기 싫은 **꼬라지**가 되어가지곤 죽어버린단 말이야. 〈채만식, 과도기, 1987, 282〉

꼬마치들은 당근밭에서 제기차기에 빠져 있느라고 내가 머리를 찧고 쩔쩔매는 **꼬라지**를 못 보았다. 〈신경숙, 풍금이 있던 자리, 1992, 128〉

시상 판세 돌아가는 **꼬라지**가 아매 그리 될란지도 몰르요. 〈조정래, 아리랑, 1995, 1, 13〉

개자석, 왜놈이 시키는 대로 하면서 간사시럽게 생각해 주는 척허는 **꼬라지**라니. 그는 성질대로 하자면 당장 통변의 면상을 들이받고 줄행랑을 치고 싶었다. 〈조정래, 아리랑, 1995, 1, 39〉

잘 묵지도 못혀 허놀놀헌 **꼬라지**덜 해갖고 번뜩허먼 쌈허고 나스는 기운은 워디서 솟기냐. 〈조정래, 태백산맥, 2001, 10, 258〉

　표준어 '꼬락서니'는 '꼴'을 낮잡아 이르는 말이다. 전라 방언의 '꼬라지'도 '꼴'에 접미사 '-아지'가 연결되어 '꼴'을 낮잡아 이르는 말로 사용하고 있다. '꼬라지'는 예문에서 보는 것처럼 '성깔'을 나타내기도 하고, 사물의 모습인 생김새를 나타내기도 한다.

　표준어 '꼴'은 15세기에는 '골'이다. '골'은 18세기에 '꼴'로 바뀌었는데, 이러한 어두경음화는 이미 15세기부터 시작된 것이다. 중세 국어에서는 존칭의 대상에 대한 표현에서도 쓰였다.

　경남 김해가 고향인 작가 김원일의 소설 '오늘 부는 바람'에 '고운 꼬라지가 어찌도 보기 싫던지'의 예문이 나온다. 경남 합천이 고향인 박영한의 '왕릉 일가'에 '막걸리 따라주는 여편네 꼬라지가 이래서야 쓰겠어 어디?'의 예가 나온다. 경남 하동이 고향인 이병주의 '지리산'에도 '꼬라지에 분칠 할 줄이나 알고'의 예가 보인다. 박경리의 '토지'에도 '천지개벽이나 있이믄 모르까, 만판해야 요눔으 요 꼬라지 면할 날이 있겄소.<토지1,344>'의 예가 보인다.

꼬소롬하다

- 표준어 : 고소하다
- 품   사 : 형용사
- 뜻풀이 : ① 볶은 깨, 참기름 따위에서 나는 맛이나 냄새와 같다.
            ② 미운 사람이 잘못되는 것을 보고 속이 시원하고 재미있다.
- 다른 방언형 : 꼬소롬허다, 꼬수룸하다, 꼬스름하다, 꼬시름하다, 고소롬하다, 고
             소름하다
- 사용 지역 : 전라도, 경상도, 전국

그걸로 죽을 쑤면/색깔이 포로소롬하고 맛이 **꼬소롬하다** 〈김용택, 푸른나무10,
1, 17〉

"억울허든 **꼬소롬허든** 왜 늬가 나서냐고?" 〈이병천, 모래내 모래톱, 1993, 86〉

떼도적이 활빈당이든지 아니든지 간에 인심 사나운 부자덜이 당허는 것언
아조 **꼬소롬허시.** 〈조정래, 아리랑, 1995, 4, 245〉

"크크크크…… 고것 아조 **꼬소롬허니** 잘된 일이여. 생각헐수록 총독부서
허든 일 중에 잘헌 것이 그것이여." 〈조정래, 아리랑, 1995, 6, 32〉

방안이서 술얼 묵고 있든 송 선상이 그 달착지근허고 꼬시고 **고소롬헌** 말
얼 다 듣다봉게 그거시 모다 귀 간질간질허게 맨글고 간 사리살짝 녹게 맨글
고 〈조정래, 아리랑, 1995, 1, 242〉

신씨는 갈치속젓의 **고소름한** 향내를 맡으며 숟가락을 들었다. 〈조정래, 태백산
맥, 2001, 3, 185〉

"항, 깻잎쌈도 쌉쏘롬하고 **고소롬허니** 맛나제. 근디, 고것은 머시여?" 〈조정

래, 태백산맥, 2001, 5, 226〉

> 아까부텀 워디서 달치근허기도 허고, 시큼시큼허기도 허고, **꼬시름허기도**
> 헌 냄새가 코끝에 잽힐 둥 말 둥 잽힐 둥 말 둥 혀쌓길래, 〈조정래, 태백산맥,
> 2001, 5, 44〉

'고소롬하다, 꼬소롬하다'는 전라 방언에서 아주 많이 쓰는 어휘이다. 이 어휘는 표준어 형용사인 '고소하다'에 형용사 파생 접미사인 '-(으)롬하-'가 연결되어 생성된 어휘이다. 주로 된소리로 된 '꼬소롬하다'가 많이 쓰인다. 접미사 '-(으)롬하-'는 표준어에도 많이 쓰지만 이 지역의 방언 어휘에서는 아주 많이 첨가되는 접미사이다. '쌉소롬하다, 발그롬하다' 등의 어휘에서 볼 수 있다.

꼬아먹다

- 표준어 : 속이다
- 품　사 : 동사
- 뜻풀이 : 의도적으로 남을 속여 이익을 취하다.
- 다른 방언형 : 돌라먹다
- 사용 지역 : 전라도

그도 고지야 듣건 말건 한 이십살 **꼬아먹고** 쉬흔살로 댔다면 또 몰라요.
〈채만식, 천하태평춘, 1938, 6, 172〉

"아따 그 제엔장맞을, 친구 도린 한번쯤 **꼬아먹은들**, 자네들이 날 잡아다가
작두루 목이야 썰라던가!"〈채만식, 金의 情熱, 1987, 343〉

그때나 시방이나 함지질과 함지질을 하면서 금을 **꼬아먹는** 귀신 같은 재주
와, 그리고 늙음과 이밖엔 남은 것이 없었다. 〈채만식, 金의 情熱, 1987, 396〉

어떤 학교 교장은 학교 돈을 암만을 **꼬아먹었네**. 〈채만식, 늙은 極東選手, 1987,
513〉

표준어 '꾀다, 꼬이다'는 '그럴듯한 말이나 행동으로 남을 속이거나
부추겨서 자기 생각대로 끌다.'라는 뜻이다. 전라 방언에서 이를 '꼬다'
로 발음한다. 따라서 '저 사람 꼬는가 잘 보아라'의 예문에서처럼 '꼬다'
는 '속이다'의 의미를 갖는다.

표준어 '속이다'의 방언형 '꼬아먹다'는 '의도적으로 남을 속이다.'라는
뜻을 가진다. 이 어휘는 전북 방언에서 아주 많이 쓰고 있다. 이 방언

에서 많이 쓰는 '돌라먹다'와 의미가 매우 유사하다. 주로 채만식의 작품에서 보인다. 흔히 내기를 할 때, '저 사람이 꼬아먹는가 잘 봐.'와 같은 예로 쓰인다. '먹다'가 연결되면 부정적인 의미를 갖는다. 그런 예로 '벳겨먹다(벗겨먹다), 씹어먹다, 뜯어먹다'와 같은 예를 들 수 있다.

꼬아바치다

- 표준어 : 까바치다
- 품　사 : 동사
- 뜻풀이 : 비밀 따위를 속속들이 들추어내어 일러바치다.
- 사용 지역 : 전라도, 경상도

"아니 당신네 수령이 시킨 대로만 해주면 그만 아니요? 듣잖으면 내일 다 꼬아바칠 테요." "흥! **꼬아바친다면** 누가 무서워하나?" 이렇게 큰소리는 하였어도 그는 방문을 열고 들어섰다. 〈채만식, 염마, 1987, 541〉

그런데 조병갑이한테 전창혁을 모함하던 자들은 그런 소리까지 조병갑이한테 **꼬아바치고** 말았다. 〈송기숙, 녹두장군 4, 1989, 066〉

"당신 딸이 말목서 이리 진을 욍긴다는 것까지 미리 알아내갖고 정석남이한테 **꼬아바치잖았어?**" 김확실이가 쏘았다. 〈송기숙, 녹두장군 7, 1989, 063〉

전라 방언에서 많이 쓰는 '꼬아바치다'는 표준어로는 '이르다, 고자질하다, 고해바치다'와 대응되는 어휘이다. 주로 '남의 잘못이나 비밀을 일러바치다.'의 의미를 갖는다. '꼬아바치다'는 '쏨하다'가 기본형으로 '고하여 바치다.'의 구성에서 '고해 바치다.'로 바뀌고 '고해바치다'로 한 단어가 된 것이다. 이것이 방언에서는 '고아바치다'가 되고 된소리로 변하여 '꼬아바치다'가 된 것이다. 경상도 방언에서는 '꼬아바치다' 또는 '오아바치다'가 쓰인다. 나도향의 '뽕'에도 '꼬아바치다'가 보인다.

꼬장물

- 표준어 : 고장물, 구정물
- 품 사 : 명사
- 뜻풀이 : ① 땀과 먼지가 범벅이 되어 흐르는 물.
         ② 무엇을 씻거나 빨거나 하여 꽤 더러워진 물.
- 다른 방언형 : 꾸정물, 땟국
- 사용 지역 : 전라도, 충청도

송희는 오만상을 찌푸리면서도 그대로 입에 물고 야긋야긋 씹는다. **꼬장물**이 시꺼멓게 넘쳐서 턱 아래로 질질 흘러내린다. 〈채만식, 탁류, 1987, 397〉

영주는 아이를 마루로 데리고 와서 땀이 까만 **꼬장물** 되어 흐르는 얼굴과 목을 씻어주며 달랜다. 〈채만식, 明日, 1987, 171〉

"쪼깨 떨어져어! **때꼬장물**이 얼굴에 튀잖여어?" 어머니가 들릴락말락 나직하게 말씀하신다. 〈이병천, 모래내 모래톱, 1993, 33〉

새것이라고는 하지만 손때가 묻어서 **꼬장물**이 흐르는 게 보인다. 〈이병천, 모래내 모래톱, 1993, 75〉

표준어 '구정물'은 '더러워진 물'이란 뜻인데, '구정물'의 작은말이 바로 '고장물'이다. 전북 방언에서는 '구정물'을 '꾸정물'이라고 한다. 방언형 '꼬장물'은 '고장물'을 어두경음화하여 '꼬장물'로 발음한 것이다. 어원사전에는 '구정물'을 '궂(惡)-+-은+물'이 '구즌물'로 되어 '구정물'로 된 것으로 보고 있다.

전라도 방언에서 사용하는 '때꼬장물'이란 말은 많이 쓰는 방언이다.

이 방언은 '때+고장물'로 이루어진 복합어이다. 표준어에는 '때구정물'이란 말은 없고 '땟물'이 있다. 이문구의 '장한몽'에 '꼬장물이 걸쭉하게 흐르는 알몸뚱이를 드러낼 일이 난감해서'의 예가 보인다.

꼽꼽하다

- 표준어 : 꼼꼼하다, 인색하다
- 품 사 : 형용사
- 뜻풀이 : ① 어떤 일에 성실하거나 꼼꼼하다.
          ② 베푸는 일에 지나치게 약다.
- 다른 방언형 : 꼽꼽허다, 꼽곱하다, 꼬꼽하다, 약낙스럽다
- 사용 지역 : 전라도

‘꼽꼽하다’는 표준어 ‘꼼꼼하다’라는 뜻으로 많이 쓰고, ‘인색하다’는 뜻으로도 쓰고 있다. 예문에서는 ‘꼼꼼하다’의 뜻으로 쓰고 있다. 전라도에서는 인색한 사람을 ‘꼽꼽쟁이’, ‘꼽꼽재기’, ‘꼽쟁이, 꼽재기’라고 말한다. ‘꼽재기’는 표준어에도 있는 말인데, ‘때나 먼지 같이 작고 더러운 물건’이나 ‘하찮고 작은 사물’을 이르는 말로 쓰인다. 인색한 사람을 ‘약다’란 말과 ‘꼽재기’를 복합하여 ‘약꼽재기’라고도 한다. ‘꼽꼽하다’가 ‘인색하다’의 의미로 쓰일 때 전라도에서는 ‘약낙시럽다, 약낙하다’ 등을 쓰고 있다.

표준어에 ‘꼽꼽하다’가 있는데 이는 형용사로 ‘조금 촉촉하다.’의 의미를 갖는다.

꼽치다

- 표준어 : 숨기다
- 품　사 : 동사
- 뜻풀이 : ① 어떤 사물을 남이 보이지 않는 곳에 두다.
  　　　　 ② 어떤 사실이나 행동을 남이 모르게 감추다.
- 다른 방언형 : 꼬불치다, 꼽쳐먹다
- 사용 지역 : 전라도

얻어먹으러 달려드는 사람들은 서로 먼저 얻어먹으려고 난장판이고 감영과 부 이속과 관노들은 죽 쑤는 식량 **꼽치느라** 난장판이었다. 〈송기숙, 녹두장군 8, 1989, 119〉

그 사람은 사경을 받으면 술 한 잔도 안 마시고 **꼽치고 꼽쳐서** 모아갖고 색갈이를 놨다. 〈송기숙, 녹두장군 11, 1989, 300〉

마치 남의 속에 들어갔다 나오기라도 한 듯 혼자서 은밀히 **꼽쳐먹었던** 두 가지 꿍꿍이셈을 상대방이 차례로 정확히 짚어내는 바람에 조술은 목덜미까지 시뻘겋게 물들 지경으로 심히 무렴해졌다. 〈윤흥길, 빛 가운데로 걸어가면, 1997, 1, 54〉

　전라방언의 동사 '꼽치다'는 표준어 '숨기다'에 대응하는 어휘이다. 나이 어린 사람들은 '꼬불치다'는 말을 많이 쓴다. 주로 송기숙, 윤흥길의 소설에서 발견된다. 표준어에도 '꼽치다'가 있는데 이는 '반으로 접어 한데 합치다.'라는 뜻이다. 방언에서는 이 뜻으로 '꼬불치다'가 쓰여 '허리를 구부리다.'라는 의미를 갖는다.

꽃각시

- 표준어 : 새 각시
- 품　사 : 명사
- 뜻풀이 : 갓 시집온 꽃처럼 어여쁜 새 각시.
- 다른 방언형 : 꽃 각시
- 사용 지역 : 전라도, 전국

신부 잡아 먹을 호랭이는 홍두깨 든 자네가 아니라, 이 **꽃각시** 같은 새신랑이네. 이 사람. 〈최명희, 혼불, 1996, 1, 190〉

연지 찍고 곤지 찍고 녹이홍생을 떨쳐입은 **꽃각시**가 앉었능게미 재미로 열어 봤다가, 무신 구신맹이로 흐옇게 앉었는 〈최명희, 혼불, 1996, 1, 280〉

거그다가 그 마나님은 한펭상에 단 사흘간 **꽃각시** 때만 서방님을 뫼세 보고 일생에 혼자 사신 냥반이라 〈최명희, 혼불, 1996, 5, 326〉

갓 시집온 새각시 고운 자태 **꽃각시**라 부르며, 이팔을 지나 물오른 나이를 두고는 꽃다운 나이라 하지만, 〈최명희, 혼불, 1996, 6, 21〉

첫날밤에 그만 신랑이 족도리도 안 벗은 **꽃각시** 신부 뺨을 불이 나게 철썩, 후려쳤다는구나. 다짜고짜 댓바람에. 〈최명희, 혼불, 1996, 7, 36〉

'꽃각시'는 작가 최명희의 개인어로 '꽃+각시'의 구성을 가지는 복합명사이다. 그러나 최명희는 이 밖에도 '꽃결, 꽃밥, 꽃빛, 꽃시울, 꽃심, 꽃자줏빛'과 같은 개인어를 많이 만들어 사용하고 있다. 최근에 많이 쓰고 있는 '꽃미남'을 참고할 수 있다. 미당 서정주의 화사집에서도

'꽃각시 비녀하야 웃든 삼월의'란 예가 보인다.
　한편, '꽃'이 '아름다운'이란 뜻을 가진 관형사와 같이 쓰여 '꽃 각시'
로 띄어 쓰면서 전국적으로 쓰고 있다.

꽃결

- 표준어 : 살결
- 품　사 : 명사
- 뜻풀이 : 꽃과 같이 부드럽고 고운 살결.
- 사용 지역 : 전라도

"바느질만 한 손이라 사부가의 부녀자 섬섬옥수 부럽잖게 곱구나. 손만 보면야 네가 어디 종이라 하겠느냐. **꽃결** 같다." 〈최명희, 혼불, 1996, 7, 222〉

'꽃결'은 '꽃'과 '결'을 복합한 것으로 '꽃과 같이 부드럽고 고운 살결'을 의미한다. 명사 '결'은 '나무, 돌, 살갗 따위에서 조직의 굳고 무른 부분이 모여 일정하게 켜를 지으면서 짜인 바탕의 상태나 무늬.'를 말하는데 '비단결, 살결'에서도 쓰고 있다. 이러한 단어에 유추하여 '꽃결'을 만든 것으로 보인다.

최명희는 이 밖에도 '꽃각시, 꽃밥, 꽃빛, 꽃시울, 꽃심, 꽃자줏빛'과 같은 개인어를 많이 만들어 사용하고 있다. 최근에 많이 쓰고 있는 '꽃미남'을 참고할 수 있다.

꽃밥

- 표준어 : 대응 표준어 없음.
- 품　사 : 명사
- 뜻풀이 : 꽃잎으로 만든 밥.
- 사용 지역 : 전라도, 전국

어린 날, 살구꽃잎으로 **꽃밥**을 차려 주던 강실이에게, 강모는 여린 버들가지를 잘라 버들피리를 만들어 〈최명희, 혼불, 1996, 1, 136〉

떨어진 꽃이파리는 꼬막 조가비에 소박하게 담아 **꽃밥**을 만들고, 꽃잎이 지고 나면 흙밥을 먹었다. 〈최명희, 혼불, 1996, 2, 100〉

강모는 내리는 꽃잎의 너울 저쪽에서 나뭇가지 젓가락으로 **꽃밥**을 먹으며 웃고 강실이는 내리며 스러지는 봄눈같이 안타까운 꽃잎들의 이쪽에서 〈최명희, 혼불, 1996, 6, 99〉

사금파리 소꿉장난 **꽃밥**에도 아주 안성맞춤이었다. 〈최명희, 혼불, 1996, 9, 265〉

‘꽃밥’은 ‘꽃＋밥’의 복합어로 아이들이 소꿉장난을 할 때 사용하는 어휘이며 꽃잎을 이용하여 밥이라고 생각하고 지어낸 말이다. 표준어에는 없는 말이어서 작가의 개인어로 처리하고 있지만 실제로 지역에서는 어린이들이 놀 때 많이 사용하는 말이다.

경북 상주가 고향인 김하인의 ‘내 마음의 풍금소리’란 소설에는 ‘해는 이미 노을에 꽃밥 말아 먹고 잠들었는데’라는 예가 나온다. 전북 출신 시인 김용택의 ‘정님이’라는 시에도 ‘소죽솥 가득 풀을 담을 때는 꼭 꽃밥을 하는 것 같다.'란 예가 보인다. 따라서 '꽃밥'이란 어휘는 전국적으로 사용하는 아이들의 어휘라고 할 수 있다.

꽃빛

- 표준어 : 대응 표준어 없음.
- 품　사 : 명사
- 뜻풀이 : ① 꽃이 보여주는 빛깔.
  ② 꽃과 같이 붉은 얼굴빛.
- 사용 지역 : 전라도

백일홍꽃 망울만한 백일홍 **꽃빛** 구름이 하늘에 가 열려 있는 것을 본 일이 〈서정주, 晋州가서〉

햇빛과 **꽃빛**은 그대로 맑다. 〈채만식, 停車場近處, 1987, 362〉

붉은 기운 감도는 여인의 귓볼에 부끄러움이 **꽃빛**으로 돋아있었다. 〈조정래, 아리랑2, 329〉

얼굴이 **꽃빛**으로 붉어진 수국이는 팔꿉으로 필녀의 옆구리를 박아대고 있었다. 〈조정래, 아리랑, 1995, 5, 279〉

경희가 민동환 옆에 다붙어앉으며 **꽃빛** 웃음을 피워냈다. 〈조정래, 아리랑, 1995, 9, 210〉

수줍음에 물이 든 귀와 흰 목의 언저리에는 살구**꽃빛**이 돌았다. 〈최명희, 혼불, 1996, 1, 70〉

아이의 희고 둥근 얼굴에 복숭아 **꽃빛**이 발그레 물들어 있다. 〈최명희, 혼불, 1996, 2, 228〉

꽃빛

> 발그레 두 뺨이 **꽃빛**으로 물들어 바라보기 미어지게 어여쁜 부처, 스치는 미소를 자욱이 머금어 〈최명희, 혼불, 1996, 6, 199〉

> 강실이의 가슴을 문지르는 거멍굴의 그 연분홍 진달래 **꽃빛**에 느닷없이 찔리어, 그녀는 고꾸라지듯 어머니를 부른다. 〈최명희, 혼불, 1996, 9, 237〉

> 싱그럽게 살아오르는 모시치마저고리를 받쳐입은 소화는 부끄러움으로 얼굴을 온통 **꽃빛**으로 물들이며 간신히 말을 마쳤다. 〈조정래, 태백산맥, 2001, 7, 47〉

'꽃빛'은 '꽃+빛'의 복합어이다. 일차적으로 '살구꽃빛, 진달래꽃빛'에서와 같이 쓰여서 '꽃이 가진 빛깔'을 말한다. 작품에서 쓰는 '꽃빛'은 대체로 은유적인 표현으로 쓰면서 주로 얼굴과 관련된 빛깔을 나타낸다. '두 뺨이 꽃빛으로 물들어'에서와 같이 '꽃과 같이 곱고 예쁜 얼굴빛'을 나타내고 있다.

'꽃빛'은 비록 사전에는 나오지 않지만 글이나 대화에서 가끔 찾아볼 수 있는 어휘이기 때문에 전국적으로 사용하고 있다고 말할 수 있을 것이다.

꽃시울

- 표준어 : 대응 표준어 없음.
- 품　사 : 명사
- 뜻풀이 : 꽃의 약간 굽거나 휜 가장자리.
- 사용 지역 : 전라도

따갑게 익은 햇빛이 사람의 기척 없는 빈 집의 지붕과 마당을 조청같이 숨막히게 누르고, 제 물에 겨운 봉숭아, 맨드라미의 **꽃시울**이 한낮의 정적 속에 자지러지는데, 닫은 방문이 무색하게 온 몸뚱이를 맨살로 드러내고 있는 신발 네 짝은, 어쩌면 굳이 숨기려 할 것도 없는 행색으로도 보였다. 〈최명희, 혼불, 1996, 4, 96〉

‘꽃시울’은 ‘꽃＋시울’의 합성어이다. ‘시울’은 ‘약간 굽거나 휜 부분의 가장자리’를 의미하는 말로 ‘눈시울, 입시울’ 등에서 쓰고 있는 명사이다. 따라서 ‘꽃시울’은 작가가 ‘눈시울’에서 유추하여 만들어낸 개인어로서 ‘꽃의 굽거나 휜 가장자리’를 표현한 말이다. ‘시울’은 ‘입시울’에서처럼 대체로 사람과 관련된 신체에 연결되는 것이 일반적인데 ‘꽃’에 연결된 ‘꽃시울’도 문맥에서 보면 의인화된 것으로 보인다.

꽃심

- 표준어 : 대응 표준어 없음.
- 품 사 : 명사
- 뜻풀이 : ① 꽃의 가운데 부분.
         ② '꽃과 같이 귀품이 있는 힘이나 마음'을 비유적으로 표현한 말.
- 사용 지역 : 전라도

당황한 그네가 손에서 떨어뜨린 종이 꽃은, 한가운데 수술 박은 **꽃심**이 뭉툭 빠져 나가면서 그만 매맞은 것처럼 꽃부리가 산산이 흩어져 〈최명희, 혼불, 1996, 7, 129〉

세월이 가도 결코 버릴 수 없는 꿈의 **꽃심**을 지닌 땅. 〈최명희, 혼불, 1996, 8, 102〉

그 꿈조차 짓밟히어, 차현 땅 이남의 수모 능욕을 다 당한 이 땅에서 꽃씨 같은 몸 받은 조선왕조 개국시조 전주 이씨 이성계. 천 년이 지나도 이천 년이 지나도 또 천 년이 지나가도, 끝끝내 그 이름 완산이라 부르며 **꽃심** 하나 깊은 자리 심어 놓은 땅. 꽃의 심, 꽃의 힘, 꽃의 마음. 꿈꾸는 나라. 결단코 잊지 않고 잃지 않고, 맨 처음 나라 받은 그 마음을 밝히면서 아직도 귀순 복속하지 않은 마한의 순결한 넋으로 옛이름 옛터를 지키는 전주 완산, 완산정, 완산칠봉, 완산다리. 〈최명희, 혼불, 1996, 10, 297〉

가슴에 **꽃심**이 있으니, 피고, 지고, 다시 피어. 〈최명희, 혼불, 1996, 10, 299〉

우리가 흔히 꽃다마라고 부르는, 투명한 유리 한가운데 형형색색의 **꽃심**이 박혀 있는, 깜찍하게 예쁜 미제 구슬들이 서로 맞부딪치며 내는 〈윤흥길, 소라단 가는 길, 2003, 95〉

　'꽃심'은 '꽃＋심'의 복합어이다. '심'은 '심지'의 뜻을 갖는다. 이 어휘는 기본적으로 꽃의 중심 부분을 말하는 데 쓰인다. 그러나 작품에서 예를 통해서 보면 '꽃의 힘, 꽃의 마음'으로 표현된 것으로 보아서 '꽃과 같이 귀품이 있는 마음과 힘'을 비유적으로 표현한 말로 해석할 수 있다.

　작가 최명희는 국립국어원에서 행한 '혼불과 국어사전'이란 제목의 연설에서 꽃심을 '꽃 마음, 꽃을 꽃답게 하는 어떤 그 꽃의 마음'이라고 표현하고, '어떠한 환난이나 압박이나 설움이나 무너짐이나 부서짐이나 혹은 어둠이나 이러한 것에도 불구하고 끝까지 어떤 씨앗처럼 자기 마음을 밝히고 있는 그런 마음, 또는 그런 힘'이라고 설명하고 있다.

꽝꽝하다

- 표준어 : 단단하다
- 품 사 : 형용사
- 뜻풀이 : ① 물체가 매우 단단하다.
          ② 표정이 부드럽지 않고 굳다.
- 다른 방언형 : 꽝꽝허다, 깡깡허다
- 사용 지역 : 전라도, 경상도

머리를 상고로 깎고 나니 어느詩人과도 낯이 다르다. **꽝꽝한** 니빨로 우서 보니 하눌이 좋다. 손톱이 龜甲처럼 두터워가는것이 기쁘구나. 숯작새같은 게집의이얘기는, 벗아 인제 죽거든 저승에서나 하자. 〈서정주, 葉書〉

여기는 어쩌면 지극히 **꽝꽝하고** 못견디게 새파란 바윗속일것이다. 날센 쟁기ㅅ날로도 갈고 갈수없는 새파란 새파란 바윗속일것이다. 〈서정주, 無題〉

제호는 잠깐 말을 더듬고 있고, 제호를 따라 마주 일어섰던 형보는 벌써 결과를 다 거니를 채고서, **꽝꽝하던** 낯꽃이 금시로 풀어진다. 〈채만식, 탁류, 1987, 329〉

'꽝꽝'이란 부사는 표준어에서 '물체가 매우 단단하게 굳어지는 모양'이란 뜻을 가진다. 이 부사성 어근에 '-하-'가 연결되어 형용사가 된 것이다. 일반적으로 물체가 단단하다는 뜻을 가지나 예문에 따라서 표정이 굳어져 있는 것을 표현할 때도 사용된다. 표준어에는 '꽝꽝하다'를 표제어로 올리지 않고 있다.

전남 보성이 고향인 시인 문정희의 '양귀비꽃 머리에 꽂고'에 보면

'너를 어이 땅에 묻으리 꽝꽝한 땅에다 네 맑은 눈을'의 예가 보인다. 부산 출신 시인 김영래는 '하늘이 담긴 손'에서 '좀 더 어두워지면 꽝꽝한 유리창은 빛의 배후를 쏟아낼 듯 눈알 부라리고'와 같은 예를 보인다. 이것으로 보면 '꽝꽝하다'는 비록 사전에는 없지만 상당히 많이 사용하는 어휘로 보인다.

꽹매기

- 표준어 : 꽹과리
- 품　사 : 명사
- 뜻풀이 : 농악과 무악 따위에 사용하는 타악기의 하나. 놋쇠로 만들어 채로 쳐서 소리를 내는 악기로, 징보다 작으며 주로 농악에서 상쇠가 치고 북과 함께 굿에도 쓴다.
- 다른 방언형 : 꽹맥이, 깽메기, 꽝쇠, 꽝세, 깬세기, 깽마기, 깽시개
- 사용 지역 : 전라도, 충청도, 경기도, 경상도

우리가 **꽹매기**소리 징소리에 들뛰다가 발목얼 접질리든, 장구 장단 날라리 가락에 춤추다가 어깨가 어긋나든 다 우리 일이제 〈조정래, 아리랑, 1995, 4, 31〉

상모를 태극 무늬 물결무늬 휘돌리며, 북 치고, 장구 치고, **꽹매기**, 징소리 한바탕 흐드러지게 어울어, 하늘에 정성껏 고사 지내고, 넘치는 기쁨을 부둥켜 안았다. 그리고 울었다. 〈최명희, 혼불, 1996, 1, 165〉

우리가 살판난 시상이 와서 요리 뫼였는데, 워찌 요러고들 있능가! **꽹매기**도 치고, 술추렴도 한바탕 혀얄 것 아니겄어! 〈조정래, 태백산맥, 2001, 5, 200〉

빨갱이놈덜이 선수머리 갯뻘밭에서 **꽹맥이**를 치든, 징광산 골짝에서 징을 쳐댐서 지랄발광을 허든, 워쨌거나 읍내 안통만 철통같이 지켜줘서 〈조정래, 태백산맥, 2001, 3, 196〉

'꽹매기'는 표준어 '꽹과리'의 방언이다. '꽹'은 '꽹과리나 징 따위를 치는 소리'를 말하고, '매기'는 '소리를 메기다.'에서 '두 편이 노래를 주고받고 할 때 한편이 먼저 부르다.'의 뜻을 가지고 쓰는 '메기다'의 명

사형으로 해석된다.

나도향의 '벙어리 삼룡이'에 '꽹매기 두드리며 동냥하는 중의 소리를'의 예가 보이고, 황석영의 '장길산'에 '농주에 흥이 나서 꽹매기라도 한 가락 돌린다든가'의 예가 보인다. 따라서 '꽹매기, 꽹메기'는 전국적으로 사용하는 어휘라고 말할 수 있다.

꾀벗다

- 표준어 : 발가벗다
- 품　사 : 동사
- 뜻풀이 : 알몸이 되도록 입은 옷을 모두 벗다.
- 다른 방언형 : 깨벗다, 께벗다
- 사용 지역 : 전라도, 경상도

북풍 한설 허허벌판에 **꾀벗을** 일 생기는가 하면, 느닷없이 천길 낭떠러지에 까마득히 굴러 떨어지기도 하고, 〈최명희, 혼불, 1996, 5, 18〉

내가 상놈 무선 본때를 뵈어 주마. **꾀벗고** 달라들어 맞붙기로 허먼, 니그는 잃을 것 많어서 무섭겄지만, 나는 잃을 것 없어서 무설 것도 없는 〈최명희, 혼불, 1996, 8, 63〉

세상 물정이라고는 귀털만큼도 모르는 내 새끼. 대명천지에 **꾀벗고** 맨발로 거꾸로 매달려 어떤 꼴을 당하면서 어떤 인생을 살아갈 것인지. 아이고, 불쌍헌 것. 〈최명희, 혼불, 1996, 9, 287〉

정신이 옯어서 안직 몰르는갑는디 나도 **깨벗고** 있다는 것이나 알아두더라고. 내 물건이 시방 어디 닿고 있는지나 알어? 여그여, 여그! 〈조정래, 아리랑, 1995, 11, 243〉

'꽤, 께, 깨'는 사전에 없는 말로 전라도 방언으로 이해된다. '꽤를 벗다.'를 쓰는 것으로 봐서 '꽤'의 의미는 '옷'을 가리키는 것이 아닐까 생각한다. '꽤'를 '남자의 여름 홑바지'인 '고의'에서 온 것으로 보는 견해도 있다. 결국 '꽤'와 '벗다'가 합해져 복합어가 된 것으로 보인다. 전라도 방언에는 '깨복쟁이, 께복젱이'가 '야는 내 깨복쟁이 친구여'와 같이 '벌거숭이'의 방언으로 널리 사용되고 있다. 이는 '꾀벗-'에 접미사 '-쟁이'가 연결되어 만들어진 것으로 보인다.

박범신의 '물의나라'에도 보이고, 경남 울산 출생인 김하기의 '복사꽃 그 자리'에도 '팬티까지 꾀벗고 알몸 검신을 받은 적이 부지기수였다.'의 예가 보인다.

꾸척시럽다

- 표준어 : 새삼스럽다
- 품사 : 형용사
- 뜻풀이 : ① 이미 알고 있는 사실에 대하여 느껴지는 감정이 갑자기 새로운 데가 있다.
  ② 하지 않던 일을 이제 와서 하는 것이 보기에 두드러진 데가 있다.
- 다른 방언형 : 구척시럽다
- 사용 지역 : 전라도

우리 논밭에 우리가 농새 지묵으면 됐제 멀라고 **꾸척시럽게** 적어내고 말고 헌다요? 〈조정래, 아리랑, 1995, 4, 50〉

꾸척시럽게 무슨 소리여? 그것이 언제 적 일이라고. 〈조정래, 아리랑, 1995, 11, 44〉

금메, 요맘때면 내둥 저러는 것 암스로 **꾸척시럽게** 왜 그래쌓소. 〈조정래, 태백산맥, 2001, 4, 163〉

사람 싱겁기는, **꾸척시런** 소린지 암시로 머 헐라고 **꾸척시럽게** 고런 말 묻고 그런가. 김범우는 손승호의 '꾸척시럽다'는 말을 받아 있는 대로 사투리를 쓰며 웃었다. 〈조정래, 태백산맥, 2001, 4, 271〉

'꾸척시럽다'는 전남 방언으로 〈전남 방언 사전〉에는 '구척시럽다'로도 쓰는 것으로 보고되어 있다. 표준어 '새삼스럽다'의 의미를 가지는 전남 방언이다. 주로 전남 방언이 구사된 작품에만 나타난다.

꿍기다

- 표준어 : 숨기다
- 품 사 : 동사
- 뜻풀이 : 마음이나 몸을 드러내지 않고 숨기다.
- 다른 방언형 : 꿍겨놓다, 꿍겨박다, 꿍겨앉다, 꿍치다
- 사용 지역 : 전라도

그러지 않아도 잔뜩 마음이 **꿍겼던** 다음이라 질천이는 곰영감 다리라도 껴안을 듯 다가섰다. 〈송기숙, 자랏골의 비가 11, 1974, 282〉

가슴 속에 **꿍겨놓았던** 말을 후련하게 털어놓았을 때의 개운한 기분이었고, 어디 바위밑에라도 눌려있다가 펴난 것처럼 그것만으로도 한몫 사람이 된 것 같이 떳떳하게 느껴졌다. 〈송기숙, 자랏골의 비가 13, 1974, 238〉

그제서야 장쇠는 얼굴을 방바닥에 **꿍겨박듯** 하고 "정 그러시다면 쉰네는 땅을……" 하고 겨우 입을 떼었다. 〈송기숙, 자랏골의 비가 18, 1974, 030〉

밤이 이슥해서야 그녀가 어슬렁어슬렁 꼬리를 내리고 기어들어와 방구석에 얼굴을 깊숙이 묻고 **꿍겨앉았다**. 〈송기숙, 자랏골의 비가 18, 1974, 103〉

혼자 **꿍기고** 말기에는 일판이 너무 크다 보니 같은 성바지인 박복영이한테 까지는 알리고 뒷갈망을 해도 해야겠다는 생각에서였다. 〈송기숙, 암태도, 1981, 104〉

전라 방언의 동사 '꿍기다'는 표준어 '숨기다'에 대응된다. 예문을 통해서 보면 '마음이나 몸을 드러내지 않고 숨기다.'라는 뜻을 가진다.

"

'꿍꿍이, 꿍꿍이셈, 꿍꿍잇속, 꿍심'에서 볼 수 있는 것처럼 '꿍꿍, 꿍'은 '남에게 드러내지 않다.'라는 뜻을 가진다. 돈이나 물건을 숨길 때는 '꿍치다'를 쓰는데 채만식과 이문구의 소설에서 그 예가 보인다. '꿍기다'는 주로 송기숙의 소설에서 발견된다. '숨기다'와 '꿍치다'가 혼태된 것이 아닌가 생각한다.

끄리끄리하다

- 표준어 : 대응 표준어 없음.
- 품 사 : 형용사
- 뜻풀이 : ① (재산, 권력 따위가) 대단하다.
           ② 건장하게 생기거나 체격이 좋다.
- 다른 방언형 : 끄리끄리허다, 끄릿끄릿하다
- 사용 지역 : 전라도

송 선상이 잽혀가기넌 히어도 양반인디다가 문중이 원체로 **끄리끄리헝게** 주재소놈덜도 담날 안 풀어줄 수가 없었구만. 〈조정래, 아리랑, 1995, 1, 243〉

길거리에 **끄리끄리헌** 총각에 남정네들도 불문곡직 왜놈 헌벵이 막 끄집어 간다는디 〈최명희, 혼불, 1996, 9, 250〉

여기저기 모락모락 속불로 타는데/두런두런 **끄릿끄릿** 불가에 앉아 〈김용택, 들길2, 16〉

전라방언에 보이는 '끄리끄리하다'는 의태어 '끄리끄리' 또는 '끄릿끄릿'에서 파생한 어휘로 보인다. '끄리끄리, 끄릿끄릿'은 '여러 사람이 떼를 지어 모여 있는 모습.'을 말하는데 여기서 여러 의미가 파생한 것으로 해석할 수 있다. 그래서 '재산이나 권력이 대단하다.'라는 뜻을 갖게 되고, '사람의 체격이나 모습이 건장하다.'라는 뜻을 갖게 된 것이다.

끄시럼

- 표준어 : 그을음
- 품　사 : 명사
- 뜻풀이 : 어떤 물질이 불에 탈 때에 연기에 섞여 나오는 먼지 모양의 검은 가루.
- 다른 방언형 : 끄으름, 끄시름, 끄시롬, 끄실먹, 그스름, 꺼시름, 끄:럼, 끄:름
- 사용 지역 : 전라도, 충청도, 제주도, 경상도, 전국

> 한 심지에 붙은 불이, 왜 어뜬 것은 화안허고 고운 불꽃으로 타고, 또 왜 어뜬 것은 저런 시커먼 **끄시럼**이 되능고. 〈최명희, 혼불, 1996, 4, 85〉
>
> 모가지 비틀어서, 우둑우둑 털 뜯어서, 불에다 실끔 **끄실러서**, 배가르구…… 〈채만식, 영계, 1987, 455〉
>
> 무주 산골서 농새짐서 낮 **끄실리고** 살다가 여그 창고 안이서 땡볕피허고 생바람 피허고 헝게 〈조정래, 아리랑, 1995, 5, 84〉

표준어 '그을음'은 '그을다'에서 파생한 것이다. 그러나 '그을다'는 '그슬-'에서 온 것이다. 위의 예처럼 전북 방언에서는 '햇볕에 그을리다.'를 '끄실리다'로 표현한다. 따라서 '그을다'의 방언형은 '끄실다'로 볼 수 있다. 여기에 명사파생접미사 '-암 / 엄'이 연결되어 '끄시럼'이 된 것이다. 방언이 역사적인 변화과정에서 파생된 한 예이다.

16세기 문헌에 '그스름'이 나타나는데 이후 '그으름'으로 변한다. 따라서 역사적으로 오래 된 '그스름'이 전국적으로 쓰고 있는 것이다. 남쪽은 물론 북쪽에서도 쓰는 것으로 보고되어 있다.

끕끕수

- 표준어 : 골탕
- 품　사 : 명사
- 뜻풀이 : 사람을 갑갑하게 하는 짓이나 방법.
- 사용 지역 : 전라도, 경상도

그러나 승재는 결코 태수를 위해서 권고하자는 뜻이 아니다. 차라리 태수를 **끕끕수**를 주고 싶어서 하는 말이요, 그보다도 더, 그래저래하다가 이 혼인이 파혼이 되었으면 좋겠다는 막연한 심술로다가 하는 말이다. 〈채만식, 탁류, 1987, 138〉

우선 그랬으면 여태까지 **끕끕수**를 받던 반 분풀이는 될 것 같았다. 〈채만식, 탁류, 1987, 315〉

"정녕 그놈들이 나를 **끕끕수**를 주자고 저희끼리 짜고서 이 거조를 낸 것이 아니냐?" 〈채만식, 許生傳, 1987, 255〉

전라도 말에서 '눈이 끕끕허다.'는 '눈이 갑갑하다.'의 의미이다. 따라서 '끕끕허다'는 '갑갑하다'의 의미를 갖는다. '끕끕허다'의 어근 '끕끕'과 명사 '수'가 결합하여 '끕끕수'를 이루어 '끕끕수를 주다, 끕끕수를 먹이다, 끕끕수를 받다.'와 같은 구성에서 주로 사용된다. 전라도에서 많이 사용되는 어휘이다.

<표준국어대사전>에는 '끕끕수'를 '체면이 깎일 일을 당하여 갖는 부끄러움.'으로 해설하고 채만식의 탁류에 나오는 '우선 그랬으면 여태까지 끕끕수를 받던 반분풀이는 될 것 같았다.'의 예를 보이고 있다.

그러나 이 역시 '사람을 갑갑하게 하는 짓이나 방법'이란 의미에 더 가까운 것을 알 수 있다.

한편, 경북이 고향인 이오덕의 '이상한 선생님'이란 글에는 '일변 저를 끕끕수를 주자는 설도인 줄은 모르고'와 같은 예가 나온다. 따라서 전라도에서 아주 많이 사용하는 어휘이지만 다른 지역에서도 일부 사용되고 있음을 보여준다.

끙짜

- 표준어 : 강짜, 강샘
- 품 사 : 명사
- 뜻풀이 : 짜증을 내며 고집을 부림.
- 사용 지역 : 전라도

"그럴 테거든 새달 버텀은 그만두래라" 이렇게 **끙짜**를 놉니다. 〈채만식, 천하태평춘, 1938 : 1, 176〉

사실 제호가 살림이고 돈이고 언제든지 이렇게 **끙짜** 한마디 없이 아끼잖고 사다 주고 내놓고 하는 것을 받을 때만은 그가 고마왔고, 고마운만큼 더 미덥기도 했었다. 〈채만식, 탁류, 1987, 299〉

"이잉, 방구? 그러지, 머" 콩알만한 것들이 마냥 함부로 대접하는데도 그는 절대로 화내거나 **끙짜**놓는 법이 없었다. 〈윤흥길, 소라단 가는 길, 2003, 126〉

물론 여자로서는 젬병인 흠처투성이의 며느리를 조금도 **끙짜** 놓지 않고 처음부터 자애로써 대해주던 운암댁도 어머니로 대접받아 마땅한 인물이었다. 〈윤흥길, 빛 가운데로 걸어가면, 1997, 1, 17〉

〈표준국어대사전〉을 보면 '끙짜'는 '강짜'의 잘못으로 처리하고 있고, '강짜'는 '강샘'의 속된 표현으로 처리하고 있다. '강샘'은 '부부 사이나 사랑하는 이성(異性) 사이에서 상대되는 이성이 다른 이성을 좋아할 경우에 지나치게 시기함.'의 뜻을 가진다. 표준어에서는 '강짜를 부리다. 강짜가 심하다.'와 같이 사용한다. 그러나 전라 방언에서 '끙짜'는 '남에게 무리한 떼를 쓰거나 심술을 부리는 말이나 짓'을 말하기 때문에 '끙짜를 하다, 끙짜를 놓다.'와 같이 쓰는 것이 일반적이다.

전라 방언의 '끙짜'는 성별과 상관없이 사람들이 '짜증을 내며 고집을 부리는 것'을 말한다. 따라서 표준어와는 의미차이를 보이고 있다. 주로 '끙짜를 놓다.'의 구조로 사용되고 있다.

표준어 규정 제17항은 비슷한 발음의 몇 형태가 쓰일 경우, 그 의미에 아무런 차이가 없고 그중 하나가 더 널리 쓰이면, 그 한 형태만을 표준어로 삼도록 규정하고 있다. 따라서 '끙짜'를 버리고 '강짜'를 표준어로 삼고 있다. 그러나 표준어 '강짜'와 방언의 '끙짜'는 의미가 다르다.

끼대다

- 표준어 : 끄지르다, 까지르다
- 품   사 : 동사
- 뜻풀이 : 주책없이 싸다니다.
- 다른 방언형 : 끄대다
- 사용 지역 : 전라도

"이놈 어디 **끼대갔소**." "잘 모르것구만요, 낮에 집에 있간디요." 김씨의 태도는 공손했지만 말뜻은 곱지가 않았다. 〈조정래, 아리랑, 1995, 8, 166〉

보증서에 도장 하나 눌러달랄 적에는 그리도 야박허게 퇴짜허든 눔이 무신 낯짝 들고 집안으로 **끼대들어와**, 끼대들어오길. 그녀는 최익달의 발등에 침을 내뱉고 싶은 심정이었다. 〈조정래, 태백산맥, 2001, 4, 165〉

댓가를 다 톡톡허니 치룸시로 허란 일인디, 니눔이 무슨 맘뽀로 다 된 잔치에 코 빠치는 거여, 빠치길. 나가! 당장 **끼대나가**! 〈조정래, 태백산맥, 2001, 5, 109〉

"아이고 요런 등신아, 못난 느그 애비 탁헌 그 꼬라지 뵈기도 싫은께 싸게 집으로 **끼대가뿌러**." 〈조정래, 태백산맥, 2001, 5, 272〉

"이 때래 쥑일 놈우 새끼야, 너하고 나하고 웬수가 졌으면 먼 웬수가 졌간디 뜽금없이 **끼대와서** 이 지랄이냐, 엉?" 이주호는 이를 앙다물려 소리를 질렀다. 〈송기숙, 녹두장군 4, 1989, 283〉

"그라면, 바로 **끼대와서** 두령님한테 그로코 말을 해얄 것 아녀, 이 씨발놈아?" 이천석이가 악을 썼다. 〈송기숙, 녹두장군 6, 1989, 285〉

"때려 쥑일 것들이 올라면 얼른 **끼대** 오제 멋하고 자빠졌으까?" 김확실이가 이죽거리며 졸개들 앞에 앉았다. 〈송기숙, 녹두장군 6, 1989, 113〉

전라방언의 동사 '끼대다'는 표준어 '끄지르다'에 대응하는 어휘다. '*끄지르다*'의 의미를 '주책없이 싸다니다, 주책없이 싸대다.'로 풀이하고 있다. 따라서 '끼대다'의 기본 의미는 '돌아다니다'라는 의미를 가진다. 예문에서 보면 '끼대가다, 끼대오다, 끼대 들어오다.'의 유형으로만 쓰이고 있다. 이것은 유사한 이동의 의미를 가진 동사끼리 복합어를 이루고 있는 것이다. 다만 '오다, 가다' 앞에 '끼대'가 연결되면 부정적인 의미를 가지는 것은 원래 '끄대다'가 '주책없이 싸다니다.'라는 부정적인 의미를 가지기 때문이다. 흔히 '끼대 오다, 끼대 가다.'와 같이 쓰여서 마치 '끼대'가 하나의 부사처럼 보이지만 그렇게 해석하기는 곤란하다. 이 '끼대'가 '가다, 오다' 앞에서만 한정되어 쓰이는 부사로 처리하기가 어렵기 때문이다.

나꾸다

- 표준어 : 잡아채다
- 품 사 : 동사
- 뜻풀이 : 손에 걸리거나 잡힌 것을 세게 당기다.
- 다른 방언형 : 나끄다
- 사용 지역 : 전라도, 함경도

업순이 제가 어려서 일쑤 아버지가 자고 있는 데로 엉금엉금 기어가서는 수염을 잡아 꺼들기. 아버지가 안아 줄 때도 자꾸만 수염만 잡아 **나꾸고**. 그럴라치면 아버지는, 허어 이놈의 딸년이 아범 수염을!⋯⋯ 하면서 허겁스럽게 소리를 지르고 했더라고. 〈채만식, 병이 낫거든, 1987, 125〉

노파 (덕수의 멱살을 잡아 **나꾸면서**) "이놈 날 죽여라, 날 죽이든지 돈을 내놓든지 둘 중에 네 맘대루 해봐라." 〈채만식, 무장삼동, 1987, 436〉

비오리는 썩 한 무릎을 내앉으며 팔을 쑥 내밀더니 모갑이 손을 **나꾸어** 잡는 시늉을 했다. 〈최명희, 혼불, 1996, 3, 303〉

머리꽁지를 확 **나꾸어** 잡아채드만요. 그대로 끌려갔댔지요. 〈최명희, 혼불, 1996, 5, 98〉

"아니, 왜 이러시요?" 기겁을 한 오류골댁이 기응의 팔을 **나꾸어** 잡으며 엉겁결에 따라 일어섰으나 기응은 "놔." 거칠게 털어냈다. 〈최명희, 혼불, 1996, 6, 310〉

건성으로 주섬주섬 옹배기와 걸레들을 치우는 척하던 옹구네 손이 춘복이 손에 들린 봉투를 홱, **나꾸어챈다.** 〈최명희, 혼불, 1996, 8, 66〉

순간, 군중 사이에서 나온 서동오가 도리우찌와 함께 성큼 마루로 오르며 도리우찌 뒷덜미를 **나꾸었다.** "야, 임마!" 서동오는 도리우찌 뒷덜미를 홱 잡아당겼다. 〈송기숙, 암태도, 1981, 132〉

문삼만이가 작대기를 휘둘렀다. 박응언은 엉겁결에 작대기를 손으로 **나꾸었다.** 순간, 다른 작대기가 옆구리를 갈겼다. 〈송기숙, 암태도, 1981, 206〉

그때까지 비틀거리며 걸음조차 제대로 못 하던 할멈이 갑자기 믿어지지 않을 만큼 날랜 동작으로 딸의 머리채를 **나꾸었다.** 〈한국소설문학대계, 윤흥길, 황혼의 집, 27〉

전라 방언의 동사 '나꾸다'는 동사 '낚다'에 접미사 '-우-, -구-'가 첨가된 것으로 보인다. '늘리다'를 '늘구다'로 하는 것처럼 전라방언에서는 접미사로 '-구-'가 많이 쓰인다. 동사 '낚다'에는 '무엇을 갑자기 붙들거나 잡아채다.'라는 의미가 있는데 '나꾸다'의 의미가 이에 해당한다. 그러나 일반적으로 '낚다'는 의미보다 훨씬 거센 느낌을 준다. 따라서 '나꾸어채다'가 쓰이고 '멱살을 잡아 나꾸다.'와 같은 거센 표현들이 쓰이고 있다. 함북 지역에 '낚우다'가 쓰이는 것으로 보고되어 있다.

나르지근하다

- 표준어 : 나른하다, 느른하다
- 품　사 : 형용사
- 뜻풀이 : 맥이 풀리거나 고단하여 기운이 없다.
- 다른 방언형 : 나르지근허다, 나리지근하다
- 사용 지역 : 전라도

그런데 그 짓 한 번 했다고 이렇게 몸이 **나르지근해지는** 판이니 그 생각이 안 날 수가 없었다. 〈조정래, 아리랑, 1995, 12, 23〉

어제부터 등줄기에 으시시 찬바람이 돌았고, 낮에는 더 자주 찬바람이 일어나며 전신이 **나르지근하게** 맥이 풀려나갔다. 〈조정래, 태백산맥, 2001, 8, 312〉

전라 방언의 형용사 '나르지근하다'는 표준어 '나른하다'에 대응하는 어휘이다. 이 어휘는 '나른하다'의 어근에 접미사 '-지근하-'가 연결된 것으로 보인다. <소설어 사전>과 <시어 사전>을 보면 '께적지근하다, 녹작지근하다, 뻑적지근하다, 달짝지근하다, 후텁지근하다' 등이 쓰여 접미사로 볼 수 있는 '-지근하-'를 매우 생산적으로 사용하고 있다. 황해도에서는 '노지근하다'가 쓰이는 것으로 보고되어 있다.

나분대다

- 표준어 : 나부대다
- 품　사 : 동사
- 뜻풀이 : 얌전히 있지 못하고 철없이 졸랑거리다.
- 사용 지역 : 전라도

> 긍게. 콱 무질러서 언감생심 **나분대들** 못허게 해야제. 〈최명희, 혼불, 1996, 4, 204〉
>
> "나 혼차 영화 누리겄다고 요러는 것 아녀. 요게 다 임씨 가문을 위허서 장래를 내다보고 미친년 널 뛰딧기 **나분대는** 거여." 〈윤흥길, 빛 가운데로 걸어가면, 1997, 2, 155〉

　'나분대다'는 표준어 '나부대다'의 전라방언이다. 북한에서는 '나분거리다'가 사전에 등재되어 있는 것으로 보아 '나분대다'와 '나분거리다'는 어원을 같이하는 것으로 보인다. 실제로 <표준국어대사전>에서는 '나분대다'를 "나부대다'의 잘못'으로 기술하고 있는데 방언뿐만 아니라 실제 생활에서 '나분대다'를 많이 쓰고 있는 것으로 보인다. 전라도 출신의 작가 윤흥길, 김준선, 오세영의 작품에도 나타나는 것으로 보면 전북 방언의 어휘로 보인다.

나수

- 표준어 : 나우
- 품　사 : 부사
- 뜻풀이 : ① 조금 많이.
　　　　　② 정도가 조금 낮게.
- 다른 방언형 : 나:수
- 사용 지역 : 전라도, 충청도

쓸디없는 소리 그만두구 돈 생겼거들랑 양식이나 **나수** 팔어와…… 이러다가는 모다 굶어죽을 티닝개루…… 〈채만식, 停車場近處, 1987, 316〉

더 먹어라. 이틀이나 굶어서 오직이나 시장히였겄냐. 이따가 시장허잖게 **나수** 먹어라…… 늬덜을 이날 이때까지 배는 안 곯리고 키워오다가 이 지경을 당허닝게 눈이 캄캄하다. 〈채만식, 생명의 유희, 1987, 438〉

　전라 방언의 부사 '나수'는 형용사 '낫다'에 부사파생접미사 '-우'가 연결되어 이루어진 것이다. 전라도에서 아주 많이 쓰는 부사이다. 전라 방언의 '겁나게, 공장히'가 '아주 많이'라는 뜻을 가진 부사인 반면에 '나수'는 '약간 많이'라는 뜻을 가진다.

　'나우'는 〈朝鮮語辭典〉(1920)에 처음 보인다. '나우'는 형용사 어간 '낫(勝)-'에 접미사 '-우'가 결합된 '*나수'에서 변화한 형태이다. '*나수'의 'ㅿ'이 소실되어 '나우'가 된 것이다. '나우'가 지니는 '정도가 조금 낮게'라는 의미를 고려하면 '나우'가 '낫-〔勝〕'으로부터 파생된 부사라는 점이 더욱 분명히 드러난다. 지역에 따라 '*나수'는 'ㅿ>ㅅ'의 변화로 '나수'로 쓰인다.

나수다

- 표준어 : 고치다
- 품 사 : 동사
- 뜻풀이 : 병을 낫게 하다.
- 다른 방언형 : 낫우다
- 사용 지역 : 전라도

아뭏든 다행이다 싶고, 장차는 완전히 그것이 **나수어질** 수도 없지 않으리라 하여 더욱 다행스러웠다. 〈채만식, 아름다운 새벽, 1987, 137〉

그러나 그러면서도 일변, 눈을 도로 **나수어보겠다는** 한 줄기의 여망과 정성스런 노력은 버리지 아니하였다. 〈채만식, 심봉사, 1987, 167〉

피로를 **나수어야** 할 행동, 그러니깐 휴식, 그놈 하나하구…… 그러구 또 하나는, 피로를 되려 더하게 할 행동 〈채만식, 巡公있는 日曜日, 1987, 519〉

미상불 눈에 아니 보이는 의사보다도 간호부가 송이의 병을 **낫우어** 주는 성만 싶었던 것이다. 〈채만식, 인형의 집, 1987, 97〉

처음 병을 **낫우어** 주느라고 명님이를 알게 된 내력부터 시작하여, 이내 삼년 동안이나 친누이동생같이 귀애하던 것이며 〈채만식, 탁류, 1987, 377〉

전라 방언 '나수다'는 '낫다'에 사동접미사 '-우-'가 연결되어 이루어진 파생어이다. 따라서 이 어휘는 '병을 낫게 하다.'의 의미를 가진다. 작품의 예에서 보면 '병이 나수어지다.', '병을 나수어보다.'의 예가 보이는데, '나수어보다'는 '낫게 하여 보다.'의 의미가 되어 자연스럽지만,

‘나수어지다’는 ‘낮게 하여 지다.’가 되어 성립하기 어렵다. 그러나 전라방언에서 ‘나수어지다’는 ‘나아지다’의 의미로 쓰이고 있는 듯하다.

표준어 ‘고치다’가 ‘낫우다’에 비해 널리 쓰므로 ‘고치다’를 표준어로 삼고 있다. 표준어 규정 제25항은 의미가 똑같은 형태가 몇 가지 있을 경우, 그중 어느 하나가 압도적으로 널리 쓰이면, 그 단어만을 표준어로 삼도록 단수표준어의 규정을 제시하고 있다. 따라서 ‘낫우다’를 버리고 ‘고치다’를 표준어로 삼고 있는 것이다.

나차막하다

- 표준어 : 나지막하다, 낮다
- 품   사 : 형용사
- 뜻풀이 : 위치가 꽤 나직하다.
- 다른 방언형 : 나차막허다, 나찹다
- 사용 지역 : 전라도

산이라기보다도 **나차막한** 구릉(丘陵)이요, 경사가 완만하여 별로 험한 길이랄 것도 없다. 〈채만식, 敗北者의 무덤, 1987, 384〉

근처에서는 제일 **나찹고**, 경하여 작기도 하다. 근처라야 무슨 고래등 같은 기와집이나 들뭇들뭇한 집들이 있는바 아니요, 촌락 80여 호가 거진 다 고 또래로 올망졸망한 오막살이 판이지만, 그런 축에서도 제일 작고 납작하다. 〈채만식, 집, 1987, 71〉

전북 방언에서는 '깊다'에 상대하는 '얕다'에 대하여 '야찹다'라고 하고, '높다'에 상대하는 '낮다'에 대하여 '나찹다'라고 한다. '얕다'는 형용사파생접미사 '-으막하-'가 붙어 '얕으막하다'로 쓰이는데 이 말에 견인되어 '나찹다'에도 '-으막하-'가 붙어 '나차막하다'가 만들어진 것이다. 이청준의 '축제'에도 보인다. '나찹다'는 충청도에서도 쓰는 것으로 보고되어 있다.

날마늘

- 표준어 : 생마늘
- 품 사 : 명사
- 뜻풀이 : 익히거나 가공하지 않은 마늘.
- 사용 지역 : 전라도

모친 및 관수 사이에 안녕하냐는 둥 수고한다는 둥 농사가 잘 돼서 기쁘겠다는 둥, 얼기설기 수인사가 오락가락하면서 술 한 병에 보리고추장에다가 **날마늘**을 곁들인 안주를 중심으로 비잉 둘러앉는다. 〈채만식, 정자나무 있는 插畵, 1987, 367〉

작가 채만식은 접두사로 쓰는 한자어 '生-'을 주로 고유어 '날-'로 사용하고 있다. '날맥주'의 경우 괄호 안에 '生麥酒'라고 쓰고 있어서 그 당시의 고유어 내지는 의도적인 고유어 사용으로 보인다. 채만식의 작품에는 '날깍두기, 날맥주, 날베' 등을 쓰고 있다. 사전에는 '생마늘'로 쓰고 있지만 여전히 실생활에서 '날마늘'도 많이 사용하고 있다.

날맥주

- 표준어 : 생맥주
- 품　사 : 명사
- 뜻풀이 : 살균하기 위해서 열처리를 하지 아니한, 양조한 그대로의 맥주. '생맥주'에 대해 북한에서 쓰는 어휘.
- 사용 지역 : 전라도, 북한

　　상문은 저와 순범 몫으로 **날맥주**(生麥酒)를, 봉아의 청으로 아이스크림을 세 사람의 저녁밥과 한가지로 부탁했다. 〈채만식, 金의 情熱, 1987, 286〉

　　범수는 본시 술을 못 먹는 편이 아니나 다뿍 시장했던 판에 **날맥주**를 한 조끼나 들이켜 그 위에다가 더운밥을 먹어, 해놓아서 술에 취하고 밥에 체하고 했다. 〈채만식, 明日, 1987, 164〉

　　작가 채만식은 접두사로 쓰는 한자어 '生-'을 주로 고유어 '날-'로 사용하고 있다. '날맥주'의 경우 괄호 안에 '生麥酒'라고 쓰고 있어서 의도적인 고유어 사용으로 보인다. 채만식의 작품에는 '날깍두기, 날마늘, 날배' 등을 쓰고 있다. '날맥주'는 현재 북한에서 사용되고 있다.

날캄하다

- 표준어 : 날카롭다
- 품　사 : 형용사
- 뜻풀이 : 끝이 뾰족하거나 날이 서 있다.
- 다른 방언형 : 날캄허다, 날컴하다, 날큼하다
- 사용 지역 : 전라도

> 엉덩이를 찧어도 하필 똥달뼈 끄트머리가 **날캄한** 독끝에 마쳐 위매 하게 놀랐었다. 뼈끝 찧인 아픔이 골 속으로 무질근하게 스며들며 사지에 힘이 빠지고 등에서 식은 땀이 났다. 〈송기숙, 자랏골의 비가 2, 1974, 205〉

> 웅보가 어머니의 바늘상자에서 인두를 꺼내 쟁기의 보습처럼 끝이 **날캄한** 인두쇠를 관솔불에 넣자, 아버지가 달려들어 빼앗어버렸다. 〈송기숙, 자랏골의 비가 18, 1974, 061〉

> 웅보는 빗방울이 굵어질수록 **날캄한** 송곳이 쿡쿡 쑤시듯 가슴이 아팠다. 〈송기숙, 자랏골의 비가 19, 1974, 171〉

전라방언의 형용사 '날캄하다'는 표준어 '날카롭다'에 대응하는 어휘다. '날카롭다'와 관련된 15세기 단어는 '늘캅다'이다. '늘캅다'는 '늘ㅎ〔刀〕'에 형용사를 만드는 접미사 '-갑-'이 결합된 형태이다. '칼날과 같다.'라는 의미로 해석된다. '날캅-'에 형용사를 만드는 파생 접미사 '-롭-'이 개재되어 '날캅롭-'이 만들어지고, 이것의 제2음절 받침 'ㅂ'이 탈락하여 '날카롭-'으로 나타난 것으로 해석된다. 전라방언의 '날캄하다'는 '날캅-'에 형용사를 만드는 접미사 '-음하-'가 연결된 것으로 보인다. 송기숙, 문순태의 작품에서 주로 보이는 것으로 보아 전남 방언으로 보인다. 15세기 어형인 '날캅다'는 전국에서 쓰는 것으로 보고되어 있다.

날키다

- 표준어 : 날리다
- 품   사 : 동사
- 뜻풀이 : '날다'의 사동사.
- 다른 방언형 : 날구다
- 사용 지역 : 전라도

전라방언의 동사 '날키다'는 표준어 '날리다'에 대응하는 어휘다. 전
라방언의 어휘 '숨쿠다, 숨키다'는 표준어 '숨기다'에 대응하는 동사로
'숨다'의 사동사이다. 전라 방언에서는 '늘리다'는 '늘구다, 늘쿠다'로
쓰고, '기르다'는 '질구다'로 '삭히다'는 '삭후다, 삭쿠다'로 쓰는 게 일반
적이다. 사동사를 만드는 접미사를 '-구-, -쿠-'로 많이 쓰고 있는
것이다. 이러한 영향으로 '날다'의 사동사로 사동접미사 '-쿠-, -키-'
를 쓰기 때문에 '날키다'가 생성된 것이다.

남싸다

- 표준어 : 날래다
- 품 사 : 형용사
- 뜻풀이 : 사람이나 동물의 움직임이 나는 듯이 빠르다.
- 다른 방언형 : 날싸다, 날파람나다
- 사용 지역 : 전라도

오냐. 내 채곡채곡 싸 났다가, 실에다 바늘로 뀌여서 줄줄이 달어 매놨다가 인자 그년한테 갚어 줄랑게. 내가 받은 설움에다 이자 쳐서 **남싸게** 갚어 줄랑게. 두고 바라. 〈최명희, 혼불, 1996. 6. 185〉

"잘허시는 할머니 노릇이요, 참말로 자알허시는 할머니 노릇! 새칠로 맴 잡고 지난 시절 못다헌 효도, 인자부텀 **남싸게** 허겄다는디도 종술이를 끄니 못 믿고는 부모 자석 간에 이간붙이는 것으로 옛날에 받은 불효를 한목이 몽 씬 복수허겄다, 그런 생각이지라우?" 〈윤흥길, 빛 가운데로 걸어가면, 1997. 2. 139〉

전라 방언 '남싸다'는 최명희, 윤흥길의 작품에 보이는데 <전남 방언 사전>을 보면 표준어 '날래다'와 대응하는 어휘로 보고 있다. 전라 방언의 '싸다'는 '빠르다'의 의미인데 '남'은 정확하게 무엇인지 말하기 어렵다. '남싸다'와 함께 '날싸다'를 쓰는데 이는 표준어 '날쌔다'와 대응한다. '남'과 '날'이 무엇을 의미하는 이형태인지 확인하기 어렵다. '날래다'와 '잽싸다'가 혼태되어 생성된 것이 아닌가 한다. 송기숙의 소설에서는 '날파람나다, 날파람이 나다.' 등을 쓰고 있다.

남치기

- 표준어 : 나머지
- 품　사 : 명사
- 뜻풀이 : ① 어떤 한도에 차고 남은 부분.
　　　　　② 남아 있는 적은 것.
- 다른 방언형 : 남지기, 남어지기, 낭거지, 남저지
- 사용 지역 : 전라도

셋이나 되는 딸에 눈 딱 감고 한나 내놓고 **남치기** 식구 배불리 살면 좀 좋을 것이여. 그까진 딸자석 한나가 머시가 아깝다고 그래싸. 〈조정래, 아리랑, 1995, 1, 193〉

우리가 많이 묵었어야 그 절반 묵었을 것 아니라고. 글먼 그 **남치기** 절반언 어디로 간 것이여. 〈조정래, 아리랑, 1995, 7, 18〉

"니도 아무 걱정 말고 **남치기** 1년 공부럴 독학으로 다 띠서 엄니 씨린 가심얼 풀어줘야 쓰겄는디, 니 그리헐 수 있겄냐, 없겄냐?" 그는 아들을 응시했다. 〈조정래, 아리랑, 1995, 9, 92〉

"웬걸이야. 우선 일 원 오십 전만 주고 **남저지**는 내일 저녁때 가져온단다." 〈채만식, 생명의 유희, 1987, 437〉

시계(市契) 돈 장리(長利) 벼를 낱낱이 수쇄(收刷)하니 엄부렁하던 것이 **남저지** 바이 없다 〈최명희, 혼불, 1996, 3, 11〉

전라 방언에서 표준어 '나머지'에 해당하는 말의 대표적인 형태는

'남어치'와 '남지기'이다. 그런데 조정래의 작품에는 '남치기'가 많이 사용되고 있다. '나머지'와 '나머지기'가 있는 것으로 보아 이는 형용사 어간 '남-〔餘〕'에 접미사 '-어지'가 결합된 형태이다. '남치기'는 기존 형태가 뒤섞인 혼태일 가능성이 매우 높다. '남어치'와 '남지기'가 혼태되어 '남치기'가 된 것으로 이해된다.

20세기 초의 <朝鮮語辭典>(1920)에는 '남어지'와 '남아지'가 모두 실려 있다. 아울러 '남저지'라는 특이한 단어도 싣고 있는데, 이를 중심 표제어로 삼고 있다. 아울러 <朝鮮語辭典>(1938)에도 '나머지'와 '나마지'는 물론이고 '남저지'가 모두 실려 있다. 여기서도 '남저지'를 중심 표제어로 삼고 있다. 그런데 <조선말큰사전>(1947)에서는 '나마지'와 '남저지'를 방언으로 처리하고, '나머지'만 표준어로 인정하고 있다. '남저지'는 채만식과 최명희의 소설에서도 보이고, 이상과 김유정의 글에서도 보인다.

납대기

- 표준어 : 모되
- 품 사 : 명사
- 뜻풀이 : 곡식이나 기름을 잴 때 쓰는 도구로 두 되를 담는 나무 그릇이나 또는 그 양.
- 다른 방언형 : 납때기
- 사용 지역 : 전라도

> 탑삭부리 한참봉은 마침 쌀을 사러 온 아이한테 봉지쌀 한 **납대기**를 되어 주느라고 꾸부리고 있다가 힐끔 돌아다보고 인사를 한다는 것이 〈채만식, 탁류, 1987, 21〉
>
> 그 길로 싸전에 들러 쌀과 좁쌀을 한 **납대기**씩 팔고 나머지에서 십오 전을 선 자리에 갖다 주었다. 〈채만식, 明日, 1987, 181〉
>
> 가난은 하지만 끔찍한 정성과 사랑이 담겨진 한 **납대기**의 벤또이었습니다. 〈채만식, 興甫氏, 1987, 420〉

한 되는 한 말의 10분의 1이다. 두 되를 잴 때 쓰는 나무 그릇이나 그만큼의 양을 전북에서는 '납대기'라고 한다. 기름을 넣는 병도 1.8 리터 병이 있는데 그것을 '한 납대기 병'이라 했다. '지름 한 납대기 사 오니라.'와 같은 구문에서는 기름의 양을 나타낸다. 이전에는 싸전이 나 기름을 파는 집에서 두 되를 재는 네모진 나무 그릇을 사용했는데 이것을 납대기라고 했다. 표준어로는 '모되'라고 하는데 이는 최근에 나온 말이다.

윤흥길의 '완장'에는 '미쓰 킴, 여기 모리미로 한 납대기만 갖다줘'의 예가 보인다.

납뛰다

- 표준어 : 날뛰다
- 품　사 : 동사
- 뜻풀이 : ① 날 듯이 껑충껑충 뛰다.
　　　　　② 함부로 덤비거나 거칠게 행동하다.
　　　　　③ 어떤 일에 골몰하여 몹시 바쁘게 돌아다니다.
- 다른 방언형 : 납드다
- 사용 지역 : 전라도, 전국

그 대신 안팎 일에 제 일 못잖게 살뜰히 **납뛰어**, 정주사네 내외의 환심을 사기에 온갖 정성을 다하는 참이다. 〈채만식, 탁류, 1987, 245〉

아이들의 코묻은 일전 한푼을 바라고 오도카니 지켜앉았기가 갑갑하기도 하려니와, 일변 미두장에 가서 잘만 **납뛰면** 한목에 오십 전이고 일 원이고를 따니, 그게 사람이 활발하기도 할뿐더러 이문도 크다 하는 것이다. 〈채만식, 탁류, 1987, 345〉

그새 사흘 동안 승재는 제 힘껏은 눈을 뒤집어쓰고 **납뛰다시피** 했었다. 물론 승재의 주변이니 별수가 없기는 했었지만, 아무려나 애는 무척 썼다. 〈채만식, 탁류, 1987, 374〉

그것을 전서방은 일손 서투르기조차 한 생내기 인부들을 데리고도 부라퀴 같이 **납뛰어** 일 년이 채 못 가서 달수로 열 달, 작업한 날수로는 이백오십 일 만에 버젓이 해치웠었다. 〈채만식, 金의 情熱, 1987, 383〉

이 감장을 하여가자면 자연 그만큼이나 부지런히 **납뛰지** 아니하고는 뒤를 대는 도리가 없었다. 〈채만식, 심봉사, 1987, 170〉

> 용동댁은 눈물이 뚜욱뚜욱, 어미니를 부르며 찾으며, 그러나 모친은 없었고, 물을 떠다가 닭의 입으로 흘려넣는다, 부채질을 해준다 사뭇 **납뛰면서** 온갖 정성을 다 들였다. 〈채만식, 龍洞宅, 1987, 333〉

'날뛰다'의 전라 방언인 '납뛰다'는 주로 채만식의 작품에서 많이 쓰인다. 비교적 오래된 고어임을 짐작할 수 있다. 어휘역사검색프로그램에 의하면, '날뛰다'가 직접 소급하는 최초의 형태는 18세기의 '닓쒸다'이다. 이 단어는 '놀다(飛)'와 '뜨다(浮)'의 어간이 결합하여 형성된 '닓드다'의 제2음절이 '(뛰다>)쒸다(躍)'의 어간으로 바뀐 것이다. 문헌에 나타나는 형태 중에서 '닓쁘다'는 'ㅂ'이 중철표기 된 것이고, '닓듸다'는 제2음절의 자음이 구개음인 '지'가 아님을 표기로 보이고자 한 것으로 보인다.

중세국어의 '닓쒸다, 닓드다'가 후대에 '놀쁘다'로 변하고 거기서 '날뛰다'가 나온 것이다. 따라서 채만식의 작품에 나오는 '납뛰다'는 고어형임을 알 수 있다. 국어사전에는 '납드다'도 방언형으로 처리하고 있다. 홍명희의 '임꺽정'과 이해조의 '빈상설'에도 나오는 것으로 보아 고어형이 계속 이어져 오고 있음을 알 수 있다.

낯박살

- 표준어 : 면박
- 품　사 : 명사
- 뜻풀이 : 사람의 면전에서 잘못을 꾸짖는 일.
- 다른 방언형 : 낫박살
- 사용 지역 : 전라도, 충청도

그 말에 임서방이 벌끈하며 아낙한테 **낯박살**을 주었다. 〈최명희, 혼불, 1996, 5, 215〉

그런 뜻을 남편 앞에 슬며시 내비쳤다가 된통으로 **낯박살**을 당하고는 웃음엣소리라며 얼른 얼버무리고 말았지만, 실인즉 그것은 그니의 진심이었다. 〈윤흥길, 빛 가운데로 걸어가면, 1997, 1, 108〉

허우댓값도 못하고 자꾸만 청승떠는 꼴이 아까부터 비위에 거슬려 부월은 시발점에서 함께 오른 몇 몇 알 만한 얼굴들이 버스 안에 있다는 사실도 잊은 채 남편에게 **낯박살**을 주었다. 〈윤흥길, 빛 가운데로 걸어가면, 1997, 1, 302〉

'낯박살'은 전라, 충청 방언에서 주로 쓰는 말로 '낯'과 '박살'의 복합어이다. '박살'은 '깨어져 산산이 부서짐.'이란 뜻인데 '낯박살'은 얼굴을 깨뜨리는 일을 비유적으로 사용하는 어휘이다. 주로 '낯박살을 주다.'의 형식으로 '면박을 주다.'라는 의미로 쓰는데 최명희, 윤흥길과 이문구의 소설에서 보인다.

내립다

- 표준어 : 냅다
- 품 사 : 부사
- 뜻풀이 : 몹시 세차고 빠르게.
- 다른 방언형 : 들입다, 디립다, 냅다
- 사용 지역 : 전라도

그놈이 그 구멍으로 해서 좆아나와 **내립다** 사람을 물어 죽인다든지 잡아 먹는다든지 하고…… 〈채만식, 정자나무 있는 插畵, 1987, 352〉

네 이놈, 경손아! 유리쪽으로 내다보고 있든 미다지를 **냅다** 벼락치듯 와르르 따악 열어재치면서 집안이 왼통 떠나가게 웨장을 칩니다. 〈채만식, 천하태평춘, 1938, 4, 98〉

자 건국이다. 친일파를 없애여라. 민족반역자를 버히라. 이렇게 **들입다** 목이 터지두룩 웨치구 붓이 닳두룩 쓰구 하질 않는가? 〈채만식, 역로, 1987, 275〉

애기가 겨우 본론으로 접어들려는 판인데 자발머리 없게도 지게미 녀석이 **들입다** 또 초를 치고 나섰다. 〈윤흥길, 소라단 가는 길, 2003, 86〉

저거 봐요! 저, 커다란 빠스가 다니구 자동차가 **디립다** 몰려오구 자행거가 획획 댕기구, 마차가 댕기구, 안 그래? 다치문 어떡허나? 〈채만식, 興甫氏, 1987, 429〉

중년 남자하고 갈마들어 종술 앞에 선 부월이 **들입다** 샛노란 목소리로 물었다. 〈윤흥길, 빛 가운데로 걸어가면, 1997, 2, 55〉

'내립다'는 채만식의 작품에만 나오는 특이한 형태의 부사이다. 표준어로 '몹시 세차고 빠른 모양'을 나타내는 말로는 '냅다'와 '들입다'를 쓰고 있다. '냅다'와 '들입다'는 방언에서도 활발히 쓰인다. 그 결과, '냅다'와 '들입다'가 혼태를 일으켜서 '내립다'가 된 것으로 보인다.

　시인 강은교의 '젊은 시인에게 보내는 편지'에 '읽는 이의 어깨를 내립다 치지 못할 것이다.'의 예가 보이고, 윤대성의 희곡 전집에도 '장단을 내립다 치니 버릇은 있어 춤을 추는데'의 예가 보인다. 전남이 고향인 소설가 한창훈의 소설에서도 보인다.

내발기다

- 표준어 : 내발리다
- 품　　사 : 동사
- 뜻풀이 : (생각, 태도, 신체, 말 등이) 겉으로 드러나 보이다. 또는 그렇게 하다.
- 사용 지역 : 전라도

"이놈이 잿갓에서 궁글어서 그란가 으짠가 말하는 것 본게 보통내기가 아니등만이라. 말끝마등 칼을 들맥임시로 팔뚝을 걷어보이다 가슴팍을 **내발기다** 하는디 나는 그 칼자국만 봐도 몸서리가 쳐집디다. 그 칼자국 보면 두 번 만날 정 없드만이라." 김한준이는 몸서리를 치며 고개를 저었다. 〈송기숙, 녹두장군 4, 1989, 088〉

염려는 비끄러 매시오. 그런 소문이 나는 날에는 전해 준 나부텀 물고가 날 것인디, 내가 아무리 입이 싸다고 나 죽을 소리까지 **내발기고** 댕기는 사람인 중 아시오? 〈송기숙, 녹두장군 6, 1989, 167〉

그러지 않아도 원두한이 쓴 외 보듯 지루퉁하고 하고 있던 오기창이는 유배걸이 이름까지 **내발기며** 변모없이 토파하고 나오자 대번에 비위짱이 상한 것 같았다. 〈송기숙, 녹두장군 9, 1989, 014〉

막동이가 두레꾼들을 건너다보고 어깨를 **내발기며** 목구멍이 째져라 소리를 질렀다. 〈송기숙, 녹두장군 11, 1989, 251〉

전라 방언의 동사 '내발기다'는 표준어 '내발리다'에 대응하는 어휘이다. '까발리다'를 '까발기다'로 발음하는 것과 같다. '내발리다'는 표준어에서는 '생각이나 마음'을 보이는 것을 말하는데 작품의 예문을

보면 '신체'를 보이는 것과 '말'로 어떤 내용을 보이는 것도 포함하고
있다.

내비두다

- 표준어 : 내버려두다
- 품 사 : 동사
- 뜻풀이 : 관심을 갖지 않고 방치해 두다.
- 다른 방언형 : 내부두다, 내빌라두다, 냅두다, 내쏴두다
- 사용 지역 : 전라도, 경상도

가난은 나랏님도 못 구허신다는디, 이런 난세에, **내비두어도** 물이 없어 말라 죽어가는 물괴기 조께 건져 먹었다고 설마 호통이야 치겄어? 안 그리여?
〈최명희, 혼불, 1996, 2, 28〉

왜 양반은 양반으로만 살어야능가는 **내비두고**, 어째 상놈은 한번 상놈으로 나먼 내리내리 대물려서 상놈으로만 살어야능가. 그 이얘기 좀 해 보시오.
〈최명희, 혼불, 1996, 5, 181〉

내비두어. 다 그런 이얘기도 듣고 크는 거이제. 그래야 시상이 그런 거잉갑다 제절로 배우제. 〈최명희, 혼불, 1996, 5, 214〉

명은이가 눈을 떴는지 못 떴는지 그 문제는 각자가 자기 마음속에 여백으로 냉겨두고 그 위에다 자기 상상력으로 그림을 그릴 수 있게코롬 **내비두는** 것이 좋아. 〈윤흥길, 소라단 가는 길, 2003, 295〉

전라 방언 '내비두다'는 '내버리다'에 조동사 '두다'가 연결된 구조로 아주 많이 쓰는 어형이다. '내버려두다'가 줄어서 '내비두다'가 되고, 이것이 또 줄어서 '냅두다'로 쓰인다. 전라 방언에서 '내비두다'와 같은 방언형으로 '내쏴두다'가 많이 쓰인다. '내싸두다'는 평안도에서도 쓰이

는 것으로 보고되어 있다. 박경리의 '토지'에서는 '내비나두다, 내비리두다' 등을 주로 쓰고 있다.

내음새

- 표준어 : 냄새
- 품　사 : 명사
- 뜻풀이 : ① 코로 맡을 수 있는 온갖 기운.
  　　　　② 어떤 사물이나 분위기 따위에서 느껴지는 특이한 성질이나 낌새.
- 다른 방언형 : 내얌새, 내음
- 사용 지역 : 전라도, 경상도, 전국

미억내음새 그윽히실어오는 바다ㅅ바람이 짜고 하-연갈매기 물결을 놀려 대듯 날어다니네 〈신석정, 바다는 우리에게 풀피리를 권하나니〉

淡淡히도 오래가는 **내음새**를 풍기우며, 머슴둘레 꽃포기가 발길에 채일뿐 〈서정주, 무슨 꽃으로〉

梅花 향기에서는 가신 님 그린 **내음새**. 梅花 향기에서는 오는 님 그린 **내음새**. 갔다가 오시는 님 더욱 그린 **내음새**. 〈서정주, 梅花〉

으따와, 곡식 **내얌새** 맡은 지가 을매다냐. 회가 다 동허네웨. 〈조정래, 태백산 맥, 2001, 9, 121〉

표준어 '냄새'는 전라 방언에서는 '내음새'로 많이 쓴다. 이는 '내음 (臭)＋-새'의 구성을 이루는 어휘이다. '내음'은 방언에서 '내금'을 쓰는 것으로 보아 '내그다, 내굴다'와 관련된 어휘로 보인다. 역사적으로는 '내옴새, 내옴새, 내음새' 등의 표기가 혼재하고 있으나 '내음새'가 일 반적이다.

함경도가 고향인 김동환의 시 '산 너머 남촌에는'에 '밀 익은 오월이

면 보리 내음새'가 나오고, 평안도가 고향인 백석의 시 '여승'에 '가지
취의 내음새'가 나온다. 경상도가 고향인 박목월의 '보리누름 때'에는
'잊었든 어매젖 내음새'가 나온다. 충북이 고향인 '오장환'의 '고향 앞에
서'에는 '누룩이 뜨는 내음새'가 나온다. 따라서 '내음새'는 전국적으로
쓰인 것으로 보인다.

낼룽그리다

- 표준어 : 날름거리다
- 품 사 : 동사
- 뜻풀이 : 혀, 손 따위를 자꾸 날쌔게 내밀었다 들였다 하다.
- 다른 방언형 : 낼룽거리다, 낼룽
- 사용 지역 : 전라도, 강원도

너의할아버지가 이브를 꼬여내든 達辯의 혓바닥이 소리잃은채 **낼룽그리는** 붉은 아가리로 푸른 하눌이다. …물어뜯어라. 원통히무러뜯어 〈서정주, 花蛇〉

표준어 '날름거리다'의 '날름'은 '잽싸게 움직이는 모양'을 나타내는 의태어이다. '날름'은 전라 방언에서는 주로 '낼름'으로 발음된다. '낼름 거리다'는 잘 쓰지 않고 주로 부사인 '낼름'을 사용하고 있다. 부사로는 '낼룽'을 쓰는데, 서정주는 작품에서 '낼룽그리다'를 사용하고 있다. 오세영의 시에서도 볼 수 있어서 전라 방언이라 할 수 있다. 그러나 김동리의 무녀도에서는 '낼룽'을, 강원도 철원이 고향인 김소진의 '적리'에서는 '낼룽거리다'를 볼 수 있어서 다양한 지역에서 사용되고 있음을 알 수 있다.

냉겨먹다

- 표준어 : (이익을) 남기다
- 품　사 : 동사
- 뜻풀이 : (다소 부정적으로) ① 이익을 남겨 챙기다.
　　　　　② 이익이 생기게 하다.
- 사용 지역 : 전라도

　이런, 제기할 것. 철도국 친구들은 **냉겨먹을** 줄만 알지 써비슨 할 줄 모른담? 〈채만식, 탁류, 1987, 250〉

　하하하…… 아, 글쎄 자갸는 제엔장 삼만오천 원이나 **냉겨먹으면서** 날더러는 본전만 받으래여? 〈채만식, 金의 情熱, 1987, 329〉

　체! 원 그보담 더헌 자작농 창정두 모다들 남의 이름으로 히였다가 지가가 오르닝개 팔어서 돈을 **냉겨먹더만**! 그까짓 나락 두 섬이야 어떨라구? 〈채만식, 素服 입은 靈魂, 1987, 107〉

　표준어 '남기다'는 전라방언에서는 이모음역행동화를 일으켜 '냄기다>냉기다'의 음운변화를 겪는다. '냉기다'는 전국적으로 쓰고 있다. '냉기다'에 '먹다'가 연결되면 다소 부정적인 의미를 갖는다. 그런 예로 '벳겨먹다(벗겨먹다), 씹어먹다, 뜯어먹다'와 같은 예를 들 수 있다. '남기다'는 '남다'의 사동사로서 여러 의미를 가지지만 '냉겨먹다'는 '이익을 남겨 챙기다'라는 한 가지의 의미를 가지기 때문에 표준어 '남기다'와 구별된다. 채만식의 작품에서 주로 쓰이고, 전라 방언에서 많이 사용하는 어휘이다.

녀러

- 표준어 : 년의
- 품　사 : '명사＋속격조사'
- 뜻풀이 : 욕을 할 때 사용하는 비속한 어구.
- 다른 방언형 : 년의
- 사용 지역 : 전라도

"그러닝개 말이네. 고까지껏 어퍼지면 **코달년의** 디를 태여다 주구서 오십 전씩이나 달라구 허닝개 말이여!" 〈채만식, 천하태평춘, 1938, 1, 173〉

"에잉! 권연시리(괜시리) **그년의** 디를 갔다가 그놈의 일력거군을 잘못 만나서 실갱이를 허구 애맨(애꾸진) 돈 오전을 더 쓰구 히였구나! 〈채만식, 천하태평춘, 1938, 1, 174〉

"이놈아, 어째 안 따라오고 어디로 가냐. 따라와, **잡녀러** 새끼야." 〈조정래, 아리랑, 1995, 1, 30〉

"에라이 순 **개상녀러** 자석!" 〈조정래, 아리랑, 1995, 3, 11〉

그개**녀러** 새끼덜은 궂은 일이고 심든 일이고 안 개리고 뎀비는디다가 품삯도 우리보담 싸게 쳐도 그저 〈조정래, 아리랑, 1995, 3, 213〉

"머시가? 잉, 잘도 봤네. **잡녀러**것, 시언하기만 허겄어. 호시년 얼매나 또 좋겄고." 〈조정래, 아리랑, 1995, 8, 311〉

"**쌍녀러**새끼, 지랄허고 자빠졌네. 대갱이를 팍 조사뿌렀으먼 속이 씨언허겄네. 경찰 못된 것이 한이시웨." 〈조정래, 태백산맥, 2001, 2, 32〉

요런 웬수녀러 새끼덜아, 밀금헌 죽 한 그럭썩 처묵은 것이 얺힐 성 불러 그리 뛰고 발광이냐. 〈조정래, 태백산맥, 2001, 4, 145〉

"워쩌기년 워쩔 것잉가, 다 박복헌 이녀러 팔자제." 〈조정래, 태백산맥, 2001, 9, 140〉

흔히 비속어라고 하여 경계하지만 실제로 일상생활에서는 아주 많이 쓰고 있는 말 중에서 가장 흔하게 쓰는 말은 '놈'이란 말일 것이다. '놈'은 '썩은 놈, 잡놈, 이 놈, 저 놈, 나쁜 놈' 등 남자에게 주로 욕을 할 때 쓰는 말이다. 이제는 '놈'이 사람을 나타내는 의미 이외에도, 물건을 나타내는 의미를 갖게 되었다.

'년'이란 말은 '여자'를 가리키는 비속어이다. 그래서 남자를 가리키는 '놈'은 많이 써도 여자를 가리키는 '년'은 거의 사용하지 않는다. 특별히 싸움을 할 때나 사용한다. 전라 방언에서는 '저녀러 것, 이녀러 것, 잡녀러 것'이란 말을 많이 사용하고 있다. 여기서 '녀러'는 '년+의'의 구조를 가지고 있다.

누르붉다

- 표준어 : 대응 표준어 없음.
- 품   사 : 형용사
- 뜻풀이 : 빛깔이 누렇고 붉다.
- 사용 지역 : 전라도

군데군데 구멍은 뻥뻥 입을 벌리고 있고, 뱉어 내놓은 자갈은 사태같이 사방에서 수북수북 쌓여 있고, 수목과 잔디는 말끔 벗겨져 **누르붉은** 사석의 맨살이 보기 흉헙게 드러나 있고…… 〈채만식, 金의 情熱, 1987, 475〉

딸 (안해의 치마에 매어달리며) 어머니 밥 주어. 안해 오냐. (화덕 옆으로 가서 사발에 김이 무럭무럭 오르는 **누르붉은** 밥을 푼다) 〈채만식, 밥, 1987, 233〉

너무 짙은 흑적색은 맑은 기 없이 탁해 보이는데다 살에 배든 색깔은 살색과 썩여 **누르붉게** 칙칙해서 봉숭아물은 그때가 제일 보기 덜 좋았다. 〈조정래, 아리랑, 1995, 10, 223〉

채만식의 작품에 나오는 '누르붉다'는 빛깔을 표현하는 형용사이다. 이 말은 '누렇다'와 붉다'를 가지고 복합어를 만든 것이다. 우리 일상적인 고유어를 이용하여 복합어를 만든 개인어라 할 수 있다. 이 어휘는 조정래의 작품에서도 보인다. 작가의 개인어이긴 하지만 다양한 빛깔을 표현하기 위해 만든 고유어적인 개인어가 매우 돋보인다.

눈꼽째가리

- 표준어 : 눈곱
- 품　사 : 명사
- 뜻풀이 : 눈에서 나오는 진득진득한 액. 또는 그것이 말라붙은 것.
- 다른 방언형 : 눈꼽쟁이, 눈꼽쨍이, 눈꼽재기
- 사용 지역 : 전라도

양반족보 타고나고 돈푼이나 있다고 음석 목구녕에 넴김스로 맨든 사람정성 **눈꼽째가리**만치도 안 생각허고 솜씨 타박만 허는 니걸이 느자구 없는 놈덜 헌티넌 저 펄펄 끓는 국밥 국물얼 솥단지째로 대그빡서보톰 〈조정래, 아리랑, 1995, 5, 115〉

지가 빙신 팔푼이라 지 맘얼 지도 어찌 못혀서 그리됐제 **눈꼽째가리**만치도 시님얼 무시혀서 그런 것이 아니구만이라우. 〈조정래, 아리랑, 1995, 8, 86〉

원망이야 **눈꼽째가리**만치도 옰응께 원이 풀릴때꺼정 몸이나 성허씨요. 〈조정래, 태백산맥, 2001, 5, 229〉

앞뒤로 구석구석 돌아보고, 어제 없던 풀이 돋아나 잇으면 비록 **눈꼽재기**만한 것이라도 반드시 손수 뽑았다. 〈최명희, 혼불, 1996, 5, 247〉

제가 나를 옳게 시에미로 대접하여 어른답게 여기는 마음이 **눈꼽쟁이** 꼬물만치만 있었더라도 그처럼 대하지는 않았을 게다. 〈최명희, 혼불, 1996, 7, 306〉

눈꼽쨍이만치라도 사람으로 여겼음사 요런 가당찮은 짓거리 혔겄어? 〈조정래, 태백산맥, 2001, 5, 208〉

  ‘눈꼽째가리’는 ‘눈꼽재기’에 접미사 ‘-아리’가 연결된 것으로 보인다. 이 어휘는 조정래의 작품에서만 보이는데 ‘눈꼽쨍이’와 함께 사용되고 있다. 다른 작품에서는 같은 뜻으로 ‘눈꼽쟁이, 눈꼽재기’가 사용되고 있다. ‘눈곱’은 ‘눈꼽’으로 발음하는데 거기에 접미사 ‘-쟁이, -재기, -재가리’ 등이 연결된 것이다. 특히 경남에서는 ‘눈고바리, 눈꼬바리’로 쓰고 있는데 이 어휘와 ‘눈꼽재기’가 혼태되어 ‘눈꼽재가리’가 된 것으로 해석할 수 있다.

눈치싸다

- 표준어 : 눈치가 빠르다
- 품 사 : 형용사
- 뜻풀이 : 남의 마음이나 주위 형편을 남다르게 빨리 알아채다.
- 사용 지역 : 전라도

"요런 쥐방울만헌 것이, 니넌 너무 **눈치싸고** 되바라진 것이 탈이여." 공허는 또 아기중의 까까머리에 알밤을 먹이고는 자리를 털고 일어섰다. 〈조정래, 아리랑, 1995, 2, 312〉

"사정이 그렁게로더 **눈치싸게** 피허고 내빼고 헐지 알어야 된다 그말 아닌 난 말이여." 그는 말을 걸고 드는 아내를 마땅찮게 노려보았다. 〈조정래, 아리랑, 1995, 5, 219〉

하면, 요런 시상에서넌 잘났다고 나대는 것이 빙신이여. 그저 **눈치싸게** 처신험서 그작저작 사는 것이 질이제. 〈조정래, 아리랑, 1995, 9, 191〉

"금매, 그렇기도 헌갑서. 잡놈에 것덜이 호랭이 피해 사니라고 **눈치싸고** 발이 더 재서 그런가 어쩐가 덫얼 서너 개나 놨는디도 깜깜무소식이랑게. 사람 체면 깎이는지 몰르고." 〈조정래, 아리랑, 1995, 10, 189〉

"아, 시끄러! 아무리 보배운 것 없는 것들이라고 말귀를 그리 못 알 아묵어. 척 허면 삼천리라고, 한마디 했으면 **눈치싸게** 알아듣고 입 봉해야제. 내가 봉림 안씨, 회정 박씨헌테 이백 말뚝을 사딜였어, 이백 말뚝. 쩌그러부텀 쩌얼로 해서 이짝으로 육만 평이다 그것이여." 〈조정래, 태백산맥, 2001, 6, 37〉

　전라 방언의 '눈치싸다'는 '눈치가 싸다.'에서 온 것이다. 표준어로는 '눈치가 빠르다.'의 뜻이다. 전라 방언에서는 '일을 싸게 해라.'라고 하면 '일을 빨리 해라.'라는 뜻이다. 따라서 '싸다'는 '빠르다'의 뜻을 가지는 전라 방언이다. 따라서 '눈치가 싸다.'의 구성에서 '눈치싸다'는 동사로 굳어진 것으로 보인다. 주로 조정래의 작품에서 발견된다.

느그

- 표준어 : 너희
- 품사 : 대명사
- 뜻풀이 : ① 듣는 이가 친구나 아랫사람일 때, 그 사람들을 가리키는 이인칭 대명사.
  ② 듣는 이가 친구나 아랫사람일 때, 그 듣는 이를 포함한 여러 사람들을 이르는 이인칭 대명사.
- 다른 방언형 : 너그, 너기, 니기, 느이, 니
- 사용 지역 : 전라도, 경상도

그런 일언 쥐도 새도 몰라야 허고, 여자라고 생긴 것언 **느그** 엄니도 알아서넌 안된다고 헌 말 잊어부렀냐. 〈조정래, 아리랑, 1995, 1, 88〉

이놈덜아, **느그**가 머시여. **느그**가 머신디 넘 일에 끼들고 이려! 〈조정래, 아리랑, 1995, 8, 50〉

아이고 이노무 새깽이들아. 차라리 에미를 뜯어먹어라. 뜯어먹어. **느그**들이 자식이냐, 웬수냐아. 〈최명희, 혼불, 1996, 5, 255〉

불른다는 노래 안 불르고 **느그**들 시방 뭣 허고 자빠졌냐? 〈윤흥길, 소라단 가는 길, 2003, 307〉

표준어 '너희'는 전라 방언에서는 '느그'로 나타난다. 그리하여 '느그 덜(너희들), 느그 집(너희 집)'과 같이 쓰인다. 충청도, 경기도에서는 '느이, 너이' 등을 쓰는데 전북의 일부 지역에서는 '느그' 대신에 '느'가 쓰여 '너희들'의 방언형으로 '느덜, 느이덜, 니덜' 등을 쓰고 있다.

느꾸다

- 표준어 : 늦추다
- 품　사 : 동사
- 뜻풀이 : ① 바싹 하지 아니하고 느슨하게 하다.
　　　　　② 긴장을 조금 풀다.
- 다른 방언형 : 누꾸다
- 사용 지역 : 전라도, 경기도, 전국

쓰러진 우군의 시체를 밟고 넘으면서 후속부대는 **느꾸지** 않고 뒤로 뒤로 연방 육탄의 돌진을 계속하였다. 〈채만식, 여인전기, 1987, 379〉

처음 생각 같아서는 여남은 그릇을 먹을 것 같더니 두 그릇째 먹고 나니 속이 얼떨떨하고 배가 불룩 일어나 허리띠를 **느꾸었다.** 〈채만식, 停車場近處, 1987, 304〉

그러니 인제는 아무리 더 욕을 하고 옥신각신해도 소용이 없고 나머지나 받아 쥐는 수밖에 없다고 그는 할 수 없이 속을 **느꾸었다.** 〈채만식, 停車場近處, 1987, 332〉

그는 겁결에 얼핏 손을 **느꾸고는** 숨을 배 밑까지 깊이 들이마셨다가 다시 그놈을 내뿜는다. 〈채만식, 停車場近處, 1987, 347〉

"워매, 워매, 이것이 시방 먼 일이란가? 손이 다 죽어뿌렸네 어이. 쬐깐 느**꿔주소. 못쓰겄네.**" 곁에 모여섰던 조무라기들도 가볍게 비명을 질렀다. 〈송기숙, 자랏골의 비가 10, 1974, 182〉

전라 방언의 동사 '느꾸다'는 표준어 '늦추다'에 대응하는 어휘이다.

'느꾸다'는 '늦구다'에서 발전한 것으로 보인다. 전라 방언의 경우 '늦다'의 사동접미사로 '-구-'가 많이 사용되기 때문에 '늦-'에 접미사 '-구-'가 연결되어 '늦구다 > 느꾸다'가 생성된 것이다. 이 어휘는 염상섭의 소설에서도 나타나는 것으로 보아 전국적인 분포를 가진 것 같다. 사전에는 평북 방언에서도 사용하는 것으로 보고되어 있다.

느리차분하다

- 표준어 : 대응 표준어 없음.
- 품 사 : 형용사
- 뜻풀이 : 어떤 동작을 하는데 시간이 걸리고 조용하다.
- 사용 지역 : 전라도

소곤소곤 천냥만냥을 하는 친구들과 로댕이 보았으면「생각하는 사람」대신 '게으른 사람'이라는 조각을 새겼을 모델감들이 방금 겨드랑이 속에서 이라도 더듬어낼 듯이 **느리차분하게** 앉아 햇볕을 쪼이고 있다. 〈채만식, 그 뒤로, 1987, 452〉

느리차분하게 열손가락을 맥없이 놀리는 모양은 딱지나 여남은 장씩 주어서 나가 놀라면 뛰고 날고 할 듯하였다. 〈채만식, 병조와 영복이, 1987, 490〉

채만식의 작품에 나오는 '느리차분하다'는 '느리다'와 '차분하다'를 결합한 복합어이다. 고유어를 이용하여 복합어를 만든 것으로 행동이 느리고 차분한 것을 한꺼번에 표현한 어휘이다. '느리고 차분하다.'를 '느리차분하다'로 만든 채만식의 어휘 감각이 대단히 돋보인다. 고유어를 활용한 이러한 어휘 생산은 매우 필요하다고 할 수 있다.

느시렁느시렁

- 표준어 : 느릿느릿
- 품　사 : 부사
- 뜻풀이 : 동작이 재지 못하고 매우 느린 모양.
- 다른 방언형 : 느지락느지락
- 사용 지역 : 전라도

사엣취구락부서 축새 경진대회라도 열리면은 맡어놓고 금메다루 딸 성님이 으짠 일로 요참에는 앞자리를 양보허고는 **느시렁느시렁** 맨 꼬래비로 나타나서 그 잘난 화상 인자사 귀경시키는 것이 쪼깨 요상허드라, 그런 말이 지라우 〈윤흥길, 빛 가운데로 걸어가면, 1997, 1, 262〉

　표준어 '느실거리다, 느실대다'의 어근은 '느실'이다. '느실느실하다'의 어간 '느실느실'은 원래 부사로 쓰인 것이다. 이 '느실'에 접미사 '-앙'이 붙어 '느시랑'이 된다. 따라서 전라방언의 부사 '느시랑느시랑'은 표준어 '느릿느릿'에 대응하는 어휘이다. 전라방언에서 아주 많이 쓰는 부사다.

느자구

- 표준어 : 싹수
- 품 사 : 명사
- 뜻풀이 : 어떤 일이나 사람이 앞으로 잘될 것 같은 낌새나 징조.
- 다른 방언형 : 니자구, 느작때이, 느작때기
- 사용 지역 : 전라도

저런 싹수 머리 없고 **느자구** 없는 년얼 나가 어찌서 뼛골 빠지게 일혀서 믹에 살리냔 말이요. 〈조정래, 아리랑, 1995, 5, 185〉

저년이 저거 돈푼이나 쪼깐 있는 부잣집 딸년이라고 **느자구** 읎이 돈심이면 멋이든지 다 되는 줄 아는갑네! 이년아, 정신 똑바라지게 채려. 〈조정래, 태백산맥, 2001, 8, 276〉

"허 참, 어쩌다가 그런 **느자구** 없는 것이 내 곁에 생개 갖고 이럴 때나 저럴 때나 애물도 참말로 그런애물이 없구만. 하아." 〈송기숙, 녹두장군 6, 1989, 262〉

'느자구'는 전남 방언에서만 사용되는 방언으로 그 어원을 말하기 어렵다. 표준어 '싹수'에 해당하는 말이다. '버릇 없다.'의 '버릇'에 해당하는 말이다. 주로 전남 방언을 구사한 작품에서만 발견된다. <전남 방언 사전>에는 '니자구'로도 쓰인다고 보고되어 있다. 주로 '느자구 없다.'의 구문으로 사용되고 있다. '싹수 없다, 버릇 없다.'와 같은 뜻으로 쓰인다. 전북 방언에서는 '느자구'를 거의 사용하지 않고 대신 '싸가지'를 많이 사용하기 때문에 '싸가지 없다, 버르장머리 없다.' 등을 쓰고 있다.

늑신

- 표준어 : 늘씬
- 품 사 : 부사
- 뜻풀이 : 몸을 가누지 못할 정도로 심하게.
- 다른 방언형 : 녹신, 낙신, 작신
- 사용 지역 : 전라도

그렇거들랑 그녀석들을 머 약간 뺨사댁이(따구)만 때릴 게 아니라 반죽엄을 식혀서 다실랑 그런 못된 본을 못 보게시리 **늑신** 두들겨 주어야지 녹신 다리 뼉다구를 하나 부질어 주어두 한무내하지 머 …… 〈채만식, 천하태평춘, 1938 : 5, 144〉

"……이년 인제 보아라. 등줄기에서 노린내가 나게시리 **늑신** 두들겨 줄테니……사람 못된 년 같으라구!" 〈채만식, 탁류, 1987, 138〉

그놈 삼 원허구 또 내가 개평 얻은 놈 일 원허구, 내가 받어 두었으닝개루 가서 술이나 실컷 먹자. 이놈으루 술 먹구 **늑신** 취허구 나서 그 돈 백 원으루 술 다 사먹은 셈만 치면 그만 아니냐? 〈채만식, 停車場近處, 1987, 348〉

늑신 익어 단물이 솟는 듯이 사근사근하여 보이는 새빨간 속에 까만 씨가 홱홱 돌아 돌아 소복소복 박힌 것이 그야말로 침이 넘어갈 듯하였다. 〈채만식, 세 길로, 1987, 415〉

더우기 그 보기만 하여도 진저리가 나는 다리를 걷어치고 앉아 날카롭게 깎은 성냥개비로 **늑신** 곪아서 물렁물렁한 종처를 따짝따짝하다가 신문지 조각을 대고 꾹 누르면 푹 솟쳐나오는 녹두비지 같은 누런 고름과 검붉은 피며 〈채만식, 불효자식, 1987, 422〉

> 그 사람언 너무 기가 맥혀 소작인이 논에 들어서지 못하게 막았는디, 메칠 뒤에 주재소로 붙들려가 **늑신허니** 매타작얼 당허고 나와 뒷산에서 목얼 매달아분 것이제. 〈조정래, 아리랑, 1995, 6, 68〉

> 나가 새끼 간수 잘못혔다고 순덕이 애비헌테 날이날마동 **늑신늑신허게** 매타작당허는 것 니도 알지야? 〈조정래, 태백산맥, 2001, 6, 43〉

> 얼굴이 **녹신녹신** 녹은 촌영감 하나가 달랑 혼자 무료하게 담배를 피우고 앉았다. 〈채만식, 무장삼동, 1987, 417〉

전라방언의 어휘 '늑신'은 '녹신, 낙신, 작신' 등으로 쓰면서 같은 뜻을 보이고 있다. 표준어 '늘씬'에 해당하는 어휘로 주로 부사로 쓰고 있으나 '늑신하다'와 같이 형용사로도 쓰는 경우가 있다. 그러나 이 경우에도 실제로 문장에서는 '늑신허니, 늑신허게'와 같이 부사어로 기능하고 있는 점이 특징이다.

'늑신'과 '작신'은 사람과 관련되어 쓰일 때는 그 의미가 일치하나, '작신'은 단단한 물건에도 쓰인다는 점에서 다르다. '작신'은 '작신작신'으로도 쓰지만 '작신하-'로는 쓰지 않는 특징을 보인다.

늘이지근하다

- 표준어 : 늘어지다
- 품　사 : 형용사
- 뜻풀이 : 팔팔한 맛이 없고 느리다.
- 다른 방언형 : 늘이지근허다, 느리지근하다
- 사용 지역 : 전라도

> "되얐소. 개덜이 밥처묵고 **늘이지근허게** 자빠져 있을 적에 들이쳐뿝시다. 초저녁공격이야 새북공격맨치로 전과가 큰 법잉게." 하대치의 낮지만 기운이 서린 말이었다. 〈조정래, 태백산맥, 2001, 8, 306〉

　전라 방언의 '늘이지근하다'는 형용사 '느리다'에 접미사 '-지근하-'가 연결된 어휘이다. 접미사 '-지근하-'는 전국적으로 매우 생산성을 가지고 사용되고 있는데 예를 들면, '얼쩍지근하다, 후덥지근하다, 묵지근하다, 구접지근하다' 등의 형용사는 접미사 '-지근하-'가 연결된 어휘이다.

늘핀하다

- 표준어 : 질펀하다
- 품   사 : 형용사
- 뜻풀이 : ① 땅이 넓고 평평하게 펼쳐져 있다.
          ② 물건 따위가 즐비하게 널려 있다.
- 다른 방언형 : 늘핀허다, 늘펀하다
- 사용 지역 : 전라도

어떤 사람이 무겁게 입을 열었다. "답답헐 일이제. 순창 쌈터에 총 맞어 숨 끊긴 사람들이 **늘핀혔다는디**" "또 갑오년 그때 같앴는감마." 〈조정래, 아리랑2, 46〉

만주로 가면 여그 징게 맹갱보담 열배고 시무배고 너른 들판이 **늘핀허다는** 소문 아니드라고? 거그서야 말뚝만 박으면 내 땅이랑게 거그로 찾어가는 것이 좋겄구마. 〈조정래, 아리랑3, 10〉

하면, 그래야제라. 사령관님 부대넌 전에 있는 부대보담 훨썩 용맹시럽게 뵈는디, 그 실력을 앗싸리허게 한분 써묵어 공비덜 시체럴 역전 앞에다가 늘핀허니 깔아야제라. 그리 되면 지끔 고개 삐까닥허니 틀어돌린 읍민덜 인심이 지자리로 돌아오겄제라. 〈조정래, 태백산맥, 2001, 8, 259〉

이 나무, 저 나무에 묶여서 총 맞어 죽은 시체가 수두룩혔고, 이 깔끄막, 저 깔끄막에 엎어지고 뒤집어지고 헌 시체가 **늘핀혔응께**. 그 시체덜얼 까마구가 파묵고, 여우가 뜯어묵고, 쉬포리가 쉬 깔기고, 그럼시로 썩어가는디, 요 골짝이 썩는 내로 진동혔소. 〈조정래, 태백산맥, 2001, 9, 331〉

하필에 오도 가도 서도 못하고 / **늘펀히** 자빠져서 배를 간 구름. 〈서정주, 어느날 午後〉

표준어 '질펀하다'는 전라도 지역의 문인들이 쓴 작품에서는 대체로 '땅이 넓고 평평하게 펼쳐져 있다.'나 '주저앉아 하는 일 없이 늘어져 있다.'의 뜻으로 쓰고 있다. 그런가 하면 '늘펀하다'는 이 지역의 작품에서 '퍼지르고 앉거나 누운 모양이 펀펀하고 넓다.'라는 뜻으로 쓰고 있다. 그런데 표준어의 '질펀하다'가 가지고 있는 '물건 따위가 즐비하게 널려 있다.'라는 뜻은 방언 '늘펀하다'가 가지고 있다. '늘펀하다'는 '늘펀하다'와 '질펀하다'의 의미가 섞여서 만들어진 단어로 보인다. 서정주의 시와 윤흥길의 소설에서는 '늘펀하다'를 쓰고 있다.

늦잡도리하다

- 표준어 : 늦잡죄다
- 품　사 : 동사
- 뜻풀이 : 느지막이 다잡거나 독촉하다.
- 다른 방언형 : 늦잡도리허다
- 사용 지역 : 전라도

> 눈먼 딸자식이 무슨 죄가 있다고, 그것도 따지자면 어미 아비의 죄지, 배 냇병신도 아니요, 작년 여름까지도 멀쩡하던 눈이 아프다는 것을 **늦잡도리해** 서 필경 멀고 말았으니 가난한 탓이오, 어미 아비의 죄인 걸 그나마도 다른 자식이 있는 바도 아니요, 그야말로 눈먼 딸자식 그것 하나뿐인 것을 갖다가 부려먹지 못해서 아등바등하며 화풀이를 하려 드는 어미의 심정이 몹시 불측 스러워 그래 당장 뉘우치는 마음이 들었다. 〈채만식, 얼어 죽은 모나리자, 1987, 191〉

표준어 '잡도리'는 '단단히 준비하거나 대책을 세움. 또는 그 대책.', '잘못되지 않도록 엄하게 단속하는 일.', '아주 요란스럽게 닦달하거나 족치는 일.' 등의 의미를 갖는다. '잡도리를 하다, 잡도리하다' 등을 일 반적으로 쓰고 있다. 작가 채만식은 '늦다'의 '늦-'과 '잡도리하다'를 복 합하여 복합동사를 만들어 사용하고 있다. 표준어 '늦잡죄다'가 '늦다' 와 '잡죄다'가 복합한 것으로 볼 때, '늦잡도리하다'의 경우도 '늦잡죄다' 와 같은 복합어이다.

홍명희의 '임꺽정'에 나오는 '늦잡도리다'는 '늑장을 부리다. 또는 뒤늦 게 대책을 세우다.'라는 뜻으로 '늦잡도리하다'와는 그 의미가 다르다.

닌장맞을

- 표준어 : 넨장맞을, 넨장칠
- 품　　사 : 감탄사, 관형사
- 뜻풀이 : 네 난장(亂杖)을 맞을 만하다는 뜻으로, 못마땅할 때 욕으로 하는 말.
- 다른 방언형 : 닌장을 할, 젠장맞을, 젠장맞일, 젠장칠, 젠장
- 사용 지역 : 전라도

"**닌장맞을**, 심야삼경에 돌아댕김서 큰소리넌. 달마 시님이 잠귀 어둔 것도 몰르는감?" 〈조정래, 아리랑, 1995, 6, 63〉

여그서 안되면 만주로라도 가야제. 근디 시방 어쩌고덜 있능가? 그런 중 노릇 혀서 멀혀. 안허니만 못허제. **닌장맞을**, 무식헌 놈이 설법허고 앉었네. 〈조정래, 아리랑, 1995, 7, 115〉

있는것덜이 허는 짓거리란 것이 다 그리 베락맞얼 짓거리덜뿐인 것이여, **닌장맞을**. 〈조정래, 태백산맥, 2001, 4, 140〉

"그러니 우리 집안은 자손 보기는 영 글렀지!…… **젠장맞을**, 여편네 혼자서 아이 낳는 재주 없나!" 김씨는 해쭉 웃고, 태수도 같이서 빙긋이 웃는다. 〈채만식, 탁류, 1987, 104〉

웬놈의 빨래는 그렇게 사뭇 많은지. 일이 꼭 갑절은 더해. **젠장맞일**! 일이 갑절 더했으면 월급두 갑절, 밥두 갑절, 잠두 갑절, 옷 얻어 입는 것두 갑절, 이렇게 난두 다 갑절을 쳐서 받어얘지! 〈채만식, 예수나 안 믿었더면, 1987, 391〉

젠장칠 것, 해도 저렇게 많이 남았겄다, 기왕 여그까지 온 김에 정읍까지 몰려가서 한바탕 휩쓸고 오면 어쩌?" 〈송기숙, 녹두장군 7, 1989, 153〉

　　표준어 '넨장맞을'은 '넨장'으로도 쓰여 감탄사와 관형사로 사용된다. 이 '넨장맞을'이 전남 방언에서는 '넨ː장, 넨장질것, 넨장헐'로 쓰여 '넨장맞을'의 뜻을 갖는다. 그러나 '닌장맞을'로도 쓰는데 이는 '닌자치껏, 닌ː장, 닌ː장맞을, 닌장치껏'으로도 쓰인다. '닌장맞을'은 감탄사와 관형사로도 쓰는데 '젠장'과 같은 어휘는 감탄사로만 쓰인다.

다리몽생이

- 표준어 : 다리몽둥이
- 품　사 : 명사
- 뜻풀이 : '다리'를 속되게 이르는 말.
- 다른 방언형 : 다리몽셍이, 다리몽댕이
- 사용 지역 : 전라도

"너 이년, 이 댁으 청암마님이 어뜬 양반인지 알기나 허냐? 매급시 천방지축 팔랑거리고 댕시다가, **다리 몽생이** 분질러질 중 알어라." 〈최명희, 혼불, 1996, 1, 275〉

율춘양반 알면 **다리 몽생이** 뿐질러질 거는 불을 디리다 보드끼 뻔허고, 그렇게 아매 돈 말을 못허고 공금을 집어냈는갑습디다. 〈최명희, 혼불, 1996, 2, 280〉

한 년은 갈갈이 찢기는 것이 더 나은 똥칠 망신을 주고, 한 놈은 머릿박이 쪼개지고 **다리몽생이**가 분지러지게 뚜드려 맞아 초죽음이 되는 꼴을 꼭 이 눈으로 보아야만 분이 풀릴 것 같아. 〈최명희, 혼불, 1996, 7, 118〉

원뜸에서 지가 이래논 것 알면 지 **다리몽생이**를 가만 두시겠능가요? 〈최명희, 혼불, 1996, 7, 211〉

"동만이 너 니알부터 내 허가 없이 밖으로 나댕겼다가는 **다리몽생이**가 분질러질 팅게 그리 알어라!" 〈한국소설문학대계, 윤흥길, 장마, 67〉

전북 방언에 나타나는 '다리몽생이'는 표준어 '다리몽둥이'에 대응하는 어휘이다. '다리'를 속되게 표현하는 어휘이다. 전북 지역에서는 '다리몽생이, 다리몽댕이'로 발음한다. '몽생이'의 다른 예를 찾을 수 없어 왜 이러한 변이형이 생겼는지 확인하기 어렵다. 최명희와 윤흥길의 작품에서 찾을 수 있다. 박경리의 '토지'에서는 '다리몽댕이'가 많이 쓰인다.

달부다

- 표준어 : 다르다
- 품   사 : 형용사
- 뜻풀이 : ① 비교가 되는 두 대상이 서로 같지 아니하다.
          ② 보통의 것보다 두드러진 데가 있다.
- 다른 방언형 : 달브다, 틀부다
- 사용 지역 : 전라도, 충청도, 경기도

> "반가우요. 어지께보톰 어째 좀 **달부다** 싶드만이라." 강기호도 조심스럽게
> 말하며 지삼출의 손을 잡았다. 〈조정래, 아리랑, 1995, 1, 48〉
>
> 느그놈덜도 쌧바닥이 있응게 엿맛허고 사탕맛이 어찌 **달븐지** 다 알 것이
> 다. 〈조정래, 아리랑, 1995, 1, 93〉

표준어 '다르다'는 '같다'에 상대되는 말이다. '맞다'에 상대되는 말은
'틀리다'이다. 그런데 전남 방언에서는 '맞다'에 상대되는 말을 '틀부다'
로 쓴다. 현대국어 사용자들이 '같다'에 상대되는 말이나, '맞다'에 상
대되는 말이나 모두 '틀리다'로 쓰는데, 전라 방언 화자들도 '같다'에
상대되는 말로 '틀부다, 다르다'를 섞어 쓰고 있다. 그러다가 이 '틀부
다'와 '다르다'가 혼합하여 '달부다'가 생성된 것이다.

이호철의 '밀려나는 사람들'에는 '우린 남더러 사시오 사시오 허는
장사는 못 해먹겠더먼유, 애초에 종자가 달븐 것 같튜.'의 예가 보인
다. 충청도 말에서도 '달브다'를 쓰고 있는 것이다.

달챙이

- 표준어 : 모지랑숟가락
- 품 사 : 명사
- 뜻풀이 : 끝이 다 닳아서 무디어진 숟가락.
- 사용 지역 : 전라도, 충청도

허기는 **달챙이** 숟가락 하나라도 빼놓고 가면 거그서 아쉬울팅게……. 〈이병천, 모래내 모래톱, 1993, 119〉

옹구네는 꽁보리밥 새까만 봉우리에 귀닳아진 **달챙이** 숟가락을 푹 꽂아 수북히 떠올린 위에다, 잘 익은 열무김치 한 가닥을 돌돌 감아 얹어 가지고 〈최명희, 혼불, 1996, 7, 83〉

아무도 없는가 싶은데, 바깥으로 닫은 방 문고리에 놋숟가락 닳아진 **달챙이**가 거꾸로 꽂혀 있어 이상해 보인다. 〈최명희, 혼불, 1996, 8, 291〉

전라방언에서 '달챙이'는 놋쇠나 무쇠로 만든 수저의 끝이 상당히 많이 닳은 숟가락을 말하기 때문에 '달챙이' 또는 '달챙이 숟가락'이라고 말한다. 동사 '닳다'와 관련이 있다. '잔챙이, 올챙이' 등에서 볼 수 있는 것처럼 '작은 것'을 가리키는 접미사 '-챙이'가 연결된 것이 아닐까 생각한다. 이 숟가락은 누룽지를 긁을 때 주로 사용하였고, 닳아서 쓸모가 없게 되면 문고리에 거꾸로 꽂아서 열쇠처럼 사용하였다.

달치근하다

- 표준어 : 달차근하다
- 품　사 : 형용사
- 뜻풀이 : ① 약간 달콤한 맛이 있다.
　　　　　② 흡족하여 기분이 좋은 데가 있다.
- 다른 방언형 : 달치근허다, 달짝지근하다, 달착지근하다
- 사용 지역 : 전라도, 충청도

그들은 어둠속에서 **달치근한** 향기가 코끝을 스치는 것을 느꼈다. 파인애플이 익어가는 향내가 실바람처럼 어둠 속에 스며 있었던 것이다. 〈조정래, 아리랑, 1995, 5, 181〉

알고 보면 이 커피라는 물건이 좋고도 나쁜 거요. 쌉싸름하고 **달치근한** 것이 맛은 그럴싸해서 좋은데 기름기를 훑어내려 속을 깎는다고 하니 말이야. 〈조정래, 태백산맥, 2001, 2, 102〉

조원제는 졸음에서 깨어나며 그 **달치근한** 시간이 너무 짧아 아쉬웠다. 〈조정래, 태백산맥, 2001, 10, 265〉

'달치근하다'는 표준어 '달착지근하다'의 준말인 '달차근하다'의 방언이다. 이 어휘는 주로 전남에서 쓰고 있다. 전북에서는 '달짝지근하다'라는 말을 많이 쓰고 주로 '맛이 달다'라는 의미로 쓰지만 예문에서 보는 것처럼 '달콤하고 행복한 시간'을 표현할 때도 쓴다.

현재 국어사전에는 '달짝지근하다, 달착지근하다'를 표준어로 처리하고 있다. '달착지근하다'는 '달짝지근하다'의 거센말로 처리하고 있

다. 그러나 '달짝지근하다'는 전라 방언에서 아주 많이 사용하는 어휘이다.

충남 홍성 출신의 작가 이유준의 수필집 '독신녀의 방'에는 '기껏해야 술 지게미를 거르지 않은 채 설탕을 넣어 수저로 떠먹는 달치근한 맛을 즐겼다.'의 예가 나온다. 따라서 충청도에서도 쓰는 것으로 볼 수 있다.

'달차근하다'를 '달치근하다'에 비해 널리 쓰므로 '달차근하다'를 표준어로 삼고 있다. 표준어 규정 제17항은 비슷한 발음의 몇 형태가 쓰일 경우, 그 의미에 아무런 차이가 없고 그중 하나가 더 널리 쓰이면, 그 한 형태만을 표준어로 삼도록 규정하고 있다. 따라서 '달치근하다'는 방언으로 처리하고 '달차근하다'를 표준어로 삼고 있다. '달착지근하다'의 준말이다.

달코롬하다

- 표준어 : 달콤하다
- 품　사 : 형용사
- 뜻풀이 : ① 감칠맛이 있게 달다.
  　　　　② 흥미가 나게 아기자기하거나 간드러진 느낌이 있다.
  　　　　③ 편안하고 포근하다.
- 다른 방언형 : 달코롬허다, 달작지근하다, 달착지근하다
- 사용 지역 : 전라도, 전국

> 　그러나 항구라서 하룻밤 맺은 정을 떼치고 간다는 마도로스의 정담이나, 정든 사람을 태우고 멀리 떠나는 배 꽁무니에 물결만 남은 바다를 바라보면서 갈매기로 더불어 운다는 여인네의 그런 슬퍼도 **달코롬한** 이야기는 못된다.
> 〈채만식, 탁류, 1987. 9〉

　작가 채만식은 형용사를 많이 쓰는 작가이다. '달콤하다'가 형용사인데 여기에 형용사를 파생시키는 '-으롬하-'를 연결하여 형용사 '달코롬하다'를 쓰고 있다. 이런 이유는 '쌉쏘롬하다, 꼬소롬하다'와 같이 맛을 나타내는 어간에 접미사가 연결되는 다른 예를 유추한 것으로 보인다. 채만식의 작품에 나오는 '-으롬하-'가 연결된 어휘로는 '갠소롬하다, 갸롬하다, 동그소롬하다, 매초롬하다, 야토롬하다, 뾰족조롬하다' 등을 쓰고 있다. <우리말큰사전>에는 이 어휘가 등재되어 있다.

달팍

- 표준어 : 덜컥
- 품   사 : 부사
- 뜻풀이 : 왈칵 쏟아지거나 엎어지는 모양.
- 다른 방언형 : 덜퍽, 떨퍽, 달깡
- 사용 지역 : 전라도

만일 변변한 저항 한번 못해보고 석주 앞에 간단히 무릎을 꿇는다면, 앞으로 내 반장 노릇은 떡 쪄놓고 시루 **달팍** 엎은 꼴이 될 것이었다. 〈윤흥길, 소라단 가는 길, 2003, 69〉

나는 그만 선생님의 양 무릎 사이로 **달팍** 엎드러지면서 덤턱스럽게도 목놓아 울음을 터뜨렸다. 〈윤흥길, 소라단 가는 길, 2003, 71〉

옛날에 손석주 밑에서 똘마니 노릇을 했다는 불명예스런 혐의를 김지겸으로부터 **달팍** 뒤집어쓴 까닭이었다. 〈윤흥길, 소라단 가는 길, 2003, 84〉

그리고 운동장의 모래는 사금가루라도 **달팍** 쏟아부은 듯 저마다 하나씩들 쬐꼬만 태양이 되어 무수히 반짝이면서 까끌까끌 유난히도 시선에 밟혔다. 〈한국소설문학대계, 윤흥길, 제식훈련 변천약사, 135〉

언덕 아래 한참 거리에 **달팍** 쏟아부은 듯한 불빛의 무리가 그의 가리키는 손끝에서 놀고 있었다. 〈한국소설문학대계, 윤흥길, 아홉 켤레의 구두로 남은 사내, 205〉

전라 방언의 부사 '달팍'은 표준어 '덜컥'에 대응하는 어휘이다. 대체로 멀쩡하게 자리하던 것이 갑자기 넘어지거나 쏟아지는 모습을 나타

내는 의태어이다. 부사 '달곽'의 의미에는 '완전히 다'라는 의미가 포함
되는 듯하다. 주로 윤홍길의 소설에서 발견되는데 전라 방언에서 자주
쓰는 어휘이다.

답치다

문학 속의 전라 방언

- 표준어 : 다그치다
- 품　사 : 동사
- 뜻풀이 : 일이나 행동 따위를 빨리 끝내려고 몰아치다.
- 사용 지역 : 전라도

"어허, 진작진작 해뒀닫가 딱 밥상 받게 헐 것이제. 배고픈 것이야 나랏상감도 못 참는 법인디. 얼렁 혀라, 얼렁." 대목댁은 손까지 저어가며 뒤늦게 **답치고** 들었다. 〈조정래, 아리랑, 1995, 3, 240〉

"말분아, 밥 얼렁얼렁 해라. 어멈언 안직 안 일어났냐." 하품을 하며 부엌에서 나오고 있는 처녀를 **답쳤다.** 〈조정래, 아리랑, 1995, 4, 130〉

"그러니까 어서 군자금을 내놓으란 말이오." 얼굴 좁은 남자가 **답쳤다.** 〈조정래, 아리랑, 1995, 5, 11〉

격식 맞춰 장례를 치를 형편도 못 되었지만 경찰에서 어찌나 **답쳐대는지** 꾸물거릴 수조차 없었다. 〈조정래, 태백산맥, 2001, 2, 50〉

토벌대장은 하룻밤도 쉴 여유가 없이 **답치기** 하고 들었다. 〈조정래, 태백산맥, 2001, 2, 159〉

전라방언의 '답치다'는 표준어 '다그치다'에 대응하는 동사이다. 주로 조정래의 소설에서 발견되는 걸로 보아 전남 방언에서 많이 쓰는 것으로 보인다. 그러나 <우리말큰사전>을 보면 오영수의 작품에도 이 예가 나온다. <소설어사전>에서는 '답치다'의 뜻으로 '질서없이 함부로

덤벼들다, 생각없이 덮어 놓고 대들다.'로 해설하고 있는데 이는 용례
를 통하여 그렇게 해석할 수 있다. 따라서 표준어 '다그치다'와 유사하
면서도 약간 다른 의미가 있다 하겠다.

당시랗다

- 표준어 : 야무지다
- 품　사 : 형용사
- 뜻풀이 : 일을 하는 모습이 단단하고 굳세다.
- 사용 지역 : 전라도

정주사는 시방 미두장(米豆場) 앞 큰길 한복판에서, 다 같은 '하바꾼(節치 기꾼)'이로되, 나이 배젊은 애송이한테 먹살을 **당시랗게** 따잡혀 가지고는 죽을 봉욕을 당하는 참이다. 〈채만식, 탁류, 1987, 9〉

"이놈, 너 잘 만났다!" 먹곰보는 승재를 보자마자, 황소 영각하듯 외치면서, 눈을 부라리면서, 쏜살같이 달려들면서 승재의 먹살을 **당시랗게** 훑으려 잡는다. 〈채만식, 탁류, 1987, 123〉

하거나말거나 윤식은 그저 아이놈이 가게를 지키고 앉았으래도 마다고 뿔뿔 들어오곤 하니까, 어미가 고 발끈하는 소갈머리에 한번 쥐어질러 준게지…… 이쯤 생각을 하면서 태연무심하게 가게를 지나 안마당으로 들어선다. 들어서는데, 엣 뜨거! **당시랗게** 수갑을 차고 마룻전에 가 걸터앉았는 현서방과 낯을 잘 아는 박형사 최형사에 나까무라 형사부장, 그리고 얼굴이 잔뜩 질린 현서방네 아낙과 장모와 〈채만식, 金의 情熱, 1987, 471〉

혹시 싸웠나. 싸웠다면 웬 두부장수가 어린아이를 이렇게 **당시랗게** 붙들고 왔을까? 영주는 잠시 당황해서 말을 못하다가 마침 지게를 받쳐 놓고 다가서는 두부장수더러 "웬일이요?" 하고 물어보았다. 〈채만식, 明日, 1987, 184〉

넌짓이 방 한가운데 마침 웃목께로 방석 위에다 한 무릎은 뉘고 한 무릎은 세워 팔짱 긴 팔을 얹고 (이렇게 고대로 어디 가서 들어다논 듯 **당시랗게** 앉

"

아서는) 잊을 만하면 한번씩 콧물을 들이마시면서 가만가만 몸을 앞뒤로 끄덕거리고 앉았는 영감은 박주사의 집 거간 노릇을 하는 최생원. 〈채만식, 四號一段, 1987, 39〉

챙겨넣을 건 챙겨넣고 묶을 건 묶고 담을 건 담고 해서 다급할 때라도 손에 잡히는 대로 한두 가지씩이고 가뿐가뿐 집어들고 나가기에 순편하도록, 그리하여 건져낼 수 있는 껏 건져내도록, 마침 다 그렇게 **당시라니** 채비를 해놓고는, 이제나저제나 일을 기다리고 있었다. 피난을 할 속으론 그만큼 이력이 난 셈이었다. 〈채만식, 집, 1987, 108〉

전라 방언의 형용사 '당시랗다'는 주로 '당시랗게'로 쓰고 있다. '당시랗게'는 사람의 행위를 표현하는 말로 '야무지다, 암팡지다'의 뜻으로 이해된다. 주로 채만식의 소설에서 사용되고 있는데 주로 멱살을 잡는 행위에 많이 쓰고 있다. 표준어의 '야무지다'의 뜻과 매우 비슷하며 행동이 굳세고 단단함을 말하는 것 같다.

대봇둑

- 표준어 : 물둑, 제방, 둑
- 품 사 : 명사
- 뜻풀이 : 하천이나 호수의 물, 바닷물의 범람을 막기 위하여 설치하는, 흙이나 콘크리트 따위로 만든 구축물.
- 사용 지역 : 전라도

그니는 어느새 고향 마을 이곡리 뒤편 널금저수지의 **대봇둑** 근처에 가 있음이 분명했다. 〈윤흥길, 빛 가운데로 걸어가면, 1997, 2, 265〉

전라방언의 어휘 '대봇둑'은 표준어 '제방, 둑'에 대응하는 어휘이다. '큰 물둑'의 의미를 갖는 한자어 '대보(大洑)'에 같은 뜻의 '둑'이 결합하여 만들어진 복합어이다. 전라방언에서 많이 사용하는 어휘로 저수지의 둑을 말할 때 쓴다.

댕기다

- 표준어 : 다니다
- 품　사 : 동사
- 뜻풀이 : 어떤 볼일이 있어 일정한 곳을 정하여 놓고 드나들다.
- 다른 방언형 : 대니다, 댕이다
- 사용 지역 : 전라도, 경상도, 평안도, 함경도

그런 놈덜은 손복을 히여서 오래잔히여 박적을 차구 빌어먹으러 **댕길티닝** **개루** 두구 보소! 〈채만식, 천하태평춘, 1938, 5, 136〉

어디나 졸졸 따라 **댕겼다오**. 〈신경숙, 풍금이 있던 자리, 1992, 121〉

어디를 그렇게 **쏘댕기다가** 인지사 온댜아, 우리 갱아지 새끼가아? 〈이병천, 모래내 모래톱, 1993, 55〉

당장 성님 만내기는 면목없어도 눈에 불키고 **댕기다보면** 그것덜얼 잡아챌 날이 있겄지라 이. 〈조정래, 아리랑, 1995, 1, 94〉

마않이 달라졌단디, 머이 어뜨케 달러졌능가 휘이 귀겡이나 한 번 **댕게오** 까아? 속 터진디. 〈최명희, 혼불, 1996, 1, 112〉

'다니다'는 중세국어에서 '둗다'와 '니다'가 결합한 복합동사이다. 역사적으로 '둗니다>둔니다>ᄃᆞ니다'로 변천을 하였지만 전라 방언에서는 '댕기다'로 방언 분화되어 사용되고 있다. 이 방언은 '둔니다>둔이다>단이다>댄이다>댕기다'의 변화를 겪은 것으로 보인다.

'댕기다'는 이모음역행동화를 일으킨 유형으로 전라도와 경상도는 물론 북한에서까지 아주 많이 쓰는 어휘이지만 표준어에서는 이모음 역행동화를 인정하지 않기 때문에 '다니다'가 표준어로 채택되어 있다.

더우

- 표준어 : 더위
- 품　사 : 명사
- 뜻풀이 : 여름철의 더운 기운.
- 다른 방언형 : 더우먹다
- 사용 지역 : 전라도, 경상도, 강원도, 경기도, 충청도, 함경도, 평안도

> 이 더우에 시언허게 둬두어두 이틀이 못가 착 쉴 텐데, 오빠 손에 가 떨어지자믄 한 달이 걸릴지 얼마가 걸릴지 모르는 〈채만식, 여인전기, 1987, 465〉
>
> 요시단지 저시단지가 **더우** 묵어 정신이 어찌 된 것 아니여? 〈조정래, 아리랑, 1995, 1, 151〉
>
> 아이고, 저런 망헐 놈, 야 이놈아. 니 동생이 **더우** 먹어서 헐떡거리고 댕기먼 머이 그렇게 좋겄냐? 〈최명희, 혼불, 1996, 5, 53〉

　　표준어 '더위'는 전라 방언에서는 '더우'로 발음한다. 이러한 현상은 '위(uy)'에서 '이(y)'가 탈락하여 '우'로 발음이 나는 것이다. 날이 더울 때, 소화가 안 되고, 머리가 아픈 증상이 있으면 '더우 먹었다.'라는 표현을 쓰곤 한다. 전국에서 쓰고 있는 어휘로 보인다.

더트다

문학 속의 전라 방언

- 표준어 : 뒤지다
- 품   사 : 동사
- 뜻풀이 : 무엇을 찾으려고 샅샅이 들추거나 헤치다.
- 사용 지역 : 전라도, 충청도, 강원도, 평안도

산 골골이 **더터서** 심들게 캔 약초 팔아갖고 돈 이리 쓰다가넌 니 시집에서 미움 산다. 〈조정래, 아리랑, 1995, 2, 244〉

나도 마누래 찾을라고 천지사방얼 안 **더튼** 디가 없응게 니 일에 심이 될란지도 몰른단말이여. 〈조정래, 아리랑, 1995, 5, 50〉

강호가 **더터본** 그 늦가을 풀머리 눕는 길들에는 아직도 마한의 바람이 불고, 부족국가의 눈물겨운 피가 돌고 있었다. 〈최명희, 혼불, 1996, 8, 16〉

발바닥이 닳도록 전라도와 경상도를 다 **더터** 충청도·경기도까지 헤매면서, 사천왕 모신 절의 천왕문을 찾아 친견하러 다닐 적에, 단순한 의무감이나 호기심만을 따르는 객짓이었다면 아마 몹시도 지쳤을 것입니다. 〈최명희, 혼불, 1996, 9, 126〉

그짝으로 **더트면** 우리 빨치산 세력이 약헌디다가, 들판이 넓은게 개덜도 배치가 덜 되어 있을 것이고, 곡식도 여축이 있을 것 같구만이라. 〈조정래, 태백산맥, 2001, 10, 187〉

천태산부터 이잡듯이 뒤지고 없으면 두승산도 **더트시오**. 당신들은 약초꾼들인게, 날짜 가는 것은 상관 말고 천연보살 약초를 캠시로 차분히 **더트시오**. 〈송기숙, 녹두장군 10, 1989, 178〉

전라 방언의 어휘 '더트다'는 표준어로는 '뒤지다'의 어휘와 관련된다. '더트다'는 '샅샅이 뒤지다.'의 의미가 강하기 때문에 '더듬다'의 의미와는 상당히 차이가 있다. '더듬다'의 의미를 가지는 중세국어의 '덜다'에서 기원한 것으로 '焦遂는 입 더토더 술 醉ᄒ면 말슴올 잘ᄒᄂ니라<두시-초 15 : 41>, 吃 혀 더틀 걸<훈몽 하 : 12>'의 예가 보인다.

충남이 고향인 김성동의 '국수'에 '진종일을 두고 고랑마다 더투어 봐도'의 예가 보인다.

덜씬

- 표준어 : 훌쩍
- 품　사 : 부사
- 뜻풀이 : 보통보다는 크거나 우람한 모양.
- 다른 방언형 : 덜썩
- 사용 지역 : 전라도

"덩치는 **덜씬** 커가지구……." 재봉이는 승재가 언제나 마찬가지로 입은 다문 채 코를 벌씬하고 눈으로만 웃는 것을 마구 대고 놀려먹는다. 〈채만식, 탁류, 1987, 65〉

덜씬 큰 윤선 옆에 거룻배 하나가 붙어서 가는 격이라고나 할는지, 아뭏든 이 애인네 한쌍은 이윽고 진고개 어귀에 나타났습니다. 〈채만식, 태평천하, 1987, 176〉

아마 검정 황소가 열 바리, 라니 스무 바리도 넉넉해 보이는 그 **덜씬** 큰 시꺼면 화통이, 용솟음 같은 검은 연기를 풍풍 들이 뿜어올리면서, 시이 피이 시이 피이, 남 경풍을 하라고 소래기를 빽 빽, 〈채만식, 懷 1987, 547〉

그 어설픈 문간을 비롯하여 영락없이 추녀끝에 가 쌍으로 매달린 包辨酒色 應時小賣의 금자박이 검정 팻조각이랄지, 찌부러진 처마 위에 **덜씬** 커다랗게 올라앉은 간판이랄지, 무릇 북촌이면 거기 아무데서나 흔히 만나곤하는 썩 전형적인 청요리집의 한 집이었다. 〈채만식, 懷 1987, 561〉

나이로 보나 덩치로 보나 그 머이매보담 두 배는 되게 생긴 놈이 **덜썩** 커갖꼬 쬐깐허니 에린 것 점심밥을 얻어먹을랑게 그 총중에도 낮바닥이 뜨뜻헐 일이지마는 그렁걸 챙길 겨를이 없는 처지여, 〈최명희, 혼불, 1996, 5, 307〉

전라방언의 부사 '덜씬'은 표준어는 '훌쩍'에 대응한다. 북쪽에서 쓰
는 '덜썩'에 대응하는 어휘다. '덜썩 크다.'의 표현에서 주로 쓰면서 '보
통보다 크거나 우람한 모양'을 나타낸다. 주로 채만식의 작품에서만
보이는데 〈채만식 어휘사전〉에는 '(어떤 것에 비하여) 그 정도가 썩
더하게.'로 뜻풀이하고 있다. 그러나 전라방언에서는 예문에서와 같이
'덜썩'을 많이 쓰고 있다.

덜퍽

- 표준어 : 덜퍼덕, 갑자기
- 품　사 : 부사
- 뜻풀이 : ① 힘없이 주저앉거나 눕는 모양.
　　　　　② 미처 생각할 겨를도 없이 급히.
- 사용 지역 : 전라도

욕심 많은 비암이 지 아가리 큰 것만 믿었제 몸통 작은 것언 몰르고 쪽제비 뒷다리 **덜퍽** 물었다가 됩데 지가 잡아믹히는 꼴이나 같제라. 〈조정래, 아리랑, 1995, 10, 299〉

장날이면 장에 벌린 황아전에서 비단을 팔고, 다른 날에는 청*홍*황, 색색깔의 비단을 등에 지고 마을로 돌아 다니는 이들은, 남자인 경우, 오래 다녀 단골이 된 집에 이르러서도 결코 **덜퍽** 안채로 찾아가지는 않았다. 〈최명희, 혼불, 1996, 3, 282〉

염상구는 마침내 임만수의 약점을 **덜퍽** 물고들었다. 〈조정래, 태백산맥, 2001, 5, 31〉

근디 말이요. 저 핏뎅이럴 요리 **덜퍽** 놓고 가불먼 이 늙은 것이 워쩌겄소. 〈조정래, 태백산맥, 2001, 6, 104〉

"……아부지넌 폴세 노무자로 끌려나갔고라, 엄니넌 우리덜 델꼬 혼자 품도 폴고 밭농새도 짓고 험시로 고상고상허고 사는디, 금메 할메가 **덜퍽** 아퍼 부렀당께라." 〈조정래, 태백산맥, 2001, 10, 248〉

조딱부리는 땅바닥에 **덜퍽** 주질러 앉았다. 〈송기숙, 녹두장군 8, 1989, 014〉

전라 방언의 어휘 '덜퍽'은 표준어 '덜퍼덕'에 대응하는 부사이다. 이
부사는 의태어로 '힘없이 주저앉거나 눕는 모양'을 나타낸다. 〈표준국
어대사전〉에서는 〈조선말대사전〉을 참고하여 북한에서 쓰는 말로 해
설하고 있다.

'덜퍽'은 예문에서처럼 '갑자기'의 의미도 가지고 있다. '뒷다리 덜퍽
물었다가'의 예문에서 는 '덜퍼덕'으로 교체할 수가 없으며, 이 예문에
서는 '갑자기, 느닷없이'의 의미를 가지는 것으로 해석된다.

덩덕개비

- 표준어 : 대응 표준어 없음.
- 품　사 : 명사
- 뜻풀이 : 덩달아 날뛰는 사람을 일컫는 말.
- 다른 방언형 : 덩덕깨비
- 사용 지역 : 전라도

"너는 개 × 에 **덩덕개비여**! 아직 가만 있다가 싸움이 얼리거든 날 때리기나 히여!" 〈채만식, 정자나무 있는 揷畵, 1987, 380〉

전라 방언 '덩덕개비'는 비교적 자주 쓰는 말이다. '덩더꿍'은 부사로 '덩달아 덤비는 모양.'이란 의미를 가진다. '-개비'는 대체로 '장작개비, 성냥개비' 등에 쓰여 가벼운 물건을 나타내는 접미사로 사용되고 있다. 그러나 '덩덕개비'는 '덩더꿍'의 '덩덕'에 사람을 나타내는 접미사 '-개비'를 붙여서 만든 말이다.

도렴직하다

- 표준어 : 도리암직하다, 도람직하다
- 품　사 : 형용사
- 뜻풀이 : 동글납작한 얼굴에 키가 자그마하고 몸매가 얌전하다.
- 다른 방언형 : 도렴직허다, 도람직하다
- 사용 지역 : 전라도

도람직한 얼굴이면서 어딘지 새침임한 바람이 돌고 그런가 하고보면 생끗 웃는데 눈초리가 먼점 웃습니다. 〈채만식, 천하태평춘, 1938 : 7, 240〉

그것은 행화가 얼굴이 **도렴직하니** 코언저리로 기미가 살풋 앉은 것까지도 귀인성이 있고, 말소리가 영남 사투리로 구수한 것도 마음에 들지만, 다른 기생들처럼 생김새나 하는 짓이나가 빤질거리지 않고 숫두룸한 게 실없이 좋았다. 〈채만식, 탁류, 1987, 30〉

남편이란 사람은 나이 근 사십이나 되었으되 색시는 겨우 이십이 될까 말까 **도렴직한** 볼때기에 애티가 아작 남아 있어 귀염성스러웠다. 〈채만식, 明日, 1987, 143〉

아직 스물여섯. 한창 필 때의 젊은 나이였다. 두드러지게 어여쁜 구석은 없어도 **도렴직하니** 귀염성 있고, 번화한 얼굴이었다. 〈채만식, 妻子, 1987, 548〉

표준어 형용사 '도리암직하다'의 준말은 '도람직하다'이다. 채만식의 작품에서는 '도람직하다'와 '도렴직하다'를 쓰는데 주로 '도렴직하다'를 쓰고 있다.

돋구다

- 표준어 : 돋우다
- 품　사 : 동사
- 뜻풀이 : ① 위로 끌어 올려 도드라지거나 높아지게 하다.
  　　　　② 밑을 괴거나 쌓아 올려 도드라지거나 높아지게 하다.
  　　　　③ '돋다'의 사동사.
  　　　　④ 정도를 더 높이다.
- 다른 방언형 : 도꾸다
- 사용 지역 : 전라도, 경상도, 충청도, 제주도, 북한, 전국

攝氏 二度의 새초롬한 바람은 알아 듣고/ 목청 **돋구**는 李花中仙이처럼/ 伽倻琴 찡 줄의 청을 고추 세운다. 〈서정주, 내가 또 유랑해 가게 하는 것은〉

만약 이때에 초봉이가 조그만큼만 더 윤희의 부아를 **돋구**어주었다면, 윤희는 단박 달려들어 초봉이의 얄밉디얄밉게시리 이쁜 입과 턱을 싹싹 할퀴고 물어뜯고 해주었을 것이다. 〈채만식, 탁류, 1987, 37〉

"그려, 그려. 얼렁 술 묵고 기운 **돋구**드라고." 그들은 자신감에 넘쳐 다시 술잔을 들었다. 〈조정래, 아리랑, 1995, 1, 276〉

앙가슴을 되바라지게 내밀고 뒷짐을 진 채 방 가운데 버티고 서서, 목소리를 **돋구**어 비아냥거리는 옹구네는 눈에 보이는 것이 없다. 〈최명희, 혼불, 1996, 10, 316〉

　　표준어 '돋우다'의 전라 방언은 '돋구다'이다. '돋구다'는 자동사 '돋다'에 사동접미사 '-우-'가 연결된 것이다. 전라 방언에서는 '늘리다, 기르다'를 '늘구다, 질구다'로 쓰면서 사동접미사 '-구-'를 많이 쓰는 것이

특징적이다. 이에 따라 '돋구다'가 사용된 것이다. '목청을 돋구다, 성질을 돋구다, 기운을 돋구다.' 등으로 사용된다.

'돋우다'가 '돋구다'에 비해 널리 쓰이므로 '돋우다'를 표준어로 삼고 있다. 표준어 규정 제25항은 의미가 똑같은 형태가 몇 가지 있을 경우, 그중 어느 하나가 압도적으로 널리 쓰이면, 그 단어만을 표준어로 삼도록 규정하고 있다. 다만 '돋구다'가 '안경의 도수 따위를 더 높게 하다.'라는 뜻으로 쓰일 때에는 표준어로 인정한다.

박경리의 '토지'에도 '돋구다'가 많이 쓰이고 있다.

돌라먹다

- 표준어 : 속이다
- 품　사 : 동사
- 뜻풀이 : ① '속다'의 사동사.
　　　　　② 남을 거짓이나 꾀로 속아 넘어가게 하다.
- 다른 방언형 : 돌라묵다
- 사용 지역 : 전라도

귀년시리 돈이나 협잡질 헐라닝개루 시방 쫓아 올라와서넌 씩뚝꺽둑 날 **돌라먹을라구** 그러지야? 〈채만식, 천하태평춘, 1938, 9, 335〉

뿌리럴 뽑는 것이야 존디, 돈 **돌라묵**은 놈덜언 따로 있는디 어찌서 죄 없는 김 회장님얼 그 꼴 맨그냔 말이여. 〈조정래, 아리랑, 1995, 5, 191〉

전라도 방언에서 '돌리다'는 '속다'라는 뜻을 가진다. '내가 그 사람한 테 돌려서 돈을 잃었다.'와 같은 문장에서 쓰인다. '돌라먹다'는 '돌리다'와 '먹다'가 복합되어 복합어로 쓰이면서 사동사 '속이다'의 뜻을 갖게 된 것이다. 이 어휘는 '속여먹다'로도 사용된다. '돌라먹다'는 전북 방언에서, '돌라묵다'는 전남 방언에서 아주 많이 쓰는 어휘이다.

됩데

- 표준어 : 도리어
- 품　사 : 부사
- 뜻풀이 : 예상이나 기대 또는 일반적인 생각과는 반대되거나 다르게.
- 다른 방언형 : 뎁데, 됩대, 됩다, 뎁대, 뎁되, 댑때, 됩데로, 뎁데로, 됩대로, 뎁대로
- 사용 지역 : 전라도, 충청도, 강원도

시상이 달라졌으면 회개허고 그 못된 맘얼 고쳐묵는 것이 아니라 **뎁되** 반타작얼 해도라고? 〈조정래, 태백산맥, 2001, 7, 271〉

됩대로 내가 무신 들킬 일이라도 있는 것맹이로, 두근두근, 왜 이렇게 정신이 없능가 모리겄네 〈최명희, 혼불, 1996, 2, 29〉

하이고오. 똥뀐 놈이 썽낸다드니, 날도적놈이 **됩대** 꼬깔을 씌우능구만 그리여. 〈최명희, 혼불, 1996, 3, 29〉

독립운동헜담시로 친일헌 것덜얼 때레잡는 것이 아니라 **됩데** 고것덜허고 짝짜꿍이 되얐을 적에 그 드런 배창시 알아뿐 것 아니겄어? 〈조정래, 태백산맥, 2001, 4, 68〉

"워매, 그란디, 그 가시나 쥐만한 것이 어디서 그런 호랭이 잡을 심이 나온단가? 우리 같으면 **됩데** 꾸랭이한테 감개서 안 죽겄드라고, 거?" 〈송기숙, 자랏골의 비가 1, 1974, 075〉

헹, 보물을 땅에다 쌓들 말라고? 어느 누구보담도 지놈한티 우선적으로 해당허는 소리를 **됩데로** 넘들한티 허고 자빠졌네. 〈윤흥길, 빛 가운데로 걸어가면, 1997, 2, 203〉

> 그걸 작만하자면, 너 같은놈 열놈의 집은 더 털어야 하니 시급스럽게 안
> 될 말이고, 또 내가 나서서 뇌물을 쓰다가는 **됩다** 위태할 것이고, 허니 불가
> 불 일은 네가 할 수밖에 없다. 〈채만식, 천하태평춘, 1938 : 2, 159〉

전라 방언, '됩데'는 '됩대, 뎁대, 뎁데'의 이형태를 가지며, 여기에
'-로'가 연결된 '됩데로'도 같은 뜻으로 쓰인다. 이 어휘는 '도리어, 오
히려, 반대로'의 뜻을 가진다. 전라도에서 많이 쓰는 어휘다.

'도리어'가 '되립더'에 비해 널리 쓰이므로 '도리어'를 표준어로 삼고
있다. 표준어 규정 제25항은 의미가 똑같은 형태가 몇 가지 있을 경
우, 그중 어느 하나가 압도적으로 널리 쓰이면, 그 단어만을 표준어로
삼도록 규정하고 있다. 따라서 '되립더'는 방언으로 처리하고 '도리어'
를 표준어로 삼는다.

둔전거리다

- 표준어 : 머무적거리다, 서성거리다
- 품　사 : 동사
- 뜻풀이 : 말이나 행동 따위를 선뜻 결단하여 행하지 못하고 자꾸 망설이다.
- 다른 방언형 : 둔전기리다, 뒨전거리다, 둔전둔전허다, 딘전딘전허다, 뛴전뛴전허다
- 사용 지역 : 전라도

자꾸만 이렇게 **둔전거리다**가는 촌뜨기 처접을 타지 싶어 얼핏 제호를 따라 올라갔다. 〈채만식, 탁류, 1987, 260〉

헛눈폴고 자빠졌다가 온 디 간 디럴 몰르고 **둔전기리는** 거이여! 요런 쎄빠질 자석아, 〈조정래, 태백산맥, 2001, 4, 149〉

긍께로 나 겉은 것이야 반봉사로 그냥 **둔전기리고** 댕기는 것이제라 〈조정래, 태백산맥, 2001, 9, 348〉

　전라 방언의 동사 '둔전거리다'는 이 지역에서 자주 쓰는 방언으로 표준어로는 '머무적거리다'의 준말인 '머뭇거리다'와 의미가 유사하다. 일을 하지 않고 뭉그적거리는 모습을 표현할 때 쓰는 말이다. '뒨전거리다'로도 많이 사용한다. 전라 방언에서는 '둔전둔전허다'도 쓰고 있다. 표준어 '뒤적거리다'가 '몸을 이리 저리 뒤집다.'라는 뜻이 있는데 형태와 의미상으로 이 말과도 관련이 있는 것 같다. 조정래의 작품에서는 '둔전기리다'를 많이 쓰고 있다.

뒷그늘

- 표준어 : 대응 표준어 없음.
- 품　사 : 명사
- 뜻풀이 : 불행이나 근심이 드리운 어두운 표정을 비유적으로 이른 말.
- 사용 지역 : 전라도

> 　변한 것은 외양뿐만 아니라, 그다지 까불고 술심 망나니고 하던 (실상은 명랑했던) 대신 사람이 몹시 **뒷그늘**이 져 보이고 입도 무거워졌고 해서, 우선 남과 붙일성이 없었다. 〈채만식, 정자나무 있는 插畵, 1987, 361〉
>
> 　그 주제넘음을 짜장 겸손하는 듯 길로부터 약간 물러나서 XXXX관의 비죽 내민 **뒷그늘**로 넌지시 비껴 앉았는 양은 일종 애교라고도 할는지. 〈채만식, 懷, 1987, 561〉

　'그늘'은 '심리적으로 불안하거나 불행한 상태. 또는 그로 인하여 나타나는 어두운 표정.'을 나타내는 의미를 가진다. '뒤'는 '보이지 않는 배후나 겉으로 드러나지 않는 부분.'이란 의미를 가진다. 이 두 말이 복합되어 '뒷그늘'이 되어 쓰이면서 '드러나지 않은 어두운 표정'을 의미하게 된 것이다. 채만식의 작품에서 보이는 어휘이지만 표준어로 사용해도 손색이 없는 어휘이다.

드글드글하다

- 표준어 : 득시글하다
- 품　사 : 동사
- 뜻풀이 : 사람이나 동물 따위가 떼로 모여 어수선하게 들끓다.
- 다른 방언형 : 드글드글허다, 드글거리다, 드글드글
- 사용 지역 : 전라도

> 여그도 말만 미국이제 왜놈덜이 **드글드글하고**, 그 기세도 얼매나 등등헌가. 〈조정래, 아리랑, 1995, 2, 92〉
>
> 길도 멀었고 귀신들이 **드글거린다는** 묘지가 많은 산이었다. 〈조정래, 아리랑, 1995, 4, 145〉
>
> 방죽 바닥에 물괴기가 기양 막 **드글드글헙디다.** 〈최명희, 혼불, 1996, 2, 17〉
>
> 십 년씩 신성하게 여겨 온 물고기들도, 물바닥에 새까맣게 몰려 **드글드글** 뒤재비를 치며 흰 배를 뒤집을 수도 있는 일이리라. 〈최명희, 혼불, 1996, 2, 32〉

　전라 방언의 '드글드글하다'는 사람이나 동물 등이 많이 모여 있는 모습을 표현하는 말이다. 전라 방언에서는 아주 많이 사용하는 방언으로 표준어 '득시글하다, 득시글거리다'에 해당되는 말이다. 부사로는 '드글드글'이 쓰인다. 그런데 '드글드글'과 '드글드글하다'는 남쪽의 국어사전에는 등재되어 있지 않고 북쪽의 〈조선말대사전〉에 등재되어 있다.

드끄럽다

- 표준어 : 듣그럽다, 시끄럽다
- 품 사 : 형용사
- 뜻풀이 : 듣기 싫게 떠들썩하다.
- 사용 지역 : 전라도, 황해도

"제기할 것, 나두 우리 초봉이 덕분에 막내둥일 본단 말이지?" **"드끄러워
요. 괜히 심심허니깐 사람 놀릴 양으루……"** "놀리긴! 남은 시방 좋아서 그리
는데." 〈채만식, 탁류, 1987, 280〉

"드끄러워요! 아이가 잠들려구 하는데 자꾸만 앉아서……' "하아, 이런 놈
의!" 제호는 지천을 먹고 *끄먹끄먹* 앉았다가 담배를 피워 문다. 〈채만식, 탁류,
1987, 298〉

"당신 이러다가 아녈말루 죽기나 하면 어떡허자구 그러시우?" "헐 수 없겠
지. 인간 목숨이 소중하다는 것두 요새는 전설 같아서 까마득허이!" **"드끄러
워요!** 내가 어디 가서 기두 맥두 없이 죽어버려야, 당신이 정신을 좀 채릴려
나 보우." 〈채만식, 少妄, 1987, 345〉

"그럼 두부라두 좀 사까? 두부장수 지나갔어? 응?" 내순이 (보풀스럽게)
"드끄러워! 그놈의 두부라믄 사뭇 이가 갈리느만!" 〈채만식, 무장삼동, 1987, 429〉

채만식의 소설에서 주로 나오는 '드끄럽다'는 표준어 형용사 '듣그럽
다'의 발음을 그대로 표기한 것이다. 현재는 주로 '시끄럽다'로 대체되
고 있어서 '듣그럽다'의 사용을 보기가 어렵다. '듣다'와 '시끄럽다'가
관련된 것으로 보이는데 이 어휘의 어원을 확인하기는 어렵다.

  작품의 예를 통해서 보면 주로 대화체에서 쓰고 지문에서는 쓰지 않는 것을 볼 수 있다. 따라서 일반적으로 '시끄럽다'가 구어체와 문어체에서 주로 쓰고 '드끄럽다'는 구어체에서만 사용하는 것으로 이해된다.
  '듣그럽다, 시끄럽다'는 쓰임의 빈도가 거의 같기 때문에 모두 표준어로 삼고 있다. 표준어 규정 제26항은 한 가지 의미를 나타내는 형태 몇 가지가 널리 쓰이며 표준어 규정에 맞으면, 그 모두를 표준어로 삼도록 규정한다. 따라서 '듣그럽다, 시끄럽다'를 모두 표준어로 삼는다.

든질르다

- 표준어 : 들이지르다
- 품　사 : 동사
- 뜻풀이 : ① 들이닥치며 세게 지르다.
　　　　　② 닥치는 대로 흉하게 많이 먹다.
　　　　　③ 큰 소리를 마구 내다.
- 다른 방언형 : 든지르다
- 사용 지역 : 전라도

　　시원한 물수건 하나 적시어다 주는 법 없고, 기껏해야 식모가 나서서 세수물 한 대야 떠다가 **든질르기가** 고작이다. 그다지도 즐기는 줄 번연히 알면서도 맥주 한 병 얼음에 채웠다가 내놓는 눈치도 없다. 〈채만식, 탁류, 1987, 295〉

　　"쌀두 좀 생겼거든 죽을 쑬 일이지 무슨 터수에 허연 쌀밥만 **처든질라구** 이렇게 밥을 히여노아!" 〈채만식, 停車場近處, 1987, 319〉

　　"허허, 내 별꼴 다 보니. 괜시리 술잔 **든질렀거들랑**, 고히 삭히진 아녀구서, 나이깨 먹은 것이, 왜 남 일하는 데 와서 이 행악야 행악이. 늙은인 다리뼉다구 부러지지 말란 법 있나?" 〈채만식, 논이야기, 1987, 323〉

　　덕수 "누구헌테 막걸릿잔이나 얻어 **든질렀을** 테지, 매양……" 순갑이 "하, 천만에!…… 여봐라, 그런 게 아니라 정거장 옆으루 지내오는데 말이다, 웬 양복장이가 큰 가방 하나를 놓구서 〈채만식, 무장삼동, 1987, 412〉

　　'든질르다'는 '들이지르다'의 방언형이다. '든지르다'를 국어사전에서 찾아보면 "들이지르다'의 잘못"으로 풀이되어 있다. '들이-'는 동사 앞에 붙어 '몹시', '마구', '갑자기'의 뜻을 더하는 접두사이기 때문에 '마구 먹다, 마구 소리 지르다.'와 같은 뜻을 갖게 된 것이다. 전라 방언에서 '지르다'는 '질르다'로 발음이 나는데 '소리를 질르다, 주먹을 한 대 질르다.'와 같은 문장에서 사용되고 있다.

들믓하다

- 표준어 : 덩그렇다
- 품   사 : 형용사
- 뜻풀이 : 넓은 곳에 높이 솟아서 당당하다.
- 다른 방언형 : 들믓허다, 들무웃하다, 들믓들믓, 들믓들믓하다
- 사용 지역 : 전라도

> 나란히 놓인 양복장과 삼층장의 으리으리한 윤택, 머릿장, 머릿장 위에 **들믓하게** 놓인 금침 꾸러미, 축음기 등속 모두가 눈에 생소한 것이면서, 〈채만식, 탁류, 1987, 138〉

> 허허허허, 그럼 이번에나 **들무웃한** 놈 한자리 해오지요. 가만히 게십시오, 수두룩합니다. 은행에서 돈을 안 내주기 때문에 거얼걸들 합니다. 〈채만식, 천하태평춘, 1938, 4, 111〉

> 좌우와 건너편이 모두 **들믓들믓** 여러 층짜리 벽돌집에다가 흰칠한 근대식 점포들이 즐비한 상가의 번화한 한복판이 되고 보니 〈채만식, 懷 1987, 561〉

> 근처라야 무슨 고래등 같은 기와집이나 **들믓들믓한** 집들이 있는바 아니요, 촌락 80여 호가 거진 다 고 또래로 올망졸망한 오막살이 판이지만, 〈채만식, 집, 1987, 71〉

표준어 '덩그렇다'와 의미가 유사하게 쓰이는 전라 방언 '들믓하다'는 채만식의 작품에 보이는 어휘로 '들무웃하다'로도 쓰고 있다. 이 어휘는 부사로 '들믓들믓'을 쓰는데 '분량이나 수효가 어떤 범위 안에 가득 차 있는 모양'을 나타낸다. 또한 '들믓들믓하다'를 쓰고 있는데 이는 '여럿이 다 들믓하다, 매우 들믓하다.'의 의미를 나타낸다.

들이당짱에

- 표준어 : 갑자기
- 품　사 : 부사
- 뜻풀이 : 미처 생각할 겨를도 없이 급히.
- 다른 방언형 : 들이당장에, 들이당장, 들이당짝
- 사용 지역 : 전라도

기양 **들이당짱**에 혹 무신 망발이나 나먼 어쩌까 허고요. 지가 이런 말씀 디림서도 당최 송구시러와서. 〈최명희, 혼불, 1996, 6, 272〉

들이당짱에 아금니 까악 물고 말도 장 안허고 장승맹이로 버티고 앉어만 있드니, 인자 웃소예? 〈최명희, 혼불, 1996, 6, 301〉

그들은 **들이당짝** 삿대질을 하며 문재철이한테 내질렀다. 〈송기숙, 암태도, 1981, 260〉

10만 원이나 되는 전셋돈을 **들이당장**에 빼달라는 요구가 얼마나 무리한 것인가를 그 호루라기 소리들이 내게 차갑게 일깨워 준 셈이었다. 〈한국소설문학대계, 윤흥길, 직선과 곡선, 258〉

지성소라 불리는 선지자 전용 기도실 문을 벌컥 열어젖히면서 **들이당장** 질러대는 종술의 과장스런 목소리에 놀라 하 목사는 바닥에 꿇었던 자신의 무릎을 잽싸게 폈다. 〈윤흥길, 빛 가운데로 걸어가면, 1997, 2, 316〉

표준어 '갑자기'에 대응되는 전라 방언 '들이당짱에, 들이당장에, 들이당장' 등은 '들어서자마자'의 의미를 가지는 것으로 보인다. 따라서

'생각할 겨를이 없이'라는 뜻의 '갑자기'와 유의어라 할 수 있다. 이 어휘는 최명희, 송기숙, 윤흥길 등의 소설에 나타나는데 전라 방언의 '들입다, 냅다'와 같은 의미를 갖는 어휘라고 할 수 있다.

따그랭이

- 표준어 : 딱지
- 품　사 : 명사
- 뜻풀이 : 장액, 피 또는 고름이 나와 살갗 겉에 말라붙은 것 또는 그런 것이 생기
  는 피부병.
- 다른 방언형 : 따그랑이, 따까리, 따껭이, 따가리, 딱젱이
- 사용 지역 : 전라도

"재수에 **옴따그랭이** 앉은 사람은 니놈이 아니라 바로 나다, 이놈아! 요상시런 종자는 나가 아니라 바로 니놈이다, 이놈아!" 〈윤흥길, 빛 가운데로 걸어가면, 1997, 1, 155〉

후끈 달아오를 대로 달아오른 종술은 머리 꼭뒤까지 뻗치는 번열을 주체할 수가 없어 체통이고 나발이고 다 팽개친 채 **따그랭이**를 떼며 달라붙어 마누라의 행방을 추궁하기 시작했다. 〈윤흥길, 빛 가운데로 걸어가면, 1997, 2, 15〉

매사는 불여튼튼이랬다고, 바로 고런 때를 대비혀서 양다리를 걸쳐야 된다고 나가 귓구녁에 **따그랭이**가 앉드락 신칙허잖든가? 〈윤흥길, 빛 가운데로 걸어가면, 1997, 2, 96〉

감람나무 쪽 청년들이 떼뭉쳐 몰려와서는 빼돌린 즈그 식구 당장 내놓으라고 **따그랭이**를 띠고 생야단을 치는 거여. 〈윤흥길, 빛 가운데로 걸어가면, 1997, 2, 132〉

전라방언의 '따그랭이'는 표준어 '딱지'에 대응하는 어휘이다. 전라방언에서는 '따가리, 따그리'가 쓰이는데 여기에 접미사 '-앙이'가 연결된 것으로 보인다. '따그랭이'는 주로 윤흥길의 소설에서 발견되는데 전북

지역에서 많이 사용한다. '따끄랭이'가 전국적으로 쓰이는 것으로 보고
되어 있다.

따담다

- 표준어 : 따 담다
- 품 사 : 동사
- 뜻풀이 : ① 어떤 물체의 한 부분을 따서 담다.
          ② 공부를 하면서 여러 지식을 머리에 넣다.
          ③ 자기에게 주어진 이익을 받아 챙기다.
- 사용 지역 : 전라도

> 또 수중에 돈이 없는 것도 아니겠다. 돈장이고 선뜻 내주면서 나무를 사다가 군불을 넣어 달라고 이르게 되면(제야 원 사를 오던지 낭탁에 **따담고서** 있는 나무를 때든지) 아무렇게든지 구들을 덥혀는 줄 것이고, 따라서 여재수재가 분명하여 피차간 떳떳한 일이고 할 것을, 〈채만식, 摸索, 1987, 474〉

> 몇십 원씩, 돈 백 원씩 쥐어주는 것을, 사양하다가 못이기는 체 받아넣기 얼말는지 모른다. 자청해 주는 것을 **따담기만** 한 것이 아니라, 아쉴 때면 그럴싸한 사람을 찾아가서 "수히 갚을 테니 백 원만……" 하고 가져다 쓰기도 여러 번이었다. 〈채만식, 孟巡査, 1987, 263〉

전라 방언의 '따담다'는 자주 쓰는 동사로 뜻풀이에서 보는 것처럼 여러 가지 의미를 가지고 있다. '따서 담다.'의 의미를 가지기 때문에 '따 담다.'로 많이 사용하지만 전라방언에서는 '따다'와 '담다'가 복합된 복합동사이다. 채만식의 작품에서는 '자기에게 주어진 이익을 받아 챙기다.'라는 의미로 쓰고 있다.

따복따복

- 표준어 : 차곡차곡, 차근차근
- 품　사 : 부사
- 뜻풀이 : ① 물건을 가지런히 겹쳐 쌓거나 포개는 모양.
　　　　　② 말이나 행동 따위를 아주 찬찬하게 순서에 따라 조리 있게 하는 모양.
- 다른 방언형 : 따북따북, 차복차복, 체복체복
- 사용 지역 : 전라도

이야기의 진행에 따라 차츰 끓어오르기 시작하는 감정을 다스리기 위해 귀수는 일부러 느린 말씨로 **따복따복** 낱말들을 골라서 공손히 주워섬겼다.
〈윤흥길, 낫, 2005, 320〉

만에 하나 웬 잠귀 밝은 훼방꾼이 있어 남의 거사를 결정적으로 그르쳐놓을까봐 그니는 눈으로 공동체 전체를 더듬으며 금자동아 은자동아, 하고 자장노래라도 **따복따복** 불러주고 싶은 심정이었다. 〈윤흥길, 빛 가운데로 걸어가면, 1997, 2, 268〉

형보의 눈 하나 깜짝 않고 딱 버티고 앉아서 **따북따북** 말을 뱉어놓다가 필경 '……요렇게 훑으려 쥐고 칵……' 찔러 죽인다는, 손짓 눈짓 몸짓을 다 겸친 마지막 대목에 가서는 그만 아이구머니 〈채만식, 탁류, 1987, 311〉

광주 양반은 서울이고 동경이나 대판이고 신경 북경이고 가만히 앉았다가, 조선은행권으로 바뀌어진 지전 뭉텅이나 각지(送金切手)만 **따북따북** 받아들이고…… 세상 이렇게도 조촐하고 간단명료하고, 그리고 편한 도리라곤 있을 턱이 없다. 〈채만식, 金의 情熱, 1987, 385〉

전라방언의 부사 '따복따복'은 표준어 '차곡차곡, 차근차근'에 해당하는 어휘이다. '차곡차곡'은 천천히 쌓은 모양을 의미하고 '차근차근'은 천천히 하는 행동을 말하는데 '따복따복'은 이 두 어휘와 동일한 의미를 갖고 있다. 주로 일을 천천히 하는 행동에 많이 쓰인다. 전라방언에서 아주 많이 사용하는 어휘로 '따북따북'을 쓰고 '차근차근'과 혼태되어 '차복차복'으로 쓰이기도 한다.

때미

- 표준어 : 때문에
- 품 사 : 어절
- 뜻풀이 : 어떤 일의 원인이나 까닭을 나타내는 어절.
- 다른 방언형 : 난세, 난시에, 남시, 따문, 따물레, 따물로, 따미, 따밀러, 딴시, 땀에, 땀새, 땀서, 땀세, 땀시, 땀시롱, 땜시, 떼물레, 떼물로, 떼미, 떼미레, 떼미로, 떼밀레, 뗌세, 뗌시, 뗌시로, 란세
- 사용 지역 : 전라도, 충청도, 강원도, 경기도

"아까 아침나절에 와서 이얘기허던 그 조건 **때미** 그러지? 응?" 〈채만식, 천하태평춘, 1938, 4, 107〉

그렇게 얼룩 있고 멍들었어도 달이 어디 꼬물만치라도 그것 **때미** 어둡등교. 〈최명희, 혼불, 1996, 6, 50〉

지년 기술이 넘보담 낮고, 나가 지년헌티 빠진 것얼 알기 **땀새여**. 허나 지년 기술이 지아무리 좋아도 오늘로 끝장이여. 〈조정래, 아리랑, 1995, 1, 68〉

반죽이나 해도랑게요. 뜨기 바람서 뭣 **땀시** 팥물은 끓여놨대! 〈신경숙, 풍금이 있던 자리, 1992, 135〉

"아 알겄네, 알겄어. 그놈의 곰방대 **땀새** 이얘기가 헛길로 샜네. 어서 자네가 헐라든 이얘기나 허소." 〈조정래, 아리랑, 1995, 1, 221〉

"죽지 못허고 살아야 헐 찔긴 목심 **땀세** 요리 찔겨졌는갑구만이라." 〈조정래, 태백산맥, 2001, 1, 131〉

표준어 '때문'이나 또는 '때문＋에'의 구성을 보이는 전라 방언의 '때미'는 전북 방언에서 주로 쓰는 것이고, '땜시'는 전남 방언에서 주로 쓰는 것이다. 예문에서 보는 것처럼 '땜시'를 '때문'으로도 쓰지만 '때미, 땜시'는 주로 '때문에'의 구성을 갖는다. 아주 일반적으로 쓰는 전라도 방언의 어휘이다.

이문구의 '내몸은 너무 오래 서있거나 걸어왔다.'에 '늙은이는 지천이래두 원로는 없기 때미'의 예가 보인다. 충남 출신의 작가 방영웅의 '분례기'에도 '정말 그 애때미 큰 일이여'의 예가 보인다.

똑바라지다

- 표준어 : 똑바르다
- 품　사 : 형용사
- 뜻풀이 : ① 어느 쪽으로도 기울지 않고 곧다.
　　　　　② 올바르다.
- 사용 지역 : 전라도

"그려, 이놈아 **똑바라지게** 앉어서 애비 말 똑똑허니 들어." 〈조정래, 아리랑, 1995, 1, 83〉

"말이야 있는 그대로 **똑바라지게** 헌 것잉게 공연시 감고 들지 맙시다. 나 요새 속터지는 일 많애서 애맨 소리 받아줄 처지가 못된게." 〈조정래, 아리랑, 1995, 2, 188〉

자네도 인자 부하덜 거느린 헌다허는 오야붕잉게 시상판세 돌아가는 것얼 **똑바라지게** 알어야 되고 히서 나가 아는대로 말해 준 것 아니라고. 〈조정래, 아리랑, 1995, 6, 52〉

엉거시풀이야 뿌렝이고 나발이고 개리고 자시고 상관없이 안 죽고 그저 사방에 짱짱허니 엥기고 감고 뻗으면 되는 거이지만, 사군자는 나군자다아 허고 **똑바라지게** 외는 거이라, 〈최명희, 혼불, 1996, 7, 248〉

니나 나나 다 아는 일로 해방이 되고 지끔꺼지 워디 요것이 사람 사는 시상이여? 우리가 눈 **똑바라지게** 뜨고 본 일로, 지대로 된 해방이란 것은 양코배긴가 양귀신덜인가가 들어오기 전꺼정 두 달 남짓이 아니었드라고? 〈조정래, 태백산맥, 2001, 2, 43〉

　　'똑바라지다'는 조정래의 작품에서 주로 쓰고 최명희의 '혼불'에서 단 하나의 예가 나오는 것으로 보면 전남 방언으로 보인다. 이 어휘는 표준어 형용사인 '똑바르다'와 의미가 같다. '똑바라지다'는 형용사 뒤에서 '-어지다' 구성으로 쓰여 앞말이 뜻하는 상태로 됨을 나타내는 말이다. 예를 들면 '마음이 슬퍼지다, 얼굴이 고와지다, 방이 깨끗해지다, 술을 한 잔 마셨더니 얼굴이 붉어졌다.'와 같은 경우이다. '똑바라지다'는 '똑바르다'의 어간 '똑바르-'에 '-어지다'가 연결되어 '똑바라지다'가 된 것으로 이해된다.

똑별나다

- 표준어 : 독별나다
- 품   사 : 형용사
- 뜻풀이 : ① 홀로 유별나다.
          ② 특히 우수하다.
- 사용 지역 : 전라도

"아, 의병이 따로 있능가. 바로 그 양반이 **똑별난** 의병대장 아니라고." 〈조정래, 아리랑, 1995, 2, 144〉

"내 생각으로넌 그 보살이 무신 **똑별난** 이얘기럴 전헐 것이 있어서 만낼라는 것 같지가 않소. 그저 만내볼라는 마음인 것이제." 〈조정래, 아리랑, 1995, 2, 313〉

"머 **똑별난** 일이 있어서 만내잔 것이 아니고 추수 다 끝내불고 난께 영판 짭짭혀서(심심해서) 워디 살겄드라고?" 〈조정래, 태백산맥, 2001, 2, 253〉

"그, 금메요, 이적지 혀온 것맨치로 열성으로 혀야제 무신 **똑별난** 수가 있겄는가요." 보성경찰서 토벌대장이 얼버무렸다. 〈조정래, 태백산맥, 2001, 10, 322〉

전라 방언 '똑별나다'는 표준어 '독별나다'의 방언이다. 표준어 '독별나다'는 '獨別나다'로 쓰기 때문에 '홀로 유별나다.'의 의미를 갖는다. '독별'은 '홀로 유별남'이란 명사인데 이 명사에 '-나다'가 연결되어 '독별나다'가 되고 '독별나다'의 된소리 발음이 곧 '똑별나다'가 된 것이다. 전남 방언이 어두에서 된소리가 많은 것이 특징인 바, 이 어휘에서도 적용되고 있는 것이다. 방언사전을 검토해 보면 전남 방언에서는 '독별나다'는 쓰지 않고 '똑별나다'를 쓰고 있다.

뚤럼하다

- 표준어 : 어리둥절하다
- 품　사 : 형용사
- 뜻풀이 : 무슨 영문인지 잘 몰라서 얼떨떨하다.
- 다른 방언형 : 뚤럼허다
- 사용 지역 : 전라도

조망태는 **뚤럼한** 눈으로 서원과 양찬오를 번갈아 보며 시르죽은 소리로 뇌었다. 〈송기숙, 녹두장군 1, 1989, 295〉

이미 웃물이 돌아 피글피글 웃는 사람들도 있었으나 젊은 축들은 **뚤럼한** 표정이었다. 〈송기숙, 녹두장군 4, 1989, 243〉

여태 설레발이 요란스럽던 솔치 영감도 갑자기 **뚤럼한** 눈으로 만득이를 건너다 보고 있었다. 〈송기숙, 녹두장군 4, 1989, 156〉

정길남이가 **뚤럼한** 눈으로 정봉준이를 건너다보며 대답했다. 〈송기숙, 녹두장군 5, 1989, 354〉

"이 동네 양서운(梁瑞雲)이라고 있지?" "양서운이?" 아이들은 **뚤럼한** 눈으로 서로를 쳐다 보았다. 〈송기숙, 자랏골의 비가 8, 1974, 226〉

전라 방언의 어휘 '뚤럼하다'는 표준어 '어리둥절하다'와 대응한다. 예문을 보면 대체로 '뚤럼한 눈'과 같은 표현이 많이 사용되고 있다. '뚤럼한 표정'이 사용되는 것으로 보아 '어리둥절하다'의 의미와 같다. 표준어 '둘레둘레'를 전라 방언에서는 '뚤레뚤레'라 하는데 이 어휘와 연관되었을 가능성이 매우 높다. 송기숙의 소설에서 많이 보인다.

뚫부다

- 표준어 : 뚫다
- 품　사 : 동사
- 뜻풀이 : ① 구멍을 내다.
　　　　　② 장애물을 헤치다.
- 다른 방언형 : 뚤부다, 뚤구다, 뚧다, 뚤브다
- 사용 지역 : 전라도, 경상도

"당장에 갑시다, 하늘에 빵구 **뚫부러.**" "어이, 하늘에 구녕 **뚫**불 만헌 수는 수시." 두 사람은 그 길로 허출세를 찾아갔다. 〈조정래, 태백산맥, 2001, 5, 116〉

이·삼중대넌 아까참에 지시헌 대로 일중대가 총질얼 퍼붓으면 방책을 **뚫부씨요.** 〈조정래, 태백산맥, 2001, 8, 307〉

"과장 동무, 어지게 말혔든 그 기적이 풀렸구만요. 총알이 요 돈 육십 장얼 뚫고 나감시로 심이 약해져논께 늑막을 못 **뚫분** 것 아니겄는가요?" 〈조정래, 태백산맥, 2001, 9, 246〉

"싸게싸게 움직기려. 핑핑 말 안 들으면 배꼽에 빵꾸 **뚫버뿔** 것잉께." 장문태가 총을 휘두르며 살벌하게 내질렀다. 〈조정래, 태백산맥, 2001, 10, 191〉

전라 방언의 동사 '뚫부다'는 표준어 '뚫다'에 대응하는 어휘이다. 이 어휘는 '뚤버서'와 같이 활용하면서 쓰인다. 한편으로는 '뚧어서'로 표기할 때, '뚧다'를 기본형으로 설정할 수 있다. '뚫다'의 피동형 '뚫리다'는 '뚧이다, 뚧어지다'로 쓴다.

이 어휘는 전라 방언에서 많이 쓰는 '달부다, 틀부다'와 관련이 있

다. '달부다'는 '다르다'의 방언형인데 이것이 '틀리다'와 섞이면서 '틀부
다'를 만들어낸다. '뚫부다'도 이와 관련이 있는 현상으로 보인다. 경상
도에서도 많이 쓰고 있다.

뜨광하다

- 표준어 : 뜨악하다
- 품사 : 형용사
- 뜻풀이 : ① 마음이 선뜻 내키지 않아 꺼림칙하고 싫다.
           ② 마음이나 분위기가 맞지 않아 서먹하다.
- 다른 방언형 : 뜨광허다
- 사용 지역 : 전라도

성님, 나가 지끔 동냥질허는 것도 아닌디 워째 사람을 요로크름 **뜨광허고** 찬바람 나게 대헌다요?" 〈조정래, 태백산맥, 2001, 1, 167〉

"믿제라. 아니, 어쩌다가 맘이 **뜨광허니** 묵어져도 고런 맘 팍팍 쳐내 뿔고 믿을라고 애써야제라." 〈조정래, 태백산맥, 2001, 8, 298〉

"아이고메 땁땁허요. 그리 **뜨광허게** 말고 씨원허게 답해뿌씨요." 〈조정래, 태백산맥, 2001, 9, 130〉

'뜨광하다'는 전남 방언에서 주로 쓰고 조정래의 작품에 나타나는 어휘로 표준어 '뜨악하다'와 의미가 유사한 어휘이다. 예문에서 보는 것과 같이 주로 마음의 상태를 나타내는 표현으로 쓰고 있다.

염상섭의 소설에서는 '뜨과하다'를 주로 쓰고 있다. '뜨악하다'가 '뜨아하다, 뜨과하다'에 비해 널리 쓰이므로 '뜨악하다'를 표준어로 삼고 있다. 표준어 규정 제25항은 의미가 똑같은 형태가 몇 가지 있을 경우, 그중 어느 하나가 압도적으로 널리 쓰이면, 그 단어만을 표준어로 삼도록 규정하고 있다.

뜨시하다

- 표준어 : 뜨듯하다
- 품　사 : 형용사
- 뜻풀이 : 뜨겁지 않을 정도로 온도가 알맞게 높다.
- 다른 방언형 : 뜨시허다, 뜨시다
- 사용 지역 : 전라도, 강원도, 경상도

인젠는 더 묻지도 않고/ 나그네 배때기에 등줄기 **뜨시하여**/ 이 시린 물 또 한번 업어 건넌다. 〈서정주, 보릿고개〉

업힌 손님들의 살 기운으로 잠시 그때 등때기나 **뜨시할는지**, 〈서정주, 겨울黃海〉

어머님이 끓여 주던 **뜨시한** 숭늉, 은근하고 구수하던 그 숭늉 냄새, 시월이라 상달되니 더 안 잊히네. 〈서정주, 시월이라 상달되니〉

"옷이 어찌 그러냐, 더 **뜨시게** 입어라." 〈조정래, 아리랑, 1995, 10, 102〉

"이리 와아. 여기는 **뜨시다**." 강모는 아랫목으로 내려가 기응의 곁에 앉는다. 〈최명희, 혼불, 1996, 65〉

뜨시고 존 방 다 놔두고 짚북데미 속에서 요것이 멋허는 지랄인지 몰르겄다. 〈조정래, 태백산맥, 2001, 3, 225〉

전라 방언 '뜨시하다, 뜨시다'는 표준어 '뜨듯하다'의 의미를 갖는다. 표준어 '뜨듯하다'는 '뜨뜻하다'보다는 조금 부드러운 느낌을 주는 단어이다. 따라서 뜨뜻함의 강도가 작은 것을 말한다. 서정주의 시에서는

'뜨시하다'를 주로 쓰고, 조정래와 최명희의 소설에서는 '뜨시다'를 주로 쓰고 있다. 전라 방언에서 많이 쓰는 방언 어휘이다.

'뜨시하다'를 주로 쓰고, 조정래와 최명희의 소설에서는 '뜨시다'를 주로 쓰고 있다. 전라 방언에서 많이 쓰는 방언 어휘이다.

뜽금없이

- 표준어 : 뜬금없이
- 품   사 : 부사
- 뜻풀이 : 갑작스럽고 엉뚱하게.
- 다른 방언형 : 뜽금읎이, 띵금없이, 뜬금없이
- 사용 지역 : 전라도, 경기도, 충청도, 경상도

"워메, 저 **뜽금읎는** 소리 허는 것 좀 보소웨." 〈조정래, 태백산맥, 2001, 3, 156〉

"하이고오, 때 아는 냥반이 이렇게 때 아인 오밤중에 **뜽금없이** 여그 멋 헐라고 외겼다요? 나그네 객지 잠 잘라고 들렀능가아?" 〈최명희, 혼불, 1996, 6, 283〉

사월 초파일, 마당에서 연등을 바라보던 강실이를 따라 들어온 옹구네가 **뜽금없이** 그것을 물었다. 〈최명희, 혼불, 1996, 9, 260〉

"성! **뜽금읎이** 왜 아부지헌테 고런 소리 먼첨 허는겨." 〈조정래, 태백산맥, 2001, 1, 140〉

"무신 **뜽금읎는** 소리다요?" 강경애가 눈을 휘둥글하게 떴다. 〈조정래, 태백산맥, 2001, 10, 242〉

"**뜬금없이** 웬 총각이랴?" 〈윤흥길, 소라단 가는 길, 2003, 179〉

표준어 '뜬금없다'는 형용사로 '갑작스럽고도 엉뚱하다.'는 뜻을 가진다. 전라방언에서는 '뜽금없다, 뜽금읎다'로 발음된다. 이 형용사의 부사형이 '뜬금없이'인데 이 어휘가 방언에서는 '뜽금없이'로 쓰여 전라

방언을 잘 보여주는 어휘로 쓰이고 있다. 작품에 따라 '뜽금없이, 뜽금 읎이, 뜬금없이' 등을 쓰고 있음을 볼 수 있다. 형용사 '뜽금없다'는 '뜬 금(뜽금)＋없다'의 구성으로 보이는데 '뜬금'이 구체적으로 무엇인지 말하기 어렵다. 국어사전에 '뜬금'의 의미는 '일정하지 않고 시세에 따라 달라지는 값.'으로 되어 있다.

충남 예산이 고향인 작가 윤대녕의 '배암에 물린 자국'에 '왜 그 새벽에 뜽금없이 오래 전에 들었던 아버지의 말이 떠올랐던 것일까'의 예가 보인다. 경남 창녕이 고향인 작가 김영현의 '우리 청춘의 푸른 옷'에 '불도저가 밀고 간 맨질맨질한 국도를 맨발로 걸어가면서 상택이가 뜽금없이 말했다.'의 예가 보인다. 따라서 '뜽금없이'는 전국적으로 쓰는 것을 알 수 있다.

마다

- 표준어 : 싫다
- 품　사 : 형용사
- 뜻풀이 : ① '싫다'의 옛말이자 방언.
　　　　　② 마음에 들지 아니하다.
- 사용 지역 : 전라도

　　그러니까 가령 어떻게 어떻게 되어서 이렇궁 저렇궁 말이 얼려가지고 대복이한테로 팔짜를 곤친다 친더래도 그거나마 **마다**고 물리치지는 않을지언정 대복이라는 인물이 솔깃하거나 그렇대서 그러는 것은 아닐템니다. 〈채만식, 천하태평춘, 1938 : 5, 150〉

　　"누구는 저 집을 지어 주기 위해서 돈 몇십 전에 팔리어 더운 폭양에 저 고된 일을 하는데, 그걸 **마다**고 딴 데 나가 고생을 사서 하고 있는게 대체 무슨 심사람!" 〈채만식, 인형의 집, 1987, 194〉

　　영감이 펄쩍 뛰면서, 원 이래서야 내가 돈을 바라고 온 것이지 어디 일가친척을 생각한 보람이 있느냐고 굳이 **마다**는 것을 겨우 때맡기다시피 삼백 원의 절반 일백오십 원을 주어서 돌려보냈고 〈채만식, 金의 情熱, 1987, 330〉

　　양식이 돈보다도 더 아까운 시절이라, 사다가 먹으라고 현금으로 돈 원씩이고 준다 치면, 그건 죽어라고 **마다**면서 받지를 않았다. 〈채만식, 집, 1987, 93〉

　　돈도 또 하나의 권세이고, 자신이 올라가 주재소 차석임을 은근히 과시해 가며 교섭하면 일이 잘 풀리는데 **마다**고 할 수도 없는 노릇이었다. 〈조정래, 아리랑, 1995, 7, 120〉

"정성이 뻗쳤제, 열녀가 나겄네, 동지 섣달 얼음 구뎅이에 가서, 뻘겋게 얼어 터진 손구략이 떨어져 나가게 시린 물에 손 당구고, 이불 빨래같이 거역시런 것을 **마다** 않고 했응게." 〈최명희, 혼불, 1996, 4, 222〉

흥, 그러니까…… 자유 해방을 했으니까 저꼴이로구만! 왜 남편 **마다**하고 자식들 버리구 한달에 돈 사십 원에 목을 매여 살면서 그리 허둥지둥해!……
〈채만식, 인형의 집, 1987, 94〉

그러나 수국이는 그 첩살이를 당차게 **마다**했다. 그리고 옆사람들도 하늘을 보고 헛웃음을 쳤다. 〈조정래, 아리랑, 1995, 6, 209〉

그래 어디 지집이 없어서 그 얌전헌 시악시 다 **마다**허고, 기껏 골르고 골라서 자식 딸리 홀에미여어. 〈최명희, 혼불, 1996, 4, 222〉

그러던 새색시는 남편 **마다**하고 단봇짐을 싸 친정으로 달아나버린 것이다.
〈윤흥길, 소라단 가는 길, 2003, 133〉

전라 방언 '마다'는 형용사로 '싫다'의 옛말이다. 1517년 〈번역노걸대〉에는 '그 定써셔 난 실란 마다.'와 '너느 거슨 마다.'의 예가 나온다. 그러나 현재는 방언으로 처리하고 있다. 표준어 '싫다'는 모든 인칭에서 사용이 가능하나 '마다'는 이인칭과 삼인칭에서만 사용이 가능하고 일인칭에서는 사용할 수 없다. 작품에서는 '마다고, 마다는, 마다면서'와 같이 활용하고 있는 것을 보여준다.

이제는 대체로 '마다하다'를 많이 사용하고 있는데 국어사전에는 이를 표준어로 인정하고 '거절하거나 싫다고 하다.'의 동사로 사용하고 있다. 원래는 '마다고 하다.'의 구성에서 굳어진 것으로 여전히 형용사 '마다'를 추출할 수 있을 것이다.

막음하다

- 표준어 : 끝나다, 끝내다
- 품　사 : 동사
- 뜻풀이 : ① 일이 다 이루어지다.
　　　　　② 일을 다 이루다.
- 다른 방언형 : 막음허다
- 사용 지역 : 전라도

"좋소, 거래 **막음헙시다**." 고개를 바로 세우며 방태수가 한 말이었다. 〈조정래, 아리랑, 1995, 1, 102〉

그러나 그때도 왜놈들에게 쫓기는 것으로 결말이 났고 지금도 또 왜놈들에게 쫓기는 것으로 **막음하고** 있었다. 〈조정래, 아리랑, 1995, 3, 32〉

"하면, 호상도 아니고 무신 병얼 앓았는지도 몰르는디 오늘 해 안으로 일얼 **막음허는** 것이 좋겄제." 〈조정래, 아리랑, 1995, 5, 59〉

"하, 썩을 년, 그리 남자맛에 환장들린 년이 워찌 혼자 사는고?" 하대치는 가락을 **막음하며** 혼잣말을 내뱉었다. 〈조정래, 태백산맥, 2001, 2, 128〉

나도 인자 존 시절 **막음헌** 모냥이요. 〈조정래, 태백산맥, 2001, 3, 94〉

"그리 되야 있응께 우리 속이 껄쩍찌근허제라." 마삼수가 이야기를 **막음하**고 있었다. 〈조정래, 태백산맥, 2001, 4, 50〉

"그나저나 인자 논바닥 믿고 킨 돈 맨짐서 신간 편케 지내든 호시절은 **막음허고** 있는 모냥이요." 최익달은 선하품을 했다. 〈조정래, 태백산맥, 2001, 5, 335〉

> 우리 겉은 사람덜헌테 아무 이문도 읎는 전쟁 싸게 **막음허는** 것이 상책이
> 요. 〈조정래, 태백산맥, 2001, 9, 209〉
>
> 한장수 노인은 뜻밖에 이름이 널리 알려진 그 사람의 흉한 모습을 보고나
> 서 한 세상이 또 **막음하고** 있다는 것을 느꼈던 것이다. 〈조정래, 태백산맥, 2001,
> 10, 339〉

전라 방언의 어휘 '막음하다'는 표준어로는 '끝나다'와 '끝내다'에 대
응하는 동사이다. '끝나다'는 '일이 다 이루어지다.'라는 뜻이고 '끝내다'
는 '끝나다'의 사동사로 '일을 다 이루다.'라는 뜻이다. 전라 방언의 '막
음하다'는 '끝나다'와 '끝내다'의 의미를 둘 다 가지고 쓰인다.

'막음하다'는 '끝막음하다, 밑막음하다'와 같이 '끝, 밑'과 복합어를
이룬다. 이러한 어휘는 '막음하다'의 의미와 관련되어 있다.

말강물

- 표준어 : 청수(淸水), 맑은 물
- 품　사 : 명사
- 뜻풀이 : ① 비 때문에 더러워진 흙탕물이 시간이 지나면서 맑게 변한 물.
　　　　　② 아주 깨끗한 물.
- 사용 지역 : 전라도

> 　다 썩헤서 검부래기 티 하나 냉기지 말고 **말강물**로 삭어서 지하로 흐르시고, 살 썩으신 그 물로 뻬를 씻어 헹구시고 〈최명희, 혼불, 1996, 5, 300〉
>
> 　이 설운 세상 무거운 눈물 다 씻어 헹기시고, 개버운 혼 **말강물**로 개완허게 극락왕생을 하옵소사. 〈최명희, 혼불, 1996, 7, 224〉
>
> 　살아서 깨끗이 가지신 몸 죽어서 더럽힌 살을, 다 썩히어 **말강물**로 바꿀 때까지, 썩어서 말강물 되신 그 물로 백골의 흰 뼈를 개완허게 씻으실 때까지, 〈최명희, 혼불, 1996, 8, 301〉
>
> 　그러니 절대로 여기를 함부로 해서는 안된다고, 언제나 정갈하게 **말강물** 행주로 부뚜막을 닦으면서, 티 하나 없이 매끄럽게 가축하시던 어머니. 〈최명희, 혼불, 1996, 9, 234〉

　'말강물'은 전북 방언에서 많이 사용하는 어휘로 형용사 '말강-'와 '물'이 '말간 물'이 되었다가 복합어로 변한 것이다. '아주 깨끗한 물'이란 뜻으로 사용되는 이 어휘는 특히 여성들의 언어에서 많이 발견된다. 예문에서도 볼 수 있는 것처럼 더러운 것이 변하여 말강물이 되는 것이니 아주 깨끗한 물을 말하고 있다.

말짓

- 표준어 : 장난질, 장난
- 품 사 : 명사
- 뜻풀이 : 짓궂게 하는 못된 짓.
- 사용 지역 : 전라도

"용수 너도 야달 살이 아니냐? 인자는 **말짓**만 허고 댕기면 안된다이!" 내가 수저를 놓고 일어서려고 하자 어머니는 한 번 더 오금을 박아둔다. 〈이병천, 모래내 모래톱, 1993, 7〉

"귀 하나는 참말로 잠결으도 양글양글 허구만이! 그려, 할아부지네 할아부지 지사랴. 오늘 **말짓**을 허다가는 우리 식구덜 모다 모래내 다리 아래로 이사 가야 헐팅게 조심혀야 혀!" 어머니는 다시 내 귀에 대해서 말씀하신다. 〈이병천, 모래내 모래톱, 1993, 61〉

전라방언의 명사 '말짓'은 표준어 '장난'에 해당하는 어휘다. 그러나 '말짓'은 '심한 장난'을 뜻하므로 '짓궂게 하는 못된 짓'을 말한다. '말짓'의 정확한 어원을 확인하기 어려운데 '말다'의 '말'과 관련된 복합어가 아닌가 생각한다. <우리말큰사전>에서는 '말짓'을 '말과 짓'으로 보고 '언행'과 같은 어휘로 처리하고 있다. 만일 이렇다면 의미가 확대된 것으로 보아야 할 것이다. 전라방언에서 아주 많이 사용하는 어휘다.

맘보자기

- 표준어 : 마음보, 심보
- 품　　사 : 명사
- 뜻풀이 : 마음을 쓰는 속 바탕.
- 다른 방언형 : 맘보재기, 맴보재기, 맴보따리
- 사용 지역 : 전라도

"성깔은 저래도 **맘보재기** 하나는 제대로 두른 사람이지." 밥상을 받아 안으로 들인 다음 최 교장이 넌지시 하는 말이었다. 〈윤흥길, 낫, 2005, 336〉

함부로 툭툭 내뱉는 상스런 말버릇도 그대로요 온갖 못된 생각들로 득시글거리는 그 **맘보자기** 또한 깔축없이 그대로였다. 〈빛 가운데로 걸어가면, 1997, 1, 189〉

인정머리라고는 눈곱맨치도 없는 그 고약시런 **맴보재기** 덮어쓰고 천당 가기는 애저녁에 글러먹었다, 이 예펜네야. 〈빛 가운데로 걸어가면, 1997, 1, 122〉

"양말짝맨치로 **맴보따리**를 홀렁 까뒤집어서 되야디릴 수도 없는 일이고, 참말로 깝깝한 노릇입니다요. 몇 번이나 말씀디려야 알어들으시겠습니까?" 〈빛 가운데로 걸어가면, 1997, 2, 124〉

전라방언의 명사 '맘보자기'는 표준어 '마음보'에 해당하는 어휘이다. '마음보'의 접미사 '-보'는 '그것이 쌓여 모인 것'의 뜻을 더하는 접미사이다. 이 '보'를 '보(褓)'로 오인하여 '보자기'로 잘못 분석한 결과 '맘보자기'가 만들어진 것이다. 방언에서는 '맘보재기, 맴보재기, 맴보따리'로도 쓰고 있다.

맛탱이

- 표준어 : 맛
- 품 사 : 명사
- 뜻풀이 : ① 음식 따위를 혀에 댈 때에 느끼는 감각.
           ② 어떤 사물이나 현상에 대하여 느끼는 기분.
- 다른 방언형 : 맛텡이, 맛대가리, 맛텡가리, 맛탕구
- 사용 지역 : 전라도

언제나 고 자리에 있응게로 그것이 그저 그런가비다 했더니…… 가고 나니 물김치 하나에도 표가 나는구랴. 에이구 저것 보구랴. 꼬추도 저리 **맛탱이** 하나 없게 어슷어슷 안 쓸었소이. 〈신경숙, 풍금이 있던 자리, 1992, 121〉

"낼보톰 걸게 체리라고 일르면, 오늘 저녁 밤참언 또 **맛대가리** 없이 묵으라 그것이오?" 〈조정래, 아리랑, 1995, 6, 41〉

'맛'의 속된 말이 '맛탱이'이다. 전라 방언에서는 '맛'의 비속어로 '맛탱이, 맛대가리'를 쓴다. 이것은 '멋'의 경우에도 적용되어 '멋텡이, 멋대가리'로 사용한다. 그러니까 접미사 '-탱이, 텡이'가 연결되면 비속어가 된다. 예를 들면 '꼬마텡이, 꼬구랑텡이, 꼬부랑텡이, 눈텡이, 주먹텡이, 망구텡이' 등이다. 주로 사람과 관련된 어휘에 연결되면 비속어로 쓰인다.

매급시

- 표준어 : 맥없이
- 품　사 : 부사
- 뜻풀이 : 아무 까닭도 없이.
- 다른 방언형 : 맥없이, 매겁시, 맥엄씨, 매럽시, 매칼없이, 맬갑시
- 사용 지역 : 전라도

농사철 당해서 **매급시** 맘 들뜨지 말고 두렛일 소홀허게 말그라. 잉? 〈최명희, 혼불, 1996, 1, 112〉

수절 열녀, 그거 다 양반들이 **매급시** 뽄 내니라고 그러능 거이여, 머. 내가 무신 인월마님이간디? 〈최명희, 혼불, 1996, 2, 26〉

장사꾼이랑 거이 맹랑해서 일전을 보고 십 리를 간다능거인디 이 판을 **매급시** 포기허겠어요? 〈최명희, 혼불, 1996, 9, 242〉

사람 시퍼보덜 말어라. 이 염상구가 **맥엄씨** 주먹질만 허고 산지 아냐. 〈조정래, 태백산맥, 2001, 9, 29〉

나넌 고런 짓거리 헌 일 옳소. **맥엄씨** 나 화나게 맹글지 말고 다시는 고런 넋빠진 소리 씨불대지 마씨요. 전화 끊소. 〈조정래, 태백산맥, 2001, 9, 90〉

아이고 속 터져어. 속 터져. 내 쇡이여어. 담배씨로 꽁꽁 쩔어를 보그나아, 솜방맹이로 쾅쾅 뚜드려를 보끄나아, 기가 멕혜 말이안 나오네. 아니, **매칼없이** 기양 무신 사단만 났대도 내가 눈구녁 튀어나올 판인디, 머이 어쩌고 어쩌? 애기를 배야? 〈최명희, 혼불, 1996, 8, 269〉

전라 방언 '매급시, 맥엄씨'는 표준어 '맥없이'가 달리 발음된 것이다. '맥(脈)'은 '기운이나 힘'을 뜻하는 말인데 '맥없이'는 '기운없이, 힘없이'의 의미에서 '아무 까닭도 없이'로 그 의미가 변한 것이다. 최명희, 박범신의 소설에서는 '매급시'를 주로 쓰고 있고, 최명희의 소설에서는 '매칼없이'가 보인다. 조정래의 소설에서는 '맥엄씨'를 쓰고 있다. 전북과 전남의 차이를 보여준다. '매급시'는 '없다'가 '읎다'로 고모음화한 현상이다. 실제 대화에서는 '매럽시'도 많이 쓰고 있다.

매꼬롬하다

- 표준어 : 매끄럽다
- 품   사 : 형용사
- 뜻풀이 : 거침없이 저절로 밀리어 나갈 정도로 반드럽다.
- 다른 방언형 : 매꼬롬허다
- 사용 지역 : 전라도

낯반대기가 저렇게 핧어논 것맹이로 **매꼬롬히** 생겼으니, 니 팔짜가 순탄허 졌냐. 〈최명희, 혼불, 1996, 5, 135〉

전북 방언 '매꼬롬허다'는 표준어 '매끄럽다'와 의미가 비슷하다. '매 끄럽다, 미끄럽다'는 북한 사전에 등재되어 있는 '매끌다, 미끌다'에 형 용사 파생 접미사 '-압 / 업-'이 연결되어 만들어진 것이다. '매꼬롬허 다'는 '매끌다'에 형용사 파생 접미사 '-으롬하-'가 연결되어 '매꼬롬하 다'가 만들어진 것이다.

형용사파생접미사 '-으롬하-'가 연결되는 어휘는 전라 방언에 많다. 전라 방언인 '고소롬하다, 꼬소롬하다'는 '고소하다'에 형용사 파생 접 미사인 '-으롬하-'가 연결되어 생성된 어휘이다. 주로 된소리로 된 '꼬 소롬하다'가 많이 쓰인다. 형용사 '달다'는 '달코롬하다'의 예가 채만식 의 작품에 보인다. 또한 '쓰다'의 형용사로 '쌉소롬하다'를 쓰고 '밝다' 와 관련된 형용사로 '발그롬하다'를 쓴다.

매시랍다

- 표준어 : 야무지다
- 품 사 : 형용사
- 뜻풀이 : ① 솜씨 같은 것이 숙련되고 야무지다.
          ② 손끝이 야무지고 하는 일이 깔끔하다.
- 다른 방언형 : 매시럽다
- 사용 지역 : 전라도

"떡장사가 어쩌겠소? 보름이 저사람 손끝도 **매시랍고**, 이문도 톡톡허다고 허든디. 글고 부두고 역전 앞이고 떡 사묵을 사람덜이 얼매나 많으요." 부안댁의 의견이었다. 〈조정래, 아리랑, 1995, 7, 42〉

그러나 집안에 연을 날릴 소년이 없는 기응은, 남달리 **매시라운** 손끝으로 장구도 잘 쳤지만, 연 만드는 솜씨도 그에 못지않아, 〈최명희, 혼불, 1996, 5, 223〉

"금메 말이오. 그리만 됨사 그 **매시라운** 솜씨에, 을매나 좋겄소." 〈조정래, 태백산맥, 2001, 4, 187〉

"이 문딩아, 금메 니년 몸떵이 크게 타고나고 손끝 **매시라운께** 그눔에 성질만 죽임사 일등가는 질쌈 선수가 된다니께." 〈조정래, 태백산맥, 2001, 5, 232〉

'매시랍다'는 전남에서 주로 쓰는 방언의 형용사로 '맵시가 있다, 솜씨가 좋다.'라는 뜻의 형용사이다. 주로 조정래의 소설에서 발견되는데 〈전남 방언 사전〉에도 보고가 되어 있다. 작품의 예에서 보면 주로 '솜씨가 매시랍다, 손끝이 매시랍다.'라는 표현을 많이 쓰고 있는 걸로 보아 '손을 놀려 무엇을 만들거나 어떤 일을 하는 재주가 좋다.'라는 뜻으로 해석된다.

맥살없다

- 표준어 : 맥이 없다
- 품　사 : 형용사
- 뜻풀이 : ① 아무 까닭이 없이.
　　　　　② 아무 기운이 없이.
- 다른 방언형 : 맥살없이, 맥없이
- 사용 지역 : 전라도, 전국

달주도 **맥살없이** 따라 웃었다. 〈송기숙, 녹두장군 1, 1989, 193〉

이런 일에 빠진 사람이 있어노면 내는 사람도 **맥살이** 풀리잖겠어? 〈송기숙, 녹두장군 1, 1989, 206〉

손천민이가 **맥살없이** 말했다. 〈송기숙, 녹두장군 3, 1989, 279〉

조망태는 **맥살없이** 물러 나오고 말았다. 〈송기숙, 녹두장군 3, 1989, 158〉

저 작자덜이 도인을 잡아가면 모두 달려들어서 막자고 했는디, 다른 디서는 **맥살없이들** 무너져 잡혀가고 말았소. 〈송기숙, 녹두장군 4, 1989, 157〉

그러나 이미 기가 꺾인데다 이치 또한 감겨 놓으니 허공에 주먹질처럼 **맥살없이** 들렸다. 〈송기숙, 녹두장군 4, 1989, 163〉

상소하러 왔던 사람들도 **맥살없이** 내려가고, 임가 삼형제도 역시 훗날을 기약하며 내려가 버리고 말았다. 〈송기숙, 녹두장군 5, 1989, 247〉

너무 **맥살없이** 상투가 빠져 버리자 경황 중에도 김확실이는 놀란 눈으로

손에 쥔 상투와 정 참봉 대가리를 번갈아 보았다. 〈송기숙, 녹두장군 5, 1989, 137〉

전라 방언 '맥살'은 표준어 '맥(脈)'에 해당하는 어휘이다. '맥살없다'는 '맥살이 없다.'의 구성이 굳어져 쓰이고 있다. 그래서 '맥없이, 맥살없이'로 쓰이면서 '아무 까닭이 없이, 아무 기운이 없이'의 의미를 갖는다. '맥살'은 명사로 자주 쓰고 있고, '맥살이 없다, 맥살없다'는 주로 송기숙의 소설에서 쓰고 있으나, 이문구, 마해송의 소설에서도 쓰는 것으로 보면 전국적인 분포를 가진 어휘로 보인다.

맥아리

- 표준어 : 맥
- 품   사 : 명사
- 뜻풀이 : ① 기운이나 힘.
          ② '맥'을 낮잡아 이르는 말.
- 다른 방언형 : 매가리, 메가리
- 사용 지역 : 전라도, 전국

"강서방, 대답이 어찌 그리 **맥아리**가 없소, 저녁밥 안 묵었소." 장칠문이 쏴질렀다. 〈조정래, 아리랑, 1995, 2, 277〉

땅얼 원통허니 뺏겠으면 찾으로 나서야제 이러고덜 **맥아리** 없는 한탄만 허고 앉었으면 무신 소양이 있냐. 〈조정래, 아리랑, 1995, 3, 194〉

"아아니, 성님언 또 무신 **맥아리** 빠지는 소리럴 그리 허요? 허면, 성님언 두 손끝 맺고 당허고만 있겠다 그 말이요?" 〈조정래, 태백산맥, 2001, 3, 205〉

야 야, 넘 다 자는 오밤중에도 너는 자지 말고 살째기 나와서, 거들독 지는 연습 좀 허그라. 젊은 놈이 어찌 노상 **매가리**가 그렇게 없냐? 〈최명희, 혼불, 1996, 4, 110〉

지금까지 다른 고을에서는 이렇게 일어났다가도 모두 **매가리**없이 잦아졌지만 우리는 결단코 그렇게 쉽게는 물러서지 않을 생각입니다. 〈송기숙, 녹두장군 6, 1989, 296〉

전남 방언의 접미사 중에서 '-아리'는 대체로 비하하는 의미를 포함하고 있다. 예를 들면 '속창아리, 창아리, 주둥아리' 등에서 볼 수 있다. '맥아리'도 표준어 '맥'을 비하하는 어휘로 쓰고 있다. 따라서 '맥아리가 없다, 맥아리 빠지다.'와 같이 부정적인 표현이 대부분인데 이때는 '힘이 없다, 지치다'의 뜻을 갖는다.

박완서의 '미망'에 '침을 흘리듯 맥아리 없는 웃음을 웃었다.'의 예가 보이고, 노천명의 '독백'이란 시에도 '꿈속에서 모양 나는 맥아리가 하나도 없고 해감 속에서 한 발자욱도 옮겨놔 지지가 않는다.'라는 예가 보인다. 따라서 비록 전라 방언에서 많이 쓰는 어휘이지만 '맥'을 낮게 이르는 말로 전국적으로 쓰는 것으로 보인다.

맹글다

- 표준어 : 만들다
- 품 사 : 동사
- 뜻풀이 : ① 노력이나 기술 따위를 들여 목적하는 사물을 이루다.
          ② 새로운 상태를 이루어 내다.
- 다른 방언형 : 맹길다, 맨글다, 맨들다
- 사용 지역 : 전라도, 충청도, 경상도, 평안도, 황해도, 전국

"암만 돈이 흔허기넌 말구 새금파리 쪼각으루 **맹글어** 쓴들, 물 고까짓것 한 지게여다 두 돈 오 푼얼 주구 사먹다니, 손복(損福)허겄다, 손복허겄어!" 〈채만식, 강선달, 1987, 201〉

"허먼, 앞으로 자꼬 헛눈 폴아 딴사람덜 심이 곱쟁이로 들게 **맹글겄다** 그것이여, 시방?" 조장이 눈꼬리를 치세웠다. 〈조정래, 아리랑, 1995, 1, 56〉

까죽으로 짓는 이뿐 깟신이나 **맹금서** 살라요. 〈최명희, 혼불, 1996, 3, 138〉

"일본기생덜이 아조 찰방지고 간이 사리살짝 녹게 **맨근다든디**, 나넌 은제나 그런 디 가서 술얼 원없이 묵어볼꼬." 〈조정래, 아리랑, 1995, 1, 106〉

글세 삼십 전이나 오십 전 딜여서 약을 **맨들어** 가지군 뭐, 어쩌구 어쩌구 하다구 풍을 쳐서 커다랗게 신문에다 광고를 내면 말이야, 〈채만식, 탁류, 1987, 48〉

어쩌자고 이 뻘건 대낮에 찾아들어 사람얼 이리 떠죽게 **맨드냐**, 이 웬수야. 속으로는 욕을 퍼대고 있었다. 〈조정래, 아리랑, 1995, 1, 63〉

전라 방언에서 두루 쓰는 '맹글다, 맨글다, 맨들다'는 역사적인 변천

과정에서 파생한 형태들을 그대로 쓰는 것이다. 대체로 '맹글다'가 '밍 골다<밍글다<민글다'의 변화를 겪은 것으로 볼 때, 전라 방언의 형태 들은 역사적인 잔존형들을 그대로 쓰고 있는 것이다. '밍골다'가 15세 기부터 처음 쓰인 것이어서 문헌상으로는 역사가 가장 오래된 어휘이 다. 또한 '만들다'는 'ㅁㆍㄴ돌다<민돌다<만들다'의 변화를 겪은 것으로 보 인다.

표준어 규정 제3장 제1절 제20항에서는, 사어(死語)가 되어 쓰이지 않게 된 단어는 옛말로 처리하고, 현재 널리 사용되는 단어를 표준어 로 삼는다고 규정하고 있다. 따라서 '만들다'를 표준어로 삼는다.

이문열의 '변경', 김원일의 '겨울골짜기', 김정한의 '낙일홍'에도 이 어휘가 보인다.

맹무식

- 표준어 : 일자무식, 판무식, 전무식
- 품 사 : 명사
- 뜻풀이 : 글자를 한 자도 모를 정도로 무식함.
- 다른 방언형 : 몰무식하다
- 사용 지역 : 전라도

손자를 **맹무식꾼**을 만들어 전정을 망치는 것은 곧 집안을 망치는 것이었다. 〈조정래, 아리랑, 1995, 8, 72〉

그뿐만 아니라 논까지 한 마지기 가지고 있는 것에 더 놀랐고 틀림없이 **맹무식**일 줄 알았던 오빠가 글을 줄줄 읽고 쓰는 것에 더욱 놀라지 않을 수 없었다. 〈조정래, 아리랑, 1995, 8, 90〉

그저 **맹무식**한 조선 농사꾼으로 보이자는 것이었다. 〈조정래, 아리랑, 1995, 8, 291〉

맹무식이었던 그는 계산법을 완전히 익히고 있었고, 서툴기는 했지만 주판알을 굴릴 줄도 알았다. 〈조정래, 태백산맥, 2001, 1, 130〉

전라 방언의 명사 '맹무식'은 한자어 '盲無識(맹무식)'으로 보인다. 무식한 정도가 아주 심하다는 뜻으로 '맹'을 접두사로 사용한 것 같다. 표준어로는 '일자무식, 판무식, 전무식'을 들 수 있다. 주로 조정래의 소설에서 발견되는데 방언이라기보다는 한자어로 만든 어휘로 보인다. 조정래의 작품에는 같은 뜻으로 '몰무식'이 보이는데 주로 '몰무식하다'로 쓰고 있다. 또한 '상무식꾼'도 보인다.

맹숭맹숭하다

- 표준어 : 맨송맨송하다, 민숭민숭하다
- 품 사 : 형용사
- 뜻풀이 : ① 술 따위에 취하지 않아 정신이 말짱하다.
       ② 일거리가 없거나 아무것도 생기는 것이 없어 심심하고 멋쩍다.
- 다른 방언형 : 맹숭맹숭허다, 맹송맹송하다, 맨숭맨숭하다
- 사용 지역 : 전라도, 전국

눈물이 난다는 유씨는 그냥 **맹숭맹숭**하고, 초봉이가 고개를 숙인 채 눈물이 좌르르 쏟아진다. 〈채만식, 탁류, 1987, 138〉

실상은 다들 헷 기광이지 속은 **맹숭맹숭한** 이판에 빠아나 카페로 불쑥 들어간댔자 술이 한정이 없을 테다. 〈채만식, 젊은 날의 한 구절, 1987, 47〉

그러나 말을 꺼낼 수가 없었다. 그걸 물어보기에는 정신이 너무 **맹숭맹숭했던** 것이다. 〈조정래, 아리랑, 1995, 10, 181〉

손님들이 다 같이 "흥! 누가 그걸……." 하는 듯이 **맨숭맨숭하다**. 〈채만식, 탁류, 1987, 77〉

헛침을 꿀꺽 삼키고 촌 영감을 치어다보았다. 그러나 촌 영감은 **맨숭맨숭**하고 있다. 〈채만식, 停車場近處, 1987, 295〉

'맹숭맹숭하다, 맨숭맨숭하다'는 전라도에서 많이 쓰는 어휘로 '정신이 말짱하다.'라는 뜻과 '심심하고 멋쩍다.'라는 뜻으로 쓰고 있다. 표준어로는 '맨송맨송하다, 민숭민숭하다'가 등재되어 있고, '맨숭맨숭하

다'는 북한 사전의 표제항으로 올라 있다. 부사로 '맹숭맹숭, 맨숭맨숭'
이 사용되고 있다.

박완서의 '미망'에 '밤이 이슥해서 돌아온 종상이는 술기운 없이 맹
숭맹숭했으나 홍겨워보였다.'라는 예가 나온다. 현진건의 '무영탑', 염
상섭의 '삼대', 이청준, 이병주의 소설에서도 '맹숭맹숭, 맹숭맹숭하다'
등을 쓰고 있다. 따라서 이 어휘는 전국적인 분포를 가지고 있는 듯하
다. 박경리의 '토지'에는 '맹숭하다, 맹숭맹숭'의 어휘를 쓰고 있다.

맹이

- 표준어 : 모양
- 품　사 : 명사
- 뜻풀이 : ① 겉으로 나타나는 생김새나 모습.
  　　　　② (명사 다음에 쓰여) 어떤 모습과 같은 모습.
- 다른 방언형 : 맹이로
- 사용 지역 : 전라도

　　새참이라고 어디 애들 **장난맹이로** 한 숟구락씩 엥게주면, 그께잇거 머, 한 볼때기 깨물고 말 것도 없는디. 〈최명희, 혼불, 1996, 1, 111〉

　　내동 암 말도 않고 **소맹이로** 일만 잘허드니. 무신 바램이 또 너를 헤젓는 다냐." 〈최명희, 혼불, 1996, 1, 113〉

　　하이고오, 신랑 좀 보소. 똑 **꽃잎맹이**네. 〈최명희, 혼불, 1996, 1, 20〉

　　신랑은 **애들맹이**고, 신부는 큰마님 같으네에……. 〈최명희, 혼불, 1996, 1, 21〉

　　이런 년의 팔자는 니 손발 오그라지면 그대로 **앉은뱅이맹이**가 되야 갖꼬 디져 불고 말 거인디, 어뜬 사람 팔짜 좋아 그런 시상을 사능고오. 〈최명희, 혼불, 1996, 2, 15〉

　　전북 지방의 노인들의 방언에서는 '맹이로'가 아주 많이 사용된다. 이 '맹이로'는 아주 특징적으로 들리기 때문에 독특한 구성으로 인정하고 바로 '처럼'과 같은 기능을 하는 것으로 처리하기 쉽다.

　　그러나 '맹이'는 '맹이네, 맹이고, 맹이냐, 맹이다, 맹이지' 등과 같이 표준어의 '모양'의 쓰임새와 비슷하게 사용되는 명사이다. 따라서 '맹이'는 표준어의 '모양'의 의미를 가지고 있다. '맹이' 뒤에 연결어미나 종결어미가 연결되면 '-과 같다'라는 의미를 갖게 되고, 실제로 방언에서는 '같다'의 활용형과 교체가 가능하다.

'맹이로'로 쓰일 때 '-처럼'의 의미를 가진다고 할지라도 곧바로 특수조사로 처리하는 것은 문제가 있다. '맹이로'는 '모양으로'의 구성을 가지고 '-처럼'의 의미로 쓰일 뿐이지 이것을 곧바로 '처럼'의 기능으로 굳어졌다고 말하기는 어렵다. 실제로 '맹이로'는 '같이'와 교체가 가능하기 때문에 '-처럼'의 의미를 갖는다고 말할 수 있다.

머

- 표준어 : 뭐
- 품　사 : 대명사, 감탄사
- 뜻풀이 : '뭐'를 구어적으로 이르는 말.
- 사용 지역 : 전라도, 강원도

"너 길자허고 **머**혔간디 베랑빡마다 낙서가 그 모양이냐 으이?" 〈이병천, 모래내 모래톱, 1993, 50〉

"너는 커서 **머**가 되고 싶으냐?" 〈이병천, 모래내 모래톱, 1993, 43〉

"용수 너, 방으서 **머** 허고 자빠져 있냐?" 〈이병천, 모래내 모래톱, 1993, 24〉

표준어에서 대명사로 쓰는 '무엇'은 준말로 '뭣'이라 하고, '무어'는 '뭐'라고 쓴다. 이것이 다시 준말이 되면 '머'로도 쓰인다. 그러니까 '무엇, 무어, 머'는 다 표준어이다. 이들은 정해져 있지 않은 물건을 가리키기 때문에 부정(不定)대명사라고 말한다.

'머, 멋'은 전라 방언에서 많이 쓰기 때문에 표준어이자 전라 방언이다. '머시여'는 '무엇이여', '머슬'은 '무엇을', '머덜라고리여'는 '무엇을 하려고 그래', '머시간디'는 표준어로 '무엇이관데'인데 이것은 '머간디, 머가니, 머가디'로도 쓰인다.

이밖에도 '머라고(무엇이라고)', '머더로(무엇하러)', '머냐면(무엇이냐 하면)'과 같이 쓰고 있다.

머거주기

- 표준어 : 바보
- 품 사 : 명사
- 뜻풀이 : ① 어리석고 멍청하거나 못난 사람을 욕하거나 비난하여 이르는 말.
          ② 밥만 축내고 제구실도 못하는 사람을 낮잡아 이르는 말.
- 사용 지역 : 전라도

"요, **머거주기**야! 넌 숨바꼭질도 못하니?" 은영이 누나가 어느새 밖으로 나갈 준비가 다 됐는지 신발을 꿰차며 내게 한마디하는 것을 잊지 않는다. 〈이병천, 모래내 모래톱, 1993, 12〉

'**머거주기**'는 바보, 또는 '밥통'이라고 우리가 흔히 쓰는 욕 대신 은영이 누나가 아주 잘 쓰는 말이다. 나는 그런 말도 좋아했다. 〈이병천, 모래내 모래톱, 1993, 12〉

"이 **머거주기**야! 구경만 허는디 땅나구가 죽기라도 허냐?" 〈이병천, 모래내 모래톱, 1993, 15〉

밖에서 들리는 얘기를 듣자 하니 꺼먹동이는 따라나서기로 한 모양이다. 그가 참으로 **머거주기** 같다는 생각이 든다. 〈이병천, 모래내 모래톱, 1993, 22〉

전북 방언에서 흔히 쓰는 '머거주기'는 '먹어죽-+-이'의 구성으로 이해된다. 접미사 '-이'는 사람을 나타내는 접미사이다. 이 말은 이미 예문에서도 나온 바와 같이, '바보'나 '밥통'을 의미하는 말이다. 일을 제대로 하지 못하고 엄벙한 사람을 싸잡아서 욕하거나 비난할 때 쓰는 말이다. 전라도에서는 '바보'를 '밥통'이라고도 하는데 먹는 일과 관련하여 '머거주기'가 파생한 것으로 보인다.

머퉁이

- 표준어 : 꾸지람, 핀잔
- 품　사 : 명사
- 뜻풀이 : ① 아랫사람의 잘못을 꾸짖는 말.
  　　　　② 불편한 마음을 좀 드러내는 짓이나 모습.
- 다른 방언형 : 머퉁사니, 퉁사리
- 사용 지역 : 전라도

얽어배기 백가가 제각기 한마디씩 **머퉁이**를 해주면서, 그 새 벌써 앞장을 서서 들어가고 있는 기사 윤의 뒤를 따른다. 〈채만식, 金의 情熱, 1987, 480〉

최가는 제가 무슨 잘못이라도 저질러 **머퉁이**를 먹는 것처럼 고만 질겁을 하여 그 만년묵이의 곰방대를 얼떨결에 쑥 뽑아 등 뒤로 〈채만식, 金의 情熱, 1987, 511〉

"차, 참말이오. 정석남이가 그 소리를 함시로 나보고 그런 것도 모르냐고 **머퉁이**를 줍디다." 〈송기숙, 녹두장군 7, 1989, 306〉

하루아침에 두 번씩이나 어머니로부터 **머퉁사니** 취급을 받기가 좀 뭐한 것이다. 〈이병천, 모래내 모래톱, 1993, 62〉

누군가의 제지로 어른들의 **머퉁사니**가 겨우 중단된다. 〈이병천, 모래내 모래톱, 1993, 78〉

전라 방언의 어휘 '머퉁이'는 그 어원을 확인하기 어렵다. 다만 '머퉁이, 머퉁사니'로 쓰는 것으로 보아 '머퉁+-이', '머퉁+-사니'로 구성되어 있음을 알 수 있다. '-이, -사니'는 접미사이다. '머퉁이를 주다, 머퉁이를 먹다, 머퉁이를 하다.'와 같이 쓰고 있다. 충남에서는 '지청귀'를 쓰는 것으로 보고하고 있다.

먹고대학생

- 표준어 : 백수건달, 알건달
- 품　사 : 명사
- 뜻풀이 : 돈 한 푼 없이 빈둥거리며 놀고먹는 건달.
- 사용 지역 : 전라도

손발 하나 까딱 않고 만사태평으로 신간 편하게 지내는 **먹고대학생** 노릇도 하루이틀이었다. 〈윤흥길, 빛 가운데로 걸어가면, 1997, 1, 52〉

다른 무엇보다도 부월을 감읍시킨 것은 **먹고대학생** 남편의 취직이었다. 〈윤흥길, 빛 가운데로 걸어가면, 1997, 1, 136〉

저수지 감시원을 그만둔 후 마누라 등골이나 빼먹으며 내내 **먹고대학생**으로 지내다가 거반 십 년 만에 가까스로 취직에 성공한 주제에 빌딩 관리인 직업이 뭐가 그리 장하다고 벌써부터 그 유세를 다 떠는가 〈윤흥길, 빛 가운데로 걸어가면, 1997, 1, 145〉

그리고 **먹고대학생**으로 무위도식하면서 마누라가 애써 벌어 모은 돈이나 착실히 축내는 활량이었던 양 만좌중에 남편을 우세시키는 이야기 또한 사실이 아니었다. 〈윤흥길, 빛 가운데로 걸어가면, 1997, 2, 46〉

하릴없는 **먹고대학생**으로 되돌아온 그는 날이면 날마다 포장마차가 문을 열기 무섭게 그 안에 똬리를 틀고 앉아 초저녁부터 소주잔에 코끝을 박은 채 세월을 보냈다. 〈윤흥길, 빛 가운데로 걸어가면, 1997, 2, 51〉

전라방언의 명사 '먹고대학생'은 표준어 '백수건달, 알건달'에 해당하는 어휘다. 복합어인 '먹고대학생'은 1960년대 말과 70년대 초에 우리 나라의 경제가 어려워 대학을 졸업하고도 취직을 하지 못하고 놀고 있 던 사람들을 일컫던 유행어이다. 윤흥길의 소설에서 주로 발견된다. 필자의 경우에 그 당시 많이 듣고 사용한 어휘이다.

먼

- 표준어 : 무슨
- 품　사 : 관형사
- 뜻풀이 : 무엇인지 모르는 일이나 대상, 물건 따위를 물을 때 쓰는 말.
- 다른 방언형 : 무신
- 사용 지역 : 전라도, 강원도, 경상도

"좋은 밥 두고 그게 **먼** 소리여?"〈이병천, 모래내 모래톱, 1993, 91〉

"허, 벨말 다 허슈. 성님 살 디도 구경헐란지라 겸사겸사 댕겨오는디 **먼** 걱정이나요?"〈이병천, 모래내 모래톱, 1993, 119〉

"어이, 가만 잠 있어보소. 송 선상이 잽혀 들어갔다는 소리가 **먼** 소리랑가? 무신 일이 났등가?"〈조정래, 아리랑, 1995, 1, 242〉

사램이 멫 펭상을 산다고 한 세상을 그렇게 살고 만당가? 어디 가서 **먼** 짓을 못헌다고⋯⋯.〈최명희, 혼불, 1996, 1, 109〉

전라 방언에서는 '먼 일, 먼 소리, 먼 음식'의 '먼'은 표준어 관형사 '무슨'에 해당한다. '무엇'이라는 대명사의 준말인 '머'에 관형사형 어미인 'ㄴ'이 연결되어 전북방언에서 쓰고 있는 것이다. 대체로 '먼 소리'라는 유형을 가장 많이 사용한다. 이문열의 '아가'에 '먼 소리 하노? 택도 없이'의 예가 보인다.

먼첨

- 표준어 : 먼저
- 품　사 : 부사
- 뜻풀이 : 시간적으로나 순서상으로 앞서서.
- 다른 방언형 : 머냐, 머넴, 머녀, 머녕, 머님, 머여, 머염, 머이, 먼자, 먼점, 먼짐, 먼처, 먼청, 먼침
- 사용 지역 : 전라도, 경상도, 강원도, 경기도

그만 속이 지레 터질 것 같어 냅다 욕이 **먼첨** 쏟아저 나옵니다. 〈채만식, 천하태평춘, 1938, 3, 271〉

우리가 **먼첨** 가서 자리를 잡어놓구 있으면서 아무두 몰래 허면 될 거 아니야. 〈채만식, 흘러간 고향, 1987, 378〉

먹을 게 생기면 **먼첨** 으런덜헌티 권히야 혀어. 그려야 싸가지가 있다고 헝게! 〈이병천, 모래내 모래톱, 1993, 59〉

"우리보담 **먼첨** 온 사람덜도 이리 매타작 당해감스로 살았을랑가요?" 〈조정래, 아리랑, 1995, 1, 126〉

전라 방언의 '먼첨'은 '먼저'와 '처음'의 혼태가 아닐까 생각한다. 이 어휘는 아주 다양하게 발음되는데 특히 전남에서는 '먼첨'형과 '몬첨'형이 있어서 다른 이형태와 함께 아주 다양하게 실현된다. 표준어 '먼저'는 명사로도 쓰이지만 전라 방언의 '먼첨'은 명사로 쓰지 않고 부사로 주로 쓰고 있다.

문헌에서 19세기에 처음 보이는 '먼저'는 '몬져>먼져>먼저'의 과정

을 거친 것으로 볼 수 있다. 따라서 15세기에는 '몬져'가 쓰인 것이다. 문헌에서는 '몬쳐'가 17세기에 보인다.

염상섭의 '삼대', 김원일의 '도요새에 관한 명상', 김정한의 '그러한 남편'에 '먼첨'이 나오는 것으로 보아 전국적인 분포를 가지고 쓰인 어휘로 보인다.

멋떨어지다

- 표준어 : 멋들어지다
- 품   사 : 형용사
- 뜻풀이 : 아주 멋있다.
- 다른 방언형 : 멋들어지다, 멋들어지다
- 사용 지역 : 전라도, 강원도

지가 오야붕 노릇 **멋떨어지게** 허겄다고 돈얼 턱 내논 거이제? 〈조정래, 아리랑, 1995, 1, 275〉

"아이고메, 저 총각이 누구다냐! 워메 시상에나, 우리 삼봉이 휘언헌 인물에 군산 가시네덜 가심 다 녹아내리겄다. 참말로 기맥히게 근사허고 **멋떨어지다** 이." 〈조정래, 아리랑, 1995, 8, 262〉

"맞다, 즈가 그런다꼬 우리가 당허고만 있을끼가. 그캐서 우리도 **멋떨어진** 재단사가 돼야 이 고상헌 뒤끝얼 볼 것 아이가." 〈조정래, 아리랑, 1995, 9, 316〉

"걱정도 팔자요. 그눔 헌 짓거리에, 죄목할라 그리 근사허고 **멋떨어진** 마당에 그눔 손모가지에 쇠고랑 채우기는 목구녕에 넘긴 괴기요. 들어봇씨요." 〈조정래, 태백산맥, 2001, 5, 29〉

"거 참 근사허다. 공군이 육군보다 훨씬 **멋떨어진다니까.**" 〈조정래, 태백산맥, 2001, 7, 161〉

나도 처녀람사 소대장 동무헌테 달근마시험스로, 당신언 나 맘에 오아시스요 등대입니다 허는 연애편지럴 **멋떨어지게** 쓰고 잡은 맴이 동혔을 것이요. 〈조정래, 태백산맥, 2001, 9, 15〉

> "그 몬지 탱탱 쓸고, 이눔저눔이 걸처 땟국 쩔은 사모관댄가 지랄인가 귀신단지맹키로 입고 쓰고 근천떨지 말고 양복 쪽 뽑아입고 신식 하이칼라로 멋떨어지게 혼례식 올리드라고!" 〈조정래, 태백산맥, 2001, 9, 28〉

전라 방언의 어휘 '멋떨어지다'는 주로 조정래의 소설에서 발견되는데 표준어 '멋들어지다'와 대응한다. '멋들어지다'를 발음할 때 된소리 발음이 적용되어 '멋떨어지다'가 된 것으로 보인다. 김유정의 소설에서도 보인다.

메다박다

- 표준어 : 메다꽂다, 메어꽂다
- 품 사 : 동사
- 뜻풀이 : 어깨 너머로 둘러메어 힘껏 내리꽂다.
- 다른 방언형 : 메다붙이다
- 사용 지역 : 전라도

춘복이는 **메다박는** 소리로 말을 자른다. 〈최명희, 혼불, 1996, 4, 227〉

순간 강모의 가슴패기를 얼음 덩어리로 **메다박던** 봉천역 바람이 갈기를 일으킨다. 〈최명희, 혼불, 1996, 5, 65〉

숨이 막혀 끊어지는 강실이를 여지없이 방바닥에 **메다박았다.** 〈최명희, 혼불, 1996, 6, 314〉

그림자가 시커멓게 보이더니, 이윽고 강실이를 멱살잡아 채올리는 모습이며, 그네를 **메다박는** 그림자, 그리고 주먹을 들어 올려 내리치며 후려패는 정황들이 〈최명희, 혼불, 1996, 6, 316〉

날끝이 시퍼렇게 깎인 대창을 치켜들어 기웅의 앙가슴 복판에 꽉 **메다꽂** 은 기표는, 억색(臆塞)이 되어 버리는 기웅의 흙빛 낯바닥을, 〈최명희, 혼불, 1996, 7, 63〉

다섯을 세워놓고 **메다꽂고,** 업어치고, 들어던지고, 그것으로 모자랐던지 군홧발로 옆구리고 가슴팍이고 닥치는 대로 걷어찼는데, 그 힘이라니, 〈조정래, 태백산맥, 2001, 7, 365〉

> 메다붙이고, 후려치고, 패대기치며, 물어뜯으며, 짓이긴 것은 오유끼가 아니었다. 그것은 대실의 혼행에서 맞닥뜨린 태산 같은 효원의 그림자였다. 〈최명희, 혼불, 1996, 2, 191〉

'메다박다'는 최명희의 소설에서만 사용된다. 최명희 소설이 보여주는 독창적인 어휘 사용으로 보아 표준어 '메다꽂다'를 변용하여 사용한 것으로 보인다. 따라서 '메다꽂다'의 의미를 가진 어휘로 보인다. 실제로 최명희의 소설에서는 '메다꽂다'를 '메다박다'와 동일한 의미로 사용하고 있다.

표준어 '메어붙이다'의 전라 방언으로 '메다붙이다'가 혼불에서 사용되고 있다. 이는 '힘껏 밀어붙이다.'의 의미를 가지고 있는데 '메다박다, 메다꽂다'와 비슷한 의미로도 사용하고 있다.

멫조금

- 표준어 : 몇 조금
- 품 사 : 명사
- 뜻풀이 : 아주 짧은 동안.
- 다른 방언형 : 메쪼금
- 사용 지역 : 전라도

"어디 **멫조금**이나 더 가는가 봅시다. 달랑 족박 찰 날 코앞잉게." 〈조정래, 아리랑, 1995, 8, 174〉

"어쨌그나 이러다가넌 **멫조금** 못 가 집안이 내래앉게 생겼는디, 서방님이 나스셔야 되겠구만요." 〈조정래, 아리랑, 1995, 8, 176〉

전라 방언에서 많이 쓰는 '멫조금'은 표준어로 하면 '몇 조금'이다. 관형사 '몇'과 명사 '조금'이 어울린 구성이다. 그러나 전라 방언에서는 이 구성이 결합하여 하나의 단어로 사용되고 있다. '조금'이 '짧은 동안'을 나타내는 명사인데 '멫조금'은 '아주 짧은 동안'을 나타내는 명사로 사용되고 있다. 그래서 '멫조금 못 가서', '멫조금이나 가겠어?'와 같은 구성에서 주로 쓰게 된다.

몰뚝잖다

- 표준어 : 불편하다, 못마땅하다
- 품　사 : 형용사
- 뜻풀이 : ① 어떤 것을 사용하거나 이용하는 것이 거북하거나 괴롭다.
　　　　　② 몸이나 마음이 편하지 아니하고 괴롭다.
　　　　　③ 다른 사람과의 관계 따위가 편하지 않다.
- 다른 방언형 : 몰뚝짜다
- 사용 지역 : 전라도

"아이고, 나넌 애 밴 몸이라고 상길이 나배가 얼매나 맴얼 쓰든지 솜기저 구럴 곱절은 뚜껍게 히서 차니라고 참말로 답답허고 **몰뚝잖해서** 혼이 났구만 그려." 〈조정래, 아리랑, 1995, 5, 15〉

"와따, 성님은 워째 등짝 긁으랑께 장딴지 긁고 그러요. 우리가 시방 기분이 **몰뚝잖은** 것이 그까징 것 퇴학당허고, 안 당허고 땀세요, 워디? 생전 첨으로 기생집 문턱 넘어스고본께 껄쩍찌근해 이 지랄이제라. 다 성님이 저질른 죄요." 〈조정래, 태백산맥, 2001, 5, 35〉

"온냐, 온냐, 다 첨에는 그리 **몰뚝잖고** 껄쩍찌근허고 그러는 법이니라. 니가 시방 날 원망허는 쫀디, 워디 오늘 한번만 맛봐봐라, 그 원망이 통사정으로 휘까닥 바뀔 거니까." 〈조정래, 태백산맥, 2001, 5, 35〉

"봇씨요, 문 끌르씨요. 나가 시방 퇴원허는 질인디, 걷기가 **몰뚝잖은디도** 헐 말이 있어서 역부러 왔소." 염상구는 문을 질벅였다. 〈조정래, 태백산맥, 2001, 6, 112〉

전남 방언의 '몰뚝잖다'는 주로 조정래의 작품에서만 나타난다. '기

분이 몰뚝잖다, 걷기가 몰뚝잖다, 기저귀를 차니 답답하고 몰뚝잖다.'
의 예에서 보는 것처럼 '몸이나 기분이 불편하다.'의 뜻을 기본적으로
가지는 것을 알 수 있다. <전남 방언 사전>에서는 '몰뚝짜다'의 예도
보인다.

몰악시럽다

- 표준어 : 모지락스럽다
- 품　사 : 형용사
- 뜻풀이 : ① 보기에 억세고 모질다.
  　　　　② 인정이나 붙임성이 없이 아주 쌀쌀하다.
- 다른 방언형 : 몰악스럽다, 모락시롭다, 모략시롭다, 모지락시롭다, 모지락시럽다
- 사용 지역 : 전라도

"아이고 잘허셨소. 나가 나서서 패대기럴 칠 수 없응게 엄니가 **몰악시럽게** 내쳐서 정띠게 허씨요." 〈조정래, 아리랑, 1995, 3, 66〉

"어허, 머리도 안 까진 양반이 워째 넘 물건값얼 저리 **몰악시럽게** 휘려때린당가. 많이 산당께로 한 축에 넉 되 값만 내씨요." 〈조정래, 태백산맥, 2001, 1, 309〉

모두 살아남아야 한다, 이 **몰악스럽고** 혹독한 겨울이 끝날 때까지. 〈조정래, 태백산맥, 2001, 6, 159〉

"지발덕덕 사표만은 내들 말어돌라고 벗어배기 장로가 목매다는 것을 나가 **모지락시럽게** 퇴짜를 놔뿌렀지. 실장이고 나발이고 다 필요없으니께 당장 후임자를 얻어다가 임종술이 대신 앉히라고 말이여." 〈윤흥길, 빛 가운데로 걸어가면, 1997, 2, 133〉

"사램이 저 헐 도리는 해감서 살어야 복도 받고 낙도 있는 거이제, 너맹이로 **모지락시럽게** 인생을 살기로 허먼, 상놈은 어디 씨가 남어 나겄냐?" 〈최명희, 혼불, 1996, 2, 290〉

'몰악시럽다'는 '모지락스럽다'에서 '지'가 탈락되면서 '모락스럽다,

몰악시럽다'로 사용된 것 같다. 전남 방언에서 보이는 어휘로 조정래의 소설에서 발견된다. 전북에서는 '모지락시럽다, 모지락스럽다'를 주로 사용하고 있다.

뫼앉다

- 표준어 : 모이어 앉다
- 품 사 : 동사
- 뜻풀이 : 함께 모여 앉다.
- 사용 지역 : 전라도

장덕풍은 강서방의 손에 사탕을 쥐여주고는,"두찌 세찌가 큰마나님허고 **뫼앉었으면**, 재산다툼을 인자 끝장보자 그것잉가?" 그는 아주 은근한 소리로 물었다. 〈조정래, 아리랑, 1995, 3, 99〉

"호랭이 지 말혀? 요놈으 못된 주딩이덜이 **뫼앉아** 무신 숭덜 봤능고? 요놈에 쩔뚝발이가 어째 요리 늦는다냐. 쩔뚝발이 꼬라지에 어디서 술 처묵고 오다가 엎어졌다냐 잦혀졌다냐 힘스로 숭봤능가?" 〈조정래, 아리랑, 1995, 3, 246〉

"우리도 인자 일어나제. 이리 **뫼앉었다고** 무신 일이 풀릴 것도 아니고 술추럼헐 맘덜도 못되는디." 누군가의 말에 사람들이 서로 눈치를 보며 일어날 기미를 보였다. 〈조정래, 아리랑, 1995, 4, 213〉

'뫼앉다'는 전남 방언으로 이해되며 작가 조정래의 〈아리랑〉에서 나타나고 있다. 예문을 통해서 보면 여러 사람이 함께 앉아 있는 상황을 묘사하는 어휘로 쓰고 있기 때문에 '모이어 앉다.'로 이해된다. '모이어'의 '모이'가 '뫼'로 축약되고, '-어'가 생략되면서 복합동사 '뫼앉다'가 형성된 것으로 보인다.

묏동

- 표준어 : 무덤
- 품　사 : 명사
- 뜻풀이 : 송장이나 유골을 땅에 묻어 놓은 곳.
- 다른 방언형 : 맷동, 멧덩, 멧등, 밋동, 뫼똥, 메똥, 묘똥
- 사용 지역 : 전라도, 경상도

에레서 애비 죽고, 죽은 애비 뒷산마루 **묏동**에다 파묻어 내비리고는, 자식 새끼도 팽개치고 밤도망 가 부린 애미는 〈최명희, 혼불, 1996, 2, 285〉

왜 거 여시들이 달밤이면 **묏동** 속으로 들으갔다 나왔다 험서 뼉다구를 허옇게 물어 낸다고 허는, 〈최명희, 혼불, 1996, 3, 136〉

코빼기조차 내비치지 않던 안압방이 뒷산 호젓한 풀숲에서 남의 집안 **묏동**을 베게 삼아 낮잠을 즐기다가 우리를 보더니만 꽤액 외마디 비명을 〈윤흥길, 소라단 가는 길, 2003, 133〉

전라 방언 '묏동'은 표준어로는 '무덤, 묘'에 해당한다. '묏동'은 '뫼똥, 메똥, 묘똥' 등으로 발음된다. '묏동'은 아마 '뫼+ㅅ+동(垌)'으로 이루어진 것으로 보인다. '동(垌)'은 항아리나 단지를 의미하고 또는 뚝을 쌓는 것을 의미하기 때문에 고유어와 한자어가 합성된 것으로 이해된다. 이것이 된소리가 되어 '뫼똥'이 되고, '묘'와 혼태되어 '묘똥'으로 발음하게 된 것이다.

무담시

- 표준어 : 괜히
- 품　사 : 부사
- 뜻풀이 : 공연히, 아무 까닭이나 이유가 없이.
- 다른 방언형 : 무단시, 무단시리, 무다이, 무담씨, 무답씨, 무단히
- 사용 지역 : 전라도, 경상도

"**무담시** 당신이 고상허시게 생겼구만요." 대문까지 따라나온 아내가 주눅 든 것 같은 소리로 말했다. 〈조정래, 태백산맥, 2001, 1, 163〉

지눔이 뽈갱이 사상을 가졌응게 그 좋은 군정청 통역자리럴 마다혔제 **무담 시** 그렸을 리가 있었겄어? 〈조정래, 태백산맥, 2001, 2, 224〉

"이 사람아, 자넨 **무단시리** 치어죽구 싶은가?" 〈채만식, 金의 情熱, 1987, 489〉

조선문학을 얕보고 대단찮아 하고 하기는 할 값에, 아무 상관도 없는 사람 이 **무단시리** 들어서, 그것을 멸시를 하고 비방을 하고 하는 데는 결코 유쾌할 수가 없었다. 〈채만식, 젊은 날의 한 구절, 1987, 69〉

나 듣는 연에나 말허까, **무단시** 비얌맹이로 그 방정맞은 셋바닥 조께 날룽 거리지 말란 말이여. 〈최명희, 혼불, 1996, 1, 263〉

'무담시, 무단시'는 주로 전남에서 많이 쓰는 어휘로 표준어 '괜히'의 의미를 가지고 있다. 전북 출신 채만식의 작품에서는 '무단시리'를 쓰 고 있다. 최명희의 소설에서 전남 방언 어휘가 많이 보이는 것은 소설 에 나타난 언어가 전남과 접촉하고 있는 남원 지역을 배경으로 하고

있기 때문이다.

　표준어 '무단히'는 '무단(無斷)하-'에서 파생된 것인데 '무단'은 '사전에 허락이 없음. 또는 사유를 말함이 없음.'이란 뜻이다. 따라서 '무단히'가 구개음화하여 '무단시'가 되고 다시 '무담시'가 된 것으로 보인다.

　박경리의 '토지'에 '석이 아부지 정한조라는 사람이 조참판 꼴이 보기 싫어서 진주 땅에 자릴 잡을라꼬 작정하고서 식솔을 데리고 평사리로 갔었는데 무담시 아무 죄도 없이 죽은 것은'의 예가 보인다.

무서무서하다

- 표준어 : 무서워하다
- 품 사 : 동사
- 뜻풀이 : 몹시 무섭게 여기다.
- 다른 방언형 : 무서무서허다, 무서하다
- 사용 지역 : 전라도

몇 사람이 멀찍이 서서 **무서무서하고** 있는 데다 대고 선용은 커다랗게 호통을 하고는 가까운 사람을 향하여 휭하니 가버린다. 〈채만식, 옥랑사, 1987, 163〉

혹여 다칠세라 **무서무서하고**, 땔나무가 귀한 이곳이건만, 〈채만식, 정자나무 있는 揷畵, 1987, 351〉

도매 다리나 상학동 같은 동네서 그렇게 내다 버린 종의 움막 앞을 **무서무서** 하며 지나 다니던 기억이 생생했다. 〈송기숙, 녹두장군 3, 1989, 139〉

우리네 믿는 성도들까장 옷 쪼깨 젖는 것을 **무서무서혀서는** 안됩니다요 〈윤흥길, 빛 가운데로 걸어가면, 1997, 2, 23〉

표준어 '무서워하다'는 전라 방언에서는 '무서하다'로 발음한다. 전라 방언의 '무서무서하다'는 표준어 '무서워하다'를 두 번 중복한 형태이다. 따라서 전라 방언 '무서하다'의 어근 '무서'가 두 번 중복되어 '무서무서하다'가 되었다고 설명할 수 있다. 대체로 두 번 중복된 것은 해당 어휘를 강조한 것으로 볼 수 있는데 이 어휘도 역시 '무서워하다'를 강조한 것이다.

물짜다

- 표준어 : 나쁘다, 형편없다
- 품 사 : 형용사
- 뜻풀이 : 물건이나 말의 내용과 질이 형편없거나, 기대에 미치지 못하다
- 사용 지역 : 전라도

"쯧쯧쯧 왜놈덜헌티 맺힌 한도 많고 히서 쓸 만헐지 알았등마 알고 봉께 영 **물짜디물짠** 물건 아니라고." 〈조정래, 아리랑, 1995, 8, 81〉

그렇다고 그 생각에 빠져서 혀야 헐 일얼 못허는 것언 **물짜디 물짠** 쫌팽이나 허는 짓이여. 〈조정래, 아리랑, 1995, 9, 59〉

글고 니헌티넌 인자 왜놈덜이 느그 아부지 엄니 웬수만이 아니다 잉! 니 동상얼 망친 웬수여. 그런디도 **물짠** 소리만 허고 앉었을 것이냐? 〈조정래, 아리랑, 1995, 9, 59〉

전라 방언의 형용사 '물짜다'는 표준어 '나쁘다'에 대응하는 어휘이다. 함남 방언에서는 '말재다'가 쓰인다. 현대국어의 '말째'는 '말'(末)과 '자히'의 결합형으로, '자히'는 수량이나 기간을 나타내는 명사 또는 명사구 뒤와 수사 뒤에 붙어 '차례'의 뜻을 더하는 접미사인 '째'의 고형이다. 16세기의 〈순천김씨언간〉과 〈신증유합〉에는 '말자'가 나타난다.

전라 방언에서는 '물짜'가 명사로도 쓰이는데 이는 '말자'의 변이형으로 보인다. 따라서 이 명사가 형용사로 파생된 것으로 이해된다. 함경남도에서는 여전히 '말재다, 말째다'가 '나쁘다'의 방언으로 쓰이고 있다.

물캐지다

- 표준어 : 물크러지다, 물커지다
- 품　사 : 동사
- 뜻풀이 : 너무 무르거나 풀려서 본 모양이 없어지도록 헤어지다.
- 다른 방언형 : 물케지다
- 사용 지역 : 전라도

> 　그 솥뚜껑이 시방 크고 작고 간에 모조리 잿바가지 삼태기처럼 되어 버리고 말았으니, 모든 것이 심란하였다. 부뚜막도 **물캐져** 버렸다. 〈최명희, 혼불, 1996, 9, 276〉

　전라 방언의 '물캐지다'는 많이 사용하는 방언으로 표준어 '물크러지다, 물커지다'에 대응된다. 이 어휘는 '묽다'와 관련된 것으로 보인다. '물크러지다'의 준말인 '물커지다'가 '물케지다'로 발음된 것이 아닌가 추정한다. 함경남도 방언에 '물커지다'가 쓰이는 것으로 보고되고 있다.

미끈덕거리다

- 표준어 : 미끈거리다, 미끈둥거리다
- 품　사 : 동사
- 뜻풀이 : 미끄럽고 번드러워서 자꾸 밀리어 나가다.
- 다른 방언형 : 미끈둥거리다, 미끈덕하다
- 사용 지역 : 전라도

물을 실컷 들이켠 그는 낯을 씻었다. 낯이 **미끈덕거렸다**. 땀이 많이 내밴 탓이었다. 낯을 씻고 나자 정신이 말끔해지고 새 기운이 솟았다. 〈조정래, 아리랑, 1995, 4, 260〉

그러나 여자의 손바닥은 **미끈덕** 미끄러졌다. 방영근의 온몸은 땀으로 맥질이 되어 있었다. 〈조정래, 아리랑, 1995, 5, 176〉

"체, 자네도 이놈에 경성서 수돗물잉가 쇠대롱물잉가 넌 묵등마 말솜씨가 아조 **미끈덕허니** 잘도 넘어가네, 이. 화적대장인 삼촌 만내로 갔다가 화적 되드라고 나넌 맘이 약혀 만해 시님만 만내보고 몸얼 뻴 재주가 없는 사람이시." 〈조정래, 아리랑, 1995, 7, 107〉

"음마, 조갑지야 살짝 디친 것이 맛이 질이라고 안헙디여? 생짜야 **미끈덕거림서** 비우만 상허고, 푹 삶아불면 물기도없이 찔기기만 허고, 짭조름헌 물기 낙낙험서 짠득짠득 씹히는 맛이야 살짝 디친 것이란 말이오." 〈조정래, 아리랑, 1995, 7, 208〉

전라 방언의 '미끈덕거리다'는 부사성어근인 '미끈덕'에 동사를 파생시키는 '-거리-'가 연결된 것이다. 부사 '미끈덕'은 '미끈덩, 미끈둥'으로 또는 '미끈덕미끈덕'으로도 쓰고 있다. 전라 방언에서는 '미끈덕거리다, 미끈덕하다'가 사용되고 있다. 물론 '미끈덕하다'는 형용사이다. 전라 방언 '미끈덕거리다'는 표준어 '미끈거리다, 미끈둥거리다'와 대응된다.

미치적거리다

- 표준어 : 멈칫거리다
- 품　사 : 동사
- 뜻풀이 : ① 하던 일이나 동작을 갑자기 멈추는 행동을 자꾸하다.
  ② 어떤 일을 자꾸 망설이다.
- 다른 방언형 : 미척이다, 미척미척, 미치적미치적
- 사용 지역 : 전라도

그런데, 엉뚱하게 **미치적미치적** 뒤로 물러서는 사람들이 있었다. 〈송기숙, 녹두장군 3, 1989, 204〉

허지만, 지난번에는 엿새 동안이나 **미치적거리고** 있다가 기껏 그런 제사를 내렸었는데, 우리들이 여기 몰려오자 대번에 태도를 바꿔 각 고을 관속들의 늑탈을 나무라는 감결을 내렸습니다. 〈송기숙, 녹두장군 3, 1989, 293〉

"마님, 이랄 때 얼릉 내빼란 말이오!" 박승치가 다시 악을 쓰자 그 때까지 **미치적거리고** 있던 김남호가 후닥닥 튀었다. 〈송기숙, 녹두장군 4, 1989, 177〉

"빨리 나와요!" 영감은 그제서야 **미척미척** 굼뜬 걸음으로 나갔다. 〈송기숙, 자랏골의 비가 10, 1974, 185〉

몽둥이를 피하느라 **미척미척** 물러나는 마을사람들 사이에서 텃골양반 형제가 멀쑥하게 드러났다. 〈송기숙, 자랏골의 비가 12, 1974, 211〉

전라 방언의 '미치적거리다'는 의태어 '미치적'에서 파생한 동사이다. 이 지역에서는 '미치적미치적'으로 사용하면서 '멈칫거리는 모습'을 표현하고 있다. 주로 송기숙의 소설에서 보이는데 이 소설에서는 비슷한 의미로 '미척미척'과 '미척이다'를 사용하고 있다. 이 역시 예문에서 보는 바와 같이 '미치적거리다'와 의미가 매우 유사하다. 홍명희의 '임꺽정'에는 '미치미치하다'가 같은 의미로 사용되고 있다.

민두름하다

- 표준어 : 밋밋하다
- 품   사 : 형용사
- 뜻풀이 : ① 하는 일 없는 상태로 지내다.
  ② 특징이나 개성이 없다.
  ③ 태도나 기색이 예사롭고 천연하다.
- 다른 방언형 : 민두룸하다, 민드름하다, 문두름하다, 맨드롬하다
- 사용 지역 : 전라도, 경상도

인제는 영영 **민두룸히** 달아나버릴 수는 없고 말았다. 〈채만식, 탁류, 1987, 331〉

너무 오랫동안 **민두룸하고** 있어서는 이퉁을 쓰는 것 같아 십상 괘씸한 생각이 들기가 쉬울 것이며, 〈채만식, 女子의 一生, 1987, 262〉

"소진씨……" **민두룸해서** 싱거웠다. 〈채만식, 젊은 날의 한 구절, 1987, 71〉

고요하기 때문에 그는 일어날 생각도 하지 않고 **민두룸히** 드러누워 있었다. 〈채만식, 생명의 유희, 1987, 432〉

달리 무슨 구처를 하려고는 않고서 그냥 그저 **민두름히** 하루씩을 지우곤 하는 참이다. 〈채만식, 摸索, 1987, 473〉

그러나, 그렇다고 모른 척하고 그대로 **민두름히** 있는대서야 너무도 농통스럽고 범연한 짓이었다. 〈채만식, 邂逅, 1987, 188〉

장사를 하고 나서 우금 일 년이나 그대로 **문두름히** 있었다는 것은 좀 박절했다고 할는지 매몰스럽다고 할는지…… 〈채만식, 敗北者의 무덤, 1987, 402〉

　전라 방언의 어휘 '민두름하다, 민두룸하다'는 채만식의 작품에서만 나오는 어휘로 전북 방언에서 자주 쓰는 어휘이다. 주로 '민두룸히'와 같이 부사의 형태로 많이 사용된다. 표준어 '반들거리다'는 '별로 하는 일 없이 게으름을 피우며 얄밉고 빤빤스럽게 놀기만 하다.'라는 뜻을 가지고 있는데 '반들반들하다'로도 쓰인다. 이 어휘는 전북 방언에서는 '맨들맨들하다, 민들민들하다'로 사용된다. 따라서 '민두룸하다'는 '맨들, 민들'에 형용사파생접미사 '-음하-'가 연결된 후에 음이 변화한 것으로 이해된다.

　경남 출신인 홍성원의 '남과 북'에 '흡사 민두룸한 늙은 오이 같은 모양을 하고 있다.'의 예가 보인다. 전북 출신인 최일남의 '젖어드는 땅'에서는 '민드름하다'가 쓰인다.

밀금하다

- 표준어 : 묽다
- 품　사 : 형용사
- 뜻풀이 : 죽이나 반죽 따위가 보통 정도에 비하여 물기가 많다.
- 다른 방언형 : 밀금허다, 멀금하다, 말금하다
- 사용 지역 : 전라도

요런 웬수녀러 새끼덜아, **밀금헌** 죽 한 그럭썩 처묵은 것이 엱힐 성 불러 그리 뛰고 발광이냐. 낼 아칙에 배고프다고만 혀봐라, 주딩이를 짝짝 찢어놀 것잉께. 〈조정래, 태백산맥, 2001, 4, 145〉

추수가 끝난 들판은 으레 쓸쓸하고 적막하면서도 **말금하고** 정갈해 보이는 법이었다. 〈조정래, 아리랑, 1995, 8, 161〉

그리고 옆에는 **멀금하니** 좋게 생긴 청년 하나가 바싹 붙어 섰고, 〈채만식, 鍾路의 住民, 1987, 168〉

전라 방언의 '밀금하다'는 표준어 '묽다'에 해당하는 형용사이다. 그러나 '묽다'가 단순히 물기가 많은 것을 의미한 반면에 '밀금하다'는 색깔이 매우 단순하고 깨끗한 것을 의미한다. 예문에서와 같이 전라방언에서 '멀금하다, 말금하다'가 쓰이는데 이들은 '깨끗하다'라는 의미를 가진다. 따라서 이들이 모두 같은 기원을 가진 것으로 보인다.

전라방언에 '묽다'의 방언으로 '밀거다'가 쓰이는 것으로 보면 '밀거다'에 형용사 파생접미사 '-음하-'가 연결된 것으로 해석할 수 있다.

바꿔치기하다

- 표준어 : 바꾸다
- 품　사 : 동사
- 뜻풀이 : 원래 있던 것을 없애고 다른 것으로 채워 넣거나 대신하게 하다.
- 다른 방언형 : 바꿔치기허다, 바꿔치기를 하다, 바꽈치기하다
- 사용 지역 : 전라도, 전국

농장마동 작인덜얼 다 왜놈으로 **바꿔치기 헐라먼** 왜놈농사꾼덜이 지끔보담 몇배나 더 건너와야 헐것인디요. 〈조정래, 아리랑, 1995, 4, 204〉

자신이 맡고 있는 창고에 보름이를 창고쓸이로 **바꿔치기하는** 것은 손바닥 뒤집기만큼 쉬운 일이었다. 〈조정래, 아리랑, 1995, 4, 298〉

십장과 절친한 경우에만 몸이 나을 때까지 다른 날품팔이로 **바꿔치기해서** 자리를 지킬 수 있었다. 〈조정래, 아리랑, 1995, 5, 74〉

번지수만 살짝 **바꿔치기했을** 뿐 이야기 자체는 어김없는 사실이었다. 〈윤흥길, 빛 가운데로 걸어가면, 1997, 1, 141〉

"머, 총독부? 공산주의 허는 놈덜이 책껍데기 다른 책으로 **바꽈치기혀서** 눈속임허능 것 몰르는지 알어?" 〈조정래, 아리랑, 1995, 7, 211〉

전라도에서 쓰는 '바꿔치기하다'는 표준어 '바꾸다'에 대응하는 표현이다. 이 표현은 '바꿔치기를 하다.'가 굳어진 것으로 보인다. 따라서 현재에도 '바꿔치기하다, 바꿔치기를 하다.' 등을 둘 다 쓰고 있다. 표준어 '바꾸다'를 '바꿔치기하다'와 같이 명사에 '-하다'를 붙여서 쓰는

것은 '소매치기하다, 새치기하다, 손뼉치기하다'와 같은 표현에 유추된 관습적인 표현으로 보인다. 전라 방언에서는 '바꿔치다'를 많이 쓰는데 국어사전에는 등재되어 있지 않다.

박완서와 이문열의 작품에서도 '바꿔치기 하다.'가 보인다. 따라서 '구'로 쓰는 '바꿔치기 하다'는 전국적으로 쓰는 것으로 추정한다.

바워내다

- 표준어 : 견디어 내다
- 품　사 : 동사
- 뜻풀이 : 능히 견디거나 피하다.
- 다른 방언형 : 바워가다, 바우다, 바구다
- 사용 지역 : 전라도

우축좌축하는 틈에 끼여 소의를 안 뺏기려고 혼자서 **바워내기가** 좀칫일이 아닐 것이다. 〈채만식, 탁류, 1987, 306〉

이렇게 되었으니 나 혼자서는 좀체로 **바워내기가** 벌써 그렀고 〈채만식, 탁류, 1987, 312〉

형보는 여전히 게목을 지르면서 몸을 요리조리 **바워내고,** 초봉이는 따라가면서 옆을 잃지 않고 제긴다. 〈채만식, 탁류, 1987, 455〉

허긴 참, 서군 자넨 요용하게 꾀루만 **바워내지** 〈채만식, 金의 情熱, 1987, 367〉

단속이 차차로 무겁고 엄하여 곧잘 나의 응석으로는 **바워내기가** 어려워 갔었다. 〈채만식, 巡公있는 日曜日, 1987, 527〉

나이 많아서 능률은 안 나고, 도무지 교수에 성의와 열이 없이 꾀로만 **바워가고,** 그런데다가 사람이 게을러빠져서, 〈채만식, 金의 情熱, 1987, 447〉

전라 방언의 어휘 '바워내다'는 표준어로는 '견디어 내다.'이다. 따라서 '바워내다'는 '바우어 내다.'에서 굳어진 것이다. 전라 방언에서 '바우다'는 하나의 단어로 쓰인다. 표준어로 하면 '소화해서 상대하다, 견디다, 감당하다'와 같은 의미를 가진다. 그러나 대체로 '바워내다'의 구성으로 쓰고 있다. '바우다'는 방언에서 '바구다'를 쓰는 것으로 보아 '바구다'에서 온 것 같은데 그 기원을 찾기 어렵다.

배어리다

- 표준어 : 배젊다
- 품 사 : 형용사
- 뜻풀이 : ① (나이가) 아주 어리다.
           ② (나이가) 아주 젊다.
- 다른 방언형 : 애어리다, 배젊다
- 사용 지역 : 전라도

> 한 이십 남짓했을까말까, **배어린** 사람이다. 〈채만식, 上京半折記, 1987, 508〉

  '배어리다'는 채만식의 작품에서 보이는 말이다. '배'는 옛말에 쓰인 부사로서 '아주, 매우'의 의미를 가지고 쓰인 역사적인 어휘이다. 이 어휘를 '어리다'는 형용사에 연결하여 복합어를 만들어 사용하고 있다. 이 어휘가 채만식이 만들어 쓴 개인어인지, 아니면 역사적으로 사용된 말인지 확인하기 어렵다. 표준어 '배젊다'는 '나이가 아주 젊다.'의 뜻을 가지는 것으로 보면 '배어리다'도 일반적으로 쓰인 어휘로 추정된다. 이 작품에 쓰인 '배어리다'는 '배젊다'의 뜻으로 쓰인 문장이다. 북쪽의 <조선말대사전>에는 '애어리다'가 '아주 어리다.'의 뜻으로 실려 있다.

밴조고름하다

- 표준어 : 반주그레하다
- 품　사 : 형용사
- 뜻풀이 : 얼굴이나 겉모습이 매우 반반하고 아름답다.
- 다른 방언형 : 밴조고름허다
- 사용 지역 : 전라도

"말은 못하나?…… 계집애가 **밴조고름하게** 생겼으니깐 음충맞게 딴 배짱이 있어가지구설 랑……" 이렇게 들려나오는 윤희의 발악 소리에, 초봉이는 얼굴이 화틋 달아올랐다. 〈채만식, 탁류, 1987, 138〉

'밴조고름하다'는 작가 채만식의 〈탁류〉에 보이는 어휘이다. 표준어로는 '반주그레하다'가 대응된다. '늙수그레하다, 붉으스레하다'와 같은 형용사는 전라 방언에서는 '늙으스름하다, 붉으스름하다'로 표현된다. 특히 채만식은 형용사를 파생시키는 접미사 '-으스름하-, -으름하-'를 아주 많이 사용하는 작가이다. 이런 영향으로 '반주그레하다'에 대응되는 전라 방언형인 '밴조고름하다'가 사용된 것으로 보인다.

뱃보

- 표준어 : 배포, 배짱, 뱃심
- 품　사 : 명사
- 뜻풀이 : ① 마음속으로 다져 먹은 생각이나 태도.
　　　　　② 조금도 굽히지 아니하고 버티어 나가는 성품이나 태도.
- 다른 방언형 : 뱃뽀, 배포
- 사용 지역 : 전라도, 경상도

"극락? 참 생김대로 비우짱도 좋고 **뱃보**도 존 중놈이시." 순사보는 픽 웃었다. 〈조정래, 아리랑, 1995, 3, 134〉

"참말로, 몸집언 쪼깐헌 양반이 기운만 씬 게 아니라 **뱃보**꺼정 크요이?" "키가 작은게 **뱃보**는 커야 안 쓰겄어? 키 작은디다가 **뱃보**할라 작아불면 고것 얼 워디다 써묵겄는가." 〈조정래, 태백산맥, 2001, 3, 118〉

표준어 '배포'는 '排布, 排鋪'의 한자어이다. '머리를 써서 일을 조리 있게 계획함. 또는 그런 속마음.'의 뜻을 가진다. 그러나 전라 방언의 '뱃보'는 오히려 '배짱'의 의미에 가깝다. 주로 '뱃보가 크다.'라는 표현을 많이 쓰는데 이는 '마음이나 태도가 크다.'라는 의미를 갖는다. 따라서 표준어 '배포'와 직접적으로 관련된다고 말하기 어렵다. '울음보, 웃음보, 심술보'의 경우처럼 '-보'를 접미사로 처리할 수도 있으나, '배+ㅅ+-보'의 구성으로 보면 사이시옷이 들어간 것으로 보아 '배(腹)'와 '보'를 명사의 복합어로 해석할 수밖에 없을 것이다.

황석영의 '장길산'에도 '뱃보'가 자주 쓰인다. 김원일의 '늘 푸른 소나무'에도 보인다.

버팅기다

- 표준어 : 버티다
- 품　사 : 동사
- 뜻풀이 : ① 어려운 일이나 외부의 압력을 참고 견디다.
　　　　　② 쓰러지지 않거나 밀리지 않으려고 팔, 다리 따위로 몸을 지탱하다.
- 사용 지역 : 전라도, 경상도, 강원도

승재는 뒤를 돌려다보면서 누구한테라 없이 바보처럼 한 번 웃더니, 그러다가 어찌 무슨 생각으로, 먹곰보가 멱살을 잡고 **버팅긴** 팔목을 슬며시 훑으려 쥐고 불끈 잡아 비튼다. 〈채만식, 탁류, 1987, 124〉

먹곰보는 나가동그라질 뻔하다가 겨우 **버팅기고** 선다. 〈채만식, 탁류, 1987, 125〉

내가 얼마나 아끼던 것인데. 처음엔 뺏기지 않으려고 **버팅겼는데** 무슨 이런 애가 있을까? 노염이 극에 오르는 순간쯤에 그 병이 도지는 것이다. 〈신경숙, 풍금이 있던 자리, 1992, 248〉

방영근은 **버팅기고** 있던 채찍을 놓아버렸다. 〈조정래, 아리랑, 1995, 1, 332〉

효원은 숨을 크게 들이쉬었다. 그리고 짓눌리는 듯한 어깨를 **버팅겨** 올렸다. 〈최명희, 혼불, 1996, 1, 199〉

다만 그의 심증을 당사자 기응의 실토로 확인하려 조이는 것일 테고, 기응은 필사적으로 **버팅기며** 거기 걸리지 않으려고 마지막 뒷걸음을 쳐 보는 형국이었다. 〈최명희, 혼불, 1996, 7, 61〉

그의 견고하게 뻗은 어깨와 짱짱하게 **버팅긴** 두 다리는 한눈에 기운깨나

쓰는 몸으로 보였다. 〈조정래, 태백산맥, 2001, 1, 47〉

전라 방언의 어휘 '버팅기다'는 전라도의 대표적인 작품에서 많이 쓰고 있다. 표준어로는 '버티다'에 대응된다. '버티다'의 중세국어형은 '바퇴오다'이고 17세기에는 '버튀우다, 버튀오다'로 나타난다. 그러나 이 어휘가 '버팅기다'가 되었다고 보기에는 너무 무리가 많다. 따라서 '버팅기다'는 '버티다'와 '튕기다'의 혼태에 의한 것으로 이해된다. '튕기다'의 뜻에는 '외부의 힘에 의하여 변형되었던 탄력이 있는 물체가 본래의 상태로 돌아가려고 힘 있게 움직이다. 또는 그렇게 움직이게 하다.'의 의미가 있는데 이 의미가 '버티다'의 의미와 관련이 되기 때문에 두 단어가 서로 섞인 것으로 보인다. '튕기다'는 전라 방언에서는 '팅기다'로 발음하고 있다. '버팅기다'는 강원도 방언에서 쓰는 것으로 보고되어 있다. 김원일의 '불의 제전'에도 나온다.

벌씸하다

- 표준어 : 벌름하다
- 품　사 : 동사, 형용사
- 뜻풀이 : 탄력 있는 물체가 부드럽고 넓게 벌어졌다 우므러졌다 하다.
- 다른 방언형 : 벌씸벌씸하다, 벌씸거리다, 벌씬거리다, 벌씸, 벌씸벌씸
- 사용 지역 : 전라도

바라보노라니까 그 널찍한 이마며 **벌씸한** 코, 입은 꾹 다물고 눈만 웃는 입과 눈 커다란 얼굴, 커다란 몸과 키, 〈채만식, 인형의 집, 1987, 31〉

코가 **벌씸한** 것은 사람이 좋아 보이나, 처진 볼때기에는 심술이 들었다. 〈한국소설문학대계, 채만식, 탁류, 1995, 71〉

M이 그러잖아도 **벌씸한** 코를 한번 더 벌씸하고 사이 벌어진 앞니를 내어 보이며 싱끗 웃는다. 〈한국소설문학대계, 채만식, 레디메이드 인생, 1995, 236〉

얼굴이 붉으락푸르락했다가 절절히 감동을 햇다가 주먹을 부르쥐고 코를 **벌씸벌씸했다가** 마루가 꺼지게 한숨을 내쉬었다가…… 〈채만식, 탁류, 1987, 427〉

한참 만에 돌아온 혜경이의 얼굴은 벌겋게 상기가 되고 코를 **벌씸거린다**. 〈채만식, 인형의 집, 1987, 198〉

자동차를 내던지고 내려서자 ××상회의 서관(西館) 문앞에서 기다리고 있던 주먹코가 **벌씸벌씸** 웃으면서 나선다. 〈채만식, 염마, 1987, 461〉

여자는 눈이 동그래, 파고들듯 묻다가, 그제야 대영이 **벌씸** 웃는 것을 보고는, "……가지뿌렁!" 〈한국소설문학대계, 채만식, 냉동어, 1995, 338〉

　표준어 '벌름하다, 벌름거리다'에 대응되는 전라 방언의 '벌씸하다'는 예문을 보면 형용사와 동사로 쓰인다. '벌씸하다'가 형용사로 쓰일 때는 '넓다'의 의미가 있는 듯하고, 동사로 쓰일 때는 '벌름하다'의 의미로 쓰인다. 특히 동사로 쓸 때는 '벌씸벌씸하다'가 보이고, '벌씸거리다'를 많이 쓰고 있다. 부사로는 '벌씸벌씸, 벌씸'을 쓰고 있다.

벗어배기

- 표준어 : 대머리, 민머리
- 품 사 : 명사
- 뜻풀이 : 머리털이 많이 빠져서 벗어진 머리. 또는 그런 사람.
- 다른 방언형 : 버꺼지
- 사용 지역 : 전라도

박 장로가 **벗어배기** 머리를 뒤로 젖히면서 웃음을 참지 못했다. 〈윤흥길, 빛 가운데로 걸어가면, 1997, 1, 54〉

지난날의 못된 행실로 따지더라도 **벗어배기** 장로가 자그마치 9단이라면 저는 이제 겨우 초단에도 미치지 못하는 실력이었다. 〈윤흥길, 빛 가운데로 걸어가 면, 1997, 1, 99〉

참말이다마다요. 접때 댕겨간 그 **벗어배기** 신사 집안에 과년헌 외동딸이 없어서 그렇지 실상은 데릴사우나 진배없이 칙사대접을 받음시나 호강팔자 누리고 있지라우. 〈윤흥길, 빛 가운데로 걸어가면, 1997, 1, 269〉

그러잖아도 젊은 대원의 말만 듣고 장소를 옮겼다가 반나절 영업을 망칠까 봐 잔뜩 속이 상해 있던 참인데 뜻밖에도 **벗어배기**의 출현으로 말미암아 부월 은 더욱 더 부앗살이 뻗치는 모양이었다. 〈윤흥길, 빛 가운데로 걸어가면, 1997, 2, 166〉

전라방언의 명사 '벗어배기'는 표준어 '대머리'에 해당하는 어휘다. 동사 '벗다'의 활용형 '벗어'에 사람을 나타내는 접미사 '-배기'가 연결 되어 파생된 어휘이다. 접미사 '-배기'가 연결된 어휘를 작품에서 찾아 보면 '얽어배기, 진짜배기, 가짜배기, 양코배기, 용천배기' 등을 찾을 수 있는데 '얽어배기'에서 같은 종류의 파생과정을 엿볼 수 있다. 전북 방언에서는 '벗거지'라고도 한다. 이도 역시 동사 '벗-'에 접미사 '-거지'가 연결된 것이다. 이 '벗거지, 벅거지, 버꺼지' 등은 경상도에서도 많이 쓰는 것으로 보고되어 있다.

벙글다

- 표준어 : 벌다, 벌어지다
- 품   사 : 동사
- 뜻풀이 : ① 갈라져서 사이가 뜨다.
            ② 식물의 꽃이 약간 퍼져서 열리다.
            ③ 입을 약간 벌리다.
- 다른 방언형 : 벙글어지다
- 사용 지역 : 전라도, 전국

吐含山에 올라서니/ 善德女王陵이지 아마/ 그게 十月 상달 石榴 **벙그러지**듯 열리며/ 웬일인지 소리내어 깔깔거리고 웃으며/ 山가슴에 만발하는 철쭉꽃 밭이 돼 딩굴기 시작했다. 〈서정주, 慶州所見〉

나의 손때를/ 누군가/ 소리 없이/ 씻어 헤우고/ 그 씻긴 자리/ 새로/ **벙그**는/ 새벽/ 지샐 녘/난초 한 송이. 〈서정주, 方漢岩禪師〉

형이 접은/ 닥종이의/ 접시꽃은/ 육칠월의 꾹두서니/ 미리 당겨 묻히어/ 고깔 위에 **벙글고**, 〈서정주, 음력설의 影像〉

그네 얼굴에서는 언제나 소리도 없는 엣비식한 웃음만이 玉 속에서 핀 꽃같이 **벙그러져** 나와서 그 어려움으론 듯 그 쉬움으론 듯 그걸 보는 男女老少들의 웃 입술을 두루 위로 약간씩은 비끄러올리게 하고, 〈서정주, 石女 한물宅의 한숨〉

그만그만한 키로./ 바람도 없이 **벙글어** 어느 한 꽃이 쓰러지면./ 함께 쓰러질 풀꽃들. 〈김용택, 꽃이 많아서, 1, 6〉

문은 닫기었으나 더얼 닫았음인지 이가 맞지 않는지 **방긋이** 조금 틈이 벙그러졌다. 〈채만식, 아름다운 새벽, 1987, 121〉

　　잘 맞지 않아 언제든지 그렇게 조금 **벙그러져** 가지고 있기로 마련이던 것
인데 부전스레 꽉 갖다가 눌러놓았기 때문에 이윽고 그것이 전대로 도로 벙
그러지는 바람에 걸린 고리에서 따그락 소리가 났음일시 분명한 것이었다.
〈채만식, 아름다운 새벽, 1987, 128〉

　　무어라고 섬뻑 말은 못하나, 절로 입이 **벙그러지기는** 배비장이 차돌이놈보
다 몇 곱절 더하였다. 〈채만식, 裵裨將, 1987, 114〉

　　공허는 부르르 떨며 여자를 뉘었다. 공허의 성급한 몸짓을 받아안으며 여
자의 몸은 뜨거운 꽃으로 **벙그러졌다.** 〈조정래, 아리랑, 1995, 5, 257〉

　　남자는 이글거리는 불덩어리였고, 여자는 나비가 앉기를 기다리며 **벙그러
지고** 있는 한 떨기 빨간 꽃이었다. 〈조정래, 아리랑, 1995, 7, 125〉

　　그때는 막 봄이 무르익으려 할 때여서 주막 옆구리의 솔밭 언저리에 저절
로 **벙그는** 각시복숭아꽃 숨결 터지는 소리가 귓가에 들리었다. 〈최명희, 혼불,
1996, 3, 292〉

　　전라방언의 어휘 '벙글다'는 시와 소설에서 아주 많이 사용된 어휘이
다. 표준어로는 '벌다, 벌어지다'와 대응되는데 그 의미는 상당히 다르
다. '벙글다'의 의미는 예문을 통해서 보면 활짝 피는 것이 아니고 다
소곳이 약간 꽃봉오리가 벌어지는 것을 의미한다. 따라서 '벙글다'는
'틈이 약간 열리다, 꽃봉오리가 약간 벌어지다.'의 뜻을 가진다.

　　<17세기국어사전>에는 '벙을다'가 '사이가 벌어지다.'의 뜻으로 쓰
고 있다. 따라서 '벙글다'는 '벙을다'보다 역사적으로 더 오래된 어휘로
보인다.

　　김남조, 김광림의 시에도 '벙글다'가 보이고, 김동인의 '어머니'에 '벙
을어지고'가 보인다. 따라서 전국적으로 쓰인 어휘로 보인다.

보가품

- 표준어 : 앙갚음
- 품　사 : 명사
- 뜻풀이 : 남이 저에게 해를 준 대로 저도 그에게 해를 줌.
- 다른 방언형 : 보갚음, 보갚이, 보갚다, 보게피하다
- 사용 지역 : 전라도, 강원도

팔짜가 기구히여서 이런 징글징글헌 집으루 시집 온 죄 배끼는 아무 죄두 읍서라우 왜 걸신허면 날 못잡어먹어서 응을거리여 삼십년두구 종질 히여준 **보가품**으루 그런대여? 〈채만식, 천하태평춘, 1938 : 4, 101〉

간장 없는 이웃집이/ 간장 있는 이웃집에/ 간장을 한사발 훔치러 갔다가/ 발각 되어/ 챙피당한 **보가품**으로/ 6 · 25 사변 때/ 빨갱이 편이 되어서/ 간장 있는 이웃집을 몰살해 버리고 三八以北으로 넹큼 올라 가서는 〈서정주, 1975年 가을에도〉

자식 키워서 이런 **보갚이**를 받어야 헌다면 어느 놈이 자식을 낳겄는가. 〈최명희, 혼불, 1996, 2, 120〉

"꾸랭이 잡으면 그 꾸랭이가 **보갚는**다는디 으짤래? 꾸랭이가 사람으로 둥갑해갖고 와서 밤에 업어간단다아!" 〈송기숙, 자랏골의 비가 8, 1974, 216〉

채만식과 서정주의 작품에 나오는 '보가품'은 '보갚음'의 연철이다. '보갚음'은 '보를 갚다.'에서 온 명사형인 것으로 이해된다. 여기서 '보' 는 '報'인데 이는 '갚을 보'이다. 따라서 '報갚음'으로 동일한 뜻이 중복 된 것으로 보인다. '보가품'은 표준어 '앙갚음'에 대응되는 어휘이다.

전라 방언에서는 '복수하다'의 의미로 '보갚다, 보게피하다' 등을 쓰고 있다.

보고리

- 표준어 : 대응 표준어 없음.
- 품　사 : 명사
- 뜻풀이 : 약 올리는 사람 또는 그 행위.
- 다른 방언형 : 보거리
- 사용 지역 : 전라도, 충청도

계집은 살냄새 끼치며 암상스럽게 제 잠자리 투정을 저처럼 앙앙불락 억하심정으로 **보고리** 채우며 모질게 하니. 〈최명희, 혼불, 10, 226〉

"나 원, 재수 옰으면 송사리헌티 좆 물린다더니 멀쩡허니 병신 될라닝께 별 우스운 것이 다 생겨 **보고리**챈단 말여." 〈한국소설문학대계, 이문구, 관촌수필, 1995, 285〉

"오늘 같은 날은 츰버텀 부락대항 축구시합이나 허라면 기특허겠구먼서두, **보고리** 채느라구 연장 들구 나오랜다며? 이런 사람 일쩍 빠져나오게 술내기 공이나 차라구 허면 여북 좋아." 〈한국소설문학대계, 이문구, 우리동네 김씨, 1995, 412〉

'보고리'라는 말은 '저 사람 참 보고리고만.'이라는 예에서처럼 '약을 올리는 사람이나 행위'를 싸잡아서 이르는 말로 쓰인다. '보고리(를) 채다.'는 굳어진 표현으로서 관용적으로 쓰여 '사람을 약을 올리다.'라는 뜻을 갖는다. 전라도에서 쓰는 '보고리'란 말은 '화'를 의미하는 '보골'에 접미사 '-이'가 붙어 만들어진 어휘이다. 경상도에서도 '보골'이 '화'의 의미로 쓰이는데 전라도에서는 '보고리'로 쓰여 '화를 돋우는 사람 또는 그 행위'의 뜻을 갖게 되었다.

　충청 방언을 많이 쓰는 이문구의 '관촌수필'에 '보고리채다'가 나온다. 이문열의 '변경'에 '하, 고노마 고가지하고는, 참한 가시나 친구가 사주는갑는데 뭐시 그리 보골이 나노?'의 예가 보인다. 여기서 '보골'은 '화'의 의미로 쓰인다. '한국 방언 검색 프로그램'을 보면 '경남'에서 '보굴'이 사용되는 것으로 보고되어 있다.

보도시

- 표준어 : 간신히
- 품　사 : 부사
- 뜻풀이 : 겨우 또는 가까스로.
- 다른 방언형 : 포도시, 보돕시, 보로시, 보로씨, 뽀도시, 뽀드시, 뽀로시, 포답시, 포돕시, 포로시
- 사용 지역 : 전라도, 경상도, 충청도

"차마, 장개년 무신 장개여. **보도시** 입에 풀칠험서 돈 귀경허기 에로운 헹펜인디." 차득보의 마뜩찮은 어조였다. 〈조정래, 아리랑, 1995, 8, 89〉

저녁으도 신랑 혼신이 안 올라고오 안 올라고 버티능 것을 **보도시** 끄집어 왔당만 그리여. 〈최명희, 혼불, 1996, 2, 148〉

내가 산소 공부를 많이는 못했지만 인자 **보도시** 그 깊이를 알 듯도 해서 한 자리 써 디렸는디요. 〈최명희, 혼불, 1996, 5, 310〉

운동장까지 끌려갔는디, 하늘이 도왔는지 거그서 잘 아는 사람을 만내 **포도시** 총살을 면허고 경찰서에 갇혔당마요. 〈조정래, 태백산맥, 2001, 1, 162〉

"와따, 배때지 빵구 **포도시** 때와는께 인자 귀창에 빵꾸낼라고 그리 소리질르고 그요, 시방?" 〈조정래, 태백산맥, 2001, 6, 173〉

　전라 방언 '보도시, 포도시'는 표준어 '간신히'의 방언이다. 부사 '간신히'는 형용사 '간신하다'에서 파생된 것인데 '간신하다'는 '힘들고 고생스럽다.'라는 의미를 갖고 있다. 따라서 '보도시, 포도시'는 '겨우, 가

까스로'의 의미에 '힘들고 고생스럽게'의 의미를 포함하고 있다.

이 어휘는 전라도를 대표하는 방언이다. '보도시, 포도시'의 어원은 'ㅂᄃ시'에서 온 것으로 생각한다. 표준어 부사 '바듯이'는 동사 '바듯하다'에서 파생된 것인데, '바듯하다'는 '어떤 한도에 차거나 꼭 맞아서 빈틈이 없다.'라는 의미를 갖는다. 센말로는 '빠듯하다'가 쓰이고 있다. 따라서 '보도시, 포도시'의 어원이 'ㅂᄃ시'에서 왔을 가능성이 매우 크다.

보독씨리다

- 표준어 : 부리다, 넘어뜨리다
- 품　사 : 동사
- 뜻풀이 : ① 사람의 등에 지거나 자동차나 배 따위에 실었던 것을 내려놓다.
　　　　　② 바로 선 것을 잡아서 넘어지게 하다.
- 다른 방언형 : 보독시리다
- 사용 지역 : 전라도

이불끄장 두르르 말어 부르드니, 그대로 둘러메고 달어난단 말이여. 그러더니 김도령 머심 사는 집이다가 **보독씨려(부려)놔.** 〈최명희, 혼불, 1996, 5, 208〉

내 고에 황아장시랑 어디로 가기로 헝 것맹인디, 아매 저 정자나무 아래 어디 **보독시리고** 있을 거이요, 그런디 작은아씨가 먼 죄 졌소? 〈최명희, 혼불, 1996, 7, 165〉

　전북 방언의 '보독씨리다, 보독시리다'는 표준어의 '부리다, 넘어뜨리다'의 의미를 가지고 있다. 사람을 넘어지게 하고 '보독씨려버렸다'라고 표현한다. 그런데 최명희의 〈혼불〉에서는 '보독시리다'를 '부리다'의 의미로 사용하고 있다. '사람을 등에 지고 가다가 내려놓다.'의 의미로 쓰고 있는 것이다.

보리배필

- 표준어 : 천생배필(天生配匹)
- 품   사 : 명사
- 뜻풀이 : 하늘에서 미리 정하여 준 배필.
- 사용 지역 : 전라도, 강원도

> 자기허고 나허고는 참말로 천생연분에 **보리배필**이여. 〈윤흥길, 빛 가운데로 걸어가면, 1997, 2, 253〉

> 천생연분에 **보리배필**이니 황금의 복식조니 하는 말은 결코 빈말이 아니었다. 〈윤흥길, 빛 가운데로 걸어가면, 1997, 2, 253〉

전라방언의 '보리배필'은 표준어 '천생배필'에 해당하는 어휘다. 강원도에서도 쓰는 것으로 보고되어 있다. '보리배필'은 '보리'와 '배필'로 이루어진 복합어인데 '보리'의 뜻을 정확히 알기가 어렵다. 윤흥길의 작품에서 주로 나타난다.

보배우다

- 표준어 : 보고 배우다
- 품　사 : 동사
- 뜻풀이 : 보고 배우다.
- 사용 지역 : 전라도

"느그가 요리 **보배운** 것 없이 기생질 해묵다가넌 쪽박 찰 날이 낼모레라는 것얼 알어야 헐 거이다." 〈조정래, 아리랑, 1995, 1, 61〉

야하게 양멋이나 냈지 그리도 상스럽고 **보배운** 데 없는 여자가 그분의 아내가 된다는 것을 그냥 보아넘길 수가 없었다. 〈조정래, 아리랑, 1995, 9, 281〉

그는 간도에서 **보배운** 대로 잡화상점을 차려놓고 속으로는 공산당 조직에 가담할 길을 모색하고 있었다. 〈조정래, 태백산맥, 2001, 3, 265〉

전라 방언의 '보배우다'는 '보고 배우다.'라는 뜻의 복합동사인데 이런 유형은 중세국어에서 생산성을 가진 규칙이었다. 예를 들면 '듣보다'의 경우 '듣다'와 '보다'가 복합된 것이다. 주로 조정래의 소설에서 보인다.

보풀스럽다

- 표준어 : 앙칼스럽다
- 품 사 : 형용사
- 뜻풀이 : ① 보기에 제힘에 겨운 일에 악을 쓰고 덤비는 데가 있다.
           ② 매우 모질고 날카로운 데가 있다.
- 다른 방언형 : 보풀떨이, 보풀증
- 사용 지역 : 전라도

"싫여요!" 초봉이는 잘겁해서 절로 소리가 **보풀스럽다.** 〈채만식, 탁류, 1987, 279〉

새벽 세시가 지나서야 겨우 가냘픈 잠이 들었던 박교원은 바로 방문 앞 펌 프우물 두덩에서 누구의 솜씨인지(정녕코 화가 많이 난 모양으로) 사뭇 **보풀 스럽게** 뚜드려대는 빨랫방망이의 히스테릭한 박자(拍子)와 음향에 놀라 깨 어, 힘없이 감았던 눈두덩을 번쩍 뜬다. 〈채만식, 金의 情熱, 1987, 467〉

"왜 그래 글쎄!" 하면서, **보풀스럽게** 톡 쏘아 부딪는 것까지두 여전해요. 〈채만식, 少爻, 1987, 340〉

방금 그 촌사람을 대하던 교만하고도 **보풀스런** 거조는 무릇 어디로부터 우 러나는 행동이던가. 〈채만식, 上京半折記, 1987, 514〉

그러나 한편으로는 전에 없던 수다와 변덕이 생겼다. 성미가 **보풀스러지고** 반면에 너그러움이 덜했다. 〈채만식, 四號一段, 1987, 54〉

'보풀스럽다'는 채만식의 작품에 자주 나오는 어휘이다. 이 어휘는

표준어의 '앙칼스럽다, 앙칼지다'에 대응되는 어휘이다. 예문을 보면
느낌표를 사용한다거나, '톡 쏘아 부치다.'와 호응하는 것으로 보아 그
렇게 해석된다. 채만식은 이 어휘 이외에도 '보풀떨이, 보풀증'이란 어
휘를 사용하고 있는데 '보풀떨이'는 '앙칼스러운 짓'으로 해석되고, '보
풀증'은 '보풀떨이를 하려는 증세'로 해석된다.

본을 추다

- 표준어 : 본전을 추리다
- 품 사 : 구
- 뜻풀이 : 자기가 낸 밑전을 다시 챙기다.
- 다른 방언형 : 본전을 추다
- 사용 지역 : 전라도

오천을 다아 잃고 백짜리가 한개피 달랑 남었으니까 이 패로 올라가면 사천이 들어와서 거진 **본을 추겠지만** 만약 딴집에서 예순일백스물로만 올라가도 박아지를 쓸 판입니다. 〈채만식, 천하태평춘, 1938 : 8, 253〉

전라 방언에서 자주 쓰는 표현인 '본을 추다.'는 '본전을 챙기다.'라는 의미를 가지고 사용한다. '본을 추다.'의 '본(本)'은 '본전(本錢)'과 같은 의미이고, '추다'는 '추리다'의 의미로 '챙기다'와 같은 뜻으로 사용하고 있다. 주로 노름을 할 때, 잃었던 돈을 다시 회복하게 되면 이 표현을 많이 쓴다.

부산나케

- 표준어 : 부산스레, 부리나케
- 품 사 : 부사
- 뜻풀이 : 급하게 서두르거나 시끄럽게 떠들어 어수선하게.
- 다른 방언형 : 부산나게
- 사용 지역 : 전라도

초봉이가 어멈을 불러대면서 **부산나케** 서두는 것을 제호는 다시금 시계를 꺼내 보다가 "아니, 가만 있으라구……" 하면서 그대로 마당으로 내려선다. 〈채만식, 탁류, 1987, 303〉

형보는 그래서 말이 잘못 나간 것을 깨닫고 당황하여 그놈을 둘러맞출 궁량을 **부산나케** 하고 있는데, 그러나 실상 초봉이한테는 도리어 그게 효과가 컸다. 〈채만식, 탁류, 1987, 311〉

제호는 혼자 **부산나케** 쏭얼거리면서 안팎으로 끼웃거린다. 〈채만식, 탁류, 1987, 315〉

주인여자는, 손은 피우지도 않는 담배를 내놓는다, 재떨이를 비어 오게 한다, **부산나케** 서둘다가야 겨우 자리를 잡고 앉더니, 이번에는 입에서 침이 마르게 승재를 추앙을 해젖힌다. 〈채만식, 탁류, 1987, 377〉

갑쇠가 한참 웃다가, 언뜻 고개를 쳐드는데, 들 가운데 논틀길로 을녜가 머리에 광우리를 이고 **부산나케** 이리로 오고 있다. 〈채만식, 정자나무 있는 插畵, 1987, 356〉

'부산'은 '급하게 서두르거나 시끄럽게 떠들어 어수선함'이란 뜻이다.

'부산을 떨다.'를 쓰는 것으로 보면 '부산나다'는 '부산'과 동사 '나다'가 결합하여 만들어진 어휘로 보인다.

전라 방언 '부산나케, 부산나게'는 표준어로는 '부산하게, 부산스레'로 쓰는 부사이다. 채만식의 작품에서는 '부산나케'도 쓰이고 현행 표준어인 '부산하게'가 함께 쓰이고 있고, 조정래의 작품에서는 '부산스레'를 주로 쓰고 있다. '부산나케, 부산나게'는 '부산나다'를 기본형으로 하여 활용형이 있을 것 같은데 전혀 보이지 않는다. 표준어 '부리나케'와 그 의미가 매우 유사한데 이 어휘와 관련이 있을 듯하다.

부아받이

- 표준어 : 대응 표준어 없음.
- 품　사 : 명사
- 뜻풀이 : 부아를 받아 주는 일이나 사람.
- 사용 지역 : 전라도

아무런 잘못도 없이, 아무런 영문도 모르는 채로 한바탕 실컷 의붓아버지의 **부아받이** 노릇을 해 주고 나면 몸뚱이야 말할 나위 없이 고통스럽긴 해도 마음만은 웬일인지 나른한 안도감에 젖어들곤 했던 것이다. 〈윤흥길, 낫, 2005, 462〉

어느 누구의 눈치도 살필 필요 없이 한갓진 분위기에서 부부지간에 모처럼 한번 유정한 대화를 나누고 싶다는 것이 그니의 본심이었기에 예정에도 없이 성깔 고약한 남편의 **부아받이** 노릇만 착실히 해주고 돌아서는 기분은 더욱 더 무참했다. 〈윤흥길, 빛 가운데로 걸어가면, 1997, 1, 147〉

전라방언의 명사 '부아받이'는 표준어에는 해당 어휘가 없다. 이 어휘는 '부아'에 대체로 사람을 나타내는 접미사 '-받이'가 연결된 것이다. 작품에서는 '총알받이, 탄알받이, 씨받이, 응석받이' 등을 확인할 수 있다. '응석받이'의 경우 '응석을 받아 주는 일. 또는 응석을 부리는 사람.'을 의미한다. '부아받이'는 '부아를 받아주는 일' 또는 '부아를 받아주는 사람'을 말한다. 윤흥길의 작품에서 주로 보인다.

부아풀이

- 표준어 : 화풀이, 심화풀이
- 품　사 : 명사
- 뜻풀이 : 노엽거나 분한 마음을 풀려고 하는 일.
- 다른 방언형 : 부애풀이
- 사용 지역 : 전라도, 충청도

한바탕 **부아풀이**를 하고 나서 최 교장은 제풀에 지쳐 풀석 주저앉았다. 〈윤흥길, 낫, 2005, 486〉

"오후 시시쩜이면은 나한티서 봉변당허고 그 질로 그냥 욜로 쳐들어와서 **부애풀이**를 헌 모냥이구만." 종술이 간장종지만하게 눈을 한껏 키웠다. 〈윤흥길, 빛 가운데로 걸어가면, 1997, 2, 73〉

전라방언의 명사 '부아풀이'는 표준어로는 '화풀이'가 해당한다. 표준어 '화풀이'가 '화를 풀려고 하는 일.'이라는 의미를 가지는데 이와 똑같은 파생구조를 가지고 있다. 즉 '부아풀이'는 '부아를 풀다.'에서 생긴 '부아풀-'에 접미사 '-이'가 연결된 것이다. 윤흥길, 이청준과 이문구의 작품에 보인다.

부앳짐

- 표준어 : 부앗김
- 품 사 : 명사
- 뜻풀이 : 노엽고 분한 마음이 일어난 기회나 계기.
- 다른 방언형 : 부앗김
- 사용 지역 : 전라도, 충청도, 제주도

시체 뜯어먹은 가늠이 있어서 괴기 맛이 생각났는지 그놈이 나를 보드니만 대뜸 눈깔에다 쌍불을 키고는 흐연허니 이빨을 세우데, **부앳짐**에 너 잘 걸렸다, 허고는 그놈을 낫으로 콱 찍어서 낫질이 처자석 핏값을 뽑고 말었지. 〈윤흥길, 낫, 2005, 334〉

부부쌈이 벌어져서 나가 바가지를 쪼깨 긁었드니만 저 냥반이 **부앳짐**에 아무 말이나 막 내뱉누만요. 〈윤흥길, 빛 가운데로 걸어가면, 1997, 2, 237〉

부앗김에 낯꽃이 벌겋게 달아오른 형은 부대한 몸집을 우물가에 짐짝처럼 부리면서 제 주먹으로 콧대를 후려갈겨 한바탕 또 코피를 쏟아냈다. 〈윤흥길, 소라단 가는 길, 2003, 152〉

전라방언의 명사 '부앳짐'은 표준어로는 '부앗김'이다. 명사 '부아'에 명사 '김'이 결합하여 복합어가 된 것인데 이를 전라방언형으로 만든 것이 '부앳짐'이다. '부아'의 방언형은 '부애'이고 '김'은 구개음화되어 '짐'으로 발음한다. 여기에 사이시옷이 들어간 것이다. 이문구의 소설에서는 '부앗김'이 보인다. 제주도에서도 '부앳짐'을 쓰는 것으로 보고되어 있다.

부쩌지

- 표준어 : 안절부절
- 품　사 : 부사
- 뜻풀이 : 마음이 초조하고 불안하여 어찌 할 바를 모르는 모양.
- 다른 방언형 : 붓조지
- 사용 지역 : 전라도, 전국

달주는 금방 나졸들이 덮쳐오지 않나 뒤가 졸밋거려 **부쩌지**를 못하겠는데, 죽치고 앉아 꿩을 삶아 먹고 가자니 속이 바지직바지직 탔다. 〈송기숙, 녹두장군 1, 1989, 061〉

"말씀 마슈. 작인들은 일년 농사 짓고 나민 이놈이 소작을 떼어가지 않는가, 항상 부등가리 안옆 조이듯 **부쩌지**를 못합니다유. 그놈 논 부치고 사는 작인들은 도무지 사는 것이 사는 것이 아닙니다유." 〈송기숙, 녹두장군 1, 1989, 166〉

윤영기가 소장을 읽고 있는 동안 조병식은 제 성깔을 주체하지 못하여 장죽을 뻑뻑 빨며 앉았다 섰다 **부쩌지**를 못했다. 〈송기숙, 녹두장군 2, 1989, 030〉

당하는 달주보다 만득이가 더 **부쩌지**를 못하고 똥 마려운 놈처럼 오만상을 찌푸리고 있었다. 〈송기숙, 녹두장군 3, 1989, 153〉

전라 방언의 '부쩌지'는 표준어 '안절부절'에 대응하는 부사이다. 이 말은 '부접(附接)'에서 유래한 '붙접'에서 온 말로 해석하고 있는데 주로 '가까이하거나 붙따라 기대는 일.'을 말한다. '부쩌지를 못하다.'의 구성으로 주로 사용하고 있다. 송기숙의 소설은 물론 이문구, 홍명희, 염상섭의 소설에서도 예가 보이는 것으로 보아 전국적으로 사용하는 어휘로 보인다.

부황하다

- 표준어 : 허황하다
- 품　사 : 형용사
- 뜻풀이 : 헛되고 황당하며 미덥지 못하다.
- 다른 방언형 : 부황허다, 부황부황하다
- 사용 지역 : 전라도, 경상도

더욱이 천하 **부황한** 투기사업 금광노름이다. 잡무하고도 그러므로 가장 속스런(形而下的인) 잡무다. 〈채만식, 近日, 1987, 22〉

다만 그처럼 **부황부황한** 이야기를 그가 멋대로 꾸며서 지껄이지 않은 것만은 확실할 것이었다. 〈한국소설문학대계, 윤흥길, 비늘, 436〉

또는 보릿고개에 허덕이는 **부황든** 아이들에게 소나무의 새순은 진달래꽃과 함께 간식이었고, 흉년이 무섭게 든 해에 송기는 어른들에게도 양식이었다. 〈조정래, 아리랑, 1995, 4, 19〉

여기저기서 **부황난** 사람이 죽어갔고, 살가죽이 누렇게 붓고 들뜬 한무더기 가솔이, 바가지를 옆구리에 하나씩 차고 다리를 절룩이며 어디론가 동냥을 떠나갔다. 〈최명희, 혼불, 1996, 2, 180〉

전라 방언의 '부황하다'는 '부황부황하다'로도 쓰는 형용사로 표준어 '허황하다'와 대응한다. '부황'은 한자어 '부황(浮黃)'에서 기원한 것으로 보인다. 이 뜻은 '오래 굶주려서 살가죽이 들떠서 붓고 누렇게 되는 병.'을 말하는데 주로 '부황이 나다, 부황이 들다.'의 표현으로 쓰이면서 '부황나다, 부황들다'로도 쓰인다. 여기서 '부황'이 '허황'의 의미로 쓰이면서 '부황하다'로 쓰고 있다. 이문열의 작품에서도 쓰고 있다.

불뚱스럽다

- 표준어 : 불퉁스럽다
- 품   사 : 형용사
- 뜻풀이 : 보기에 퉁명스럽게 말을 불쑥불쑥 내던지는 데가 있다.
- 다른 방언형 : 불뚱시럽다, 불통스럽다, 불뚝스럽다
- 사용 지역 : 전라도

"성언 나 나이도 몰르능가⋯⋯ 발써 열일곱 살 아니여." 효남이는 금방 볼이 부어오르며 **불뚱스럽게** 말했다. 〈조정래, 아리랑, 1995, 3, 273〉

"말 그리 고약시리 허덜 말어. 그 골머리 아픈 공부 안허고도 총만 잘 맞히고 밀정놈덜 잘만 잡아낸게." 배두성이의 **불뚱스러운** 말이었다. 〈조정래, 아리랑, 1995, 5, 264〉

"사람 복장 터지는디, 날할라 워찌 요리 땡땡 얼어붙고 지랄발광이까?" 노덕보가 **불뚱스럽게** 내뱉었다. 〈조정래, 태백산맥, 2001, 4, 65〉

"체에, 고런 걸 알면 민청원을 멀라고 허겄소?" **불뚱스럽게** 내쏘는 말이었다. 〈조정래, 태백산맥, 2001, 7, 181〉

좌판에 다다른 염상구가 **불뚝스럽게** 내질렀다. 〈조정래, 태백산맥, 2001, 1, 182〉

작품에서 쓰고 있는 '불뚱스럽다'는 표준어로는 '불퉁스럽다'이다. 된소리로 발음되어 '불뚱스럽다'로 표기된 것이다. '불퉁'은 '-거리-'가 연결되면 동사가 되고, '-스럽-, -하-'가 연결되면 형용사가 되는데 동일한 기원의 어근이다. 부사로는 '불퉁불퉁'도 표준어에서 쓰고 있다. 방

언이 아니라 표준어의 이표기로 이해해야 할 것이다. 국어사전에는 '불뚝거리다'는 등재되어 있고, '불뚝스럽다'는 등재되어 있지 않다.

붉으딕딕하다

- 표준어 : 불그스름하다, 불그죽죽하다
- 품 사 : 형용사
- 뜻풀이 : 조금 붉다.
- 다른 방언형 : 불그딕딕하다, 불그족족하다, 불그죽죽하다
- 사용 지역 : 전라도

> 지주들 재산을 무조건 갈라묵자는 생각을 품고 있는 작인눔덜은 모두 빨갱이 사상에 **불그딕딕허게** 물이 든 반빨갱이들이요. 〈조정래, 태백산맥, 2001, 3, 200〉
>
> 그눔에 집구석이 옛적부텀 삐까닥혔소. 김범우린 눔도 한때 빨갱이 사상을 가졌고, 지끔도 허는 행투 보면 뿔근 물이 **붉으딕디그리헌디**, 법이란 것이 틀려묵었소. 〈조정래, 태백산맥, 2001, 4, 219〉

색을 표현하는 형용사의 경우 전라 방언에서는 매우 다양하게 표현된다. '불그딕딕하다, 불그족족하다, 검의족족하다, 푸르족족하다, 푸르딩딩하다' 등 다양한 접미사가 연결되는 것을 볼 수 있다. '불그딕딕하다'는 조정래의 소설에서만 발견되는데 '-딩딩하-'와 '-족족하-'가 혼태된 것이 아닌가 생각된다. '-족족하-'가 일반적으로 많이 사용되고, '-딩딩하-'는 한정된 색에만 사용되는 현상을 보인다.

비개

- 표준어 : 베개
- 품　사 : 명사
- 뜻풀이 : 잠을 자거나 누울 때에 머리를 괴는 물건.
- 다른 방언형 : 베개
- 사용 지역 : 전라도, 경상도, 충청도, 강원도

둘이 비자고 만든 **비개**를 나 혼자 비는 이 신세야 〈최명희, 혼불, 1996, 3, 210〉

육리 갖촤 혼인허든 못했지만, 저보다는 내가 몬야 이 방으서 **비개**를 비었고, 서방님 숨소리를 들어도 저보다 내가 몬야 들었응게. 〈최명희, 혼불, 1996, 4, 246〉

"근디 시방 수천아씨께서 **비개** 꼬매고 지실 정이 없으시겄드라고." 〈최명희, 혼불, 1996, 10, 310〉

전라도 방언에서 표준어 동사 '베다'는 '비다'로 실현된다. '베게를 베다.'와 '벼를 베다.'의 경우, 모두 '비다'를 사용한다. 표준어 '베개'는 동사 '베-'에 접미사 '-개'가 연결되어 명사가 된 것인데 전라 방언에서는 '베다'를 '비다'로 사용하기 때문에 '비개'가 된 것이다.

'베다'는 15세기 한글 문헌에 '베다', '볘다', '벼이다'의 형태로 나타나다가, 점차 '벼이다 / 볘다 / 볘다>베다 / 베다>베다'의 변화를 겪어 현대국어에는 '베다'의 형태로 남아 있다. '베다'와 '벼이다'는 17세기까지 공존하다가, 하향이중모음이 단모음으로 변하는 변화에 편승하여 '베다'의 표기로 합류되었다.

방언에서 여전히 '벼개'가 전국적으로 강세를 보이는 것은 바로 이 '벼이다'의 발음에 말미암은 것으로 해석된다.

비문하다

- 표준어 : 어련하다
- 품   사 : 형용사
- 뜻풀이 : 따로 걱정하지 아니하여도 잘될 것이 명백하거나 뚜렷하다.
- 다른 방언형 : 비문허다, 베민허다, 비민허다
- 사용 지역 : 전라도

"아니여, 사람이야 다 지죽을 날 안다고 안그러드라고." "그려, 즘생덜도 즈그 죽을 날 다 안다든디 영물인 사람이야 **비문허겄어**." "그렁랑가? 안 믿기는디." 〈조정래, 아리랑, 1995, 5, 65〉

"그리만 되먼이야 을매나 좋겄소. 꼭 그리 돼야제라." "하면, 나라가 헌 약존디 **비문헐랍디여**." "그렇겄제, 그래야 되제." "나라럴 못 믿으면 누구럴 믿겄는가." 〈조정래, 태백산맥, 2001, 6, 312〉

"와따, 젊은 년이 말도 많네. 나이 잡순 노친네가 **비문히** 잘 알 것이라고 그리 새살 까고그려! 싸게싸게 일이나 혀." 아저씨가 벌컥 화를 내며 소리쳤다. 〈조정래, 태백산맥, 2001, 7, 321〉

"소가 대장님 보고 웃소." "우리 대장 동지가 **비문헐라고**." 대원들이 신바람나서 말들을 다투었다. 〈조정래, 태백산맥, 2001, 10, 33〉

전남 방언의 어휘인 형용사 '비문하다'는 표준어 '어련하다'에 대응되는 어휘이다. 전남에서만 사용되는 특징을 보인다. 따라서 조정래의 소설에서 주로 쓰고 있다. 전북에서는 '어련하다'가 주로 사용된다. 표준어 '어련하다'와 같이 주로 의문형이나 반어법에서 사용되고 '비문히'의 형태로 부사로 쓰고 있다.

비우짱

- 표준어 : 비위짱
- 품 사 : 명사
- 뜻풀이 : 어떤 음식물이나 일을 삭여 내거나 상대하여 내는 성미.
- 다른 방언형 : 비우
- 사용 지역 : 전라도

무시허는 것도 아니고 불쌍해허는 것도 아니고, 그 위에서 밑얼 내래다보는 것 겉은 거만헌 태도가 아조 **비우짱** 상해. 〈조정래, 아리랑, 1995, 5, 333〉

저눔 **비우짱** 거실리고, 눈 밖에 나서 고이 장사 해묵을 장사꾼은 크나 작으나 이 벌교바닥에는 한나또 읎네. 〈조정래, 태백산맥, 2001, 1, 185〉

요 말이 성님 **비우짱** 상허게 헐란지도 몰르겄는디, 맴이 껄쩍지근헌께 안 물을 수가 읎소. 〈조정래, 태백산맥, 2001, 5, 259〉

여그가 바로 그 벌교고, 벌교주먹 오야붕이 바로 이 염상구여. 이 염상구 **비우짱** 긁덜 말어. 〈조정래, 태백산맥, 2001, 6, 251〉

공연시 씹떡껍떡 주딩이 놀리덜 말어. **비우짱** 틀어졌다 허면 그눔에 주딩이 쫙쫙 찢어뿔 팅께. 〈조정래, 태백산맥, 2001, 8, 333〉

전라도 방언인 '비우'는 표준어 '비위(脾胃)'를 이르는 말이다. 대체로 '비우가 좋다, 비우가 없다.'라는 표현이 많이 쓰인다. 표준어의 '비위짱'을 '비위'의 속된 말로 쓰는데 전라 방언에서 '비우짱'은 '비우'보다 강한 표현이다. 따라서 예문에서 보는 것처럼 '비우짱 상하다, 비우짱

닭다, 비우짱 틀어지다.'와 같이 심리적으로 마음에 들지 않을 때 주로
쓰고 있다.

비젓하다

- 표준어 : 비슷하다
- 품　사 : 형용사
- 뜻풀이 : 거의 같다.
- 다른 방언형 : 비젓허다, 비적허다, 비즛하다, 비저타다
- 사용 지역 : 전라도, 전국

"나이도 서로 **비젓** 안허요? 두 냥반이. 글체?" 〈최명희, 혼불, 1996, 5, 326〉

뱀 잡는 땅꾼한테도 상투꼭지가 있고 도둑놈들한테도 의리가 있다등마는, 너 같은 쥐새끼들한테도 의리 **비젓한** 것이 있는 것 같아서 웃었다. 〈송기숙, 녹두장군 7, 1989, 288〉

"나도 알 만침은 알지. 틀릴 잇자, 끝 단자, 이단 아닌가. 몸뗑이는 진짜허고 거지반 **비젓허니** 생기고 꼬랑지만 살짝 틀리는 가짜배기가 바로 이단이란 말여, 이 친구야!" 〈윤흥길, 빛 가운데로 걸어가면, 1997, 2, 37〉

전라 방언의 어휘 '비젓하다'는 표준어 '비슷하다'에 대응하는 어휘이다. 최명희와 송기숙, 윤흥길의 소설에서 발견되는데 염상섭과 이문구, 심훈의 소설에서도 보인다. 이문구의 소설에서는 '비젖비젖하다'를 쓰고 있다. 이 어휘는 '한국방언검색프로그램'을 조사해보면 경기, 충남북, 강원, 전남북에서 쓰고 있다. '비즛하다'는 평북과 함북 등에서 쓰는 것으로 보고하고 있다.

빗감을 않다

- 표준어 : 대응 표준어 없음.
- 품　사 : 관용구
- 뜻풀이 : 나타나지 않다, 보이지 않다.
- 다른 방언형 : 빗감도 않다. 빛감도 않다
- 사용 지역 : 전라도

여그는, 당최. **빗감도** 안히여. 소식도 없고. 아매 영 인자 안 올랑게비여.
〈최명희, 혼불, 1996, 5, 137〉

달집의 불길 주황빛에, 거멍굴 사람들도 흥이 실려 격의없이 장단을 맞추는데, 으례 있어야 할 춘복이가 **빗감도** 하지 않는 것이 이상했던 것이다. 〈최명희, 혼불, 1996, 6, 173〉

그리 아시고 앞으로는 용서허라느니 돌아오라느니 고따우 소리 당최 입밖이 **빛감도** 허들 마시오. 〈윤흥길, 빛 가운데로 걸어가면, 1997, 2, 222〉

그란듸, 이 집 영감탱이는 어디를 가서 왼종일 집에는 빗감도 않는가 모르겠네. 〈송기숙, 자랏골의 비가 11, 1974, 272〉

전북에서 주로 아주머니들의 방언에서 많이 쓰는 어휘이다. '빗감도 않다.'에서 '빗감'은 명사형으로 보이는데 다른 표현에서 쓰는 경우는 없고, 또한 '빗감을 하다.'와 같은 표현이 있을 것 같은데 전혀 쓰지 않는다. 따라서 '빗감을 않다.'가 굳어진 것으로 보인다. 이 표현은 '보이지 않다.'의 의미를 가진다. 윤흥길의 소설에서는 '빛감도 않다.'를 쓰고 있다. 그러나 윤흥길의 소설에서는 '말을 하지 않는다.'라는 의미로 쓰고 있다. 이것은 그 용법이 확대된 것으로 이해된다. '빗감, 빛감'은 명사로 보이며 그 뜻은 '얼굴을 드러냄'이란 정도의 의미가 있다고 하겠다.

전남이 고향인 송영의 '또 하나의 도시'와 이청준의 '별을 보여드립니다'에도 '빗감'이 보인다.

빼다박다

- 표준어 : 빼닮다, 빼쏘다, 빼박다
- 품　사 : 동사
- 뜻풀이 : 생김새나 성품 따위를 그대로 닮다.
- 다른 방언형 : 빼다 박다, 탁하다
- 사용 지역 : 전라도, 충청도, 경상도

"걱정도 팔자라등마는, 모녀를 **빼다 박아도** 어쩌면 두루두루 그렇게 한 치도 안 틀리게 똑같이 **빼다 박아부렀으까?**" 조망태는 다시 허허 웃었다. 〈송기숙, 녹두장군 8, 1989, 214〉

"꼭 제 아비를 **빼다 박았그만.**" 춘만이가 대견스럽다는 얼굴로 건너다보며 말했다. 〈송기숙, 암태도, 1981, 036〉

바로 저놈이 낫질이 자석이라고? 미상불 즈그애비놈 영락없이 **빼다박은** 낯짝이구만. 〈윤흥길, 낫, 2005, 490〉

전라 방언의 어휘 '빼다박다'는 표준어 '빼닮다, 빼쏘다'에 대응하는 동사이다. '빼다박다'로 쓰는 경우가 있고, '빼다 박다.'로 쓰는 경우도 있다. 원래 '빼다 박다.'에서 왔기 때문이다. 이 어휘는 이문구와 박완서, 박경리의 소설에서도 보인다. 〈우리말큰사전〉에는 '빼박다'가 등재되어 있다. 전라 방언에서는 '도성하다'라는 어휘를 많이 사용하기도 한다. 전라방언에서는 '닮다'의 의미만으로는 '탁하다'를 많이 쓰고 있다.

뺨싸대기

- 표준어 : 뺨따귀
- 품 사 : 명사
- 뜻풀이 : 얼굴의 양쪽 관자놀이에서 턱 위까지의 살이 많은 부분.
- 다른 방언형 : 뺨사댁이, 뺨샤대기, 뺨따구, 뺨따구니
- 사용 지역 : 전라도, 충청도, 경상도

> 그렇거들랑 그녀석들을 머 약간 **뺨사댁이**(따구)만 때릴 게 아니라 반죽엄을 식혀서 다실랑 그런 못된 본을 못 보게시리 늑신 두들겨 주어야지 〈채만식, 천하태평춘, 1938, 5, 144〉
>
> "못 잡었어!? 그럼…… 누구 **뺨싸대기**(따구)라두 때려보았넝가?"〈채만식, 巡公 있는 日曜日, 1987, 535〉
>
> "아, 저런 놈의 알량헌 순검 좀 보소! 순검허구는 참 데데허네…… **뺨싸대기두 못 때렸어?**"〈채만식, 巡公 있는 日曜日, 1987, 535〉

전라 방언의 '뺨싸대기'는 표준어 '뺨따귀'의 방언이다. 표준어 '뺨따귀'는 '뺨'을 비속하게 이르는 말로 풀이되어 있다. 전라 방언의 '뺨싸대기'는 '귀싸대기, 낯싸대기'와 같은 구조를 가지고 있는데 '소의 뺨에 붙은 고기'를 말하는 '뺨살'에 비하하는 뜻을 가진 접미사 '-대기'가 붙은 것으로 해석된다.

최명희의 '혼불'에는 '뺨따구'를 많이 쓰고 있다. 부산 출신의 작가 박영한의 '우묵배미의 사랑'에 '뺨샤대기를 올려 붙이고 싶었지만 참았다.'라는 예가 보인다. 박경리의 '토지'에는 '뺨따구'가 보인다.

뻐시다

- 표준어 : 뻐세다
- 품　사 : 형용사
- 뜻풀이 : 뻣뻣하고 거세다.
- 다른 방언형 : 빠시다, 뻣시다
- 사용 지역 : 전라도

"와따, 인물값 허니라고 긍가 어찐가 성질머리 한번 깔깔허고 **뻐시지**. 배고 픈 디야 양반없고 체면없는 법잉게 알아서 혀. 낼 아칙이면 그놈에 고집도 야들야들 보들보들혀질 것잉게." 백남일이 코방귀를 뀌었다. 〈조정래, 아리랑, 1995, 3, 304〉

"필구 자네, 내 말이 **뻐시게** 딛긴가?" "아, 아, 아니구만요, 아니어라." 지 필구는 당황한 몸짓으로 일어나며 고개까지 세차게 저었다. 〈조정래, 태백산맥, 2001, 1, 295〉

"금메 말시. 옆에서 듣자니께 영 **뻐시고** 몰뚝잖헌디. 지끔이 워떤 시상이라 고." 〈조정래, 태백산맥, 2001, 5, 113〉

"아짐씨, 참말로 말 안 들을라요? 정 그리 **뻐시게** 나가면 우리가 완력을 써 서 그까징 손도장 하나 못 눌르게 헐 성불르요?" 두 청년단원은 샘골댁을 곧 덮칠 것처럼 한 발짝씩 다가섰다. 〈조정래, 태백산맥, 2001, 6, 208〉

전라 방언에서 '뻐시다'는 사람의 성격이나 행동이 뻣뻣할 때나 물건 의 감촉이 뻣뻣할 때 주로 사용하는 형용사이다. 표준어는 '뻐세다'인 데 전라도에서는 '뻐세다'는 거의 사용하지 않고 주로 '뻐시다'를 사용한다. '단단하다'는 의미보다는 약한 느낌으로 예를 들면 생선의 가시가 약간 단단하거나 배추나 무우의 잎이 질길 때의 느낌으로 이해하면 된다.

김홍신의 '인간시장'에 '뻐시다'가 자주 사용되고 있다.

뽀땃하다

- 표준어 : 오붓하다
- 품　사 : 형용사
- 뜻풀이 : ① 포근하고 따뜻하다.
　　　　　② 홀가분하면서 아늑하고 정답다.
- 다른 방언형 : 뽀땃허다, 포땃하다
- 사용 지역 : 전라도

이름이 정말 사팥뜨기여라. 아비가 어려서 장터에서 데려왔는디 내가 두 살 위였지만 그런 것 안 따지고 그냥 지냈지라. **뽀땃한** 정을 주지도 않고 그 타고 정나지도 아니게 그냥 그렇게 살았지라. 뭔 작정이나 어디 있었남요.
〈신경숙, 풍금이 있던 자리, 1992, 116〉

전라방언의 어휘 '뽀땃하다'는 표준어 '오붓하다'에 대응하는 어휘다. 예문에서 보는 것처럼 사람의 정이나 마음을 표현할 때 쓰고, 음식을 먹을 때, 사람들이 다정하게 모이는 모습을 묘사할 때 주로 쓰인다. '우리 오늘 모여서 뽀땃허니 괴기를 좀 먹자고.'나 '우리 몇 사람 뽀땃 허니 모여서 좀 놀자고.'와 같은 구문에서 쓰인다. 최근에 많이 쓰는 어휘로 어원이 확실치 않다.

뽀속하다

- 표준어 : 볼록하다, 뽈록하다
- 품 사 : 형용사
- 뜻풀이 : 물체의 거죽이 조금 도드라지거나 쏙 내밀려 있다.
- 다른 방언형 : 뽀속허다
- 사용 지역 : 전라도

“그럴란지도 몰르제. 그나저나 뱃속에 든 것이 안됐구마. 배가 **뽀속허니** 불른 것 봉게로 예닐곱 달언 됐든디.”〈조정래, 아리랑, 1995, 4, 150〉

“체, 나가 누군디 들키겄소. 아 글씨, 보름이가 말얼 안히서 몰르고 있었는디, 세끼야 그놈이 보름이 뱃속에다 씨럴 깔겨놨드란 말이오. 아랫배가 **뽀속허니** 불러올르는디, 고것얼 봉게 입맛이 싹 떨어져 볼드만이라.” 서무룡은 침을 내뱉었다. 〈조정래, 아리랑, 1995, 6, 54〉

“워쩐 쌀가마니여?”“아니, 땅에 묻힌 것 아니라고? 근디 워째 여그만 물이 젖어갖고 쩌가마니가 **뽀속허니** 코빼기럴 내밀고 있는고?”〈조정래, 태백산맥, 2001, 10, 139〉

전남에서만 발견되는 형용사 ‘뽀속하다’는 주로 조정래의 작품에서 쓰고 있다. 의미상으로는 표준어의 ‘볼록하다’와 대응된다. ‘뾰족하다, 뾰조롬하다’와 관련된 것으로 볼 수 있으나 사용된 예가 주로 ‘배가 뽀속하다, 가마니가 뽀속하다.’인 점에서 직접적인 관련은 없는 것으로 보인다. 어원을 확인하기 어렵다.

뽀짝

- 표준어 : 바싹, 바짝
- 품   사 : 부사
- 뜻풀이 : ① 물기가 다 말라 버리거나 타들어 가는 모양.
         ② 아주 가까이 달라붙거나 죄는 모양.
         ③ 아주 긴장하거나 힘을 주는 모양.
- 다른 방언형 : 빠짝
- 사용 지역 : 전라도

동문사 인쇄창은 민족극장 **뽀짝** 옆에 붙은 허리띠같이 가느다란 골목 안창에 깊숙이 자리잡고 있었다. 〈최명희, 혼불, 1996, 5, 113〉

하하, 고것 참. 너 어디 담 넘어 이우제로 갈래? 어머니 못 잊혀서? 그렇게 **뽀짝** 곁으로 시집가면 나도 좋지. 〈최명희, 혼불, 1996, 6, 95〉

생솔가지나 볏짚 안 때고 **뽀짝** 마른 삭쟁이럴 때면 연기가 안 나는디요. 〈조정래, 태백산맥, 2001, 1, 102〉

동무덜, 지끔부텀 정신 **뽀짝** 채리씨요. 우리덜 코밑이 초손께. 짜아, 내레 갑시다. 〈조정래, 태백산맥, 2001, 10, 298〉

"바늘 간 데 실인디, 당신이 나가사 나도 따라나가제, 핑계없이 어떻게 그런 음석 끝에 **뽀짝**거린다요?" 〈송기숙, 녹두장군 6, 1989, 239〉

전라 방언 '뽀짝'은 표준어 '바싹, 바짝'의 방언이다. 최명희의 작품에서 '뽀짝'은 '아주 가까이 달라붙거나 죄는 모양'을 나타내는 부사로 쓰고 있고, 조정래의 작품에서 '뽀짝'은 '말라 버린 모양'과 '긴장하는 모양'을 나타내는 부사로 쓰고 있다.

　한편 의태어 '뽀짝'은 '뽀짝거리다'로 쓰이면서 '가까이 하다.'란 의미를 갖는다. 전남방언에서는 '뽀짝뽀짝허다'도 쓰인다.

뽈리다

- 표준어 : 빨리다
- 품 사 : 동사
- 뜻풀이 : '빨다'의 피동사.
- 사용 지역 : 전라도, 경상도

"음마, 누가 애기헌티 젖 **뽈리는** 엄씨 아니라고 헐성불러 그리 태평시런 소리만 허고 앉았구만 이. 근디 호랭이보담 더 무선 사람덜이 찾아왔단 말시." 〈조정래, 아리랑, 1995, 5, 9〉

"아니여, 기왕지사 생이별헐 인연잉게 저것이 잘허는 것이요. 젖 **뽈리기** 시작허먼 정붙어 띠기만 에로와진게." 〈조정래, 아리랑, 1995, 7, 303〉

소작질로 살고 몸뗑이 팔아 사는 가난헌 조선사람덜언 이중삼중으로 피 **뽈림서** 살기가 지옥이구만요. 〈조정래, 아리랑, 1995, 8, 31〉

그간에 피 **뽈리고** 굶어서 다 죽게 되는 것은 안 생각허시오? 〈조정래, 태백산맥, 2001, 4, 295〉

석유지름 **뽈아묵는** 쥐새끼덜이야 없겄다 〈조정래, 아리랑, 1995, 1, 271〉

애기가 묵을 젖얼 **뽈고** 핥고 허는 남정네가 시상에 어딨다요. 〈조정래, 아리랑, 1995, 11, 133〉

'뽈리다'는 전남에서만 쓰는 어휘로 주로 조정래의 작품에서 발견된다. 전남에서는 '팥, 파리'를 '폴, 포리'라고 하는데 이것은 역사적으로

'아래아'가 '오'로 변한 지역이기 때문이다. 따라서 이러한 영향으로 중세국어 '샐다'를 '뽈다'로 발음하고 역시 '빨다'의 피동사인 '빨리다'를 '뽈리다'로 발음하는 것이다. 예문에서처럼 주로 '젖을 뽈리다, 피를 뽈리다.'의 예만 발견된다.

삐득하다

- 표준어 : 삐딱하다
- 품　사 : 형용사
- 뜻풀이 : ① 생각이나 물건 등이 바르지 못하고 조금 비뚤어져 있다.
　　　　　② 일이 잘 못 되다.
- 다른 방언형 : 삐득허다, 삐뜩하다
- 사용 지역 : 전라도

그 해에는 농사헐라 **삐득혀서** 반 타작도 못 되겄는디 새끼들하고 묵고 살 일을 생각한게 잠시 눈에 헛것이 씨었든갑습디다. 〈송기숙, 녹두장군 6, 1989, 036〉

"서울 쳐들어가기 전에 그런 쫄따구니들부터 처치해부러사 쓰잖으까? 그런 놈들은 농민군이 **삐득하는** 날에는 얼씨구나 하고 춤출 놈들이여." 〈송기숙, 녹두장군 10, 1989, 231〉

그러다가 **삐득해서** 달리 크게 돈들 일이라도 생기는 날에는 그대로 타작마당에서 손을 털고 나서기가 십상이었다. 〈송기숙, 자랏골의 비가 6, 1974, 222〉

자칫 발을 **삐득하면** 천 길 깊은 나락일 어두운 동굴의 입구에서 엉거주춤 서성거리고 있는 자기 모습을 상상하고 있었다. 〈송기숙, 자랏골의 비가 6, 1974, 231〉

난리가 나 노면 선차에 다치는 사람덜은 남정네덜일 것인디, 아무리 시상이 험해도 목심이 붙어서 사는 것이 낫제 **삐뜩했다가** 사람이래도 다치는 날에는 멋이 되겠어. 〈송기숙, 녹두장군 3, 1989, 034〉

친정 식구들 얼굴에 똥칠하고 단대에 맞아 죽어. 마음 한번 **삐뜩했다가는**

다 죽는당께. 〈송기숙, 녹두장군 4, 1989, 189〉

　용배가 발이 허공으로 빗나가며 뒤로 발랑 나가 떨어지고 말았다. 발이 삐뜩 미끌렸던 것 같았다. 〈송기숙, 녹두장군 4, 1989, 199〉

　이주호는 숨을 씨근거리며 나귀에서 내려 비탈길을 휘청거리며 내려오다가 그만 발이 삐뜩하는 바람에 그대로 굴러 떨어지고 말았었다. 〈송기숙, 녹두장군 4, 1989, 171〉

　전라 방언의 어휘 '삐득하다'는 의태어 '삐득'에 형용사 파생접미사 '-하-'가 연결되어 만들어진 형용사로 표준어 '삐딱하다'와 유사한 의미를 갖는다. '삐득하다'는 '삐뜩하다'로도 쓰는데 주로 일이 잘 못 되는 경우를 말할 때 쓰거나, 발을 헛디디면서 발이 약간 틀어질 때 주로 사용한다. 이 어휘는 송기숙의 소설에서 주로 쓰고 있다. 염상섭의 '삼대'에 '삐뜩하다'가 보인다.

사운거리다

- 표준어 : 살랑거리다
- 품　　사 : 동사
- 뜻풀이 : '풀벌레, 꽃, 대숲, 가랑비' 등이 작은 소리를 내면서 흔들리다.
- 다른 방언형 : 사운대다, 사운사운
- 사용 지역 : 전라도

빗방울에 싸여서 山茱萸에 내리면 山茱萸꽃 피여서 **사운거리고** 〈서정주, 내 그 대를 사랑하는 마음은〉

막 산수유꽃들이 **사운사운** 노랗게 잎도 없는 마른 가지에서 피어날 무렵 〈최명희, 혼불, 8, 79〉

밖에 나서서는 南녘의 대수풀 **사운거리듯** 房에 들어선 蘭州만양 점잖게 앉 는 〈서정주, 福 받을 處女〉

겨울바다로 뻗은 그 푸른 가지 솨…솨… 그 가지와 함께 **사운거리고서** 〈서 정주, 雨中有題〉

잎들이 쓸리는 소리도 스산하게 서걱거리는 것이 아니라 보드랍게 **사운거** 렸고, 햇살이 퍼져오면 참새 떼들의 활기 찬 짹짹거림은 소나기 쏟아지듯 대 숲을 온통 흔들어댔다. 〈조정래, 아리랑4, 49〉

바람이 부는 기미라고는 없는데 대숲이 소곤거리듯 읊조리듯 **사운거리고** 있었다. 〈조정래, 아리랑, 7, 277〉

깊은 정적 속에서 여리고 보드랍게 여울 짓는 대숲의 **사운거림**은 어떤 소

리가 아니라 무슨 향내 같기도 했다. 〈조정래, 아리랑, 7, 277〉

사르락 사르락 댓잎을 갈며 들릴 듯 말 듯 **사운거리다가도**, 쇄아 한쪽으로 몰리면서 물 소리를 내기도 하고, 〈최명희, 혼불, 1, 11〉

철새 나는 하늘을 무서리 나려 풀버레 **사운대는** 밤은 정작 고요도 한저이고 〈신석정, 秋夜長古調〉

궂은비로 추적추적 내리기도 했고, 가랑비로 **사운사운** 날리거나 이슬비로 가늘가늘 뿌리다가 느닷없이 천둥이 울리고 번개를 치며 폭우를 퍼부어 대기도 했다. 〈조정래, 아리랑2, 49〉

실비가 건듯 스쳐가고, 가랑비가 **사운거리며** 한식경씩 내리고 이슬비가 함초롬히 솔잎을 적시다 가면 〈조정래, 태백산맥, 8, 296〉

'사운거리다'의 용례에는 그 앞에 '보드랍게, 소곤거리듯 읊조리듯, 들릴 듯 말 듯'과 같이 '사운거리다'의 움직임의 강도를 엿볼 수 있는 수식어들이 보인다. 또한 사운거리는 대상이 '풀벌레, 꽃, 대숲, 가랑비' 등 자연 안에 있는 여러 생물과 현상들이 해당되는 것을 알 수 있고, 그것들이 사운거리는 모습을 아주 정확하게 묘사하고 있다. 전라 방언의 '사운거리다, 사운대다'는 '풀벌레, 꽃, 대숲, 가랑비' 등이 보여주는 작은 소리나 그 모습을 묘사하는 어휘임을 알 수 있다.

김억의 시 '실비'에도 '사운사운 오다가 지고 맙니다.'의 예가 보인다.

삼시랑

- 표준어 : 삼신(三神), 삼신할머니
- 품   사 : 명사
- 뜻풀이 : 아기를 점지하고 산모와 산아(産兒)를 돌보는 세 신령. 하찮은 사람을
          속되게 이르는 말.
- 다른 방언형 : 삼신할매, 삼신할메
- 사용 지역 : 전라도

"아이고, 뱃속에 동냥아치 **삼시랑**이 들었다냐 어쩐다냐 . 어찌 이리 배가
고프고 이려." 〈조정래, 아리랑, 1995, 7, 59〉

바가지에 담긴 곡식은 봄·가을에 햇곡식으로 갈아 넣고, 묵은쌀로는 밥
을 지어 온 식구가 함께 먹으면서 "**삼시랑** 할머니한테 감사 디려라." 하였다.
그것은 음복(飮福)이었다. 〈최명희, 혼불, 1996, 6, 88〉

누대의 할머님들은 온 집안 구석구석 한 곳도 빈틈없이 가신을 섬기고 모
시면서, 성주님에 빌고, 지신에 빌고, 조상신에 빌고, **삼시랑**에 빌고, 조왕에
빌고, 업에 빌고, 대문신, 외양신, 뒷간신에 빌었으니. 〈최명희, 혼불, 1996, 6,
103〉

"아이고 염병하고 자빠졌다. 저 **삼시랑**은 잡아내고 잡아내도 끝도 한도 읎
당께." 남양댁이 자신의 살림살이 변변치 못함을 덮기라도 하려는 듯 역정을
냈다. 〈조정래, 태백산맥, 2001, 5, 227〉

"벗어배기 식구들이 돌아와서 도적맞은 지 알어챌 무렵에는 재주껏 멀리
도망가 있어야 되니께 그러콤 한유허니 노닥거릴 때가 아니란 말여, 이 청개
고리 **삼시랑** 같은 예펜네야!" 〈윤흥길, 빛 가운데로 걸어가면, 1997, 1, 79〉

　전라도에서 많이 쓰는 '삼시랑'은 표준어로는 '삼신, 삼신령'이다. 전라도에서는 '삼시랑, 삼시랑 할머니'로 쓰인다. 배가 고플 때에서 '뱃속에 거지 삼시랑이 들었다.'라는 표현을 쓸 만큼 아주 익숙한 어휘이다. 주로 아기를 보살피는 신령을 말하지만 통칭 귀신을 일컬을 때도 쓰는 말이다. 이 말은 '삼신령'의 발음에서 온 것으로 보인다.

새똥빠지다

- 표준어 : 새삼스럽다, 엉뚱하다
- 품   사 : 형용사
- 뜻풀이 : ① 이미 알고 있는 사실에 대하여 느껴지는 감정이 갑자기 새로운 데가 있다.
  ② 하지 않던 일을 이제 와서 하는 것이 보기에 두드러진 데가 있다.
  ③ 말이나 행동이 상식적으로 생각하거나 짐작하였던 것과 전혀 다르다.
- 다른 방언형 : 새수빠지다
- 사용 지역 : 전라도

이왕지사 실례를 범하는 김에 너한테 자기소개를 청하고 싶은데…… 국민핵교 동창 친구한티 **새똥빠지게** 자기소개를 허는 내 꼴이 우습긴 허지만, 허기사 한집에서 삼년을 같이 산 시에미 성도 몰르는 수가 있는 벱이지. 〈윤흥길, 소라단 가는 길, 2003, 11〉

"난리 통에 낙철이네 집안은 씨가 바싹 말렀는디 인자 와서 **새똥빠지게** 요게 뭔 소리다냐……." 〈윤흥길, 낫, 2005, 119〉

새똥빠지게 벨걸 다 묻네. 〈윤흥길, 빛 가운데로 걸어가면, 1997, 2, 278〉

전라 방언의 어휘 '새똥빠지다'는 '새똥이 빠지다.'의 구문이 단어로 발전한 것으로 보인다. 이 말은 표준어 '새삼스럽다'와 대응한다. 그러나 '새삼스럽다'보다 훨씬 의미가 강하다. 흔히 '새똥빠진 소리'라는 표현을 많이 쓰는데 '새삼스런 소리' 또는 '헛된 소리, 엉뚱한 소리'의 의미로 사용한다.

　전라 방언 '새수빠지다'는 채만식의 작품에서 주로 발견되는데 전라
도에서 많이 쓰는 '새똥빠지다'의 어휘와 의미가 같다. 표준어의 '엉뚱
하다'의 의미와 유사하다.

새살까다

- 표준어 : 새살거리다, 놀소리하다
- 품　사 : 동사
- 뜻풀이 : 다른 사람에게 잔소리를 하거나, 어떤 사정을 길게 늘어놓다.
- 다른 방언형 : 새살떨다
- 사용 지역 : 전라도, 경상도

이놈아, 활동사진이란 것언 그냥 움직기리는 사진이나 보고 변사놈이 **새살까는** 소리나 듣는 것이 아니여. 그리 봐서넌 백 개럴 봐도 돈만 없애제 아무 이문이 없는 것이여. 〈조정래, 아리랑, 1995, 1, 82〉

야 이년아, 주딩이 찢어지기 전에 **새살까지** 말어. 그 인종은 박용만 선생얼 요해대고 국민군단얼 없앨라고 허는 못된 종자여. 〈조정래, 아리랑, 1995, 5, 182〉

어이, **새살** 그만 까고 똑똑허니 보소. 〈조정래, 아리랑, 1995, 8, 290〉

"워떤 년이 **새살** 한분 잘 까네." 하대치는 욕질을 하며 대문 두들기기를 그쳤다. 〈조정래, 태백산맥, 2001, 5, 7〉

"잘 알었는디, **새살떨지** 말고 살째기 지키로 섰어어서, 대문악에." 〈최명희, 혼불, 1996, 7, 280〉

〈표준국어대사전〉에서는 '새살'을 방언으로 처리하고 '다른 사람에게 잔소리를 하거나, 어떤 사정을 길게 늘어놓는 일'로 풀이하고 있다. 채만식의 소설을 보면 '새살'을 명사로 사용하여 '새살을 하다, 새살을 내다.'와 같은 표현을 쓰고 있다.

‘새살까다’는 ‘새살을 까다.’의 표현에서 ‘새살까다’로 굳어진 것이다. 조정래의 소설에는 ‘새살을 까다.’의 표현을 많이 쓰고 있다. 한편 최명희의 소설에서는 ‘새살떨다’를 쓰고 있다. 박경리의 ‘토지’에도 ‘새살’이 명사로 쓰이고 ‘새살을 까다.’를 쓰고 있다.

‘젖먹이가 누워 놀면서 입으로 내는 군소리’를 표준어로 ‘놀소리’라 하는데 방언으로는 ‘새살’이다. 따라서 방언의 ‘새살까다’는 표준어로 ‘놀소리하다’가 된다.

새수빠지다

- 표준어 : 엉뚱하다
- 품　사 : 형용사
- 뜻풀이 : ① 상식적으로 생각하거나 짐작하였던 것과 전혀 다르다.
　　　　　② 말이나 행동이 분수에 맞지 아니하게 지나치다.
- 다른 방언형 : 새똥빠지다
- 사용 지역 : 전라도

새서방 종학이한테 눈에 밖에 나서 소박을 받는 것도 죄의 절반은, 그 입술과 **새수빠진** 소리 잘하는 것일 겝니다. 〈채만식, 천하태평춘, 1938, 3, 259〉

"내가 어째서 흥부야? ……여편네가 **새수빠진** 소리만 하구 있네!" 〈채만식, 탁류, 1987, 72〉

식모가 그걸 보더니 빈들빈들 "아씨, 애기 서시나베유?" 하는 것을, **새수빠진** 소리 작작 하라고 지천을 해주었다. 〈채만식, 탁류, 1987, 277〉

입 싸고 **새수빠지고** 속 얕고 속 없고 조심성 없고 체통머리 없고…… 〈채만식, 이런 처지, 1987, 311〉

국민핵교 동창 친구한티 **새똥빠지게** 자기소개를 허는 내 꼴이 우습긴 허지만, 〈윤흥길, 소라단 가는 길, 2003, 11〉

"밤새드락 곡허고 나서 누구 초상이냐고 헌다드니만. 한나절이나 지난 연후에 **새똥빠지게** 무신 악수질이다요" 〈윤흥길, 빛 가운데로 걸어가면, 1997, 1, 268〉

전라 방언 '새수빠지다'는 채만식의 작품에서만 발견된다. 이 말은 전라도에서 많이 쓰는 '새똥빠지다'의 어휘와 의미가 같다. 표준어의 '엉뚱하다'의 의미와 유사하다. '새수가 빠지다.'의 표현에서 온 것 같은데 '새수'라는 명사의 용법을 정확히 확인하기가 어렵다. 주로 '새수 빠진 소리'의 표현에서 쓰고 있다.

새칠로

- 표준어 : 새로, 다시
- 품　사 : 부사
- 뜻풀이 : ① 하던 것을 되풀이해서 또.
　　　　　② 방법이나 방향을 고쳐서 새로이.
- 사용 지역 : 전라도

"꾸리 같은, 고 대목 **새칠로** 혀봐!" 〈윤흥길, 소라단 가는 길, 2003, 236〉

오날날 그 자석놈 손에 이차로 똑같은 변을 당헌다 혀도 낭중에 **새칠로** 또 세우면 고만이니깨 한나도 겁날 것 없다! 〈윤흥길, 낫, 2005, 183〉

나 빠져 죽게 맨들고는 두 손 탁탁 털고 돌아선 연후에 으떤 속없는 지집 한나 **새칠로** 물어서 등골 빼먹을라고 그러지? 고런 따우 꼼수에 나가 또 넘어갈 성불러? 〈윤흥길, 빛 가운데로 걸어가면, 1997, 1, 20〉

전라 방언의 '새칠로'는 표준어 '새로'에 대응하는 부사이다. '새칠로'는 '새+-칠로'의 구성을 갖는데 '-칠로'는 '-처럼'의 이형태로 보인다. '-처럼'의 '-텨로>-쳐로'의 변화를 겪어서 전라방언에서는 '-치로, -칠로, -철로' 등으로 발음한다. 따라서 명사 '새'에 조사 '-쳐로'가 연결되어 '새쳐로>새칠로'의 구성을 이룬 것으로 보인다.

색경

- 표준어 : 석경(石鏡)
- 품　사 : 명사
- 뜻풀이 : 유리로 만든 거울.
- 다른 방언형 : 섹경, 세경, 시경
- 사용 지역 : 전라도, 경상도, 충청도, 전국

> "아이고메 시상에나 **색경**얼 어찌 요리…… 근디, 요 귀헌 것이 영 비쌀 것인디 나가 어찌……" 〈조정래, 아리랑, 1995, 6, 92〉
>
> "아이고, 수국이도 아조 좋아라 허겄소. 그나저나 요리 이쁘고 암팡진 **색경**이 어디서 났드라요? 나넌 생전 첨 보는 것인디." 필녀는 수국이의 손거울을 집어들며 더욱 들뜨고 있었다. 〈조정래, 아리랑, 1995, 6, 92〉
>
> "보소, 왜놈덜이 그런 눈치 **색경** 딜에다보디끼 다 알고 거그 일얼 몰악시럽게 막아낸 것 아니겄능가." 〈조정래, 아리랑, 1995, 9, 10〉

거울에는 여러 가지가 있다. '면경(面鏡)'은 '얼굴을 비추어 보는 작은 거울'을 말하는데 전라도에서는 '맹경'이라고 발음한다. '석경(石鏡)'은 '유리로 만든 거울'을 말하는데 전라도에서는 '색경, 섹경'이라고 발음한다. '체경(體鏡)'은 '몸 전체를 비추어 볼 수 있는 큰 거울'을 말한다.

전라도에서는 '면경'은 반모음의 영향으로 '멘경, 멘경, 민경, 밍경'으로 발음이 되었고 또 다시 앞에 나오는 '이'모음의 영향으로 '민겡, 밍겡'으로 발음이 되었다. 마찬가지로 '석경'도 반모음의 영향으로 '섹경, 세경, 시경' 등으로 발음이 되었다. 다시 앞에 나오는 '이'모음의 영향으로 '시껭'으로 발음이 되었다. 역시 '체경'도 '치경, 치껭' 등으로 발음이 되어 널리 쓰인다.

　문학 작품에는 '색경'이란 말을 많이 쓰고 있다. 따라서 '석경'은 잘 모르거나 잘 쓰지 않고 있기 때문에 오히려 '색경'을 표준어로 삼는 것이 좋을 듯하다.

생쌀밥

- 표준어 : 대응 표준어 없음.
- 품　사 : 명사
- 뜻풀이 : 밥물이 적어 아주 설익은 쌀밥.
- 사용 지역 : 전라도

> 둘이 다같이 군산 있을 적에 계봉이가 승재를 찾아와서 밥을 지어 준다는 게 **생쌀밥**을 해놓고, 그래도 그 밥이 맛이 있다구 다꾸앙쪽을 반찬삼아 달게 먹곤 하던 그 뒤로는 반년 넘겨 오늘 밤 처음이다. 〈채만식, 탁류, 1987, 439〉

　전라 방언의 어휘 '생쌀밥'은 '생쌀로 된 밥'이 아니라 '설익은 밥'을 말한다. 따라서 '생(生)＋쌀밥'의 구조를 가진 어휘이다. 이때 '생-'은 접두사로 처리된다. 이 어휘는 전북 지역에서는 아주 많이 쓰던 어휘로서 표준어에 해당하는 어휘는 없다. 다만 '고두밥'이 해당될 수 있으나 이것보다도 훨씬 익지 않은 밥을 말한다. 이병주의 '지리산'이나 '이태'의 남부군에도 '생쌀밥'이 보인다.

　전라방언에서는 '생벼락, 생사람, 생지랄, 생트집' 등을 많이 쓰는 것으로 보아 접두사 '생-'이 매우 생산적으로 쓰이고 있다.

생지랄

- 표준어 : 지랄, 개지랄
- 품 사 : 명사
- 뜻풀이 : ① 마구 법석을 떨며 분별없이 하는 행동을 속되게 이르는 말.
  ② 너저분하고 미운 짓거리를 속되게 이르는 말.
- 다른 방언형 : 개지랄, 개지럴
- 사용 지역 : 전라도, 경상도

그놈의 수햇지 급살인지 때민에 도지(賭租)를 감히여 달라고 **생지랄**덜을 허넌디! 〈채만식, 태평천하, 1987, 172〉

걸핏하면 꼬라지는 나서 **생지랄**은 허믄서 〈채만식, 貧第一章, 1987, 133〉

쫓아댕김서 이사를 못허게 감시를 허고, 조를 짜고, **생지랄**을 다헙디다.
〈최명희, 혼불, 1996, 10, 270〉

전라 방언에서는 '지랄'이란 말을 많이 쓴다. '분별없이 하는 행동'을 '지랄'이라고 하고 동사로 '지랄헌다'라고 말한다. 또한 '-허고 지랄허네, -헌다고 지랄허네'와 같은 표현이 굳어져 사용되고 있다. 대체로 상대방의 행동이 마음에 들지 않을 때 쓰는 표현들이다.

'지랄'에 접두사 '생-'을 연결하여 '생지랄'이라고 쓰면 '지랄'의 의미가 강화된 것이다. 비록 표준어에는 '개지랄'만 등재되어 있고 '생지랄'은 등재되어 있지 않지만 전북 지역에서는 '개지랄'과 함께 많이 쓰는 표현이다. 전북 출신인 '박상륭'의 소설에 '생지랄'이 여럿 보인다. 박경리의 '토지'에도 '생지랄'을 쓰고 있다.

서걱이다

- 표준어 : 서걱거리다, 서걱대다
- 품   사 : 동사
- 뜻풀이 : 갈대나 풀 먹인 천 따위의 얇고 뻣뻣한 물체가 스치는 소리가 자꾸 나다.
- 다른 방언형 : 서걱거리다, 서걱서걱
- 사용 지역 : 전라도, 경상도

대수풀이 바람에 **서걱이는** 소리를 듣고 있으면, 우리들 귀엔 – "비밀입니까/비밀이라니요/내게 무슨 비밀이 있겠읍니까/내 비밀은 떨리는 가슴을 통해서 당신의 觸覺으로 들어갔습니다. 〈서정주, 竹窓〉

숨소리조차 나지 않는 대청마루에 절하느라 **서걱이는** 옷자락 소리들만 정중히 스치고, 그 소리 갈피 속으로 낮은 향내가 자욱이 파고들때, 〈최명희, 혼불, 1996, 5, 143〉

억새풀 **서걱이는** 야산 발치 기슭에다 버리듯이, 묻어 놓은 홍술의 무덤은 다른 산소처럼 번듯한 모양도 없고, 그 앞에 상석도 비석도 물론 없었으며, 〈최명희, 혼불, 1996, 5, 317〉

그 말끝에 비로소 춘복이는 쉬엄쉬엄 한숨을 섞어가며, 오류골댁 살구나무 아래 사립문간에서 강실이를 본 순간부터, 대나무숲 마른 댓잎자리 부서지며 **서걱이던** 이야기까지를 밀어냈던 것이다. 〈최명희, 혼불, 1996, 6, 188〉

서걱서걱, 김치 씹히는 소리가 고드름 으깨는 소리였다. 〈송기숙, 녹두장군 4, 1989, 026〉

'서걱이다'의 어근 '서걱'은 의성어로서 대체로 '서걱서걱'으로 쓰인다. 서정주와 최명희의 작품에서 주로 쓰는 '서걱이다'는 '서걱'에 동사 파생접미사 '-이'가 연결되어 동사가 된 것이다. 표준어는 '서걱거리다, 서걱대다'이다. '글썽이다'와 같이 일반적으로 의성어나 의태어의 어근에 '-이'가 연결되어 동사로 파생되기 때문에 이러한 일반적인 규칙에 따라 '서걱이다'도 생산적으로 쓰고 있는 것이다. 김주영의 '객주'에도 '서걱이는 갈대 소리는 스산하였다.'라는 예가 보인다. 따라서 이러한 어휘는 방언으로 처리하기보다는 국어의 규칙에 따라 생산된 어휘로 처리해야 할 것이다.

서패

- 표준어 : 허파
- 품 사 : 명사
- 뜻풀이 : 공기 호흡을 하는 기관으로 폐를 말함.
- 다른 방언형 : 허폐, 허페, 헛배
- 사용 지역 : 전라도

서패에 바람든 지집맨치로 무단시 왜 웃어쌓소? 〈윤흥길, 빛 가운데로 걸어가면, 1997, 1, 264〉

인자는 **서패**(허파) 빠지게 죄인들 똥궁뎅이 졸래졸래 쫓아댕길 필요도 없습니다요. 〈윤흥길, 빛 가운데로 걸어가면, 1997, 2, 24〉

"시한부 종말론 믿고 **서패**에 바람이 깝북 들어서 너는 시방 하늘이 돈짝만 허게 뵈는 모냥인디, 잘난 예펜네 덕분에 당장 사택 비워주고 질바닥으로 나앉을 생각만 허면 나는 참말로 눈앞에 깜깜혀진다." 〈윤흥길, 빛 가운데로 걸어가면, 1997, 2, 64〉

가 니 사람 데리다 놓고 이마빼기 비지땀 흘림서 멕에 살릴 일을 미리부터 **헛배** 빠지게 생각헐 거이 아니라, 의지 가지 없는 니 처지를 돌아보아. 부부일신이라고 허는디, 인자 니가 한 개가 아니고 두 개가 된다고 갯수를 시어바라, 갯수를. 좀. 〈최명희, 혼불, 1996, 4, 198〉

"자네가 이판에는 **허폐**빠진 소리를 허네 그려! 아, 고게 얼매나 귀헌디이!" 〈이병천, 모래내 모래톱, 1993, 78〉

전라방언의 명사 '서패'는 표준어 '허파'에 해당하는 어휘다. '허파'는

‘폐’를 나타나기 때문에 전라방언으로 ‘허페’로 발음한다. 구개음화현상을 거치면서 ‘서패’로도 발음하는데 이는 ‘혀’를 ‘서’로 발음하는 것과 같다. 한편 ‘허파 빠지다.’라는 표현이 전라방언에서는 ‘헛배 빠지다.’로도 발음하는데 이것은 ‘허페 빠지다.’의 ‘허페’를 ‘헛배’로 잘못 인식한 것이다.

설크러지다

- 표준어 : 얼크러지다
- 품　사 : 동사
- 뜻풀이 : 일이나 물건 따위가 서로 얽히다.
- 사용 지역 : 전라도

긴 잎들이 서로 얼크러지고 **설크러지며** 촘촘하게 밀집되어 있었다. 길고 억센 잎들이 어찌나 무성하게 얽혀 있는지 몇걸음도 헤집고 들어갈 수 없을 지경이었다. 〈조정래, 아리랑, 1995, 2, 216〉

동네사람 전부가 한마음 한뜻으로 한덩어리 되야 농새럴 잘 짓자, 요런 맘얼 얽고 엮자고 동네굿판 푸지게 벌리고 남녀노소없이 얼크러지고 **설크러져** 돌아가는 것 아니겄어. 〈조정래, 아리랑, 1995, 4, 12〉

우리가 사는 것이 혼자서만 살아지는 것이 아니고 서로서로가 서리서리 얼크러지고 **설크러져** 사는 것인디, 갑오난 때나 지끔이나 앞으로 나서서 싸우고, 죽어가고 헌 사람덜이 워디 자기 혼자 잘살겄다고 그리 혔간디? 〈조정래, 태백산맥, 2001, 4, 59〉

구름들이 얼크러지고 **설크러지고**, 휘감기고 꿈틀거리면서 어딘가로 사라져 가고 있었다. 〈조정래, 태백산맥, 2001, 9, 345〉

조정래의 소설에 나오는 '설크러지다'는 나오는 모든 예가 '얼크러지고 설크러지다.'의 표현으로 나온다. 전라도 지역에서는 '일이 얼키고 설켜 잘 풀리지 않는다.'라는 표현을 많이 쓰는데 이때 '얼키고 설켜'는 '얽다, 얽히다'와 '섥다, 섥히다'를 그 어원으로 두고 있다. 그러나 '얼크러지다, 설크러지다'는 '-어지다'가 붙은 것을 가정하면 '얼클다, 설클다'를 기본형으로 두어야 하는데 그렇게 보기는 쉽지 않다. 따라서 '얽히다, 섥히다'를 기본형으로 보면 '-으러지-'를 접미사로 처리해야 할 것이다. '설크러지다'는 '얼크러지다'에 유추되어 '얼기설기, 얼키고 설켜'의 구조에 맞게 만들어진 어휘로 보인다.

소락때기

- 표준어 : 큰소리
- 품　사 : 명사
- 뜻풀이 : 목청을 돋구어 꾸짖고 을러메며 욕을 하거나 신경질적으로 말하는 소리.
- 다른 방언형 : 소락배기, 소락대기, 소락지
- 사용 지역 : 전라도

"그러드라요. 당장 문서로 쓰라고 한게 말이 땅에 떨어져 흙 묻을세라 선 자리에서 문서를 쓰등마는, 부하덜한티 어서 안 가냐고 **소락때기**를 지른께 부하덜은 부하덜대로 징신없이 말을 타고 배락같이 달리더라요." 두전댁은 사뭇 입침을 튀겼다. 〈송기숙, 녹두장군 3, 1989, 026〉

그 놈들이 활에 맞으면 제대로 맞은 놈은 **소락때기**를 지르잖겄소? 〈송기숙, 녹두장군 9, 1989, 264〉

저쪽에서 감영군들이 이리 내빼오면 양쪽에 어살을 치고 있던 사람들이 사정없이 **소락때기**를 질러서 이리 몰기만 혀! 〈송기숙, 녹두장군 9, 1989, 073〉

"쩌 안에서 따른 사람들이랑 같이 얼싸덜싸 춤추고 미친 덧기 **소락배기** 빽빽 처질를 적에는 도통 몰랐는디, 시방 요러코롬한 다리 근너 멀찌감치 앉아서 맑은 정신으로 귀경허고 있자니깨 참말로 벨 요상시런 생각이 다 드네그랴. 우리도 저 잡것들 맨치로 한목에 홰까닥 돌아서는 저 지경으로 지랄 발광을 혔을 것 아녀?" 〈윤흥길, 빛 가운데로 걸어가면, 1997, 2, 260〉

전라 방언의 '소락때기'는 표준어 '큰소리, 소래기'에 대응하는 어휘이다. '소락때기'는 '큰소리'의 방언형이다. 일반적인 '소리'보다 악을 쓰면서 하는 소리를 의미한다. '소락때기'는 '소리'와 '악때기'가 복합된 어휘로 보인다. 전라방언에서는 '악때기를 쓴다.'라는 표현이 있는데 이때 '악때기'는 큰소리나 고집을 말한다. 작가에 따라서 '소락때기, 소락배기'로 쓴다.

속 앗이다

- 표준어 : 속 보이다
- 품 사 : 관용구
- 뜻풀이 : ① 속셈이 빤히 보이다.
　　　　② 속이 훤히 보이다.
- 다른 방언형 : 속 아시다
- 사용 지역 : 전라도

거상에 손자놈이 학교를 잘 다니건 말건 공부를 착실히 하건 말건, 통히 알은체도 안 해오던 터에, 오늘밤이야 말고서 갑작스레 그런 소리를 하는 게, 다 속 앗일 짓이기는 하지만, 다급한 판이니 옹색한 대로 둘러댈 수밖에 없던 것입니다. 〈채만식, 태평천하, 1987, 65〉

　전라 방언에서 여성들의 말에서 많이 쓰는 관용구 '속 앗이다.'는 '속을 앗이다.'의 구성이다. '앗이다'는 '빼앗다'의 의미를 가지는 '앗다'의 피동형인 '앗기다'의 전라 방언형이다. 따라서 '속을 앗이다.'는 '속을 빼앗기다.'의 의미를 갖는다. 이 뜻은 비유적으로 '속이 훤히 보이다, 속셈을 빤히 보다.'의 뜻이다. '속 앗인 소리 허지 말어.'라는 말은 '속 보이는 소리 하지 마라, 속셈이 빤히 보이는 소리 하지 마라.'의 뜻을 갖는다.

　어휘 역사 검색 프로그램에 따르면 표준어 '앗기다'는 '앗다'의 피동사이다. '앗기다'는 15세기에 '앗이다, 앛이다'로 나타난다. 16세기 형태인 '앗기이다'는 '앗이다'의 피동 접사 '-이-'가 '-기-'로 교체된 형태이다. '앗기이다'는 19세기까지 쓰다가 '-이'가 탈락하여 '앗기다'로 굳어졌다. 현대국어에서는 '앗다'의 의미를 나타내는 데에 '빼앗다'를 주로 쓰는데, '앗기다'의 경우에도 거의 '빼앗기다'로 쓰고 있다.

속새로

- 표준어 : 몰래
- 품 사 : 부사
- 뜻풀이 : 남이 모르게, 비밀리에.
- 사용 지역 : 전라도

윤장의 영감은 체무자의 재산을 가차압을 해놓고 기한이 지난 뒤에 경매를 하게 되면 **속새로** 그놈을 사가지고 그놈에서 다시 이문을 봅니다. 〈채만식, 천하태평춘, 1938, 5, 146〉

그러니 윤희와 이혼이 되는 날까지는 일을 **속새로** 덮어두는 게 좋겠다. 〈채만식, 탁류, 1987, 268〉

또, 알아보니 자식을 낳았다고 하는데 **속새로** 염탐을 해본 결과 내 자식인 게 분명했고, 그래서 그때부터는 자식을 찾아야 하겠다는 〈채만식, 탁류, 1987, 327〉

읍내보다는 시골의 잘 사는 집에, **속새로** 숨겨 놓은 쌀이 있다는 것은 암암리에 소문이 번지기 마련이어서, 〈최명희, 혼불, 1996, 5, 125〉

그래서 차마 먹들 못허고, 조께씩 **속새로** 사람 놔서 돈으로 바꿨는디요. 〈최명희, 혼불, 1996, 5, 271〉

매안서도 암암리 **속새로는** 수군수군 험서나 차마 본인 당사자 집안으다가는 말 못허고 있을 수도 있고. 〈최명희, 혼불, 1996, 6, 160〉

그때보텀도 우리만 몰랐제 저것들이 **속새로는** 저러고 지냈이까? 〈최명희, 혼불, 1996, 7, 313〉

　하지만 겉으로는 그렇게 무심한 척하면서도 속새로는 아까부터 시간의 흐름에 비상한 관심을 나타내고 있음이 분명했다. 〈윤흥길, 빛 가운데로 걸어가면, 1997, 1, 170〉

　전라 방언 '속새로'는 전북 지역에서 많이 쓰는 부사로 '속으로, 남이 모르게'의 뜻을 가지고 있다. 주로 채만식과 최명희의 소설에서만 발견된다. 박범신의 소설에서도 보이는데 주로 전라북도 출신 작가들의 글에서 볼 수 있다. 박경리의 '토지'에 '속새질'이 보인다.

속창아리

- 표준어 : 소갈머리, 소갈딱지
- 품   사 : 명사
- 뜻풀이 : 마음이나 속생각을 낮잡아 이르는 말.
- 다른 방언형 : 속창세기, 속창시, 속창아지
- 사용 지역 : 전라도, 충청도

"**속창아리**없이 왜놈덜 물건 좋아허덜 말어." 〈조정래, 아리랑, 1995, 2, 245〉

장사해 묵자면 **속창아리**럴 다 빼놔야 헌다는 말도 있제만 그려도 농사꾼덜
언 배곯코 살아도 장사꾼덜언 다 하로 세 끄니 찾아묵고 사는 법 아니여. 〈조
정래, 아리랑, 1995, 7, 42〉

금메에, 그리 야박허게 말허덜 말어. 자네가 그리 말허면 자네 서방만 **속
창아리** 읎는 사람 맹그는 것잉게. 자네 서방도 무신 짚은 속이 있었응게 강
서방 말이 맘에 잽혔을 것 아니겄능가? 〈조정래, 태백산맥, 2001, 2, 45〉

전라 방언의 어휘 '속창아리'는 표준어 '소갈머리'에 대응하는 어휘이
다. '창아리'는 '창자'를 의미하는 방언으로 '속'과 결합하여 '속창아리'
라는 복합어를 만들었다. 대개는 '속창아리가 없다, 속창아리가 빠졌
다.'와 같이 표현한다. 옹졸하고 속이 좁은 사람을 일컬을 때 쓰는 방
언이다. 이문구, 천승세 등의 소설에도 나온다.

솔갱이

- 표준어 : 솔가지, 솔개
- 품　사 : 명사
- 뜻풀이 : ① 땔감으로 쓰려고 꺾어서 말린 소나무 가지.
    　　　② 수릿과의 새.
- 다른 방언형 : 솔깽이, 솔껭이, 솔께비, 솔겡이, 솔캥이
- 사용 지역 : 전라도, 경상도, 평안도

"동무들, 내가 많이 나서는 안될 것잉께 솥은 숯가마 안에다 걸고, 나무는 뽀짝 몰른 **솔갱이**럴 때도록 허씨요." 하대치가 식사당번조에게 지시하고 있었다. 〈조정래, 태백산맥, 2001, 1, 122〉

어미닭에게 당도한 병아리들은 늘어뜨린 두 날개 속으로 쏙쏙 자취를 감추었다. 위메, **솔갱이**가 떴는갑네! 외서댁은 괜히 마음이 다급해져 마당으로 내려섰다. 그리고 고개를 젖혀 하늘을 두리번 두리번 살펴보았다. 〈조정래, 태백산맥, 2001, 9, 10〉

전라도 방언의 어휘 '솔갱이'는 두 가지의 뜻을 가진다. 하나는 '말린 소나무 가지'를 말하는데 이때는 주로 '솔갱이, 솔깽이'로 발음한다. 다른 하나는 '수릿과의 새'를 말하는데 이때는 '솔갱이, 솔캥이'로 발음한다. 조정래의 작품의 예문에서도 두 가지의 뜻으로 다 사용되고 있다. 전라도에서는 '목아지, 모가지'를 모갱이라고 발음하는데 '목+-아지 / 앵이'의 구조임을 알 수 있다. 이러한 발음에 유추되어 '솔가지, 솔개'에 접미사 '-앙이 / 앵이'가 연결된 것으로 보인다.

박경리의 '토지'에 '솔갱이'가 보이고, 평안도 출신인 주요섭의 '사랑손님과 어머니'에는 '솔깽이'를 쓰고 있다.

솔찬히

- 표준어 : 상당히
- 품 사 : 부사
- 뜻풀이 : ① 꽤 많이.
           ② 제법 잘.
- 다른 방언형 : 솔찬이, 솔찮이, 솔차니, 솔찮게
- 사용 지역 : 전라도

방금 黃海를 건너왔다는 바람이 **솔차니** 머언길에 지친 다리를 멈추고 나의 작은 寢室의 문을 조심히 흔들고 잇습니다 〈신석정, 나의 寢室의 문을 흔드는 者는 누구냐?〉

"오늘은 잔칫집이 많어서 **솔찮이** 걱정혔는디 말여. 꺼먹동이가 마추 와줘서 시름 덜어버렸네이? 그려그려, 구루마 일루다가 끌어오소!" 〈이병천, 모래내 모래톱, 1993, 22〉

"근디 듣기가 **솔찮이** 좋은디 그러내요잉!" 〈이병천, 모래내 모래톱, 1993, 186〉

야 이놈으 새끼야, 니놈얼 딱 봉께 **솔찬이** 똑똑헌 것 같은디, 그렇께 나가 허는 말 똑똑허니 잘 들어. 〈조정래, 아리랑, 1995, 5, 317〉

나이는 **솔찮이** 먹고. 그런디 하루는. 그렁게 가실이였등게비여. 〈최명희, 혼불, 1996, 5, 206〉

"오늘도 **솔찬히** 찔랑갑는디, 싸게 모판부텀 뜨드라고." 한 여자가 말하며 머릿수건을 고쳐맸다. 〈조정래, 태백산맥, 2001, 9, 141〉

"하먼이라. 진작에 중허다 싶은 질목얼 여럿 골라서 공얼 딜이고 있구만요. 그 공딜이는 비용도 **솔찬허당게라.**" 〈조정래, 아리랑, 1995, 1, 96〉

"그 보살이 사람 보는 눈도 **솔찬허구만요.** 소승이 더 젊은디도 송 대장얼 맘에 둔 것 봉게로, 송 대장이야 참말로 나무랠 디가 없는 〈조정래, 아리랑, 1995, 2, 313〉

전라 방언에는 '꽤 많다.'의 의미로 형용사 '솔찬하다'가 쓰인다. 전라 방언의 대표적인 어휘인 '솔찬히'는 '솔찬하다'의 부사형이다. '많다'의 의미와 '대단하다'의 의미를 가지고 있기 때문에 아주 다양하게 쓰고 있다. 표준어로는 '상당히'에 해당한다.

솟기다

- 표준어 : 솟다, 솟구다
- 품　사 : 동사
- 뜻풀이 : ① 물체가 아래에서 위로, 또는 속에서 겉으로 세차게 움직이다.
　　　　　② 사람의 몸이나 마음속에 힘이나 의욕 따위가 생겨나다.
- 다른 방언형 : 솟구다
- 사용 지역 : 전라도

한 남자가 쓰러져 있었고, 백인은 사정없이 채찍을 휘둘러대고 있었다. 채찍이 몸을 휘감을 때마다 그 남자의 몸뚱이는 풀쩍풀쩍 **솟기듯** 했고 비명이 자지러지고 있었다. 〈조정래, 아리랑, 1995, 1, 123〉

얼굴이 핼쑥한 남자는 빨래를 주무르며 자조적으로 웃었다. "여기가 천국이라더니 왜놈들한테 완전히 속았소. 이걸 어쩌면 좋소?" 다른 남자의 감정이 **솟기는** 어조였다. 〈조정래, 아리랑, 1995, 1, 138〉

그는 멈칫했다. 참말로 요것이 그럴랑가? 불쑥 **솟긴** 의문이었다. 〈조정래, 아리랑, 1995, 1, 183〉

흙이 날이 날마다 발에 자근자근 밟혀 다져지면서 결에 따라 자연스럽게 생겨난 흙군살들은 그 도드라진 모습이 갓 **솟기기** 시작하는 젖망울처럼 예쁜 생김이었다. 〈조정래, 아리랑, 1995, 1, 196〉

"뭐라고? 왜놈! 이자식이 어디다 대고 그따위 말버릇이야. 그래도 양반이라고 점잖게 대해 줬더니 이거 영 틀려먹은 놈이로구만?" 화가 **치솟긴** 주재소장은 책상을 마구 내리쳤다. 〈조정래, 아리랑, 1995, 1, 234〉

> 방영근은 슬픔이 왈칵 솟기는 것을 느꼈다. 그런 감정이 솟기기는 남용석
> 도 마찬가지였다. 〈조정래, 아리랑, 1995, 2, 100〉

전남 방언의 '솟기다'는 표준어 '솟다'와 거의 같은 의미로 사용하고
있다. '치솟다'의 경우에도 '치솟기다'로 사용되는 예가 보인다. 역사적으
로 '솟고다'가 '솟구다'로 쓰이게 되는데 이 어휘에 유추되어 '솟다'를 '솟
기다'로 발음한 것으로 보인다. 강세를 나타내는 접미사 '-치-'가 연결되
어 '솟구치다'로도 쓰인다. 제주도에서는 '솟고다, 솟구다'가 쓰인다.

솥글겡이

- 표준어 : 눌은밥
- 품　사 : 명사
- 뜻풀이 : 솥바닥에 눌어 붙은 밥찌끼에 물을 부어 불려서 긁은 밥.
- 다른 방언형 : 솥글겅이
- 사용 지역 : 전라도

이 아까운 쌀밥을 온 집안 식구와, 심지어 종년이며 행랑것들까지 다들 먹을 것이고, **솥글겅이**와 밥티가 쌀밥인 채로 수채구멍으로 흘러나갈 일을 생각하면, 그야 소중하고 아깝기도 했을 겝니다. 〈채만식, 태평천하, 1987, 52〉

재갸 자신이 부연 쌀밥만 먹기가 아깝거든 이 아까운 쌀밥을 왼집안식구와 심지어 종년이며 행낭것들까지 먹을것이요, **솔글겡이**와 밥틔가 쌀밥인채로 수채구멍으로 흘러나갈 일을 생각하면 자꾸자꾸 아깝기도 했을겝니다. 〈채만식, 천하태평춘, 1938 : 3, 266〉

아깝게 버리는 쌀뜨물이며 겨하며 **솥글겡이**며 흘린 곡식하며가 노상 없는 바 아니니, 개돼지와 닭 같은 것을 응당 쳤어야 오히려 촌가답게 섭섭치 않았을 것이다. 〈채만식, 龍洞宅, 1987, 321〉

전라 방언의 어휘 '솥글겡이'는 이 지역에서 많이 쓰는 말로 '글겡이밥'으로도 쓰고 있다. '글겡이'는 '긁-＋-엥이'의 구조를 가지기 때문에 '솥글겡이'는 '솥에 누른 것을 수저로 긁은 밥'을 말하는 것이다. 표준어로는 '눌은밥'에 해당한다. '물을 부어 불린 밥'의 경우도 해당이 되고, '물을 붓지 않고 그냥 긁은 밥'도 해당이 된다. 충청도에서 '누렁겡이'를 쓰는 것으로 보고되어 있다.

쇳대

- 표준어 : 열쇠
- 품　사 : 명사
- 뜻풀이 : 자물쇠를 잠그거나 여는 데 사용하는 물건.
- 다른 방언형 : 쇠때
- 사용 지역 : 전라도, 전국

나는 그러니, 곳간의 **쇳대**만 책임지고 있을 뿐 내 한 입 에, 내 뱃속에 그 곡식 그 재물을 다 둘러 삼키라는 뜻은 아니라고 본다. 그것은 사람의 〈최명희, 혼불, 1996, 5, 250〉

이제 열 살 막 먹은 계집아이로서는 짐작도 할 수 없는 어른들의 비밀스러운 수군거림이 옹구네한테는 늘 **쇳대** 소리같이 절렁절렁 울렸고 〈최명희, 혼불, 1996, 6, 263〉

전라 방언의 어휘 '쇳대'는 표준어로는 '열쇠'이다. 따라서 '쇠때'는 '자물쇠'의 의미로는 사용되지 않는다. 옛날 반다지나 뒤주에 사용된 자물쇠는 '쇠로 된 긴 막대'를 이용하여 열게 되어 있다. 따라서 바로 이때 여는 데 사용하는 도구가 '쇳대'이다. '쇳대'는 '쇠+ㅅ+대'로 이루어져 '쇠로 만들어진 막대처럼 된 긴 도구'를 말한다.

김동리, 심훈, 한용운, 이육사, 이광수, 이문구 등의 소설에서도 보이는 것으로 보아 전국적으로 쓰인 어휘임을 알 수 있다.

수두룩벅적하다

- 표준어 : 수두룩하다, 벅적하다
- 품 사 : 형용사
- 뜻풀이 : ① 매우 많고 흔하다.
          ② 많은 사람이 넓은 곳에 모여 매우 어수선하게 자꾸 움직이다.
- 다른 방언형 : 수두룩벅적허다, 수두룩뻑적하다
- 사용 지역 : 전라도

최씨 집안이 벌쭉헌 가세를 자랑혀도 대처에 나가 타관살이험시나 일 년 열두 달 가야 선영에다 얼골 한 번 안 비치는 자손들이 **수두룩벅적허다**네. 〈윤흥길, 낫, 2005, 265〉

"헹, 나 같은 년을 비단으로 봐주시니깨 참말로 눈물이 매랄만침 고만구만. 그런디 세상에 **수두룩벅적** 쌔고쌘 석새삼베 같은 것들 돌뵈기만도 심이 부칠 목사 냥반이 뭣 땜시 펄씨 비단으로 개비헌 김부월 자매를 붙잡고 신방인가 심방인가를 못 꾸며서 안달이 났다요?" 〈윤흥길, 빛 가운데로 걸어가면, 1997, 1, 158〉

전라방언의 형용사 '수두룩벅적하다'는 표준어 '수두룩하다, 벅적하다'에 대응하는 말이다. 이 두 어휘가 복합되어 '수두룩벅적'이라는 부사로도 쓰고 '수두룩벅적하다'라는 형용사로도 쓰고 있다. 이는 전라도에서 많이 사용하는 말이다. '벅적하다'와 관련된 말로 '벅적벅적, 시끌벅적'이 부사로 쓰이고, '시끌벅적하다', '요란뻑적지근하다'가 많이 쓰인다.

숙임막하다

- 표준어 : 숙이다
- 품　사 : 동사
- 뜻풀이 : 고개나 몸을 앞으로나 한쪽으로 기울이다.
- 다른 방언형 : 숙임막허다
- 사용 지역 : 전라도

무슨 난처하거나 곤란한 일이 생겼을 때 고개를 **숙임막해** 가지고 눈길을 이리저리 옮겨가며 맥이 다 빠진 소리로 어물어물하는 것은 이동만 특유의 모습이었다. 〈조정래, 아리랑, 1995, 1, 265〉

공허는 나이를 가늠해 보며 **숙임막한** 여자의 얼굴을 유심히 지켜보았다. 〈조정래, 아리랑, 1995, 4, 128〉

고개를 **숙임막한** 경무부장이 눈동자를 밀어올려가지고 이근술을 쳐다보았다. 〈조정래, 태백산맥, 2001, 7, 278〉

천점바구는 난처한 얼굴로 고개를 **숙임막하고** 있었다. 〈조정래, 태백산맥, 2001, 9, 13〉

전라 방언의 어휘 '숙임막하다'는 표준어 '숙이다'에 대응하는 동사이다. 이 어휘는 '숙다'의 사동사 '숙이다'에 접미사 '-ㅁ막하-'가 연결된 어휘이다. 대체로 '옴막하다, 크막하다'의 경우, '-막하-'는 형용사파생접미사로 쓰는데, '숙임막하다'의 '-ㅁ막하-'는 동사파생접미사로 쓰고 있다.

술속

- 표준어 : 술버릇
- 품　사 : 명사
- 뜻풀이 : ① 술을 마시면 드러나는 버릇.
　　　　　② 술을 마시면 나타나는 나쁜 버릇.
- 다른 방언형 : 술쏙
- 사용 지역 : 전라도

술속 사납고, 싸움 잘하기로 호가 난 줄도 잘 알고…… 〈채만식, 탁류, 1987, 123〉

　전라 방언의 어휘 '술속'은 대체로 부정적인 뜻을 가진다. 표준어인 '술버릇'이 '술만 마시면 나타나는 버릇'인데 비하여, '술속'은 '술만 마시면 나타나는 좋지 않은 버릇'을 말한다. 대체로 '술속이 나쁘다, 술속이 좋지 않다, 술속이 사납다, 술속이 더럽다.'와 같은 표현으로 사용된다.

숨키다

- 표준어 : 숨기다
- 품　사 : 동사
- 뜻풀이 : ① '숨다'의 사동사.
  　　　　② 어떤 사물을 남이 보이지 않는 곳에 두다. 또는 어떤 사실이나 행동
  　　　　　을 남이 모르게 감추다.
- 다른 방언형 : 감추다, 숨기다, 숭기다, 숭키다, 싱키다
- 사용 지역 : 전라도, 전국

"묵고 살기만 에로운 것이 아니라 궁게 머시냐…… 그간에 헌 일얼 **숨키기**도 에로운 일이라……" 〈조정래, 아리랑, 1995, 3, 24〉

"골빠지게 진 농새 절반이나 뺏기는 판에 드럽게 나락 몇단 **숨키는** 쫌팽이넌 아니로구만." 〈조정래, 아리랑, 1995, 3, 252〉

전라방언의 어휘 '숨키다'는 표준어 '숨기다'에 대응하는 동사로 '숨다'의 사동사이다. 전라 방언에서는 '늘리다'는 '늘구다, 늘쿠다'로 쓰고, '기르다'는 '질구다'로, '삭히다'는 '삭후다'로 쓰는 게 일반적이다. 사동사를 만드는 접미사를 '-구-, -쿠-'로 많이 쓰고 있는 것이다. 이러한 영향으로 '숨기다'의 경우에도 '숨쿠다'가 만들어지고 여기서 '숨기다'로 변한 것으로 보인다. 염상섭의 소설에서도 '숭키다'가 보인다.

숫두룸하다

- 표준어 : 어수룩하다
- 품 사 : 형용사
- 뜻풀이 : 말이나 행동이 약삭빠르지 않고 순박하다.
- 다른 방언형 : 숫두루움하다, 수투룸하다, 숫두룸허다, 숫두름하다
- 사용 지역 : 전라도

"네, 알겠읍니다. 다 제게 맷겨 두구 보십시요. 나히두 듬지익허구 생김새두 **숫두루움허구** 다 얌전스럽구 까리적구 살림 잘 허구 근경속 있구 …… 어쨌든지 ……"〈채만식, 천하태평춘, 1938, 5, 140〉

말소리가 영남 사투리로 구수한 것도 마음에 들지만, 다른 기생들처럼 생김새나 하는 짓이나가 빤질거리지 않고 **숫두룸한** 게 실없이 좋았다. 〈채만식, 탁류, 1987, 30〉

"허허 그놈 참…… 좌우간 쓰기는 쓰겠다." 윤호장 영감은 끝엣말을 혼자 이렇게 중얼중얼합니다. 못나고 **숫두름한** 게 괜찮다는 말이지요. 〈채만식, 어머니를 찾아서, 1987, 229〉

게가 그다지 **숫두룸하다니** 서울서 보증금 내는 정도면 족할 모양인즉, 〈채만식, 집, 1987, 71〉

전라 방언 '숫두룸하다'는 '순박하고 어수룩하다.'의 의미를 가지는 형용사 '숫하다'에 접미사 '-으룸하-'가 붙어서 파생된 말이다. 채만식의 소설에서만 발견되는 이 말은 전북 지방에서 많이 쓰는 어휘로 '수투룸하다'로 발음된다. 〈표준국어대사전〉에는 '어수룩하다'의 제주도

방언으로 나와 있다.

채만식은 '파르스름하다, 붉으스름하다'와 같이 색채를 나타내는 형용사에 '-으스름하-'가 연결되는 국어의 규칙을 뛰어넘어 '너부스름하다, 굵스름하다, 얄브스름하다' 등을 구사하고 있다. 채만식은 '꼬수룸하다, 민두룸하다, 넓주룸하다, 뾰족조롬하다' 등 형용사를 파생시키는 접미사 '-으룸하-, -으롬하-'를 생산적으로 쓰고 있다.

숭보다

- 표준어 : 흉보다
- 품 사 : 동사
- 뜻풀이 : 남의 결점을 들어 말하다.
- 다른 방언형 : 숭을 보다
- 사용 지역 : 전라도, 강원도, 제주도, 충청도, 경상도

"······반지 파넌 가게서 쬐깐헌 여학생이 반지 쩐다구 **숭보면** 어쩔래?" 〈채만식, 태평천하, 1987, 176〉

"시방 두 분이 절 **숭보시구서** 웃으셨죠?" 〈채만식, 金의 情熱, 1987, 200〉

"하이고 참, 벨 꼬라지 다 보겠네. 남정네 못난 것이 지 예편네 넘헌티 **숭보는** 것이라등마 그 말이 딱 들어맞네그랴. 나가 헐 일 그러그나 말그나 무신 간섭이여, 간섭이." 〈조정래, 아리랑, 1995, 5, 263〉

"인자 이 사람 일어나면 몰라도, 그때끄장은 내가 경황이 없잉게로 성님이 이해를 허겨어. 콩팔칠팔 **숭보지** 말고." 〈최명희, 혼불, 1996, 8, 36〉

"어떠한 말씀을 하시든지, 단연코 이 본인은 **숭을 안 보기로** 맹세합니다!" 〈채만식, 金의 情熱, 1987, 371〉

'허물'의 뜻을 가진 '흉'은 전라도 지역에서는 구개음화를 일으켜 '숭'으로 발음된다. '숭보다'는 '숭을 보다.'의 구성에서 '숭보다'로 굳어져서 동사가 된 것이다. '숭보다, 숭을 보다.'는 '남의 결점을 들어 말하다.'의 의미를 가지고 쓰고 있다.

　'혀'를 '서', '형님'을 '성님', '흉내'를 '숭내'라고 말하는 현상을 '구개음화(입천장소리되기)' 현상이라 한다. 전라도 방언의 아주 대표적인 발음 현상이다. 전라방언에서 '견디다(견디다), 짐(김), 질(길), 질게(길게), 질르다(기르다), 지침(기침), 곁에(곁에), 심(힘), 숭악하다(흉악하다)'와 같은 여러 구개음화 현상을 쉽게 볼 수 있다.

　'흉보다'는 17세기에 와서 문헌에 등장한다. 20세기에는 '슝보다, 숭보다'가 나타난다. '슝보다'의 '슝'은 '흉'이 'ㅎ' 구개음화를 겪은 것이다. 구개음화가 17세기부터 일어나기는 하지만 대개 'ㄷ'구개음화에 한정되어 있었고, 'ㅎ'구개음화나 'ㄱ'구개음화는 훨씬 이후에 일어난 것으로 보인다. '숭보다'의 '숭'은 '슝'에서 반모음 'ㅣ'가 탈락되어 형성된 것이다.

　김유정, 이광수, 주요섭, 이문구, 이태준 등 다양한 작품에서 '숭을 보다, 숭보다'를 확인할 수 있다. 그만큼 전국적으로 쓰였음을 알 수 있다.

숭악하다

- 표준어 : 흉악하다
- 품   사 : 형용사
- 뜻풀이 : ① 성질이 악하고 모질다.
          ② 모습이 흉하고 고약하다.
- 다른 방언형 : 숭악허다, 수악하다
- 사용 지역 : 전라도, 충청도, 경상도, 강원도, 경기도, 평안도, 황해도

머 내가 살이 이렇게 쪘으닝개루 소증(素症)이 나서 고기라두 뜻어먹을라구? 에이! 지긋지긋히라! 에이 **숭악해라**! 〈채만식, 천하태평춘, 1938, 4, 101〉

너는 이놈 이혼을 아니해 준다고 우리 어머니 아버지한테 그 **숭악한** 폭담을 다 했지…… 내게도 그랬지. 〈채만식, 인형의 집, 1987, 132〉

"**숭악한** 보리밥에다가!……그렇잖으면 빵이라드냐 그 알량한……" 〈채만식, 四號一段, 1987, 59〉

니 맘만 동냥아치가 아니제 니 고라지넌 **숭악헌** 거렁뱅이새끼여. 〈조정래, 아리랑, 1995, 5, 316〉

"아니 땐 귀뚝에 연기 나랴는 속담도 있지마는, 왜 무단히 그런 **숭악헌** 소문이 나 갖꼬 생사람을 잡는당가. 참말로 그런 일이 없었어?" 〈최명희, 혼불, 1996, 3, 302〉

"양반, 고 **숭악헌** 눔덜, 쇠포리맹키로 징허고 징헌 눔덜." 〈조정래, 태백산맥, 2001, 1, 37〉

　표준어 '흉악하다'는 전라도에서는 구개음화를 일으켜 '숭악하다'로 발음된다. '숭악허다'는 일반적으로는 사람의 성질을 나타낼 때 쓰지만, '숭악한 보리밥'과 같이 거친 사물의 모습을 말하기도 한다.

　'혀'를 '서', '형님'을 '성님', '흉내'를 '숭내'라고 말하는 현상을 '구개음화(입천장소리되기)' 현상이라 한다. 전라도 방언의 아주 대표적인 발음 현상이다. 전라방언에서 '전디다(견디다), 짐(김), 질(길), 질게(길게), 질르다(기르다), 지침(기침), 젙에(곁에), 심(힘)'과 같은 구개음화 현상을 쉽게 볼 수 있다.

　전라도 출신 작가는 물론 이문구의 작품과 박경리의 '토지'에서도 많이 볼 수 있다.

숭포

- 표준어 : 내숭
- 품　사 : 명사
- 뜻풀이 : 겉으로는 순해 보이나 속으로는 엉큼함.
- 다른 방언형 : 내숭, 숭포스럽다, 내숭스럽다
- 사용 지역 : 전라도

> ××× 차인 것도 인제는 안 아프고 번연히 **숭포**를 떠느라 엄살인 것이다. 〈채만식, 탁류, 1987, 454〉

> '저 저 **숭포스런** 것이 !……시방 누가 알세라 들을세라 사풋사풋 신발 소리 안 내고 걷느라고 앨 쓰는 거동 보래도 ! 에잉 천하 요사스런 것 〈채만식, 女子의 一生, 1987, 151〉

> "**숭포** 고만 떨고 가자면 얌전허니 가는 거여, 이년아!" 〈윤흥길, 빛 가운데로 걸어가면, 1997, 2, 35〉

　전라 방언의 명사인 '숭포'는 '흉포(凶暴)'에서 온 것으로 보인다. 원래는 '흉악하고 포악함'이란 뜻이었을 것이다. 그러나 현재는 표준어 '내숭'과 대응하는 어휘이다. 표준어 '내숭'은 '내흉(內凶)'에서 온 것이다. '숭포를 떨다.'는 '내숭을 떨다.'나 '엉큼을 떨다.'와 같은 의미를 갖는다. 따라서 원래 한자어의 의미와는 완전히 다른 의미로 쓰고 있다.

슬멍슬멍

- 표준어 : 어슬렁어슬렁, 슬렁슬렁
- 품　사 : 부사
- 뜻풀이 : 사람이나 짐승이 매우 느리게 움직이는 모양.
- 사용 지역 : 전라도

금방 왔던 길을 다시 거미가 미끄러지듯 **슬멍슬멍** 내달았다. 〈송기숙, 녹두장군 6, 1989, 056〉

걸어댕기는 것도 아니고 날라댕기는 것도 아니고, 이름이 거무라 그런지 물 욱으로 비끄러지대끼 **슬멍슬멍** 미끄러져 댕기등만이라우. 〈송기숙, 녹두장군 7, 1989, 162〉

　　전라 방언의 어휘 '슬멍슬멍'은 의태어로 '사람이나 짐승이 천천히 움직이는 모양'을 나타내는 부사이다. 따라서 표준어 '어슬렁어슬렁, 슬렁슬렁'과 매우 유사한 의미를 가진다. 흔히 '개가 동네를 슬멍슬멍 지나간다. 사람이 동네를 슬멍슬멍 다니면서 이웃집을 기웃거린다.'와 같은 표현으로 쓸 수 있는 부사이다. 전라 방언에서 아주 많이 쓰는 표현이다.

시건방구지다

- 표준어 : 시건방지다
- 품   사 : 형용사
- 뜻풀이 : 시큰둥하게 건방지다.
- 다른 방언형 : 건방구지다
- 사용 지역 : 전라도

기생년이 **시건방지게** 사람대접 받겄다고 턱쪼가리 놀리네. 백종두는 이런 생각으로 말을 사정없이 내질렀다. 〈조정래, 아리랑, 1995, 1, 60〉

"네 이놈! 어느 안전이라고 그런 **시건방구진** 소리럴 허고 자빠졌냐. 인자 보니 니놈이 나럴 안전이라고 고런 **시건방구진** 소리럴 허고 자빠졌냐." 〈조정래, 아리랑, 1995, 1, 161〉

"안되겠어. 저 조센징놈들을 다 잡아 쳐넣어서 **시건방진** 버릇을 단단히 고쳐줘야지. 저놈들을 게 안 다뤘다간 딴 놈들까지 다 본받을 거란 말야." 〈조정래, 아리랑, 1995, 3, 168〉

그러고 보면 쿵쿵쿵 두들겨대는 하시모토가 제일 조심성 없고 **시건방진** 것이었다. 〈조정래, 아리랑, 1995, 4, 37〉

"그 보랑게, 아무것도 몰르는 놈이 **시건방구지게** 나대, 나대기럴. 이눔아!" 〈조정래, 아리랑, 1995, 5, 317〉

"**시건방지게** 나대기는!" 홍명준은 침을 내뱉으며 불쾌한 표정을 지었다. 〈조정래, 아리랑, 1995, 8, 122〉

표준어 '건방지다'는 전라도 방언에서는 '건방구지다'로 표현한다. '건방을 떨다.'라는 표현이 있는 것으로 보아 '건방'을 명사로 볼 수 있다. '건방'은 '젠체하여 주제넘은 태도'를 말한다. '건방궂은 사람'이란 표현에서처럼 '건방이 궂다, 건방궂다'의 표현이 사용되는 것으로 이해된다. 이러한 표현에서 '건방구지다'가 생성된 것으로 보인다. '시-'는 접두사로 첨가된 것이다. 예문에서 보는 바와 같이 대화체에서는 주로 '시건방구지다'를 쓰고 지문에서는 '시건방지다'를 주로 쓴다. '시건방구지다'가 이 지역의 방언형임을 알 수 있다.

시끌덤벙하다

- 표준어 : 시끌시끌하다
- 품　사 : 형용사
- 뜻풀이 : 몹시 시끄럽고 어수선하다.
- 다른 방언형 : 시끌버끌하다, 시끌벅적하다, 시끌덤벙
- 사용 지역 : 전라도, 충청도

자기 집이 눈에 보이매 어떻게 하면 좋은가 하는 생각에 마치 못 먹을 것을 먹은 것처럼 마음이 꺼림직하고 두서없는 계책이 **시끌덤벙**하게 머리속으로 드나들었다. 〈채만식, 생명의 유희, 1987, 441〉

포구는 왁자지껄하고 **시끌덤벙**한 소란 속에서 활기가 넘치고 있었다. 〈조정래, 아리랑, 1995, 2, 13〉

어두운 방에는 아무도 없었고, 왁자하고 **시끌덤벙**한 소리가 귀로 밀려들었다. 〈조정래, 아리랑, 1995, 3, 191〉

하숙생들로 아침이면 **시끌덤벙**하던 집안이 절간 같은 적막에 싸여 있었다. 〈조정래, 태백산맥, 2001, 6, 288〉

이때 한 떼거리의 술꾼들이 들이닥치는지 술청 쪽이 **시끌덤벙**하였다. 〈송기숙, 자랏골의 비가 18, 1974, 093〉

새끼내 사람들이 모두 돌아와 밤에 집집마다 불이 켜지고, 아이들 우는 소리며 **시끌덤벙** 고샅을 쥐흔드는 싸움하고 욕하는 소리, 컹컹 개 짖는 소리가 그치지 않자 〈송기숙, 자랏골의 비가 20, 1974, 253〉

전라도 방언인 '시끌덤벙하다'는 형용사로 '시끌시끌하다'의 어근 '시끌'과 '덤벙거리다, 덤벙대다'의 어근 '덤벙'이 복합된 것이다. '덤벙'은 '들뜬 행동으로 아무 일에나 함부로 서둘러 뛰어드는 모양.'을 말하는 부사이므로 '시끌덤벙하다'는 '몹시 시끄럽고 어수선하다.'라는 뜻을 가진다. 전라도 방언과 표준어에서 '시끌벅적하다'를 같은 의미로 쓰고 있는데 이때 '벅적'은 '많은 사람이 매우 어수선하게 큰 소리로 떠들거나 움직이는 모양.'을 말한다. 따라서 '시끌벅적하다'와 '시끌덤벙하다'는 그 단어형성이 같은 방법으로 이루어진 것이다. 부사로 '시끌덤벙, 엄벙덤벙, 덤벙덤벙' 등이 쓰인다.

이호철, 이문구의 작품에서도 '시끌덤벙하다'를 쓰고 있다.

시닷기다

- 표준어 : 시달리다
- 품 사 : 동사
- 뜻풀이 : 괴로움이나 성가심을 당하다.
- 다른 방언형 : 시대키다, 세달키다
- 사용 지역 : 전라도

> 가을날 땅검이 아름풋한 흐름 우를 고요히 실리우다 횐뜻 스러지는것 잊은 봄 보랏빛의 낡은 내음이뇨 임으 사라진 千里밖의 山울림 오랜세월 **시닷긴** 으스름한 파스텔
>
> 애닲은듯 한 좀 서러운듯 한 오! 모도다 못도라오는 먼-지난날의 놓친마음 〈김영랑, 땅거미〉

　전라방언의 동사 '시닷기다'는 표준어 '시달리다'에 대응하는 어휘다. 전라방언에서 사동접미사 '-리-'는 '-구-, -쿠-, -키-'로 발음하는 특징이 있다. 예를 들면 '숨기다, 날리다'는 '숨키다, 날키다'로 쓰고 있다. 이런 영향으로 '시달리다'가 '시다키다, 시대키다'로 발음된 것으로 보인다. 김영랑의 작품에서 나타난다.

시쁘듬하다

문학 속의 전라 방언

- 표준어 : 시쁘다, 시쁘둥하다
- 품   사 : 형용사
- 뜻풀이 : 마음에 차지 아니하여 아주 시들한 기색이 있다.
- 다른 방언형 : 시뿌듬하다, 시쁘다, 시뿌다, 시쁘디시쁘다
- 사용 지역 : 전라도

태수는 **시쁘듬하게** 제 자신더러 하는 듯, 이런 조소를 하다가 다시……
"……혹시 우리 초봉이라면!……" 〈채만식, 탁류, 1987, 99〉

당연한 것을 기다리고 있던 양으로, 이렇게 생각이리고 할는지 각오하라
할는지, 마음은 다뿍 **시쁘듬했다.** 〈채만식, 탁류, 1987, 214〉

하루 아침에 사람이 늙어버렸다고 할는지, 아뭏든지 그러고서 인제 와서
는 이것이고 저것이고 간에 지나간 일이 남의 일처럼 아프지 않고 **시쁘듬한**
게 곧잘 애를 삭힐 수가 있었다. 〈채만식, 탁류, 1987, 246〉

"그래, 할 말이라는 게 겨우 그거더냐?" 초봉이는 **시쁘듬하게** 형보를 내려
다본다. 〈채만식, 탁류, 1987, 308〉

구월쇠네는 **시쁘듬히**, 원시 된 노안으로 박씨부인이 손가락질하는 자리를
더듬다가 "어쩌나아! 아마 바누질을 허시다 옷 속으루 묻혀 들어갔든감! 그
렇죠? 새아씨?" 〈채만식, 女子의 一生, 1987, 242〉

일인에게 빼앗겼던 나라를 도로 찾고, 그래서 우리도 다시 나라가 있게 되
었다는 이 잔주도, 역시 한생원에게는 **시뿌듬한** 것이었다. 〈채만식, 논 이야기,
1987, 306〉

표준어 '시쁘다'는 '시쁘둥하다'로도 같은 의미를 갖는다. '시쁘둥하다'는 '시쁘다'에 형용사파생접미사 '-둥하-'가 연결된 것이다. 마찬가지로 전라방언의 '시쁘듬하다'는 '시쁘다'에 형용사 파생접미사 '-듬하-'가 연결된 것으로 해석된다. 채만식의 작품에서는 '시쁘다'도 쓰고, '시쁘듬하다'도 쓰고 있다. 채만식은 '기쁘듬하다, 찌쁘듬하다, 비스듬하다'와 같은 어휘를 사용하면서 형용사파생접미사 '-듬하-'를 자주 쓰고 있음을 볼 수 있다. '-듬하-'의 경우, 최명희의 작품에서는 '구부듬하다'가 보이고, 송기숙의 작품에서는 '휘우듬하다'를 쓰고 있다. 박경리의 '토지'에서는 '시뿌드드하다'를 쓰고 있다.

시시껍적하다

- 표준어 : 시시껄렁하다
- 품　사 : 형용사
- 뜻풀이 : 신통한 데가 없이 하찮고 꼴답잖다.
- 다른 방언형 : 시시껍적허다
- 사용 지역 : 전라도

> 　하루 중에서 우리가 **시시껍적한** 동림산업—아 실례했습니다. 시시껍적이
> 란 말은 취소하겠습니다—좌우단간 일류나 이류는 못 되는 회사의 사원으로
> 근무하는 시간은 일과중에 한했습니다. 〈한국소설문학대계, 윤흥길, 날개 또는 수갑,
> 222〉
>
> 　아무리 **시시껍절한** 구라를 품고 있어도 저는 아예 인품이나 잡고 뒤에 숨
> 어있는 것이다. 〈황석영, 1980, 어둠의 자식들〉
>
> 　장적의 토포에 관한 얘기가 아니라면 다시는 내 앞에서 **시시껍절한** 기찰
> 얘기는 꺼내지 말라 〈황석영, 장길산〉
>
> 　그 **시시껍정한** 주둥이질 그만두고 어서와서 우리집 좀 봐다구 〈김문수, 1991,
> 서울이 좋다지만〉

　전라 방언의 어휘 '시시껍적하다'는 '시시하다'와 '껍적하다'가 결합한
복합어로 보인다. '시시하다'는 '재미없고 보잘 것 없다.'라는 뜻이고,
'껍적하다'는 사전에서 북한어로 처리하여 '껍적껍적 들러붙게 끈끈하
다.'의 의미를 가진다. 표준어로는 '시시껄렁하다'와 대응하는 형용사
이다. 황석영과 김원일의 작품에서는 '시시껍절하다'가 보이고, 김문수
의 소설에서는 '시시껍정하다'가 보인다.

시장스럽다

- 표준어 : 시들하다
- 품 사 : 형용사
- 뜻풀이 : 마음에 차지 않아 내키지 않다.
- 다른 방언형 : 시장시럽다
- 사용 지역 : 전라도, 경상도

노라는 보기에도 **시장스러운** 달랑 남은 돈 이십 원을 품에 품고 인력거를 탔다. 〈채만식, 인형의 집, 1987, 201〉

그러면서 손의 그 근천스런 노랑수염이 성깃성깃한 얼굴에, 다섯 자가 찰락말락한 키에. 낡아빠진 갓에, 굵다란 무명옷에, 가뜩이나 나막신을 끈 몰골을 **시장스럽게** 위아래로 씻어본다. 〈채만식, 許生傳, 1987, 251〉

제약 회사에(지배인을 친히 아는 반연으로) 자리 하나를 얻어 새 달부터는 그리로 옮아앉기로 제반 준비가 다 되어 있는 참이고, 그런만큼 오늘만은 **시장스런** 월급을 받아든 마음도 그다지 우울하지는 않던 것이다. 〈채만식, 이런 男妹, 1987, 454〉

그는 운동이라면 싫어하는 것이 하나도 없었지만 그 맨손을 휘휘 젓고 빙빙 돌리고 하는 도수체조라는 것은 춤도 아니고 운동도 아니고 영 **시장스러워** 할 맛이 나지 않았다. 〈조정래, 태백산맥, 2001, 1, 47〉

"판이 요리 **시장스러운디** 오늘은 그만두씨요. 우리 아덜헌테도 일러 놓겄지만, 행여 모르고 오먼 나가 댕겨갔다고 말허씨요." 염상구는 담배에 불을 붙이고 돌아섰다. 〈조정래, 태백산맥, 2001, 1, 184〉

> "아이고, **시장시런** 소리 말고 나락 절반 뺏기고 배고프게 삼동 날 걱정이나 허소. 그것도 다 넘 잔치시." 〈조정래, 아리랑, 1995, 3, 259〉
>
> "아니, 관공서서 요런 **시장시런** 장사덜헌티도 세럴 뜯어가도 헌단 것이요?" 〈조정래, 아리랑, 1995, 7, 45〉

전라 방언 '시장스럽다'는 표준어 '시들하다'와 대응되는 형용사이다. '-스럽-'이 형용사파생접미사이므로 '시장'은 명사인데 '시장'의 정확한 뜻을 파악하기 어렵다. '시장스럽다'는 '배가 고픈 느낌이 있다.'라는 뜻을 가지기도 하지만 여기서는 '시들하다'의 의미의 예만을 다루었다. 예문에 따라서 '어렵다'는 뜻도 나타낸다. 박경리의 '토지'에 '세상이 하도 시장스러바서'의 예에서처럼 '시장스럽다'가 자주 쓰인다.

시춤하다

- 표준어 : 시들하다
- 품　사 : 형용사
- 뜻풀이 : ① 마음이 처져 조용히 있다.
　　　　　② 마음에 차지 않아 내키지 않다.
- 다른 방언형 : 시춤허다, 시추움하다
- 사용 지역 : 전라도

"……그댐버텀 언니가 **시추움하니** 풀이 죽어가지구랑 혼자서 한숨을 딜이 쉬구 내쉬구 그리겠지!……난 글세 그날 저녁에 언니가 그 자리에 앉아서 어머니한테 바루 승낙을 한 줄은 몰랐 구려!……" 〈채만식, 탁류, 1987, 138〉

"보이소 고주사, 예?" 돌아앉아서 단장을 하던 행화가, 태수가 너무 말이 없이 **시춤하고만** 있으니까, 그렇다고 그게 무슨 걱정이 되는 건 아니지만, 그저 심심삼아 말을 청하던 것이다. 〈채만식, 탁류, 1987, 93〉

"어머닌 가끔 그렇게 **시춤허구** 있는 거 난 싫드라!" 〈채만식, 여인전기, 1987, 329〉

　전북 방언 '시춤하다'는 채만식의 작품에만 보이고 있다. <채만식 어휘사전>에서는 '시춤하다'를 '시치름하다'로 보고 '짐짓 꽤 태연한 기색이 있다.'로 해석하고 있으나 예문을 검토해 보면 전혀 뜻이 다르다. 채만식의 작품에서도 '시침하다'와 '시춤하다'는 구별되어 사용되고 있다. 예문을 통해 그 뜻을 파악해보면 '시춤하다'는 '마음이 처져 조용히 있다.'라는 뜻 정도로 해석이 된다.

시퍼보다

- 표준어 : 깔보다, 얕보다
- 품   사 : 동사
- 뜻풀이 : 얕잡아 보다.
- 다른 방언형 : 시뻐보다, 시피보다, 시삐보다, 깐보다
- 사용 지역 : 전라도

"어찌 그리 놀래고 궁가? 자네도 우리 집안얼 **시퍼본** 모양이제?" 장칠문이 눈꼬리를 고약하게 세우며 양치성을 노려보았다. 〈조정래, 아리랑, 1995, 3, 325〉

지길, 나는 또 무신 소린가 혔소. 촌놈이라고 **시퍼보는**(무시하는) 줄 알고 속이 불끈혔지라. 쪼깐 들어봇씨요. 〈조정래, 태백산맥, 2001, 2, 192〉

이쪽서 그냥 죽은 디끼 있으면 참말로 죄가 있어서 그런 것이 되고, 이쪽서 처분만 바래고 얌전허니 있으면 더 **시퍼보고** 즈그덜 맘때로 혀뿔 것이요. 나 같음사 폴세 열 분도 더 소매 걷어붙이고 나섰겄소. 〈조정래, 태백산맥, 2001, 6, 25〉

"나도 인자 미꼬미 읎는 나무꾼질 그만 허고 해방투쟁에 나스겄다 그것이요. 나가 나이 에리다고 **시퍼보는갑는디**, 여그서 나보담도 산질 잘 아는 사람 있으면 나와봇씨요!" 〈조정래, 태백산맥, 2001, 10, 40〉

옛날맨치로 날 **시삐보고** 함부로 상대허다가는 집사님도 큰코다칠 날 반다시 있을거요." 〈윤흥길, 빛 가운데로 걸어가면, 1997, 2, 118〉

전라방언의 '시퍼보다'는 부사 '시삐'와 동사 '보다'가 연결되어 굳어진 것으로 보인다. 표준어의 부사 '시삐'는 '별로 대수롭지 않는 듯하

게.'란 뜻을 가지고 사용되고 있고 대체로 '시삐 보다, 시삐 보이다, 시삐 여기다.' 등으로 사용되고 있다. 전라 방언에서는 하나의 단어로 보는 것이 좋을 듯한데 '얕잡다, 깔보다'와 대응된다. 조정래의 '태백산맥'에서는 '시퍼보다'를 괄호 안에 '무시하다'로 그 대응하는 표준어를 써놓은 것으로 보아서도 그 의미를 알 수 있다.

시한

- 표준어 : 겨울
- 품　사 : 명사
- 뜻풀이 : 한 해의 네 철 가운데 넷째 철.
- 다른 방언형 : 시안, 세안
- 사용 지역 : 전라도, 경상도, 충청도

> "어이구 추워라! 시방부터 이렇게 추운디 올 시한으는 얼매나 오그라붙게 헐랑가 모르겄다아!" 〈이병천, 모래내 모래톱, 1993, 94〉

　전라 방언에서 겨울을 '시한, 시안'이라고 하는 이유는 이 말이 바로 겨울의 추위를 의미하였기 때문이다. '시한, 시안'이라는 말은 '세한(歲寒)'에서 온 것으로, 이 말은 '매우 심한 한겨울의 추위'를 의미한다. 표준어 '겨우내'도 전라도에서는 '시한내, 세한내'를 쓰고 있다.

　겨울은 계절을 말하는 것이고 '세한'은 추위를 말하는 것인데 이 말이 겨울을 대신하는 말이 된 것이다. 전라 방언에는 'ㅔ'가 'ㅣ'로 변하는 현상은 아주 많다. 예를 들면 '베다'가 '비다'가 되는 현상과 같은 것이다. '세한'이 '시한'이 된 것도 이러한 현상에 말미암는다.

　김주영의 '객주'에도 '관헌들 돈 먹으면 시한내 고뿔도 안 한단 소문은 어디서 줏어 챙긴 모양이구만'의 예가 보인다.

실답잖다

- 표준어 : 시답잖다
- 품　사 : 형용사
- 뜻풀이 : ① 볼품이 없어 만족스럽지 못하다.
　　　　　② 참되고 미덥지 않다.
- 다른 방언형 : 시답잖다
- 사용 지역 : 전라도

"사람 **실답잖기년**, 김제서 만경꺼지 질펀허게 퍼진 들판서 나는 쌀얼 군산으로 실어내는 디 쓴다는 그 짜아헌 소문 듣지도 못허고 사능가, 자네넌?" 〈조정래, 아리랑, 1995, 2, 131〉

"**실답잖은** 소리 말고. 우리 동네에도 왜놈덜 앞잽이가 다 백혔을 것잉게 맘 놓덜 말드라고." 지삼출은 다시 다짐했다. 〈조정래, 아리랑, 1995, 3, 31〉

"자네덜, 자다가 봉창 뚜딜기는 소리덜 그만혀. 즈그 땅에 즈그덜 식구 디려다 살리겄다는 것인디 무신 **실답잖은** 말덜이 그리많혀." 〈조정래, 아리랑, 1995, 4, 190〉

"아니시, 아녀. 쩌 평삼이 말이 **실답잖은** 소리가 아니시. 평삼이 말맹키로 '반특'은 아니고, '특위'라고 두 자로 쭐여 불르기도 허는구마." 〈조정래, 태백산맥, 2001, 4, 226〉

나가 워째 요리 **실답잖은** 생각이나 허고 앉었다냐. 늙은 것이 인자 노망까지 허는갑다. 호산댁은 마음을 추스르고 숱 적은 머리칼에 빗질을 하기 시작했다. 〈조정래, 태백산맥, 2001, 9, 268〉

"너는 어디서 그런 **실답잖은** 소리나 듣고 댕기냐?" 〈송기숙, 녹두장군 3, 1989, 184〉

표준어 '시답잖다'는 '마음에 차거나 들어서 만족스럽다.'라는 뜻을 가진 형용사 '시답다'가 '시답지 않다.'의 구성으로 쓰이면서 축약되어 만들어진 어휘이다. '실답잖다'는 '꾸밈이나 거짓이 없이 참되고 미덥다.'라는 뜻을 가진 표준어 '실답다'가 '실답지 않다.'의 구성으로 쓰이면서 축약되어 만들어진 어휘로 보인다. 따라서 전라 방언의 '실답잖다'는 비록 표준어로 등재되어 있지는 않지만 표준어 '실답다'에서 온 것으로 이해된다. 주로 뒤에 '소리, 말, 생각' 등의 어휘가 오는 게 특징이다.

'실답다'는 18세기 문헌에서부터 나타나는데 '실질이나 실상'을 뜻하는 명사 '실(實)'에 접미사 '-답-'이 결합한 것이다. 20세기에는 '실답다' 이외에도 '시답다'와 '시덥다'의 형태도 나타난다. 19세기 문헌에는 '실답다'의 부정 형태인 '실답잖다'가 나타나는데 이는 형용사 '실없다'와 그 의미가 비슷하다. 표준어에서는 '실답다'보다는 '시답다'를 많이 쓰자 '실답잖다'보다는 '시답잖다'가 표준어에 쓰이게 되었다.

실떡벌떡

- 표준어 : 실떡실떡
- 품　사 : 부사
- 뜻풀이 : 실없이 웃으며 쓸데없는 말을 자꾸 하는 모양.
- 다른 방언형 : 씹떡껍떡, 실떡실떡, 힐떡벌떡
- 사용 지역 : 전라도

> "보아허니 **실떡벌떡** 장난삼어서 사람을 갖고 노는 싱거운 분은 아닌 성불른디, 뭣 땜시 즈이 같은 핫질 인간을 도와줄 맴을 잡숫게 되았다요?" 〈윤흥길, 빛 가운데로 걸어가면, 1997, 1, 23〉
>
> 매사가 다 순조롭고 순화하게만 느껴져서 여름 비둘기가 옥상 난간 위를 맨발로 다니는 것만 봐도 **실떡벌떡** 공연히 웃음이 비어질 지경이었다. 〈윤흥길, 빛 가운데로 걸어가면, 1997, 2, 7〉
>
> 뭐라 뭐라 혼잣말로 끊임없이 중얼거리며 둑길 가장자리에서 들꽃을 꺾어 들던 그니는 우리를 보더니만 **실떡실떡** 공연히 웃음을 헤프게 쏟뜨리기 시작했다. 〈윤흥길, 소라단 가는 길, 2003, 72〉

　　전라방언의 부사 '실떡벌떡'은 의태어로 표준어 '실떡실떡'에 해당하는 어휘다. 윤흥길의 소설에서는 '실떡실떡'도 쓰고 '실떡벌떡'도 쓰고 있다. '실떡벌떡'은 전라방언에서 자주 쓰는 어휘다. 이 어휘는 동일한 어간이 반복될 때 반복되는 첫음절의 첫소리를 바꾸는 조어방식에 따라 '실떡벌떡'으로 바뀐 것이다. 정확하게 바뀐 이유는 알 길이 없다. '실없이 말을 하는 모양'을 이르는 부사이다. 표준어에서는 '실떡거리다, 실떡대다'가 '실떡벌떡'과 관련되어 동사로 쓰이고 있다.

　주로 전남에서 많이 쓰는 전라방언의 부사 '씹떡껍떡'은 의태어로 보이는데 대체로 '줏대없이 가벼이 노는 행동'을 이르는 말이다. 전라도에서는 '실떡실떡, 실떡벌떡' 등의 형태를 쓰고 있는데 이는 어떤 행동을 이랬다 저랬다 하는 모양을 나타내는 말이다.

심바람

- 표준어 : 심부름
- 품　사 : 명사
- 뜻풀이 : 남이 시키는 일을 하여 주는 일.
- 다른 방언형 : 심부림, 심부럼
- 사용 지역 : 전라도, 전국

옆집 새참 **심바람** 광주릴 머리에 이고 철둑을 건너가는디요. 질갱이꽃이 어찌나 하얘야지라. 〈신경숙, 풍금이 있던 자리, 1992, 106〉

"우리가 비지나 얻어먹으러 가냐, 임마! 우리덜은 시방 **심바람** 가잖여?" 〈이병천, 모래내 모래톱, 1993, 64〉

"옛다! **심바람**값 여그 있다." 어쩐 일인지 주인 할머니가 우리에게 동전 하나씩을 주신다. 〈이병천, 모래내 모래톱, 1993, 71〉

"내가, 장에 있는 주막에서 기양 **심바람**도 허고, 전지꾼맹이로 불도 때고, 그륵도 싯고, 빨래도 허로, 그러고 있는디, 늑 아부지를 만났제. 그 주막에를 늘 댕겠잉게." 〈최명희, 혼불, 1996, 3, 289〉

"아까 점심때꺼정 있었는디요. 그 후로 못 봤구만이라. 워디 대장님 **심바람** 갔겄제라." 〈조정래, 태백산맥, 2001, 2, 137〉

나도 오늘 송대화 씨를 따라 나설라다가 그랬다가는 암만혀도 소작이 떨어질 것 같아서 못 나섰소. 그랬는디, 만당간에 내가 이런 **심바람**혔다는 소문이 나는 날에는 나는 죽소. 나는 식구가 야닯이나 되는 사람이오. 〈송기숙, 녹두 장군 5, 1989, 125〉

> 대복이는 멀리 타관에를 **심부림** 가고 없지 아니하는 이상 매일같이 골목밖
> 에 이발소에 나가서 라디오의 푸로그람과 명창대회나 성악 연구회 주최의 공
> 연이 있는지를 신문에서 찾아내어야 합니다. 〈채만식, 천하태평춘, 1938 : 1, 176〉
>
> 주부인 듯, 그런데 장히 귀에 익은 음성이 "옥단이 **심부림** 갔어요." 하면서
> 불빛을 안고 나타났다. 〈채만식, 여인전기, 1987, 417〉

표준어 '심부름'이 문헌에서 나타나는 가장 오래된 형태는 '심부림'이
다. 다른 사람이 시키는 일을 '심부름'이라 하는데, '부름'은 '부리다
(使)'에 기원을 두고 있는 것으로 해석하고 있다. '심'의 기원은 '힘'에
서 온 것으로 보고 있다. '힘바람'이 전국적으로 쓰는 것으로 보고되어
있다.

전라방언에서는 '심바람, 심바람꾼, 술심바람, 잔심바람'에서와 같이
'심바람'이 아주 많이 쓰고 있다. 채만식의 소설에 나오는 '심부림'은
역사적인 형태가 계속 쓰인 것으로 보인다. '심바람'은 나도향의 '뽕'에
도 나오고 강경애의 '인간문제'에도 나오고, 송기원의 '아름다운 얼굴'
에도 나온다. '심바람'은 전국적으로 쓰는 것으로 보고되어 있다.

싹가지

- 표준어 : 싹수, 싹수머리
- 품　사 : 명사
- 뜻풀이 : 어떤 일이나 사람이 앞으로 잘될 것 같은 낌새나 징조.
- 다른 방언형 : 사가지, 싹수데가리
- 사용 지역 : 전라도, 강원도, 경상도

> 먹을 게 생기면 먼첨 으런덜헌티 권히야 혀어. 그려야 **싹가지**가 있다고 형게! 〈이병천, 모래내 모래톱, 1993, 59〉
>
> 요런 **싹가지**없는 새끼덜이 사람 몰라보고 어디다 대고 개지랄이여, 이거. 〈조정래, 아리랑, 1995, 7, 36〉
>
> 아 우리가 시방 다 뉘 덕에 이때끄장 요만이라도 살어왔간디, 그런 **싹가지**없는 소리를 얌통시럽게 허난 말이다 〈최명희, 혼불, 1996, 2, 281〉
>
> 니 시방 누고보고 욕허고 지랄이냐, **싹가지** 읎이! 나가 무담씨 그짓말허냐. 존 말로 깨와도 안 일난께 그짓말혔제. 〈조정래, 태백산맥, 2001, 5, 319〉

　국어 사전을 찾아보면, '싹수'는 '앞으로 일이 잘 트일 수 있는 낌새나 징조'란 뜻을 가지고 있다. 그래서 주로 '싹수가 노랗다.'나 '싹수가 없다.'라는 표현으로 쓰인다.

　전라 방언의 '싹가지'란 말은 '싹가지가 노랗다.'란 표현으로는 쓰이지 않는다. 따라서 전라 방언인 '싹가지'와 표준어인 '싹수'는 약간의 의미 차이를 가지는 것으로 보인다.

　'싸가지 없다.'는 말은 대체로 '버릇이나 예의 또는 인정이 없다.'라는 뜻을 가진다. 작품에 따라서 '싸가지없다'로 붙여 쓰기도 하고 띄어 쓰기도 한다.

　전북 방언에서 '싸가지'는 '싹+-아지'의 구성을 가진 말이다. 전라 방언에서는 원래보다 낮추어 부정적인 의미로 사용할 때 '-아지'라는 접미사를 붙인다. 예를 들면 '속아지, 모가지(목아지), 손모가지'를 들 수 있다. '좁은 속'을 '속아지'라 하고, 목을 속된 표현으로 모가지라 하고, 손목이나 발목도 속된 표현으로 '손모가지, 발모가지'라고 한다. 따라서 '싸가지'는 '싹아지'란 구성으로 '싹'을 속되게 표현한 말이다. 그래서 부정적인 의미를 갖게 된 것이다.

　이문구의 '우리동네 조씨'와 이문열의 '우리들의 일그러진 영웅'에서도 '싸가지'가 보인다.

싸아하다

- 표준어 : 싸하다
- 품　사 : 형용사
- 뜻풀이 : ① 입 안, 목구멍, 코, 눈 안 등이 자극을 받아 아린 듯한 느낌이 있다.
　　　　② 어떤 것이 아린 듯한 자극성이 있다.
- 다른 방언형 : 싸아허다, 싸하다, 쎄허다
- 사용 지역 : 전라도

"장한 노릇이루군!……" 더욱 감격하다 못해 필경 눈이 **싸아하고** 눈물이 배는 것을, 그러거나 말거나 앉아서 중얼거리듯 탄식을 하던 것이다. 〈채만식, 탁류, 1987, 138〉

해가 다 기울고 어스름이 깔린 고샅길에도 찬바람이 쿨렁거린다. 언제나 어스름녘의 코끝이 **싸아한** 추위는 서먹한 방랑기를 가져다주곤 한다. 〈신경숙, 풍금이 있던 자리, 1992, 144〉

손을 담그자마자 차게 느껴지던 그 물이 상엽의 입 안을 따라 내려가면서 뱃속까지 **싸아하게** 적셨다. 〈이병천, 모래내 모래톱, 1993, 242〉

가녀린 몸이 품에 안겨들며 비릿하고도 **싸아한** 냄새를 상큼하게 풍겼다. 〈조정래, 아리랑, 1995, 7, 124〉

너무나 억울하고 분한 마음에 눈자위가 붉어지면서 눈물이 **싸아하니** 돈다. 〈최명희, 혼불, 1996, 1, 249〉

길거리에 어제와는 다른 냉기가 **싸아하게** 돌았고, 얼핏 골목으로 사라지는 것이 핫바지에 총을 든 녀석의 모습이었다. 〈조정래, 태백산맥, 2001, 1, 193〉

　전라방언의 형용사 '싸아하다'는 '싸하다'와 함께 쓰고 있다. '싸하다' 보다는 '싸아하다'가 장음이어서 훨씬 어감이 좋기 때문에 이를 선택하여 쓰는 것 같다. 채만식과 최명희 등 여러 작가들이 즐겨 쓰는 장음 표기이다. 작가들이 장음으로 표기하는 어휘는 해당 장면에 맞는 분위기, 느낌, 여운 등을 묘사하는 것이기 때문에 단순히 음운론적인 입장에서만 다룰 것이 아니라 작품의 정서적 의미를 다루어야 할 것이다.

쌈빡하다

- 표준어 : 산뜻하다
- 품　사 : 형용사
- 뜻풀이 : 기분이나 느낌이 깨끗하고 시원하다.
- 다른 방언형 : 쌈빡허다, 쌈빡쌈빡하다, 쌈박하다, 쌈박쌈박하다
- 사용 지역 : 전라도

"**쌈빡헌** 인물에 뭄도 탱탱허시." 감독이 짭짭 입맛을 다시며 손을 뗐다. 〈조정래, 아리랑, 1995, 3, 289〉

"야아, 오래 안 걸릴 것이구만이라. 메칠 안으로 일 **쌈빡허니** 되게 맨글어 불겄소." 배을남이가 자신있게 말했다. 〈조정래, 아리랑, 1995, 8, 44〉

"말 한 분 **쌈빡허니** 잘허네. 우리가 모다 그리 똑바라지게 맘얼 묵어야 써." 〈조정래, 태백산맥, 2001, 5, 200〉

공동묘지에다 저승사자니 깜둥이 애기 시체니, 허는 고따우 먹장구름 같은 소릴랑은 인제 고만 집어치고, 뭔가 **쌈빡헌** 애기 쪼깨 없으까? 〈윤흥길, 소라단 가는 길, 2003, 80〉

"금메 누가 아니드랑가. 인민얼 위해싼다고는 혀도 뜨광허니 생각혔등마 일허는 것 봉께로 **쌈박쌈박헌** 것이 똑 홍어맛이시." 〈조정래, 태백산맥, 2001, 7, 101〉

맴이 요리 찌푸르등등혀갖고야 혁명투쟁이고 머시고 지대로 될 리가 읎제. 멀찍허니 떨어져나가 기왕지사 헐라먼 **쌈박허니** 한바탕 혀야제. 〈조정래, 태백산맥, 2001, 6, 61〉

　전라방언의 형용사 '쌈빡하다'는 표준어 '산뜻하다, 시원하다'에 대응하는 어휘이다. 사람이 하는 말이 시원한 느낌을 줄 때, 인물이나 모습이 깨끗하고 단정할 때, 일이 시원하게 매듭지어질 때, 음식의 맛이 깔끔할 때 주로 쓰는 표현이다. 전라도에서 아주 많이 쓰는 방언이다.

쌉쌉하다

- 표준어 : 삽삽하다, 싹싹하다, 상냥하다
- 품　사 : 형용사
- 뜻풀이 : ① 태도나 마음 씀씀이가 마음에 들게 부드럽고 사근사근하다.
　　　　　② 눈치가 빠르고 사근사근하다.
- 다른 방언형 : 쌉쌉허다
- 사용 지역 : 전라도

쟁우댁은 다른 데서 이런 술장사를 하다가 왔는지, 여간 수다스럽고 **쌉쌉하지**가 않았다. 〈송기숙, 녹두장군 6, 1989, 013〉

매선이는 수다스런 여자였으나 수다스런 만큼 **쌉쌉하기도** 하여 유월례 사정을 듣자 대번에 자기하고 같이 지내자고 끌었다. 〈송기숙, 녹두장군 10, 1989, 33〉

외팔이는 마치 오래 기다리던 친척이라도 맞이한 듯 **쌉쌉하게** 굴며 문길이 차표까지 끊어 차에 올랐다. 〈송기숙, 자랏골의 비가 16, 1974, 147〉

인물도 그만하면 무던하고 시어머니 공대도 **쌉쌉했던** 것 같아요. 〈송기숙, 암태도, 1981, 192〉

　전라방언의 형용사 '쌉쌉하다'는 표준어 '삽삽하다, 싹싹하다'와 대응하는 어휘이다. '삽삽하다'를 된소리로 발음한 것으로 보인다. '삽삽하다'와 '싹싹하다'가 혼태된 어휘로 볼 수도 있을 것이다. 주로 태도나 마음 쓰는 것이 부드럽고 사근사근한 모양을 이를 때 쓴다. 흔히 아랫사람이 윗사람을 부드럽고 사근사근하게 대할 때 쓰는 표현이다.

쌔와리다

- 표준어 : 씨부리다
- 품　사 : 동사
- 뜻풀이 : 주책없이 함부로 실없는 말을 하다.
- 다른 방언형 : 쌔왈거리다, 쐐와리다, 씨월거리다, 씨월대다, 씨월이다
- 사용 지역 : 전라도, 충청도

춘심이가 단숨에 **쌔와리**면서 얼굴 앞에 바루 주저 앉는 것을 윤장의영감은 멀거니 바라다봅니다. 〈채만식, 천하태평춘, 1938, 6, 161〉

"가서 또 **쌔왈거리**구 까부느라구 그러지, 그년이……" 〈채만식, 탁류, 1987, 69〉

윤용규는 싸늘하게 외면을 하고 앉어서 두목이 **씨월거리**는 소리는 들리지도 않은 체 합니다. 〈채만식, 천하태평춘, 1938, 2, 160〉

"……헤헤에이, 제밀헐 것! 괜스리는 **씨월거려** 쌌능구만 그리여. 가만히 그만 있지나 못허고……" 〈서정주, 단골 쪼깔네 머슴 아이〉

인철이 너, 그런 섭헌 소리 재향 동기들 앞에서 함부로 **씨월거렸다**간 호되게 싸개통 나는 수가 있다. 〈윤흥길, 소라단 가는 길, 2003, 14〉

아뿔싸! 내가 괜히 객적은 소리를 **씨월대**는군. 〈채만식, 이런 처지, 1987, 310〉

전라 방언 '쌔와리다, 씨워리다'는 표준어 '씨부리다, 씨부렁거리다'와 유사한 의미를 가진다. 표준어 '씨불씨불'은 의태어이면서 부사로 '주책없이 함부로 자꾸 실없이 말하는 모양.'을 말하기 때문에 '씨워리

다'는 '씨불'에 동사파생접미사 '-이'가 연결된 것으로 해석된다. '씨부
리다'가 전라도에서는 '씨워리다'로 발음하는 것이다. 이 말은 전라 방
언에서 아주 많이 쓰는 방언으로 '씨워리다'가 많이 쓰인다.

　이문구의 '우리동네 강씨'에 '강도 남이 들으면 다른 소리 할 말을 갈
망없이 씨월대며 맞장구를 쳤다.'의 예가 보인다.

쌔코롬하다

- 표준어 : 새무룩하다, 시무룩하다
- 품 사 : 형용사
- 뜻풀이 : ① 날이 어둡고 쌀쌀하다.
          ② 날이 흐려 그늘지다.
          ③ 마음에 못마땅하여 별로 말이 없고 얼굴에 언짢은 기색이 있다.
- 다른 방언형 : 쌔코롬허다, 쎄코롬허다
- 사용 지역 : 전라도

"아아, 날이 **쌔코롬허니** 추운디 어르신네가 또 손수 걸음을 허셨드만요." 김범우는 미적미적 일어섰다. 〈조정래, 태백산맥, 2001, 2, 107〉

"신색이 전만 못헌디다가 기색도 워째 구름진 것맹키로 **쌔코롬헌디**, 장시가 밑겄습디여?" 장터댁은 무언가를 알아내려는 눈빛으로 하대치의 눈치를 살폈다. 〈조정래, 태백산맥, 2001, 4, 265〉

"와따, 날이 영 **쌔코롬허시**.""요것, 불이 힘아리 읋이 사그라드는디 으쩌까?"〈조정래, 태백산맥, 2001, 8, 97〉

이리 와서 봉께로 맘이 **쌔코롬해짐스로** 탁 까라지는 것이, 자꼬 어런덜 말이 되씹히고 그러요. 〈조정래, 태백산맥, 2001, 10, 19〉

전라 방언에서는 '매콤하다, 달콤하다'는 형용사 파생접미사 '-롬하-'가 쓰여 '매코롬하다, 달코롬하다'로 쓰곤 한다. '새콤하다'도 마찬가지로 '새코롬하다'로 쓰고 강조하여 '쌔코롬하다'로 쓰기도 한다. 표준어 '새콤하다'는 '조금 신 맛이 있다.'라는 뜻인데 이 말이 의미 변화를 일으켜 심리적, 환경적 분위기를 표현하는 말로 바뀐 것으로 보인다. 따라서 '쌔코롬하다'는 날씨가 추워지면서 몸이 약간 움츠려지는 심리적 분위기를 나타내는 말로 이해하는 것이 좋을 것 같다.

쌨다

- 표준어 : 쌔다
- 품   사 : 형용사
- 뜻풀이 : 쌓일 만큼 퍽 흔하고 많이 있다.
- 다른 방언형 : 쌔버리다, 쌔고 쌨다
- 사용 지역 : 전라도, 경상도

말허자먼 못해묵을 것이 머시가 있어. 머심질에 인력거꾼에 도적질꺼정 **쌔고 쌨제.**〈조정래, 아리랑, 1995, 3, 12〉

"위따 속 편허게 몰를 것도 **쌨네.** 아, 빨갱이덜 집자고 오는 것 아니겄는가."〈조정래, 태백산맥, 2001, 3, 79〉

이께잇 거 천지에 **쌔고 쌨는** 거이 흙댕인디. 흙무데기가 무신 황금단지간디요오…….〈최명희, 혼불, 1996, 2, 95〉

"사램이 어찌 돼야지여?" "돼야지보다 낫을 것도 없는 사람도 **쌨어.**"〈최명희, 혼불, 1996, 4, 143〉

사실 별반 힘들 께 없는 것이, 그런 쫄무래기야 장안에 폭 **쌨고** 그런데 이편으로 말하면 이러저러한 곳에 사는 재산있는 칠십 먹은 〈채만식, 천하태평춘, 1938, 6, 166〉

"오늘 지사에도 구신 다녀간 자최가 남었다고 허등만… 참 벨일도 **쌨지이!**" "어치케 흔적을 남겼간디?"〈이병천, 모래내 모래톱, 1993, 92〉

아주머니들의 말을 들어보면 '많다'라는 의미로 '쌨다'를 사용하는 분이 많다. 농업을 주로 하던 시대에는 곡식을 쌓아두는 모습을 흔히 볼 수 있었다. 그래서 '쌓이고 쌓인' 곡식을 보면서 많다는 생각을 하게 된 것이다.

전라도에서 쓰는 '쌨다'는 바로 '쌓다'와 관련이 있다. '쌓이어 있다.'가 줄어서 '쌨다'가 된 것이다. '쌓이고 쌓이어 있다.'가 줄면 '쌨고 쌨다, 쌔고 쌨다.'가 된다. '쌔버리다'는 구성으로도 많이 쓰는 특징을 보인다. '벨일이 다 쌨네'라는 표현에서 많이 쓰는 '쌨다'는 전라도 방언이 가지는 아주 독특한 어휘이다. 표준어에서는 '쌔다'를 채택하고 있다.

박경리의 '토지'에 '공출 안해도 죽 묵는 농사꾼 쌨다. 그것도 어제 오늘 일이 아니거마는, 초상집에 와서 술사발이나 마시고 물밥이나 얻어 묵는다꼬 농사꾼 밥 묵고 산다, 하고 생각을 한다믄 그거는 신선사는 동네서 온 놈이다.<토지14, 123>'의 예가 보인다.

썽썽하다

- 표준어 : 성하다, 멀쩡하다
- 품 사 : 형용사
- 뜻풀이 : ① 꽤 성하다.
        ② 아무 탈이 없다.
- 다른 방언형 : 썽썽허다, 쌩쌩하다
- 사용 지역 : 전라도

"백단이는 인자 여그저그 막 돌아댕기고 **썽썽허든디.** 만동이는 당최 얼릉 기운을 못 채리네에. 비얌도 잡어다 멕이고, 깨구락지도 고아 멕이고 부지런히 해대등만. 원체 지독허게 뚜드러 맞어 부렀어어." 〈최명희, 혼불, 1996, 9, 257〉

모도 같이 살자고 나서는 일에 사대육신 **썽썽한** 작자가 안악 군수로 구들장 지고 자빠져서 천장 갈비나 시고 있으란 말이여? 〈송기숙, 녹두장군 5, 1989, 046〉

"그렇게 총을 맞았어도 **썽썽하그만잉.**" 장태는 총 맞은 자국만 있을 뿐 형체는 그대로 멀쩡했다. 〈송기숙, 녹두장군 10, 1989, 198〉

네 팔다리가 **썽썽한** 우리가 어째서 이렇게 두 벌 세 벌 병신이 되었습니까? 〈송기숙, 암태도, 1981, 173〉

전라방언의 형용사 '썽썽하다'는 '성성하다'가 된소리로 발음되어 이루어진 어휘이다. 국어사전에서는 '성성하다'를 북한어로 처리하고 있으나 방언에서는 아주 많이 사용하는 어휘이다. '썽썽하다'는 주로 사람의 모습을 표현할 때 쓰는데 '멀쩡하다, 아무 탈이 없다.'라는 뜻으로 쓰고 있다. '쌩쌩하다'도 함께 쓸 수 있다. '싱싱하다'의 된소리인 '씽씽하다'는 주로 물건에 쓰여서 '썽썽하다'와 대조된다.

쎄

- 표준어 : 혀
- 품　사 : 명사
- 뜻풀이 : 동물의 입 안 아래쪽에 있는 길고 둥근 살덩어리.
- 다른 방언형 : 서
- 사용 지역 : 전라도, 전국

부인이 용을 씨고 떠다 밀어붙이고는 달어나 부리든지, 분허고 독헌 마음에 **쎄**를 물고 죽어 불먼 큰일 아닝가. 〈최명희, 혼불, 1996, 5, 210〉

여그 이 만주 땅으서 한번 몸뎅이를 일으켜 볼라고⋯⋯안 갔지요. **쎄**를 물고. 마님이 저한테 그 큰 맘을 주셨는디, 〈최명희, 혼불, 1996, 10, 139〉

"하앗다! 고년이 **서**빠닥은 짤뤄두 침은 멀리 비얏넌다더니, 이년아 늬가 적벽가 새타령을 허머넌 나넌 하눌서 빌을 따오겠다" 〈채만식, 천하태평춘, 1938, 6, 169〉

"쓰잘디읎는 짓거리 허다가 잽혀가 당신 고상만 **쎄**빠지게 시켰구만" 하고 그는 머리를 긁적였는데, 〈조정래, 태백산맥, 2001, 1, 52〉

이날 이때꺼정 삼시세끼 밥 묵고 사는 것이 다 누구 덕인디. **쎄**빠지게 농새 짓고도 세끼 밥 찾아 묵기 심든 시상에 왈패짓 혀서 〈조정래, 태백산맥, 2001, 1, 186〉

"아이고매 정나미야. 갔을라고요는 무신 **쎄**빠질 노무 갔을라고요오? 참 내." 옹구네는 샐쭉하여 핀잔을 준다. 〈최명희, 1996, 혼불, 3, 17〉

사전을 찾아보면 '혀'와 관련된 말이 많다. '혀 꼬부라진 소리'는 술에 취하여 내는 소리를 말하고, '혀 짧은 소리'는 발음이 분명치 않은 소리를 말한다. '혀를 놀리다.'라는 말은 무심코 말을 입 밖에 내는 걸 말한다. 많은 사람 앞에 서면 '혀가 굳어서' 말을 하기가 어렵다.

전라 방언에서는 '혀'를 '서, 써, 쎄'라고 발음한다. 그래서 '혓바닥'을 '서빠닥, 쎄빠닥'이라고 말한다. 이 '서, 써, 쎄'를 쓰는 표현은 주로 '써 빠지다, 서 빠지다, 쎄 빠지다.'라는 형식으로 많이 사용한다. '쎄 빠지다.'는 아주 힘들게 고생한다는 의미이다.

이렇게 '혀'가 '서'로 발음되는 현상은, '형님'을 '성님', '흉내'를 '숭내'라고 하는 현상과 마찬가지인데 이것을 '구개음화(입천장소리되기)' 현상이라 한다. 전라도 방언의 아주 대표적인 발음 현상이다. 전라방언에서 '전디다(견디다), 짐(김), 질(길), 질게(길게), 질르다(기르다), 지침(기침), 졑에(곁에), 심(힘), 숭악하다(흉악하다)'와 같은 구개음화 현상을 쉽게 볼 수 있다.

한국방언검색프로그램에서 '혀'의 방언형을 검토해 보면 전국적으로 쓰고 있음을 확인할 수 있다.

쓰잘데기없다

- 표준어 : 쓸데없다
- 품   사 : 형용사
- 뜻풀이 : 아무런 쓸모나 득이 될 것이 없다.
- 다른 방언형 : 쓰잘데없다, 씨잘데기없다, 씨잘데없다, 쓰잘데읎다, 쓰잘디읎다
- 사용 지역 : 전라도

쓰잘데기 없는 이야기는 쓸데없이 남고 〈김용택, 섬진강13, 3, 10〉

또 낯모를 사람과 **쓰잘데없이** 이야기를 할 맛도 없는 것이라 거저 "예에!" 하고 건성으로 대답을 할 뿐입니다. 〈채만식, 태평천하, 1987, 23〉

"왜, **쓰잘데없는** 장난을 하는 거야?" 〈채만식, 落照, 1987, 405〉

"**쓰잘데읎는** 소리 말소." 〈조정래, 태백산맥, 2001, 4, 129〉

"그렇게, **씨잘데기** 없는 소리 해쌓지 말고 저리 가. 무단히 주둥팽이 까딱 잘못 놀리면 맞어 죽을 텡게." 〈최명희, 혼불, 1996, 2, 268〉

"허, 거, **씨잘데기** 없는 소리들. 시방 그런 이얘기 허게 생겼능가?" 〈최명희, 혼불, 1996, 7, 101〉

아무 짝에도 **씨잘데기** 없이 줏고 말랑가도 모르능게. 〈최명희, 혼불, 1996, 9, 245〉

전라 방언의 '쓰잘데기없다'는 표준어 '쓸데없다'에 대응하는 형용사이다. '쓸데없다'는 '실제에 아무런 가치나 의의가 없다.'라는 뜻이다.

'보잘것없다'는 형용사인데 이 말은 '보자 할 것 없다.'에서 온 것이고, '먹잘 것 없다.'는 '먹자 할 것 없다.'는 말에서 온 것이다. 이러한 표현이 생산성을 갖게 되면서 '쓰잘 것 없다.'라는 표현도 생기게 된 것이다.

'쓰잘데기없다'에서 '쓰잘-'은 '보잘-, 먹잘-'과 같이 변화한 것이고, '데기'는 '데, 것'의 방언형이라고 할 수 있다. '종오때기, 판자때기'에서 유추한 것으로 볼 수도 있다. 따라서 표준어 '쓸데'의 방언형은 명사 '쓰잘데, 쓰잘데기'가 되는 것이다.

이 '쓰잘데기없다'는 '쓰잘 곳이 없다.'라는 의미가 굳어져서 형용사가 된 것인데, '쓰잘데없이, 쓰잘데기없이'는 부사로 쓰고, '쓰잘데, 쓰잘데기'는 명사로 쓰게 된 것이다. 그래서 띄어 쓰기도 하고 붙여 쓰기도 하는 것이다.

씨겁다

- 표준어 : 쓰다
- 품 사 : 형용사
- 뜻풀이 : 혀로 느끼는 맛이 한약이나 소태, 씀바귀의 맛과 같다.
- 다른 방언형 : 쓰겁다
- 사용 지역 : 전라도, 경상도, 충청도, 강원도, 함경도

> 아무도 없는 곳이기에 고이는 눈물이면 손아귀에 닷는대로 떱고 **씨거운** 山 열매를 따먹으며 나는 함부로 줄다름질 친다. 〈서정주, 逆旅〉

표준어 '쓰다'는 방언에서 '쓰다, 씨다'로 발음한다. 따라서 '씨겁다'는 '씨-'에 형용사를 파생시키는 접미사 '-겁-'이 연결되어 '씨겁다'가 된 것이다. <표준국어대사전>에서는 '씨겁다'를 '쓰다'의 강원도 방언으로 처리하고 있으나 서정주의 작품에서 발견되는 것으로 보아 전라도에서도 쓰는 말로 이해된다. 한국 방언 검색 프로그램을 참고하면 북한에서는 '쓰겁다'가 이남에서는 '씨겁다'가 주로 사용되는 것으로 보고하고 있다.

함북에서는 '씁다'를 쓰고 함경도에서는 '쓱다'를 쓰는 것으로 보고되어 있다. '쓰다'에 형용사 파생접미사 '-ㅂ-'이 연결되면 '씁다'가 되고 형용사 파생접미사 '-압 / 업-'이 연결되면 '쓰겁다'가 되는 것이다.

씨릿씨릿하다

- 표준어 : 쓰리다
- 품　사 : 형용사
- 뜻풀이 : ① 몸이 쑤시는 것같이 아프다.
　　　　　② 몹시 시장하거나 과음하거나 하여 배 속이 아리다.
　　　　　③ 마음이 쑤시는 것처럼 아프고 괴롭다.
- 다른 방언형 : 씨릿씨릿허다, 씨리씨리하다
- 사용 지역 : 전라도

"와따, 묏돼지 잡을 만치 날쌔기도 날쌔시. 저 시악씨 속으로 찍은 것이 누군지는 몰라도 속이 **씨릿씨릿허겄다**." 여자 고를 생각은 하지 않고 술상 쪽으로 돌아앉아버린 현오봉이 누구를 향한 것인지 모를 말을 능청스럽게 하고 있었다. 〈조정래, 태백산맥, 2001, 5, 40〉

"감기 꼬뿔인지 멋인지 속이 **씨릿씨릿하고** 한속이 들어서 통 갱신을 못하겄소예. 오늘 저녁에는 물레방에 못 오겄그만이라." 예동댁은 얼굴까지 찡그려 보이며 엄살을 부렸다. 〈송기숙, 녹두장군 4, 1989, 185〉

"그러시. 속이 **씨리씨리허겄네웨**." 〈조정래, 태백산맥, 2001, 5, 65〉

요분 일 당허고 여자들이 애태우고 발싸심허는 것 옆에서 보자니께 내 가심이 다 **씨리씨리허요**. 〈조정래, 태백산맥, 2001, 6, 24〉

전라방언의 형용사 '씨릿씨릿하다'는 표준어 '쓰리다'에 대응하는 어휘로 두번 연속 사용하여 강조하는 의미를 가지고 있다. '쓰리쓰리하다, 쓰릿쓰릿하다'가 전설고모음화하여 '씨릿씨릿하다'로 변한 것으로 보인다. 예문에서는 주로 마음속이 괴롭거나 뱃속이 아리는 것을 표현하고 있다. '쓰리다'의 방언형인 '씨리다'는 전라도, 충청도, 경상동, 강원도 등에서 두루 쓰고 있다.

씨서리

- 표준어 : 설거지
- 품　사 : 명사
- 뜻풀이 : ① 먹고 난 뒤의 그릇을 씻어 정리하는 일.
　　　　　② 그릇을 씻어 정리하는 일을 전반적으로 일컬음.
- 사용 지역 : 전라도

"먹기만 허고 씨서리는 안했으면 좋겠네." "아이고, 굿을 허네. 인자 살어 바라. 그래도 씨서리가 그 중 지일 쉬운 일일 거잉게." 임서방은 모녀가 주고 받는 말을 귓등으로 들으며 가마니와 멍석을 짤 짚을 추린다. 〈최명희, 혼불, 1996, 6, 79〉

표준어 '설거지'는 '밥을 먹고 난 뒤에 그릇을 씻어 정리하는 일.'을 말한다. 그러나 전라 방언의 '씨서리'는 설거지의 의미는 물론이고 물로 씻는 일을 통칭하는 말이다. 예를 들어 김장을 하고 나서 여러 가지 그릇을 씻어 말리는 일도 역시 '씨서리'에 해당한다. '씨서리'는 '씻다'에 접미사 '-어리'가 연결된 것이다. 접미사 '-어리'의 의미를 정확히 파악하기는 어렵다. 다만 '-하는 일' 정도로 이해될 뿐이다. 김승옥, 박범신, 유승규, 이근영의 소설에도 '씨서리'가 보인다.

씨엉쿠

- 표준어 : 시원히
- 품　사 : 부사
- 뜻풀이 : 가렵거나 속이 더부룩하던 것이 말끔히 사라져 기분이 좋은 모양.
- 사용 지역 : 전라도

"**씨엉쿠** 잘되았제 머시가 아까와. 왜놈덜 돈이 잿더미 된 것잉게 나야 오장 육부가 다 씨어언허구마." 〈조정래, 아리랑, 1995, 6, 172〉

"아이고메, 넘 일에 잘못되았다고 헐 수넌 없고 **씨엉쿠** 잘되았다." 〈조정래, 아리랑, 1995, 8, 313〉

아조 **씨엉쿠** 잘 죽어뿐 것잉께 쓰잘 디 읎는 말덜 고만허고 인자 일이나 또 시작헙씨다. 〈조정래, 태백산맥, 2001, 9, 131〉

전남방언에서는 표준어 '시원하다'를 '시언하다, 씨언하다'로 발음한다. '씨엉코'는 '씨언하고, 씨언허구'에서 'ㅎ'과 'ㄱ'이 결합하여 'ㅋ'이 되면서 '씨언코, 씨언쿠'가 되고, 다시 이것이 '씨엉쿠'가 된 것으로 보인다. 뒤에는 '잘'이라는 부사가 항상 오는 것을 보면 '아주, 매우'라는 의미를 더하는 듯하다.

씰닥쟁이

- 표준어 : 쓸데, 쓸모
- 품 사 : 명사
- 뜻풀이 : 쓰일 자리. 또는 써야 할 곳. 쓸 만한 가치.
- 사용 지역 : 전라도

"거 무신 **씰닥쟁이** 없는 소리를." 〈최명희, 혼불, 1996, 2, 289〉

옹구네가 까스르며 비양거리자 공배네는 "**씰닥쟁이** 없는 소리." 하며 헛심 팽긴 듯 웃고 만다. 〈최명희, 혼불, 1996, 4, 106〉

아그들은 그저 재통이나 저질르고 댕기제 무신 **씰닥쟁이**가 있간디 봉출이 한테 그런 말은 허라고. 봉출아, 너 행이라도 그런 소리 입에 담지 마라이, 잉? 〈최명희, 혼불, 1996, 6, 160〉

"그런 **씰닥쟁이** 없는 소리는 딛기도 싫고." 〈최명희, 혼불, 1996, 8, 35〉

최명희의 소설에 보이는 '씰닥쟁이'는 전라 방언에서 일반적인 어휘가 아니다. '씰닥쟁이'는 전라 방언에서 일반적으로 쓰는 '쓰잘데기, 씨잘데기'와, 표준어에서 명사로 쓰는 '쓸데, 쓸모'와 같은 의미를 가진 것이다. '씰닥쟁이'는 '씰닥쟁이가 있다.'로도 쓰이고 있지만 이는 사실상 의미상으로는 '씰닥쟁이 없다.'의 의미로 쓰인 것이다. 주로 '씰닥쟁이 없다.'의 표현이 쓰이고 있다.

씹떡껍떡

- 표준어 : 실떡실떡, 주책없이
- 품   사 : 부사
- 뜻풀이 : 일정한 줏대가 없이.
- 다른 방언형 : 실떡실떡, 실떡벌떡, 힐떡벌떡
- 사용 지역 : 전라도

"성질 사까다찌허게 맹그는 소리 **씹떡껍떡해쌀지** 말어, 이 새끼야. 〈조정래, 태백산맥, 2001, 6, 338〉

말도 체면 볼 것 읋이 **씹떡껍떡** 많이 해대는 눔이 결국 잘허게 되는 것 아니었소? 〈조정래, 태백산맥, 2001, 8, 299〉

"공연시 **씹떡껍떡** 주딩이 놀리덜 말어. 비우짱 틀어졌다 허먼 그눔에 주딩이 쫙쫙 찢어뿔 팅게." 경찰이 정나미 떨어지게 내뱉었다. 〈조정래, 태백산맥, 2001, 8, 333〉

뭐라 뭐라 혼잣말로 끊임없이 중얼거리며 둑길 가장자리에서 들꽃을 꺾어 들던 그니는 우리를 보더니만 **실떡실떡** 공연히 웃음을 헤프게 쏟뜨리기 시작했다. 〈윤흥길, 소라단 가는 길, 2003, 72〉

전라방언의 부사 '씹떡껍떡'은 의태어로 보이는데 대체로 '줏대없이 가벼이 노는 행동'을 이르는 말이다. <소설어사전>에서는 '씹떡껍떡하다'를 '쓸데없는 말을 수다스럽게 지껄이다.'의 의미로 해석하고 있으나 동사로 처리하기 어렵다. 전라도에서는 '실떡실떡, 실떡벌떡' 등의 형태를 쓰고 있는데 이는 어떤 행동을 이랬다 저랬다 하는 모양을 나타내는 말이다.

씻나락

- 표준어 : 볍씨
- 품　사 : 명사
- 뜻풀이 : 못자리에 뿌리는 벼의 씨.
- 다른 방언형 : 씬나락
- 사용 지역 : 전라도, 경상도, 충청도, 경기도, 북한

태식이는 '조선어독본 권지일'로 귀신이 씻나락을 까먹고 이번 부동조(不同調)의 소음 속에서 그애 경손이가 고 속알찌에 천연스리 섭슬려 있다니 매우 히귀한 현상입니다 〈채만식, 천하태평춘, 1938, 7, 232〉

씻나락도 먹어 치우는 것들이 있으니, 그것들이 그리 살다 죽으면 鬼神도 그때는 씻나락 까먹는 소리를 낼 것이고, 〈서정주, 大兕年〉

어뜬 놈은 책상다리 점잖허게 개고 앉아서 발부닥 씰어 감서 공자왈 맹자왈 씻나락 까먹는 소리로 노래를 부름서, 글이요, 정신이요, 허능 거이여? 시방. 〈최명희, 혼불, 1996, 5, 181〉

전라도에서는 '벼'를 '나락'이라고 한다. 그래서 '벼이삭'을 '나락이삭, 나락모가지'라 하고, '볏단'을 '나락다발'이라고 한다. 그리고 '볍씨'도 '씻나락'이라고 한다. '씨'와 '나락'이 합성되면서 그 사이에 'ㅅ'이 들어가서 '씻나락'이 되었다. 전라 방언에서는 횡설수설하는 사람에게 '귀신 씻나락 까먹는 소리 헌다.'라는 말을 자주 쓴다.

이기영의 '두만강'에 '공손이는 씻나락을 담그고 나서 오늘은 못자리를 앙구었다.'라는 예가 보인다. 〈조선말대사전〉에는 '씨나락'이 올라

있다. 북쪽은 사이시옷을 인정하지 않기 때문에 '씨나락'이라고 표기하
는 것이다.

씻허옇다

- 표준어 : 시허옇다
- 품 사 : 형용사
- 뜻풀이 : 매우 허옇다.
- 다른 방언형 : 싯허옇다, 씨허옇다
- 사용 지역 : 전라도

비나리는 港口의 어느 內外酒店에서, 사실은 내 髓神經의 한가운대에서, 씻허연 두줄의잇발을내여노코 나를 부르는것. 〈서정주, 밤이 깊으면〉

표준어에서 '새하얗다, 새까맣다'의 접두사 '새-'는 '매우'의 뜻을 갖는다. 마찬가지로 '시허옇다, 시커멓다'에서 접두사 '시-'도 역시 '매우'의 뜻을 갖는다. '시허옇다'는 전라도 지역에서는 된소리로 발음하면서 '씻허옇다'로 발음된다. 서정주의 시에 나타나는 이 어휘는 표준어의 '시허옇다'에 대응되는 전라도 방언이다. 평안북도에서 '씨헗다'를 쓰는 것으로 보고되어 있다. 김지하의 시에서는 '씨허옇다'를 쓰고 있다.

아까막새

- 표준어 : 아까
- 품　사 : 부사
- 뜻풀이 : 조금 전 무렵에.
- 다른 방언형 : 아까막시, 아까막세, 아까참에
- 사용 지역 : 전라도

"아녀! **아까막새** 신사복 입고 나갔응게 밤 늦게사나 올 것이고만." 〈이병천, 모래내 모래톱, 1993, 17〉

아까막새는 바쁜 소리 혼자 다허등마는, 왜 가는 사람을 붙들고 찐드기맹이로 놓들 안히여? 〈최명희, 혼불, 1996, 2, 25〉

"**아까막시** 길수네 엄니가 길수란 놈 찾니라고 우리집에 댕겨갔다." 오금을 콱 박듯 어머니의 말이 등뒤로 뾰족하게 날아들었다. 〈윤흥길, 소라단 가는 길, 2003, 92〉

아까참에 기표가 바늘끝 같은 눈으로 쏘아보며
"네 안한테 말을 잘 이르거라."
했던, 그 '말'이라는 것이 아직도 가슴에 얹혀 내려가지 않는 탓도 있었고, 초저녁부터 수런거리던 동녘골댁의 일이 공연히 강모를 사로잡아 진정하기 어려운 탓도 있었다. 〈최명희, 혼불, 1996, 2, 142〉

아까참에 김 동무가 무신 소리럴 혔등가 강경애 동무헌테 무참허니 퉁얼 맞었구만이라. 〈조정래, 태백산맥, 2001, 10, 242〉

전라방언의 부사 '아까막새'는 '아까+막+-에'의 구성을 가진 것이다. '막'은 '무렵'의 뜻을 가진 명사이고 '-새'는 '-에'의 이형태로 보인다. 따라서 '조금 전 무렵에'의 의미를 가지는 것이다. '아까막새'는 '아까참에'로도 많이 사용하는데 '참'은 '무엇을 하는 경우나 때.'를 의미하기 때문에 결국 '아까막새'와 같은 의미로 해석할 수 있다.

아슴풀하다

- 표준어 : 아슴푸레하다
- 품 사 : 형용사
- 뜻풀이 : 빛이 약하거나 멀어서 조금 어둑하고 희미하다.
- 다른 방언형 : 아슨풀허다, 아시무락하다
- 사용 지역 : 전라도

> 내 어린날! 아슬한 하날에 뜬 연같이 바람에 깜박이는 연실같이 내어린날! **아슨풀하다** 〈김영랑, 1949, 연, 102〉
>
> 손때 살내음도 저뤘을 欄干이 흙이 나를 않고 한가 하다 한두쪽 힌구름도 사러지는듸 한두엇 저질러논 부끄러운짓 파아란 하늘처름 **아슨풀하다** 〈김영랑, 1949, 집, 119〉

전라 방언의 형용사 '아슨풀하다'는 표준어 '아슴푸레하다'에 대응하는 어휘로 '아스라하다, 까마득하다'의 의미를 가지고 있다. '아슨풀하다'는 '아슴푸레하다'에서 줄어든 것으로 보인다. '희미하다'는 뜻을 가진 '아슴하다'의 '아슴'에 형용사파생접미사 '-푸레하(풀하)-'가 연결된 것이다. 다른 작가의 작품에서는 '아시무락하다'가 쓰인다.

아슴찮다

- 표준어 : 고맙다
- 품　사 : 형용사
- 뜻풀이 : 남이 베풀어 준 호의나 도움 따위에 대하여 마음이 흐뭇하고 즐겁다.
- 사용 지역 : 전라도, 함경도

　　기생이며 광대가 가지각색이요, 그래서 노래도 여러가지려니와 눈으로 보면서 오래오래 들을 수가 있기 때문에 감질나는 라디오보다는 그놈이 가끔이어서 안되기는 했지만 그때 그때는 퍽 **아슴찮습니다.** 〈채만식, 천하태평춘, 1938, 1, 176〉

　　노라가 받아 펴보니 운동화다. 퍽 반가왔다. "아이구 **아슴찮애라.** 어쩌면……" 〈채만식, 인형의 집, 1987, 34〉

　　아슴찮으니 돈이라도 몇푼 채워서 내주어야겠다. 〈채만식, 탁류, 1987, 320〉

　　"아이, **아슴찮이라!** 시방 원두막에서 오는구만?" 〈채만식, 童話, 1987, 253〉

　　채만식의 소설에서만 나오는 '아슴찮다'는 표준어 '고맙다'의 방언이다. 국어사전에는 함경도에서도 쓰는 것으로 보고되어 있다. 21세기 세종계획에서 만든 '한국방언검색프로그램'에는 함경도 방언으로 '아슴찮다, 아슴채이다, 아슴채이타, 아슴챙 : 다, 아슴탠타, 아심탠 : 타' 등을 쓰는 것으로 보고하고 있다.

　　'아슴하다'가 '아슴하지 않다.'로 쓰이면서 '아슴치 않다.'가 되고 다시 '아슴찮다'로 축약된 것으로 보이는데 이 때의 '아슴하다'가 정확히 어떤 의미인지는 알기 어렵다.

아슴하다

- 표준어 : 아슴푸레하다
- 품 사 : 형용사
- 뜻풀이 : ① 기억에 똑똑히 떠오르지 아니하고 좀 흐리마리하다.
          ② 똑똑히 보이거나 들리지 아니하고 흐리고 희미하다.
          ③ 좀 어둑하고 희미하다.
- 다른 방언형 : 아심하다, 아슴아슴, 아슴아슴하다
- 사용 지역 : 전라도, 경상도

초록빛으로 가득한 들녘끝은 **아슴하게** 멀었다. 그 가이없이 넓은 들의 끝과 끝은 눈길이 닿지 않아 마치도 하늘이 그대로 내려앉은 듯싶었다. 〈조정래, 아리랑, 1995, 1, 9〉

섬들을 품고 서쪽으로 펼쳐진 바다, **아슴하게** 멀고 긴 수평선, 그리고 그 산줄기는 서로 어우러져 그지없이 아담하고 고운 풍광을 이루고 있었다. 〈조정래, 아리랑, 1995, 1, 107〉

연기를 깊이 빨아들였다. 가슴이 담배연기로 적셔지며 정신이 **아슴하고** 아른해졌다. 〈조정래, 아리랑, 1995, 1, 125〉

눈을 내리감은 홍씨는 손으로 가슴을 꼭 누르고 있었다. 현기증도 아니고 황홀감도 아닌 야릇한 힘에 휘둘리면서 정신이 **아슴해지고** 있었던 것이다. 홍씨는 아기중의 말을 멀리 스치는 소리로 놓치고 있었다. 〈조정래, 아리랑, 1995, 2, 304〉

넓고 넓은 들녘에 어둠살이 내리고 있었다. 어둠살은 연한 보랏빛이었다. 어둠살에 잠기고 있는 **아슴한** 들녘에는 그 넓이만큼의 고요가 가득했다. 〈조정래, 아리랑, 1995, 3, 131〉

> 이동만은 드넓은 간척지를 **아슴한** 눈길로 바라보며 중얼거리고 있었다. 〈조정래, 아리랑, 1995, 7, 234〉

전라 방언의 형용사 '아슴하다'는 주로 조정래의 작품에서 발견된다. <소설어사전>에서는 위에 언급한 뜻풀이와 같이 해석하고 있고, <시어사전>에서는 '아득하고 멀다. 뚜렷하게 드러나지 않고 아주 희미하다.'의 뜻으로 해석하고 있다. 모두 알맞은 뜻이다. 부사로는 '아슴아슴'을 쓰고 형용사로 '아슴아슴하다'가 사용되고 있다.

박경리의 '토지'에 '아슴하다, 아슴아슴하다'가 쓰이고 있다.

아시무락하다

- 표준어 : 아슴푸레하다, 아스라하다, 까마득하다
- 품　사 : 형용사
- 뜻풀이 : ① 빛이 약하거나 멀어서 조금 어둑하고 희미하다.
　　　　　② 또렷하게 보이거나 들리지 아니하고 희미하고 흐릿하다.
　　　　　③ 기억이나 의식이 분명하지 못하고 조금 희미하다.
- 다른 방언형 : 아시므레하다
- 사용 지역 : 전라도

"아, 두말허면 잔소리요. 임자 없는 땅이 여그 징게맹갱 들판 열 곱이고 시무곱이 넘게 **아시무락헝게** 지 맘 꼴리는 대로금 긋는다고 헙디다. 허고, 땅이 무지허게 걸어서 거름 하나또 안히도 농새가 기막히게 잘된답디다." 〈조정래, 아리랑, 1995, 5, 75〉

사방의 끝이 **아시무락하고** 까마득한 벌판의 넓이도 광막하기 그지없었지만 하늘의 넓이는 그보다 훨씬 더 넓은 것 같았다. 〈조정래, 아리랑, 1995, 8, 285〉

"아, 그눔에 법도 맹글어져야 맹글어졌는갑다 허제 지끔으로서야 그 가망이 **아시무락헌** 일이고, 니나 나나 재작년 겉은 때 죽지도 않고, 그렇다고 빨갱이질로 나스지도 못허고 요리 앉었음시로 큰소리칠 것 읎다 그것이네." 〈조정래, 태백산맥, 2001, 3, 205〉

"천왕봉언 아까 알았을 것이고, 거그서 왼쪽 옆으로 쪼깐 틀어서, 이쩌그 저 **아시무락허니** 산꼭대기가 서너 개 맞붙은 것맨치로 된 것 있제라? 아, 봬요, 안 봬요!" 〈조정래, 태백산맥, 2001, 9 ,344〉

전라 방언의 형용사 '아시무락하다'는 '아스라하다, 까마득하다'의 의미를 가지고 있다. 북한의 경우에 '아시므레하다'가 사용되고 있는데 사실 전라도에서도 '아시므레하다'가 사용된다. '아시무락하다'는 '희미하다'는 뜻을 가진 '아슴하다'의 '아슴'에 형용사파생접미사 '-우락하-'가 연결된 것이다. '아시므레하다'의 경우도 역시 '아슴'에 '-으레하-'가 연결된 것이다.

아즘찮다

- 표준어 : 고맙다
- 품 사 : 형용사
- 뜻풀이 : 남이 베풀어 준 호의나 도움 따위에 대하여 마음이 흐뭇하고 즐겁다.
- 다른 방언형 : 아심찮다, 아즘잖다, 아즘잔하다
- 사용 지역 : 전라도, 함경도

즈그덜 겉은 상것덜이 동네럴 뜨는디도 선상님 겉으신 양반 어러신이 이리 잔치상얼 채래주신께 황송허고도 **아즘찮허고도** 또 아즘찮히서 무신말얼 디래야 헐란지 가심만 답답허구만이라우. 〈조정래, 아리랑, 1995, 5, 312〉

양반님네헌티 요런 대접 받아보는 것언 즈그덜 평상에 첨잉게요. 선상님, 아즘찮이 아즘찮이 또 **아즘찮이구만이라우.**" 넷 중에 연장자인 문서방이 목이 메며 신세호 앞에 허리를 깊이 숙였다. 〈조정래, 아리랑, 1995, 5, 312〉

"되얐소, 혜자 동무. 우리 소대장 동무넌 전사로도 장허고, 남자로도 실헌께 혜자 동무 눈이 볽기는 볽소. 나 말 알어들어준께 **아즘찬이요.**" 외서댁은 김혜자의 어깨를 토닥여주었다. 〈조정래, 태백산맥, 2001, 9, 14〉

전라 방언의 형용사 '아즘찮다'는 '고맙다'와 대응되는 방언이다. 표준어 '안심찮다'와 관련이 있는 것으로 보고되고 있으나 이 어휘는 '남에게 폐를 끼쳐서 미안하다, 안심이 되지 아니하고 걱정스럽다.'의 뜻을 가지기 때문에 대응하기 어렵다. '아즘찮다'는 그 구성으로 보아 '아즘하지 않다.'에서 온 것인데 '아즘하다'를 쓰지 않기 때문에 구체적인 어원을 파악하기 어렵다. 함경도에서는 '아슴찮다'가 주로 쓰인다.

아측

- 표준어 : 아침
- 품　사 : 명사
- 뜻풀이 : 날이 새면서 오전 반나절쯤까지의 동안.
- 다른 방언형 : 아칙, 아척
- 사용 지역 : 전라도, 전국

"이놈들 참, **아측** 일찌감치도 몰려왔다!" 〈이병천, 모래내 모래톱, 1993, 66〉

야야, 자다가 봉창 뜯는 소리 말고! 밤중의 너무 많이 먹는 것도 좋지 않응게 인자 자고 **아측**에 먹어라. 〈이병천, 모래내 모래톱, 1993, 93〉

"자작농이 하로**아칙**에 소작농으로 처백히고, 인자 그도 못해 쪽박신세가 되게 생겼제. 참 기맥힐 일이여." 〈조정래, 아리랑, 1995, 5, 304〉

보름날 **아칙**에는 누가 불러도 대답 않는 거이여, 어쩔래, 인자, 너. 올 여름에 더우깨나 먹겠네. 〈최명희, 혼불, 1996, 5, 53〉

"내일 **아칙** 열시에 남국민핵교 마당에서 인민재판이 열린께로 짬내서 나가 보도록 허씨요." 〈조정래, 태백산맥, 2001, 7, 59〉

표준어 '아침'의 전라 방언은 '아칙, 아측'이다. 주로 노인들이 많이 쓰고 있다. 17세기 문헌 자료에서부터 '아적'이라는 형태가 나타나서 18세기·19세기에도 연이어 쓰고 있다. 이 '아적'과 '아침, 아츰'이 혼태되어 나타난 형태가 '아칙, 아측'일 것이다. 역사적으로 쓰인 어휘이기 때문에 전국적인 분포를 보이고 있다.

안암팎

- 표준어 : 안팎
- 품 사 : 명사
- 뜻풀이 : 사물이나 영역의 안과 밖.
- 다른 방언형 : 안암팍, 안안팍, 안안팟, 아남팍
- 사용 지역 : 전라도, 충청도, 북한

집안 꼴이 이 꼴이 되어 모두 하루 아침에 거지가 된 데다가 또 상피까지 한 패륜지배들이 되고 말았으니 집안 꼴은 **안암팎**으로 풍지박산이 되고 말았다. 〈송기숙, 녹두장군 2, 1989, 047〉

안암팎으로 부대끼니라고 눈물 마를 날이 없습디다. 〈송기숙, 녹두장군 5, 1989, 046〉

"어쩌면 조정하고 **안암팎**으로 이렇게도 손뼉이 잘 맞아 돌아갈까요? 또 어쩌자고 이런 소리가 들이닥치기는 한 날 한 시에 똑같이 들이닥친단 말이오?" 〈송기숙, 녹두장군 10, 1989, 225〉

"나가 혹시 잘못 들었는지는 몰라도 그 말씸 역시 영감님이야말로 겉 달르고 속 달른 수박 예수꾼이 아니라 **아남팎**이 똑같은 도마도 예수꾼이다, 요런 뜻으로……" 〈윤흥길, 빛 가운데로 걸어가면, 1997, 1, 26〉

전라방언의 명사 '안암팎'은 '안과 밖'을 의미하는 어휘다. 경우에 따라, 부부를 가리키기도 하고, 집안 식구의 집안 사정과 바깥 사정을 의미하기도 한다. '안암팎'은 '안+안팎'으로 이루어진 어휘로 보인다. 한자어 '內外'를 의미하면서 '안'과 '안팎'을 겹쳐 쓴 결과 생성된 어휘로 보인다. 이문구의 소설에서도 보인다. 함경도와 평안도에서도 사용되는 것으로 보고되어 있다.

앉을개

- 표준어 : 깔개
- 품　사 : 명사
- 뜻풀이 : 앉을 수 있게 만든 물건.
- 다른 방언형 : 안질개
- 사용 지역 : 전라도

池塘 앞에 **앉을개**가 둘이 있어서 네 옆에 가까이 내가 앉아 있긴 했어도
〈서정주, 四十〉

베틀 다리는 네 다리요 앞다릴랑 두 다릴랑 동(東)에 동창 배겨 놓고 뒷다릴랑 두 다릴랑 남(南)에 남창 맞춰 놓고 **앉을개**라 돋우 놓고 그 우에가 앉은 각시 허리 부테 두른 양은 절로 생긴 산지슭에 허리 안개 두른 것고 〈최명희, 혼불, 1996, 2, 44〉

일반적으로 방언에서 '앉을개'는 그네에 있는 발을 올려놓게 만든 받침을 말한다. 그러나 서정주와 최명희의 작품에 나오는 '앉을개'는 '앉을 수 있게 만든 물건'을 통칭하고 있다. 흔히 '방석(方席)'은 '앉을 수 있게 만든 작은 깔개'를 말하지만 여기서 '앉을개'는 앉을 수 있는 모든 물건을 말하고 있다.

알탕갈탕

- 표준어 : 애면글면
- 품 사 : 부사
- 뜻풀이 : 몹시 힘에 겨운 일을 이루려고 갖은 애를 쓰는 모양.
- 다른 방언형 : 알탕알탕, 애탄가탄, 알탕갈탕하다
- 사용 지역 : 전라도

"오매 오매 나 피모시 한 묶음만 또 구해다 주소." 해서 또 그것도 이리저리 **알탕갈탕** 구해다 주었더니 그걸로는 가느스름하게 새끼줄을 길게 길게 꼬아 서리어 두고, 〈서정주, 金庾信風〉

면내 전체가 오빠시 때맨치로 와글바글 한꺼번에 들고일어나서 한사를 허고 반대를 놓는 것을 우리 교장선상님께서 여러 날을 두고 한나썩 한나썩 설복을 허신 끝에 **알탕갈탕** 포돗이 성사를 볼 수가 있었지. 〈윤흥길, 낫. 2005, 264〉

　전라 방언의 어휘 '알탕갈탕'은 어원을 알기 어려운 말이다. 애쓰는 모습을 나타내는 의태어로 보인다. 이 어휘는 '알탕갈탕하다'로 동사로 쓰는데 이 지역에서는 아주 많이 사용하는 방언이다. "없는 살림에 알탕갈탕해서 백만원을 모아 주었더니 가서 그냥 다 써버렸대야."와 같은 구문에서처럼 '어떤 일을 이루려고 애를 쓰다.'라는 뜻을 가진다. 같은 뜻으로 채만식의 소설에서는 '애탄가탄'을 쓰고 있다.

암냥하다

- 표준어 : 곁들이다
- 품 사 : 동사
- 뜻풀이 : 주된 일 이외에 다른 일을 겸하여 하다.
- 다른 방언형 : 암냥허다
- 사용 지역 : 전라도

마지막으로 그는, 시체들을 모아 경찰서 뒤뜰에 전시해 놓았다가 연고자가 나타나면 인도해 준다더라는 소문까지 **암냥해서** 전했다. 〈한국소설문학대계, 윤흥길, 장마, 68〉

생명을 꺼내고 그 생명을 수용했던 다른 생명까지 **암냥해서** 건지는 요란한 수술치곤 너무도 쉽게 끝났다. 〈한국소설문학대계, 윤흥길, 아홉 켤레의 구두로 남은 사내, 214〉

그리고 오른손이 마치 그 자체의 독자적인 의지나 안목이라도 지니고 있는 듯이 활자가 담긴 숱한 칸막이들과 왼손에 원고지하고 **암냥해서** 쥐고 있는 목판 사이를 연락부절로 왕래하고 있었다. 〈한국소설문학대계, 윤흥길, 무제, 304〉

부월은 약속 시간에 맞추어 제때 돌아올 줄 모르는 남편의 몫까지 **암냥해서** 두 곱절이나 더 민망스런 시늉을 해보이느라 가외로 수고가 많았다. 〈윤흥길, 빛 가운데로 걸어가면, 1997, 1, 170〉

전라방언의 동사 '암냥하다'는 '-을 암냥하다.'의 구성에서 주로 쓰인다. 표준어 '곁들이다, 포함하다'와 대응하는 어휘로 '다른 일을 겸하여 하다.'라는 뜻을 가진다. 윤흥길의 소설에서 주로 쓰는데 주로 전북에서 많이 사용하는 어휘이다.

암시랑 않다

- 표준어 : 아무렇지 않다
- 품 사 : 관용 표현
- 뜻풀이 : 탈이나 문제, 걱정되거나 꺼릴 것이 없다.
- 다른 방언형 : 암시랑토 않다, 암시랑 괜찮다
- 사용 지역 : 전라도, 충청도

"되았다. 용수야. 인자 이리 나와라!" **"암시랑토 않여어?"** "그려어…! 늬가 나오기 싫으면 그쪽으다 던져주끄나?" 〈이병천, 모래내 모래톱, 1993, 103〉

"여자라고 총 못 쏘게 허먼 밥허고 빨래라도 허겄구만이라. 선상님이 당허시던 고상이먼 지던 **암시랑토 안헌게요.**" 〈조정래, 아리랑, 1995, 6, 269〉

"엄니, 나 **암시랑 안혀.** 아무 걱정하지 말어. 아무 일도 읎었응께." 〈조정래, 태백산맥, 2001, 1, 100〉

전라 방언에서는 '괜찮다'는 표현을 '암시랑 않다, 암시랑토 않다.'라고 표현한다. 전라도 방언의 특징적인 관용 표현인데 어원을 추적하기가 쉽지 않다. 벌어지고 있는 상황이 남이 볼 때는 조금 어렵고 힘들다고 느껴지지만, 화자의 입장에서는 괜찮다고 생각하면 사용하는 표현이다.

21세기 세종계획 한민족언어정보화 분과의 '문학작품에 나타난 방언 어휘 검색 프로그램'의 2006년도 작업에서 '암시렇다'가 표준어 '아무렇다'의 의미로 쓰이고 있다고 보고한 바 있다. 이문구의 '관촌수필'에 '긔야 암시러먼 워떻간디유.', '구멍새나 크막크막허지 이뿔 것두 읎

477

구 암스렁두 않게 생겼는디유.'의 예가 보인다.

충청도 방언 '암시렇다'는 표준어 '아무렇다'에 해당되는 말로 '암스렇다'가 변한 것이다. '암시렇게, 암시렇지두'와 같이 활용한다. '-시렇-'은 '그러한 상태에 있음'의 뜻을 더하고 형용사를 만드는 접미사로 파악된다.

따라서 전라도 방언의 '암시랑 않다.'는 '암시렇지 않다.'에서 온 것임을 알 수 있다.

애돌하다

- 표준어 : 안타깝다
- 품　사 : 형용사
- 뜻풀이 : 뜻대로 되지 아니하거나 보기에 딱하여 애타고 답답하다.
- 다른 방언형 : 애돏다, 애돌애돌하다, 애돌와하다
- 사용 지역 : 전라도

아깝고, **애돌와라**. 아들아, 내 아들아. 금쪽 같은 내 새끼야. 〈최명희, 혼불, 1996, 2, 175〉

그러나 때로는 엉뚱한 놈을 치기도 하여 두고두고 주인 속을 **애돌하게** 하는 경우가 종종 있었다. 〈최명희, 혼불, 1996, 5, 132〉

공배네는 바로 조금 전에 강실이가 무엇인가 말을 하려고 입시울을 움직이려 했던 것이 하도 **애돌와서** 견딜 수가 없었다. 〈최명희, 혼불, 1996, 10, 316〉

거 전에 금생이네 얌례를 그리로, 춘복이한테로 말이여, 짝지어 주고 잪어서 공배성님이 무척이나 **애돌애돌** 허잖었어 왜? 〈최명희, 혼불, 1996, 7, 313〉

전라 방언 '애돌하다'는 '애돌와서, 애돌와라'와 같이 활용되는 것으로 보아 중세국어 '애돏다'에서 발전한 것으로 보인다. 물론 '애닯다'의 현대 표준어는 '애달프다'이다. 그러나 그 의미로 보면 표준어 '안타깝다'와 아주 유사하기 때문에 의미가 바뀐 것으로 보인다. '애돏다, 애돌하다'를 주로 쓰지만 '애돌애돌'과 같이 부사로 쓰거나 '애돌애돌하다'와 같이 동사를 써서 강조하는 표현을 나타내고 있다. 전라 방언에서 아주 많이 쓰는 어휘이다.

애살포오시

- 표준어 : 살포시
- 품　사 : 부사
- 뜻풀이 : ① 포근하게 살며시.
　　　　　② 드러나지 않게 살며시.
- 다른 방언형 : 애살포시
- 사용 지역 : 전라도

여긴 오지 마…… 여긴 오지 마… **애살포오시** 웃음 지우며, 水流와 같이 네 개의 水流와같이 차라리 흘러가는 것이었다. 〈서정주, 무슨 꽃으로〉

'애살포오시'는 서정주의 시에서 보이는 어휘인데 '애살포시'의 장음 표기이다. '애살포시'는 접두사 '애-'에 부사 '살포시'가 연결된 것으로 이해된다. 이때 접두사 '애-'는 '여리다'라는 의미를 가지고 있다. 따라서 '애살포시'는 '살포시'보다 훨씬 부드러운 의미를 갖는다. 시인이 우리말을 다듬는 과정을 보여주는 좋은 예이다.

애잦다, 애가 잦다

- 표준어 : 애타다, 애끓다
- 품　사 : 동사, 구
- 뜻풀이 : ① 안타까운 마음이 깊이 스며들거나 배어들다.
　　　　　② 몹시 답답하거나 안타까워 속이 끓는 듯하다.
- 다른 방언형 : 애자진하다, 애자져하다, 애가 잦다
- 사용 지역 : 전라도

　전북 방언의 '애잦다'는 아주머니들의 말에서 많이 발견된다. '애가 잦다.'의 표현이 굳어져서 한 단어가 된 것으로 보인다. '애가 잦다.'는 '초조하거나 안타까운 마음'인 '애'와 '스며들거나 배어들다.'라는 의미인 '잦다'가 구로 쓰이다가 한 단어로 인식된 것 같다. 물론 이때 '잦다'는 '여러 차례로 거듭되는 간격이 매우 짧다.'라는 의미로도 해석할 수 있을 것이다.

　채만식의 예에서는 '애자진이면'으로 쓰고 있는데 이는 '애잦어하다'의 변형으로 보인다.

애탄가탄

- 표준어 : 애면글면
- 품　사 : 부사
- 뜻풀이 : 몹시 힘에 겨운 일을 이루려고 갖은 애를 쓰는 모양.
- 다른 방언형 : 알탕갈탕, 알탕알탕
- 사용 지역 : 전라도

> 대체 십 년이나 없는 살림에 **애탄가탄** 공부를 시켰으니, 그런 보람이 있게 해야지, 어쩌자구 가난해 빠진 집구석에다가 붙들어만 두려구 드시우? 〈채만식, 탁류, 1987, 57〉

> 늙은 애미가 이렇게 **애탄가탄** 벌어멕이믄서 공부를 시키거들랑 그런 근경을 알아서, 이른 말두 잘 듣구 공부두 잘 해야지. 〈채만식, 탁류, 1987, 352〉

> 다만 생깨 같은 아들이, **애탄가탄** 길러 그만큼이나 성장을 하였고, 앞으로 다욱 발신이 될 훌륭한 아들이 난민의 손에 참살을 당한 것이, 이것만이 원통하고 분할 따름이었다. 〈채만식, 落照, 1987, 391〉

전라방언의 부사 '애탄가탄'은 표준어 '애면글면'에 대응하는 어휘다. '몹시 애를 쓰는 모양.'을 나타내는 의태어이다. 어원을 알기는 어렵다. 전라방언에서는 '알탕갈탕'이 함께 쓰이고 있다. 주로 '알탕갈탕'을 많이 쓴다. '애탄가탄'은 채만식의 소설에서 발견되는 특징을 보인다.

야물딱지다

- 표준어 : 야무지다
- 품   사 : 형용사
- 뜻풀이 : 사람의 성질이나 행동, 생김새 따위가 빈틈이 없이 꽤 단단하고 굳세다.
- 다른 방언형 : 야물다, 야물지다, 야물치다, 야물딱시럽다
- 사용 지역 : 전라도, 경상도

그렇게 **야물지게** 생긴 값을 하느라고 아이가 까불지오. 〈채만식, 천하태평춘, 1938, 1, 178〉

청승스런 단소의 동근 청과, 의뭉한 거문고의 콧소리가 서로 얽혔다 풀렸다 하는 사이를 가냘퍼도 양금이 **야물치게** 멕이고 나갑니다. 〈채만식, 태평천하, 1987, 102〉

스처 가는 바람결처럼 차마 눈 감을 수도 없거늘, 아아 하늘이여 피가 돌 양면, 저어 **야물딱진** 민들레꽃을 피워내듯이 어서 숨을, 숨을 돌리게 하라. 〈신석정, 悲歌〉

그애의 **야물딱스런** 각오에 이어 별이와 참솔이 자기들의 또래는 없는지 물었다. 〈이병천, 모래내 모래톱, 1993, 252〉

아무 걱정 말고, 아줌니넌 돈이나 **야물딱지게** 받아 챙겨야 허요 이. 그래야 나가 허는 고상이 헛고상 안되제. 〈조정래, 아리랑, 1995, 1, 40〉

"에러운 지 아는 사램이 **야물게** 잘히여." 〈최명희, 혼불, 1996, 6, 42〉

"워쨌거나 빨갱이눔덜언 소탕허게 되야 있는디다가 최 의원님꺼정 그리 야

표준어 '야무지다'는 형용사로 '사람의 성질이나 행동, 생김새 따위
가 빈틈이 없이 꽤 단단하고 굳세다.'라는 의미를 가지고, '야물다'는
'일 처리나 언행이 옹골차고 야무지다.'라는 뜻을 가지고 있다. 전라
방언에서는 '야물다'와 '야물딱지다'를 주로 쓴다. 그런데 채만식의 작
품에 '야물지다'와 '야물치다'를 쓰는 것을 보면 전라 방언에 '야물지다'
가 많이 쓰인 것으로 보인다. 그 '야물지다'에 '딱'이 첨가되어 '야물딱
지다'가 만들어진 것이다.

경북이 고향인 김주영의 '아라리난장'에 '내가 그 야물딱진 속내를
몰랐다면 질정찮게 그럼 가자 할 뻔했네'의 예가 나온다.

얄랑궂다

- 표준어 : 얄궂다, 얄망궂다, 얄망스럽다
- 품　사 : 형용사
- 뜻풀이 : ① 야릇하고 짓궂다.
　　　　　② 성질이나 태도가 괴상하고 까다로워 얄미운 데가 있다.
- 다른 방언형 : 얄라궂다
- 사용 지역 : 전라도

> "무신 **얄랑궂**인 소리여 시방?" 정상규는 팩 내쏘며 콧방귀를 뀌었다. 〈조정래, 아리랑, 1995, 7, 130〉

> "무신 그리 **얄랑궂**인 법이 있능고?" "여자도 징용 끌어간다는 것이랑마." "머시여? 여자럴?" 여자들은 불안한 얼굴로 중구난방 떠들고 있었다. 〈조정래, 아리랑, 1995, 12, 217〉

> "허, 저눔이 **얄랑궂**은 소리 허네?" 외서댁이 헛웃음을 치며 대원들을 둘러보았다. 〈조정래, 태백산맥, 2001, 9, 56〉

> "지끔이야 워디 입산허고 두세 달 동안맹키로 그 **얄랑궂**은 싸카쓰허고 뎀비는 여성동무덜이 있소. 아이고메, 그때 같앴음사 투쟁이고 머시고 가관 아니였습디여?" 외서댁은 김혜자를 보며 고개를 내둘렀다. 〈조정래, 태백산맥, 2001, 9, 128〉

> "긍께로 말이시. 다 지랄 겉은 시국이 맹그는 **얄랑궂**은 굿판이시." 〈조정래, 태백산맥, 2001, 9, 171〉

전라 방언의 형용사 '얄랑궂다'는 표준어 '얄궂다'와 관련이 되는 것 같다. 그러나 작품을 통해서 보면 '괴상하다, 이상하다'는 의미와도 관련된다. '얄랑궂다'의 '얄랑'은 '야살스럽게 구는 짓'이란 의미를 가진 표준어 '얄'과 관련되는 것 같은데 정확한 어원을 말하기 어렵다. '얄밉다, 얄궂다, 얄망궂다, 얄망스럽다'의 '얄, 얄망'은 명사이고 그 뒤에 '밉다, 궂다'가 연결된 것이다. 일상어에서는 '얄라궂다'가 많이 쓰인다.

양글다

- 표준어 : 야물다
- 품　사 : 동사, 형용사
- 뜻풀이 : ① (동사) 과실이나 곡식 따위가 알이 들어 단단하게 잘 익다.
　　　　　② (형용사) 일 처리나 언행이 옹골차고 야무지다.
- 다른 방언형 : 양글지다, 양글양글, 양글양글하다
- 사용 지역 : 전라도

청성스런 단소의 동근 청과 이뭉한 거문고의 콧소리가 서루 얼켰다 풀렸다 하는 사이를, 갖날퍼도 양금이 **양글게** 멕이고 나갑니다. 〈채만식, 천하태평춘, 1938, 6, 161〉

반찬그릇도 어찌 그리 너 모양으로 **양글어서**, 흰 대접 깨진 것을 아조 진주같이 보드랍고 광채나게 갈어 갖꼬 칠첩 반상기를 맨들어 놨대? 〈최명희, 혼불, 1996, 6, 99〉

귀 하나는 참말로 잠결으도 **양글양글** 허구만이! 〈이병천, 모래내 모래톱, 1993, 61〉

전라 방언 '양글다'는 동사와 형용사로 쓰는 어휘이다. 따라서 표준어 '야물다'의 의미와 거의 같다. '나락이 잘 양글었다.'라는 표현은 '벼가 잘 익었다.'라는 뜻이고, '사람이 양글다.'라는 말은 '사람이 야무지다.'라는 뜻이다. 부사로 '양글양글'이 쓰여 '양글양글 하다.'로 표현하고, 강조하는 표현으로는 '양글양글하다'가 동사로 흔히 쓰인다. '양글다'와 함께 '양글지다'도 많이 사용한다.

　채만식의 소설 '천하태평춘'(1938년판)에 쓰인 '갖낧퍼도 양금이 양글게 멕이고 나갑니다.'가 '태평천하'(1987년판)에서는 '가냘퍼도 양금이 야물치게 멕이고 나갑니다.'로 바뀌었다. 여기서는 방언 '양글다'를 중앙어 '야물치다'로 바꾼 것이다.

　'야물다'가 '양글다'에 비해 널리 쓰이므로 '야물다'를 표준어로 삼고 있다. 표준어 규정 제25항은 의미가 똑같은 형태가 몇 가지 있을 경우, 그중 어느 하나가 압도적으로 널리 쓰이면, 그 단어만을 표준어로 삼도록 규정하고 있다. 따라서 '야물다'를 표준어로 삼고 있다.

양냥이짓

- 표준어 : 입짓
- 품 사 : 명사
- 뜻풀이 : ① 입을 놀리는 짓.
           ② 상대에게 잘 보이기 위해 말하면서 애교를 부리는 행위.
- 다른 방언형 : 양냥이, 양냥개, 야냥기, 야냥개
- 사용 지역 : 전라도

혓바닥을 날름 코를 실룩 눈을 째긋 오만 **양냥이짓**을 다 합니다. 〈채만식, 천하태평춘, 1938 : 7, 245〉

이 썩을놈아! 끝까장 말 안 듣고 **양냥개**부리면 할씬 꾀를 벳겨서 내쫓을 팅께 니 신세 니가 알아서 혀! 〈윤흥길, 소라단 가는 길, 2003, 128〉

"저, 저 **야냥기**쪼깨 보소! 속이 뺀헌 게 오늘은 심심허다는 것이 시방 뭔 꿍꿍이다여?" 〈이병천, 모래내 모래톱, 1993, 33〉

올 디 갈 디 없는 신세 하도 불쌍혀서 들어앉혀 놓게로 인자는 아도 으런도 몰라보고 갖인 **야냥개**를 다 부리네그랴. 〈한국소설문학대계, 윤흥길, 장마, 49〉

<표준국어대사전>에는 '양냥이'를 '입을 속되게 이르는 말'로 풀이하고 있다. 따라서 '양냥이짓'은 '입을 놀리면서 상대를 현혹하려는 행위'를 말한다. 따라서 표준어 '입짓'에 해당된다고 할 수 있다. 전북 방언에서는 '양냥이'를 '양냥개, 야냥기'로 쓰면서 주로 '양냥개를 부리다.'라는 표현으로 많이 쓰고 있다. '양냥개 부리다.'의 의미는 '상대에게 잘 보이기 위해 말을 하거나 애교를 부리는 행위'를 말한다.

표준어에서는 '양냥양냥'으로 '만족스럽지 못하여 짜증을 내며 종알거리는 모양'을 나타내는 부사로 쓰고 있고, '양냥양냥하다'는 동사로 쓰고 있다.

어마무시하다

- 표준어 : 어마어마하다, 무시무시하다
- 품 사 : 형용사
- 뜻풀이 : 매우 놀랍게 엄청나고 굉장하여 무서운 느낌이 있다.
- 다른 방언형 : 어마무시허다
- 사용 지역 : 전라도

"그러니깨 그게 어디 인력으로 될 뱁이나 헌 일이여? 성령님 은사 없이는 갬히 꿈도 못 꿀 **어마무시헌** 기적들이 그때부텀 벤두리 극장서 국산 영화를 이본 동시 상영허덧기 장로님 집안에서 연속적으로 일어나기 시작했다는 거여, 글씨." 〈윤흥길, 빛 가운데로 걸어가면, 1997, 1, 97〉

예펜네가 저래뵈야도 서울서 방구깨나 뀌고 산다는 유식쟁이 교인들 한자리에 수백 명썩 뫼야놓고 간증허기를 식은죽 갓 둘러 먹덧기 아주 능갈지게 허는 **어마무시헌** 예펜네요. 〈윤흥길, 빛 가운데로 걸어가면, 1997, 1, 273〉

"하늘이 쏟아지고 땅이 갈러지고 불베락이 시상천지를 왼통 뒤덮는 **어마무시헌** 종말에 순간에 예수님 손을 붙들고 공중으로 번쩍 들려서 올라가는, 말 허자면 믿는 자들만이 누릴 수 있는 특권이구만요." 〈윤흥길, 빛 가운데로 걸어가면, 1997, 2, 142〉

개미새깽이 한 마리 성전 근처에 얼씬도 못 허게코롬 잘만 막어준다면 장차 천국에서 삐까뻔쩍 요란허고 **어마무시허니** 큰 상금이 자네는 지달리고 있을 거여. 〈윤흥길, 빛 가운데로 걸어가면, 1997, 2, 330〉

윤흥길의 소설에 나타나는 '어마무시하다'는 '어마어마하고 무시무시하다.'라는 말을 줄인 것으로 '매우 놀랍게 엄청나고 굉장하여 무섭게 느껴지다.'라는 뜻을 가진다. 일부 다른 작가들의 글에서도 발견되기는 하나 일상적인 어휘는 아니라고 생각한다. 작가의 개인어일 가능성이 높다.

어먼

- 표준어 : 애먼
- 품 사 : 관형사
- 뜻풀이 : 일의 결과가 다른 데로 돌아가 엉뚱하게 느껴지는.
- 다른 방언형 : 어만
- 사용 지역 : 전라도, 경상도

자리를 갖다가 **어먼** 디를 짚은 게 아니여? 〈채만식, 金의 情熱, 1987, 509〉

하이고, 꼴에 장닭이라고 **어먼** 말귀는 볶네. 〈조정래, 태백산맥, 2001, 5, 112〉

"들몰댁이 옰응께 일도 잘 안 되고 **어먼** 생각만 나고 그러요." 〈조정래, 태백산맥, 2001, 8, 217〉

전라 방언의 관형사 '어먼'은 '어먼 것, 어먼 짓, 어먼 놈, 어먼 디 (데)'와 같이 쓰인다. '어먼 / 어만'의 뜻 속에는 '엉뚱하다'는 뜻이 들어 있기 때문에 그 뒤에 나오는 말이 주로 '짓, 디(데), 놈'과 같은 말이 많이 쓰인다. 전라 방언에서 아주 많이 쓰는 '어먼 / 어만'은 '엉뚱하게 딴', '애매하게 딴'이란 뜻을 가지고 있다.

어클다

- 표준어 : 엎지르다
- 품 사 : 동사
- 뜻풀이 : 그릇에 담기어 있는 액체 따위를 뒤집어엎어 쏟아지게 하거나 흔들어 넘쳐 나가게 하다.
- 다른 방언형 : 어끌다, 허클다, 헉클다, 업클다
- 사용 지역 : 전라도

비호같이 방안으로 들이닥쳐 발을 구르고 호령을 했지만, 인자는 어쩌겄어? **어크러진** 물인디. 허기사 도적놈이 옳게 도적놈이제. 〈최명희, 혼불, 1996, 5, 211〉

붙들어라, 붙들어. 아 이놈아, 그 물지게 꽉 붙들어어. **어크러져.** 쩌 저 저 저, 저런당게. 〈최명희, 혼불, 1996, 6, 73〉

전라 방언의 '어클다, 허클다'는 표준어 동사 '엎지르다'의 방언이다. '어클다, 허클다'의 어원을 밝히기는 쉽지 않다. 추측컨대 '엎다'와 '엉클다, 헝클다'가 혼태를 일으킨 형태가 아닌가 생각한다. 이 방언에서 아주 많이 사용하는 어휘이다. 작품에 보이는 '어클어지다'는 피동사로 쓰는 예이다.

얼낌덜낌

- 표준어 : 얼떨결
- 품 사 : 명사
- 뜻풀이 : 뜻밖의 일을 갑자기 당하거나, 여러 가지 일이 너무 복잡하여 정신을 가다듬지 못하는 판.
- 다른 방언형 : 얼낌덜낌에
- 사용 지역 : 전라도

> **얼낌덜낌**에 멱살잡이는 했지만 과거의 정리로 보아 늙다리 장로를 메어꽂을 수도 없고 그렇다고 그냥 곱게 돌려보낼 수도 없어 심히 난감하던 차에 종술은 때맞춰 들이닥친 마누라의 조력을 깜짝 반겼다. 〈윤흥길, 빛 가운데로 걸어가면, 1997, 2, 220〉

　전라방언의 명사 '얼낌덜낌'은 표준어 '얼떨결, 얼김'에 해당하는 어휘다. 주로 '얼낌덜낌에'와 같이 부사로 많이 쓰인다. 표준어 역시 '얼떨결에, 얼김에'의 형태가 주로 쓰인다. 이 어휘는 윤흥길의 소설에서 쓰고 있으나 염상섭의 소설에서도 '얼김덜김'과 '얼낌덜낌'을 쓰고 있다. '얼김'과 '얼떨결'이 혼태되어 만들어진 '얼떨김'에서 '얼낌덜낌'이 만들어지는 것으로 이해된다.

　'얼떨결'과 준말인 '얼결'이 모두 널리 쓰이므로 둘 다 표준어로 삼는다. 표준어 규정 제16항은, 준말과 본말이 다 같이 널리 쓰이면서 준말의 효용이 뚜렷이 인정되는 것은, 두 가지를 다 표준어로 삼도록 규정하고 있다. 따라서 '얼떨결'과 '얼결'을 모두 표준어로 삼는다.

　'얼떨결'이 '얼떨김, 얼낌덜낌'에 비해 널리 쓰이므로 '얼떨결'을 표준어로 삼고 있다. 표준어 규정 제25항은 의미가 똑같은 형태가 몇 가지 있을 경우, 그중 어느 하나가 압도적으로 널리 쓰이면, 그 단어만을 표준어로 삼도록 규정하고 있다. 따라서 '얼떨김, 얼낌덜낌'을 버리고 '얼떨결'을 표준어로 삼는다.

얽어배기

- 표준어 : 곰보, 얼금뱅이
- 품   사 : 명사
- 뜻풀이 : 얼굴이 얽은 사람을 이르는 말.
- 사용 지역 : 전라도

이윽고 **얽어배기** 백가의 그 얽둑얽둑한 얼굴이, 여태까지의 황홀하던 것과는 한 다른 빛으로 선연히 갈려들기를 시작한다. 〈채만식, 金의 情熱, 1987, 477〉

"혼자 먹기는 다 틀렸네. **얽어배기**(곰보 최덕대)가 발서 눈치 챘을걸……" 누군지 등 뒤에서 이렇게 빈정거린다. 〈채만식, 停車場近處, 1987, 357〉

전라방언의 명사 '얽어배기'는 표준어 '곰보, 얼금뱅이'에 해당하는 어휘다. 동사 '얽다'의 활용형 '얽어'에 사람을 나타내는 접미사 '-배기'가 연결되어 파생된 어휘이다. 접미사 '-배기'가 연결된 어휘를 작품에서 찾아보면 '벗어배기, 진짜배기, 가짜배기, 양코배기, 용천배기' 등을 찾을 수 있는데 '벗어배기'에서 같은 종류의 파생과정을 엿볼 수 있다. 표준어에서는 '얼금뱅이'가 '곰보'의 뜻으로 쓰이고 있다. <朝鮮語辭典>(1920년)에 제시된 '얽음방이'는 '얽-'의 명사형 '얽음'에 접미사 '-방이'가 결합된 어형이다.

엉뚱깽뚱하다

- 표준어 : 엉뚱하다
- 품　사 : 형용사
- 뜻풀이 : ① 상식적으로 생각하거나 짐작하였던 것과 전혀 다르다.
　　　　　② 말이나 행동이 분수에 맞지 아니하게 지나치다.
- 다른 방언형 : 엉뚱깽뚱허다
- 사용 지역 : 전라도

내 말이 **엉뚱깽뚱하게** 들리기는 어머니 역시 매한가지인 듯했다. 〈윤흥길, 소라단 가는 길, 2003, 116〉

직장인 청과물시장에 나가 있어야 할 그 시간에 **엉뚱깽뚱하게도** 개비네 집 대청마루에 서 있는 아버지를 대하는 기분은 참으로 묘했다. 〈윤흥길, 소라단 가는 길, 2003, 198〉

"소라단에는 그냥 솔낭구만 잔뜩 있어." "그럼 소나무만 잔뜩 있는 그 너머엔 또 뭐가 있지?" **엉뚱깽뚱하게도** 충서는 별의별 괴상한 질문을 되풀이하고 있었다. 〈윤흥길, 소라단 가는 길, 2003, 214〉

다시 만나자마자 명은이는 나를 붙잡고 **엉뚱깽뚱한** 소리를 했다. "건호야, 날 다시 교회로 데려가줘. 내 손으로 종을 쳐보고 싶어." 〈윤흥길, 소라단 가는 길, 2003, 289〉

한 군데는 **엉뚱깽뚱하게도** 신촌역 근처의 다방이고 다른 한 군데는 인사동 골목에 있는 다방이었다. 〈한국소설문학대계, 윤흥길, 꿈꾸는 자의 나성, 487〉

전라방언의 형용사 '엉뚱깽뚱하다'는 표준어 '엉뚱하다'에 대응하는 어휘이다. 우리말 형용사에서 볼 수 있는 '우둘투둘하다, 오목조목하다, 우락부락하다, 얼룩덜룩하다, 울긋불긋하다, 알쏭달쏭하다' 등이 뒤에 나오는 어근의 자음을 교체하여 새로운 느낌을 주는 어휘인데 '엉뚱깽뚱하다'도 이 예들에 속한다.

  김동언(1999)의 <국어 비속어 사전>에서는 '(속되게) 엉뚱하다'로 보아 속어로 처리하고 있고, 이근술·최기호(2001)의 <토박이말 쓰임 사전>에서는 '엉뚱하다'의 강조 용법으로 보아서 '상상하기 어려울 만큼 엉뚱하다.'의 의미로 파악하고 있다. 속어로 처리하기보다는 강조의 용법으로 처리하는 것이 바람직할 것 같다.

에럽다

- 표준어 : 어렵다
- 품 사 : 형용사
- 뜻풀이 : ① 하기가 까다로워 힘에 겹다.
           ② 겪게 되는 곤란이나 시련이 많다.
           ③ 말이나 글이 이해하기에 까다롭다.
           ④ 가난하여 살아가기가 고생스럽다.
- 다른 방언형 : 에롭다, 에룹다
- 사용 지역 : 전라도, 경상도, 충청도, 강원도

"야아, 야아, 지야 원체로 무식헝게로 **에롭게** 말씸허시면 못 알아듣는 거이 당연지사 아니겄는게라우." 〈조정래, 아리랑, 1995, 1, 270〉

"그렁게 형편이 그리 되면 사람얼 많이 모으기야 존디, 말이 새나가는 것얼 막기넌 자꼬 **에로와지겄구만이라.**" 〈조정래, 아리랑, 1995, 1, 311〉

사람 인옌이랑 거이 한 번 맺기가 **에럽지** 끊기가 쉽겄능가? 〈최명희, 혼불, 1996, 4, 236〉

"**에러운 지** 아는 사램이 야물게 잘히여." 〈최명희, 혼불, 1996, 6, 42〉

　　전라도에서는 '어렵다'는 '이'모음 역행동화로 인하여 '어'가 '에'로 발음되고, '렵'은 단모음화로 '럽'으로 발음되면서 '럽, 룹'으로도 발음한다. 표준어 '어렵다'는 전라 방언에서는 '에럽다, 에롭다, 에룹다' 등으로 발음하는 것이다. 경상도에서는 '에라버, 에러분, 에로와' 등으로 활용하고 있다.

엠씨

- 표준어 : 어미
- 품 사 : 명사
- 뜻풀이 : '어머니'의 낮춤말.
- 다른 방언형 : 엄씨, 어마씨
- 사용 지역 : 전라도

"금메 여그년 얼찐도 허지 말라고 쎄가 닳게 말얼 일렀는디도 요런 문딩이 겉은 새끼가 생쥐새끼맹키로 뽀르르 기와갖고 지 **엠씨** 애간장얼 태웅마요. 지끔 쥐어뱅게갖고 쫓아낼 참이었구만요." 〈조정래, 태백산맥, 2001, 4, 196〉

"이년아, 고것이야 다 내림이고, 긍께로 이 **엠씨**년 니 나이 적에 찍소리 읎 고 질쌈 익힌 것이여. 싸게 베나 짜!" 〈조정래, 태백산맥, 2001, 5, 232〉

"시끄럽다! 좌익놈들 손에 아부지 하나 쥑였으면 됐제 니꺼정 또 죽일 성 불르냐. 나 눈에 흙 들어가기 전에넌 시상읎어도 그리는 안돼야. 이 **엠씨**가 열질 굴을 파든, 바다 밑창에 구녕을 뚫든, 니 목심 보존 기엉코 해낼 팅게 그리 알어." 〈조정래, 태백산맥, 2001, 6, 327〉

"금메 시끄럽당께로 워째 자꼬 그래쌓냐. 니가 정 군대에 나갈라먼 이 엠 씨 죽이고 떠나그라. 니럴 막는 것은 이 **엠씨** 뜻이 아니고 아부지 뜻이여, 아 부지 뜻" 송성일은 입을 다물며 하늘로 먼 눈길을 보냈다. 〈조정래, 태백산맥, 2001, 6, 327〉

'어미'는 전라도 방언에서 '에미'로 발음된다. 따라서 '시에미, 홀에미' 가 일반적인 어휘인 것이다. 그러나 전라 방언에서는 '할아버지, 아버지, 어머니, 시어머니, 홀어머니'를 '한아씨, 압씨, 엄씨, 씨엄씨, 홀엄씨'로 발음하는 경우도 있다. '어미'의 경우 일반적으로는 '엄씨'로 발음하나 조정래의 작품에서는 '엠씨'로도 발음되고 있다. 이 경우 연결되는 '-씨'는 접미사로 보이는데 정확하게 무엇을 의미하는 것인지 이해하기 어렵다.

엥간하다

- 표준어 : 엔간하다, 어연간하다, 어지간하다, 웬만하다
- 품　사 : 형용사
- 뜻풀이 : ① 대중으로 보아 정도가 표준에 꽤 가깝다.
  ② 정도나 형편이 기준에 크게 벗어나지 아니한 상태에 있다.
  ③ 수준이 보통에 가깝거나 그보다 약간 더 하다.
- 다른 방언형 : 엥간허다, 웽간허다
- 사용 지역 : 전라도

> 새신랑이 **엥간치** 이뻐야 말이지. 남자 중에도 맵시 나고 이쁘게 생긴 남잔디 〈최명희, 혼불, 1996, 1, 198〉
>
> 왜. 그런디. 요번 여름에 가뭄이 **엥간히** 극성시럽등가? 〈최명희, 혼불, 1996, 3, 33〉
>
> 앗다, 참말로. **엥간헌** 사램이 헌 말이면 내가 요러고 숨이 넘어가겄소? 〈최명희, 혼불, 1996, 5, 137〉
>
> 자도 인자 나중에 지집 깨나 **엥간히** 호리게 생겼그만. 〈최명희, 혼불, 1996, 5, 286〉

전라 방언의 어휘 '엥간하다'는 표준어로는 '어연간하다'의 준말 '엔간하다'에 해당한다. 경우에 따라 '어지간하다'의 의미를 갖는다. '엥간하다'는 방언에서는 '엥간허면'의 형태로 많이 쓰고, 부사로도 많이 쓰는데 '엥간치, 엥간히'의 형태로 많이 사용된다. 부사로 쓸 때는 '어지간히'의 의미를 주로 갖는다. '엔간하다'는 함경북도, 황해도에서도 쓰는 것으로 보고되고 있다.

여대치다

- 표준어 : 뺨치다
- 품 사 : 동사
- 뜻풀이 : 비교 대상을 능가하다.
- 사용 지역 : 전라도

심장 비댓증으로 천식(喘息)기가 좀 있어 망정이지 정정한 품이 설흔 살 먹은 장정 **여대친답니다.** 〈채만식, 천하태평춘, 1938, 1, 170〉

입에 풀칠하는 것을 얻어먹고 질펀히 드러누어, 소대성이 **여대치게** 낮잠이나 자기…… 이 지경으로 반생을 살었습니다. 〈채만식, 천하태평춘, 1938, 2, 151〉

그저 백만금의 재물을 쌓놓고 자손 번창하겠다 수명장수 아직도 젊운 놈 **여대치게** 저엉정하겠다 〈채만식, 천하태평춘, 1938, 4, 112〉

"얘! 이건 바루 기생 **여대치는구나?**" 〈채만식, 탁류, 1987, 343〉

아침으로 오후로 저녁으로면 뱃사람 **여대치게** 들입다들 소리지르고 지껄이고 쾅당거리고 음악하고 하느라고 남 정신 못 차리게 떠드는 선머슴 중학생들이 들어 있는 〈채만식, 摸索, 1987, 475〉

뭐? 선세루 정한 거니 도지는 물어야 헌다구? 끌끌! 날부란당 **여대칠 놈들!** 〈채만식, 무장삼동, 1987, 407〉

무엇이냐 저 거시기, 두억시니 **여대치게시리,** 나는 죽어도 이 집 귀신입네. 〈채만식, 이런 처지, 1987, 308〉

‘여대치다’는 채만식의 작품에서 나타나는 어휘로 표준어의 ‘뺨치다, 능가하다’의 의미를 가지고 있다. 예문을 보면 주로 사람을 비교하는 어휘로 쓰고 있다. ‘여대치게시리’도 보인다.

여적

- 표준어 : 여태
- 품 사 : 부사
- 뜻풀이 : ① 지금까지.
          ② 아직까지.
- 다른 방언형 : 여직, 여적지
- 사용 지역 : 전라도, 강원도, 경상도, 충청도, 경기도

썩을 것, **여적** 뭘하느라고 안 오는고! 잔뜩 화가 돋워진 목소리여서 잘못 하다간 내가 부지깽이질을 당할 것 같아 〈신경숙, 풍금이 있던 자리, 1992, 130〉

그려요! **여적**? 니가 읍에 간 지가 언진디? 기차를 탔시도 서울은 다갔겄 네!…… 〈신경숙, 풍금이 있던 자리, 1992, 134〉

"어서 방으로 드시잖고 어찌 **여적** 이러고 계신가요." 송수익은 고개를 돌렸 다. 〈조정래, 아리랑, 1995, 2, 165〉

음마, **여적지** 술도 안 드셨구만이라. 얼렁 쭈욱 드시고 그럭 비우시씨요. 〈조정래, 태백산맥, 2001, 1, 301〉

"총기도 좋다. 국민핵교 삼학년 시절 담임선생 이름을 누가 **여적지** 기억허 고 자빠졌다냐? 삼학년 때 너랑 한반이 아니라서 나는 잘 모르겄다." 〈윤흥길, 소라단 가는 길, 2003, 57〉

"하이고, 우리 달식이가 **여적지** 길수랑 같이 공부허고 있었다고? 널러가는 새도 웃을 노릇이다. 이놈아!" 〈윤흥길, 소라단 가는 길, 2003, 92〉

전라 방언의 부사 '여적'은 '여직'으로 많이 발음한다. '여적, 여직'은 '여태'와 '때'를 나타내는 '적'이 혼합된 것으로 이해된다. '여적지'로도 많이 발음하는데 이것은 '여태까지'의 형태가 '여적'에 유추되어 발음되는 것으로 해석된다. 전라 방언에서는 '때'와 '적'이 혼태되어 '땍'으로도 발음된다. 그리하여 '내가 일 할 땍에'와 같은 말이 가능하다. '여적'은 전국적으로 쓰고 있다. 이기영의 '두만강', 한설야의 '귀향'에도 '여적, 여직'이 보인다.

열적다

- 표준어 : 열없다
- 품 사 : 형용사
- 뜻풀이 : 좀 겸연쩍고 부끄럽다.
- 다른 방언형 : 열쩍다
- 사용 지역 : 전라도

그는 형보 말대로 싸움을 말려 주고는 싶어도 형보가 방정맞게 여럿이 듣는 데서 그런 말을 씨월거려 놔서 차마 **열적어** 선뜻 내닫지 못하는 눈치다. 〈채만식, 탁류, 1987, 11〉

'어이구 내 새끼를 누가 그랬단 말인가! 어이구 가엾어라!' 이렇게 귀애하고 얼러주고 하고 싶어도 마루에 앉은 형보가 **열적어** 못한다. 〈채만식, 탁류, 1987, 339〉

단단히 마음먹고 나선 그들을 실망시켜야 하는 것이 **열적고도** 미안스러웠던 것이다. 〈조정래, 아리랑, 1995, 6, 113〉

최익달은 노골적으로 불쾌한 표정을 지었다. 보증서에 도장찍기를 회피한 **열쩍음**도 있고 해서 용건과는 상관없이 우선 예의 갖춰 인사를 차리려 했던 그의 마음은 싹 변하고 말았다. 〈조정래, 태백산맥, 2001, 4, 165〉

<표준국어대사전>에는 '열적다'를 '열없다'의 잘못'으로 처리하고, 북한어로 다루고 있다. 예문에서 보는 것처럼 채만식, 조정래의 작품에서 많이 쓰는 것으로 보아 3·40년대에도 전라도에서 많이 사용한 말인 것을 알 수 있다. '열이 적다, 열이 없다.'의 구에서 출발한 것으

로 보이는데 이때 '열'이 어떤 의미를 가진 명사인지 말하기 어렵다.

　이기영의 작품에 많이 보이고, 염상섭의 '삼대, 만세전', 김유정의 '만무방', 박완서의 '미망', 황석영의 '장길산'에 보이고 있다. 따라서 '열적다'는 전국적으로 쓰인 어휘로 보인다.

오꼼하다

- 표준어 : 오뚝하다
- 품　사 : 형용사
- 뜻풀이 : 작은 물건이 도드라지게 높이 솟아 있다.
- 다른 방언형 : 오꼼허다, 오끔하다
- 사용 지역 : 전라도

"진지 잡수셨습니까?" 올챙이는 **오꼼** 일어서면서 공순히 그러나 친숙히 인사를 합니다. 〈채만식, 천하태평춘, 1938 : 4, 106〉

김이 와서 혼자 **오꼼** 앉아 있었다. 〈채만식, 인형의 집, 1987, 249〉

저녁에 불을 때고 만 채로 아궁이 속에는 무연탄이 타고 난 재가 고스란히 있는데 그 위에 똘똘 뭉친 조그만 종이뭉치 하나가 **오꼼히** 놓여 있다. 〈채만식, 염마, 1987, 348〉

실험을 마치고 응접실로 돌아오니 김서방의 얼굴이 벌개가지고 **오꼼하니** 앉아 있었다. 〈채만식, 염마, 1987, 420〉

계봉이가 있고, 얼굴 둥그스름하니 예쁘장스럽게 생긴 싱글로 깎아올린 단발장이가 있고, 코가 오똑하니 눈도 **오꼼** 입도 **오꼼한** 오꼼이가 있고, 얇디얇은 얼굴에다가 주근깨를 과히 발라놓은 레지가 찰그랑거리고 앉았고…… 〈채만식, 탁류, 1987, 401〉

마룻전으로 순동이가 오도카니 앉았고, 바둑이는 마당에 가서 순동이를 올려다보고 마주 **오꼼하니** 앉았습니다. 〈채만식, 興甫氏, 1987, 445〉

전라방언의 형용사 '오꼼하다'는 표준어 '오뚝하다'에 대응하는 어휘이다. 부사 '오꼼'이 쓰이고 있는데 이는 '물건이나 신체의 부위가 오뚝 일어서는 모양'을 가리키는 어휘이다. 따라서 이 부사에 형용사파생접미사 '-하-'가 결합하여 형용사가 된 것이다. 발음에 따라 '오끔하다'가 같은 뜻으로 쓰이는데 '오끔하다'는 표준어 '오긋하다'와 대응되는 말로 '안으로 조금 오그라진 듯하다.'라는 또 다른 뜻이 있으므로 주의가 필요하다.

오끔하다

- 표준어 : 오긋하다
- 품   사 : 형용사
- 뜻풀이 : 안으로 조금 오그라진 듯하다.
- 다른 방언형 : 오끔허다, 오꼼하다
- 사용 지역 : 전라도

비오리가 홰애 틀어진 눈을 흘긴다. 비오리어미는 그런 딸을 **오끔한** 짓으로 나무라며, 다시 고개를 진의원 쪽으로 돌려 눈뚜껑을 꿈적꿈적 참으라고 시늉한다. 〈최명희, 혼불, 1996, 6, 283〉

다른 아이들처럼 골을 붉히고 있던 길례가 이내 눈을 **오끔하게** 뜨고 성삼이를 노려 봤다. 〈송기숙, 녹두장군 3, 1989, 123〉

"이 시계가 오째서 가짜 마스까?" 처음부터 저런 장사나 해먹게 좀상으로 생긴 자가 제법 눈을 **오끔하게** 뜨고 대들었다. 〈송기숙, 녹두장군 4, 1989, 044〉

"아따, 왜 또 이라시오?" 이갑출이는 이주호의 호령에 눈을 **오끔하게** 떴다. 〈송기숙, 녹두장군 4, 1989, 170〉

전라방언의 형용사 '오끔하다'는 표준어 '오긋하다, 옴팡하다'에 대응하는 어휘이다. 대체로 '눈을 오끔하게 뜨다.'의 표현에서 사용한다. 따라서 〈전남 방언 사전〉에는 '눈 주위가 움푹 들어가서 엉큼하거나 성깔있게 보이다.'의 뜻으로 풀이하고 '옴팡하다'와 관련짓고 있다. 〈소설어사전〉에서는 '안쪽으로 옥은 듯하다.'의 뜻으로 해설하고 표준어 '오긋하다'에 대응하고 있다. 송기숙의 소설에서는 '오끔하다'의 뜻으로 '오꼼하다'를 쓴 경우도 보인다.

　표준어 '오긋하다'가 '오곰하다, 오곳하다, 오굿하다, 오금하다'에 비
해 널리 쓰이므로 '오긋하다'를 표준어로 삼고 있다.

오목가슴

- 표준어 : 앙가슴, 명치
- 품　사 : 명사
- 뜻풀이 : 사람의 가슴뼈 아래 한가운데의 오목하게 들어간 곳.
- 다른 방언형 : 오목가심, 옴목가심
- 사용 지역 : 전라도

　　정주사는 밥을 보니 얌체없는 배가 연신 꼬로록거리고, **오목가슴**이 잡아 훑듯이 쓰리다. 〈채만식, 탁류, 1987, 53〉

　　가끔가끔 꼬르륵 소리가 청승맞게 나고, 그럴 때마다 **오목가슴** 밑이 끊어지는 것같이 쓰리었다. 〈채만식, 생명의유희, 1987, 432〉

　　영주는 **오목가슴**에서 꼬르륵 소리가 나고 잊었던 시장기가 다시 들어 침이 저절로 삼켜진다. 〈채만식, 明日, 1987, 141〉

　　오목가슴이 쓰리고 시장기가 정히 심하다. 〈채만식, 近日, 1987, 25〉

　　"야아, 여그 **옴목가심** 밑이…… 쥐어뜯고, 비비틀리고, 아이고메 엄니이!"
　　"**옴목가심** 밑이면 윗배 아니라고."
　　조원제는 아랫배가 아닌 것에 일단 안심을 하며 한숨을 내쉬었다. 〈조정래, 태백산맥, 2001, 10, 241〉

　　전라 방언의 어휘 '오목가슴'은 흔히 쓰는 말이다. 표준어 '명치'가 한자어인데 비하여 '오목가슴'은 순수한 우리말이다. 사람의 가슴뼈 아래 한가운데 오목하게 들어간 곳이라고 해서 '오목'이란 말과 '가슴'이 합쳐진 복합어이다. 전라도에서는 '가슴'을 '가심'이라고 발음하는 관계로 '오목가심, 옴목가심'이라고 말한다. 경상 방언에서는 '동가슴', 함경 방언에서는 '새가슴', 제주 방언에서는 '앞가슴'을 사용하는 것으로 보고되어 있다.

오손적도손적으로

- 표준어 : 오순도순
- 품　사 : 부사
- 뜻풀이 : 의좋게 지내거나 이야기하는 모양.
- 다른 방언형 : 오순적도순적으로, 오손도손, 오순도순, 오신도신
- 사용 지역 : 전라도

> "하 목사가 느그 할애비라도 되냐? 부부는 단둘인디 뭣 땜시 간만에 얼굴 맞대고 내외간에 **오손적도손적으로** 정을 나누는 마당에 깔쪽허면 하 목사를 새중간에 찡겨옇고 지랄이냐?"〈윤흥길, 빛 가운데로 걸어가면, 1997, 2, 148〉

> "시끄럽게 혀서 미안시럽구만요. 인자부텀은 임씨 성도님이랑 **오순적도순 적으로** 금실 좋게 상의헐 모냥이니께 권사님은 안심 푹 놓으시기라우."〈윤흥 길, 빛 가운데로 걸어가면, 1997, 1, 213〉

　　윤흥길의 소설에 나오는 '오손적도손적으로'는 표준어 '오순도순'에 해당하는 부사이다. 표준어 '오순도순'은 전라방언에서는 '오손도손'으로 쓰인다. '오손적도손적으로'는 전라방언에서 일반적으로 쓰는 형태는 아니다. 다만 작가가 개인적으로 쓰는 어휘이거나 만들어낸 개인어일 가능성이 크다. '오순적도순적으로'의 형태도 보인다.

오슬하다

- 표준어 : 으슬으슬하다, 아슬아슬하다, 오슬오슬하다
- 품   사 : 형용사
- 뜻풀이 : 몹시 무섭거나 추워서 자꾸 몸이 움츠러들거나 소름이 끼치다.
- 다른 방언형 : 오슬허다, 오슬오슬하다, 오실오실허다
- 사용 지역 : 전라도

> 사월 초파일 뻐꾹새 새로 울어 물든 청보리 깎인 水晶같이 마른 네 몸에 **오슬한** 비취의 그리메를 드리우더니 어느만큼 갔느냐, 굶주리어 간 아이. 〈서정주, 보릿고개〉

표준어 부사인 '오슬오슬, 오삭오삭'은 아주 많이 사용되는 첩어이다. 같은 부사로 '오싹오싹'이 있는데 이 어휘는 '오슬오슬'과 같은 의미를 갖는다. 그런데 '오싹'은 부사로도 쓰고 '오싹하다, 오싹거리다' 등의 동사로도 쓰고 있다. '오슬오슬'의 경우에는 '오슬'을 단독으로 부사로 쓰는 일은 없지만 시인 서정주는 '오슬하다'를 형용사로 사용하고 있다. '오싹오싹'에서 '오싹하다'가 가능하다면 '오슬오슬'에서 '오슬하다'도 충분히 가능한 단어형성이라 할 수 있다.

옴시레기

- 표준어 : 모두, 전부
- 품　사 : 부사
- 뜻풀이 : 일정한 수효나 양을 빠짐없이 다.
- 다른 방언형 : 옴스래기, 옴시라기, 옴쓰라기, 옴쓰레기, 옴싹, 옴스라니, 옴씨락
- 사용 지역 : 전라도, 충청도

근디 누구는 남원산성 그 거창헌 거이 입 안으로 **옴시레기** 들왔다고 허고 이, 〈최명희, 혼불, 1996, 4, 120〉

조선 팔도 삼천리 고고샅샅 강토가 땅덩어리째 **옴시레기** 일본의 것이고, 〈최명희, 혼불, 1996, 5, 262〉

이렇게 **옴시레기** 비어 버린, 제 숨소리가 메아리로 울릴 지경인, 괴괴한 마을은 상상도 해 본 일이 없었던 것이다. 〈최명희, 혼불, 1996, 6, 176〉

아이고. 그러다가 떼로 죽으면 어쩌 꺼잉고. 묏동 속으가 **옴시레기** 도레도레 찌고 앉었는 꼴이 될랑가 어쩔랑가. 〈최명희, 혼불, 1996, 10, 79〉

시방 날이 깡깜해서 그렇제 버언헐 때 보면 한눈에 옹게옹게 **옴싹** 다 들와서, 누구네 집 찾고 불르고 헐 것도 없그만요. 〈최명희, 혼불, 1996, 8, 55〉

상이군인이 고개를 홱 돌리자 그때껏 가려져 있던 오른쪽 얼굴이 **옴싹** 드러났다. 〈윤흥길, 소라단 가는 길, 2003, 39〉

전라 방언 '옴시레기'는 최명희의 소설에서 주로 발견된다. 대체로

전라도에서는 '옴싹, 옴씨락'이라는 말을 많이 쓴다. 표준어 '모두, 전부'와 유사한 어휘이다. 최명희는 이 어휘를 대화체에서뿐만 아니라 지문에서도 사용하고 있다. 충청도에서 '옴스래기, 옴시라기'가 쓰이는 것으로 보고되어 있다.

왈기다

- 표준어 : 으르다
- 품 사 : 동사
- 뜻풀이 : 말이나 행동으로 상대방이 겁을 먹게 위협하다.
- 사용 지역 : 전라도, 경상도

"일본말 배우기가 쉽기야 허겄소. 그러니 **왈기지만** 말고 조단조단 알아듣게 말로 허시시요." 〈조정래, 아리랑, 1995, 1, 83〉

그들은 선창가를 배돌며 촌사람들을 **왈기거나** 물건을 빼돌려 술값을 장만하고, 나무전을 어슬렁거리며 텃세를 뜯어내 노름돈을 만들고, 인력거창을 맴돌며 주먹질을 해대 계집질할 돈을 챙기며 건들건들 살아가는 패거리였다. 〈조정래, 아리랑, 1995, 1, 187〉

"헹, 조선사람덜얼 끌어다가 얼매나 지독허니 **왈기고** 몰아때랬으면 첩첩산중 에로운 공사럴 그리 빨르게 끝냈겄소." 그 남자는 정곡을 찌르고 들었다. 〈조정래, 아리랑, 1995, 5, 77〉

"긍게 고것이 어찌 되았능고 허면 말이시, 년 전에 자네 오빠 득보가 어떤 시님허고 느닷없이 와서 자네럴 찾아내라고 **왈기는디**, 그 시님이 얼매나 독허고 기운이 씨든지 간에 나가 죽는지 알았네." 〈조정래, 아리랑, 1995, 7, 293〉

조정래의 소설에서 발견되는 '왈기다'는 표준어 '으르다'에 대응된다. 〈소설어사전〉에서는 '휘둘러 때리고 치다.'의 뜻을 가진 것으로도 보고 '후리다'와도 대응시키고 있으나 예문을 통해서 보면 '으르다'의 뜻이 대부분이다. 표준어 '으르다'의 전라 방언형이 '을르다'인데 여기서

'왈기다'까지의 변화를 설명하기는 쉽지 않다. '기르다, 늘리다'를 '질구
다, 늘구다'로 발음하는 것을 감안하면 '을구다, 을기다'까지는 가능하
다고 본다.

외오치다

- 표준어 : 외치다
- 품 사 : 동사
- 뜻풀이 : 큰 소리를 지르다.
- 사용 지역 : 전라도, 전국

그 하늘 속 천길 만길 깊은 속에서 소리 없는 소리로 **외오쳐** 오는 "어디 갔다 인제 오느냐?" 외오쳐 오는, 피도 살도 다시 없는 님의 영혼 뿐! 〈서정주, 마지막 남은 것〉

한낱 풀꽃같은 게집애의 **외오침**에도 늘 귀 기우려 救援의 손을 뻗치시고 〈서정주, 善德女王讚〉

무럭무럭 자라나는 갓난아이의 귀여운 두볼, 젖 달라 **외오치는** 그들의 우렁찬 울음 〈양주동, 조선의 맥박, 64〉

표준어 '외치다'는 '큰 소리를 지르다.'라는 뜻을 갖는다. '외오치다'는 '외치다'보다 강한 어감을 주는 어휘이다. 서정주, 양주동, 최남선, 심훈 등의 시에서 발견되고 염상섭의 소설에서도 발견되는 어휘이다. 따라서 전국적으로 쓰인 것으로 이해된다.

윙기다

- 표준어 : 옮기다
- 품　사 : '옮다'의 사동사
- 뜻풀이 : ① 발걸음을 한 걸음 한 걸음 떼어놓다.
　　　　② 들은 말 따위를 다른 사람에게 그대로 말하다.
- 다른 방언형 : 앵기다, 읾기다
- 사용 지역 : 전라도, 경상도, 충청도, 전국

　들은 사램이 우리들뿐잉게 어디 가서 **윙기던** 않겄지마는, 지 소가지가 부글거리자머언, 시도 때도 없이 터져 부리기도 헐 거인디. 〈최명희, 혼불, 1996, 2, 284〉

　어디 딴 디 **윙기든** 말고 꼭 대실아씨만 알게 그 귀에다가만 말씸 디리그라, 그러드랑마요. 〈최명희, 혼불, 1996, 6, 65〉

　먼촌 일가붙이들 빼고는 가까운 친척들 대부분이 서울 쪽으로 일찌가니 생활 근거를 **윙겼기** 땜시 고향 동네허고는 연고다운 연고가 거반 끊기다시피 헌 심이지. 〈윤흥길, 소라단 가는 길, 2003, 12〉

　길이 아니면 가지를 말고, 말이 아니면 하지를 말랬는디, 그래 할 말이 따로 있고 **윙길** 말이 따로 있제, 주먹만한 조무래기들 말을 그것이 말이라고 챙겨 듣고 부풀래도 이로코 부풀래서 생사람을 잡는단 말이냐? 〈송기숙, 녹두장군 4, 1989, 324〉

　전라방언의 동사 '윙기다'는 표준어 '옮다'의 사동사인 '옮기다'에 대응하는 어휘이다. '옮기다'는 이모음 역행동화가 일어나 '욂기다>윔기

다>욍기다, 앵기다'의 변화를 일으킨다. 이 어휘는 역행동화에 의한
변이형이기 때문에 전국적으로 많이 쓰고 있다. 방언에서는 장소를 바
꾸거나, 들은 말을 다른 곳으로 전하는 표현에서 많이 사용한다.

요란뻑적지근하다

- 표준어 : 요란하다
- 품　사 : 형용사
- 뜻풀이 : ① 시끄럽고 떠들썩하다.
  　　　　② 정도가 지나쳐 어수선하고 야단스럽다.
- 다른 방언형 : 요란벅적지근하다, 요란뻑적지근하다
- 사용 지역 : 전라도

상이군인이란 말에 갑자기 귀가 번쩍 띄는 바람에 나는 어느 누구보다 아까징끼한테 **요란뻑적지근한** 관심을 보였다. 〈윤흥길, 소라단 가는 길, 2003, 38〉

야 인마들아, 귀따겁다! 한만종이 너 무신 국회의원에라도 출마헐 작정이냐? 뭔 놈에 연설이 고러콤 **요란뻑적지근허다냐?** 〈윤흥길, 소라단 가는 길, 2003, 80〉

내가 역전광장에서 툭하면 벌어지곤 하는 그 **요란뻑적지근한** 대회들과 직접 인연을 맺기 시작한 것은 6·25 무렵부터였다. 〈윤흥길, 소라단 가는 길, 2003, 153〉

너무나 감격에 겨운 나머지 나는 충서의 손을 와락 빼앗아 쥐고는 마구 흔들어대면서 **요란뻑적지근한** 축하를 보냈다. 〈윤흥길, 소라단 가는 길, 2003, 222〉

대관절 얼매나 **요란뻑적지근헌** 인생을 살었길래 내 앞에서 그 유세를 다 떠는 거나? 〈윤흥길, 소라단 가는 길, 2003, 304〉

표준어 '요란하다'는 형용사로 '시끄럽고 떠들썩하다, 정도가 지나쳐 어수선하고 야단스럽다.'의 뜻을 갖는다. 표준어 '벅적하다'는 '많은 사람이 매우 어수선하게 큰 소리로 떠들거나 움직이다.'라는 의미를 갖는다. 이 두 어휘가 복합되어 '요란빽적하다'가 되고 거기에 형용사를 파생시키는 '-지근하-'가 연결된 것이다. '요란빽적지근하다'는 비교적 최근에 생성된 말로 전라 방언에서 많이 사용되는 말이다. '요란하다'를 강조하는 말로 이해된다. 관련되는 어휘로 전라방언의 형용사 '수두룩벅적하다'가 있다.

박경리의 '토지'에는 '벌써 요란벅적한 웃음 소리가 흘러나왔다.<토지14,417>'의 예에서 '요란벅적하다'를 쓰고 있다.

요상시럽다

- 표준어 : 이상스럽다
- 품　사 : 형용사
- 뜻풀이 : 보기에 이상한 데가 있다.
- 다른 방언형 : 요상스럽다, 요상하다, 벨시럽다
- 사용 지역 : 전라도, 경상도

저어…… 일본말이 영판 **요상시럽고** 허기가 에로운디 안 배우면 안 될랑가요? 〈조정래, 아리랑, 1995, 1, 83〉

왜 사천왕은 저렇게 꼭 뿔겅 푸렁, 벨라도 막 **요상시럽게** 왼 몸뗑이에다 무당맹이로 칠갑을 허고 있당가잉? 〈최명희, 혼불, 1996, 9, 93〉

오래 살다보니깨 참말로 벨 **요상시런** 사람을 다 만나네. 〈윤흥길, 빛 가운데로 걸어가면, 1997, 2, 54〉

그 **요상헌** 비향기가 와서 또 그 난리가 난 줄 알고는 그냥 간이 콩알만혀지고 〈김용택, 아들아, 내 아들아, 1, 148〉

니기럴, 셋이가 억지 춘향이 된 것인다, 암만 생각혀도 요 일이 **요상허덜** 않소? 〈조정래, 아리랑, 1995, 1, 22〉

하도 **요상하게** 뀌민 가매라 지내감서 한 번 디리다 봤을티제잉. 〈최명희, 혼불, 1996, 1, 280〉

오매, 오래 살다 보니깨 참말로 벨 **요상헌** 일도 다 보겄네! 〈윤흥길, 빛 가운데로 걸어가면, 1997, 2, 232〉

　표준어 '이상하다'와 '이상스럽다'는 모두 형용사이다. 마찬가지로 전라 방언에서 쓰는 '요상하다'와 '요상시럽다'는 모두 형용사로 표준어 '이상하다, 이상스럽다'에 대응한다. 약간의 의미 차이가 있긴 하지만 일반적으로 두 어휘가 교체되어 사용되고 있다. 전라 방언을 대표하는 어휘이다. '벨시럽다'도 같은 의미로 쓰인다. 박경리의 '토지'에는 '요상하다'를 많이 쓰고 있다.

우멍하다

- 표준어 : 의뭉하다
- 품　사 : 형용사
- 뜻풀이 : 겉으로는 어리석은 것처럼 보이면서 속으로는 엉큼하다.
- 다른 방언형 : 우멍스럽다, 으뭉하다, 우뭉하다, 우멍허다
- 사용 지역 : 전라도, 충청도, 경상도, 강원도, 평안도, 함경도

저 치사하고 비열하고 **우멍하고** 쪼잔하고 한심하고 야비하고 비겁하고 멍청하고 유치하고 째째한 자들 〈김용택, 저자들은 애국자1, 50〉

"삼춘, 생김새는 글않는디 야가 **우멍허게** 보여어!" 〈이병천, 모래내 모래톱, 1993, 104〉

근디 늬 말대로 **우멍스럽기는** 혀도 여간히서 승질을 부리지는 않을 거다. 〈이병천, 모래내 모래톱, 1993, 104〉

우멍헌 지 석이 있잉게 꼭 허는 소리마동 빌어처먹을 년. 〈최명희, 혼불, 1996, 7, 87〉

　전라 방언의 형용사 '우멍하다'는 '우멍스럽다'와도 같이 쓰는데 표준어로는 '의뭉하다'에 해당한다. 전북 방언에서 많이 사용되는 어휘이다. 함경도에서는 '어물하다'가 쓰이고, 강원도에서는 '우무룩하다'가 쓰이는 것으로 보고되어 있다.

　충청도가 고향인 이기영의 '서화'에 '김첨지는 우멍한 눈에'의 예가 보이고, 경상도가 고향인 전경린의 '언젠가 내가 돌아오면'에 '우멍한 눈길로 카메라를 응시하고'의 예가 보인다.

우세두세

• 표준어 : 두런두런
• 품　사 : 부사
• 뜻풀이 : 나직한 목소리로 두런두런 이야기를 하는 모양.
• 다른 방언형 : 두세두세, 우세두세하다, 두세두세하다
• 사용 지역 : 전라도

조금 있다가 사랑방인 듯한 데서 **우세두세** 소리가 들리며 대문 소리가 들리더니 도로 조용해진다. 〈채만식, 염마, 1987, 513〉

바깥은 조금 아까까지도 **우세두세** 소란하던 것이 어느 사이 그치고 고요하다. 〈채만식, 아름다운 새벽, 1987, 122〉

자기 시작한 지 얼마 후에, 야심한 한밤중이면 몇 번인가 고샅이 어둠 속에 수런거리고, 담 아래 **우세두세** 목소리 낮춘 음성들이 들리곤 했었다. 〈최명희, 혼불, 1996, 6, 36〉

그러면서 **우세두세** 움직이는 사람들 틈에서 춘복이는 어렵지 않게 슬쩍 뒤로 처져 몇 걸음 느리게 걷다가, 〈최명희, 혼불, 1996, 6, 48〉

사랑마당에서 **우세두세** 웅성거리는 소리가 들리더니 상머슴이 고한다. 〈최명희, 혼불, 1996, 7, 95〉

안에서 사람의 기척이 **우세두세**하고 가끔가다가 소댕 여닫는 소리며 그릇 마주치는 소리는 틀림없이 밥 짓는 다는 소식이었었다. 〈채만식, 생명의 유희, 1987, 436〉

이윽고 **우세두세**하는 기척들이 마당에서 일기 시작했다. 〈윤흥길, 낫, 2005, 199〉

새벽녘엔 강건너로./**두세두세** 사람들이 지나갔다. 〈김용택, 응달진산5, 10〉

호성암 중들이 촛불을 써 놓고 **두세두세** 둘러앉아서 저울로 떡을 달고 있드라네. 〈최명희, 혼불, 1996, 3, 305〉

큰일 앞에 놓고 맘들만 바뻐 **두세두세허다** 보면 빠치는 것이 더러 있는 법이요. 〈조정래, 태백산맥, 2001, 6, 118〉

전북 방언의 '우세두세'는 부사로 쓰는데 표준어의 '두런두런'과 같은 의미를 갖는다. 여러 사람이 모여 내는 작은 소리나 그 모습을 나타내는 부사이다. 전라 방언을 보여주는 작품에서 주로 발견된다. 동사로 '우세두세하다, 두세두세하다' 등을 쓰고 있다. 이는 표준어의 '두런두런하다'와 의미가 유사하다.

울구다

- 표준어 : 우리다
- 품　사 : 동사
- 뜻풀이 : ① 어떤 물건을 액체에 담가 맛이나 빛깔 따위의 성질이 액체 속으로 빠져나오게 하다.
　　　　② 꾀거나 위협하거나 하여 물품 따위를 취하다.
- 다른 방언형 : 울기다
- 사용 지역 : 전라도, 경상도

쑥의 독기를 **울궈내고**, 쌀을 많이 섞지 못하는 떡을 보드랍게 하자면 서너 차례 물갈이를 하면서 이틀은 걸렸다. 〈조정래, 태백산맥, 2001, 4, 185〉

조병갑의 탐학이 다른 수령들보다 덜해서가 아니라, 죄없는 사람 잡아다가 억지 죄명 뒤집어씌워 돈을 **울궈내거나**, 세곡 늑징하는 솜씨가 이놈 저놈이 어슷비슷해서 그런 것으로는 크게 표가 안 났기 때문이다. 〈송기숙, 녹두장군 1, 1989, 253〉

자꾸 바뀌어야 조정에서는 돈을 **울궈먹을** 수 있기 때문이었다. 〈송기숙, 녹두장군 1, 1989, 253〉

전라방언의 동사 '울구다'는 표준어 '우리다'에 대응하는 어휘이다. '우리다'는 '울다'에 사동접미사 '-이-'가 연결된 것인데 방언에서는 사동접미사 '-구-'가 연결되어 '울구다'가 쓰인 것이다. 방언에서는 '늘리다-늘구다, 삭히다-삭쿠다, 기르다-질구다'와 같은 방식으로 사동접미사가 '-구-'로 존재한다. '울구다'는 '울궈내다, 울궈먹다'의 표현으로 많이 쓰는 특징을 보인다. 박경리의 '토지'에서는 '울궈먹다, 울궈내다'를 쓰고 있다.

워너니

- 표준어 : 워낙
- 품　사 : 부사
- 뜻풀이 : ① 두드러지게 아주.
　　　　　② 본디부터 원래.
- 다른 방언형 : 워느니, 워녀니
- 사용 지역 : 전라도

홍! 뉘놈의 집구석 씨알머리라구 워너니 사람 같은 종자가 생길라더냐! 〈채만식, 천하태평춘, 1938, 4, 100〉

옳다! 참 잘헌다! 참 잘히여. 워너니 그게 명색 며누리 첫것이 시애비더러 허년 소리구만? 〈채만식, 천하태평춘, 1938, 4, 101〉

쌍년이라 헐 수 읍서! 천하 쌍놈, 우리게 판백이 아전 순펭이 자식이 워너니 그렇지 별수있것냐! 〈채만식, 천하태평춘, 1938, 4, 101〉

그놈이 어려서 버텀두 워너니 나를 자별허게 따루구 재주두 있구 착실허구 커서두 내말을 잘 듣구 내가 그놈 하나년 꼭 믿넌다 〈채만식, 천하태평춘, 1938, 9, 337〉

용서하십시오! 신선생…… 내가 워너니 말을 함부루 해서…… 〈채만식, 金의 情熱, 1987, 334〉

워너니 나두 짐작으 그런 것 같업디다! 그런 것 같이여! 〈채만식, 병이 낫거든, 1987, 139〉

> 워느니 아무리 어려워두 지름끼를 한 번 사다가 먹을라던 참인디 잘 되았
> 다…… 한 냥어치만 사다가 늬 아버지랑 같이 먹자. 〈채만식, 얼어 죽은 모나리자,
> 1987, 195〉

> 그래서 돼감재나 마를 캐다 삶아묵으니 워너니 뱃속이 편헙디다. 〈송기숙, 자
> 랏골의 비가 20, 1974, 286〉

> "워너니, 그러면 그렇겄지. 지 버릇 개 못 주는 벱이지." 〈윤흥길, 빛 가운데로
> 걸어가면, 1997, 1, 78〉

전라 방언 '워너니'는 표준어 '워낙'의 의미로 쓰고 있다. '두드러지게 아주'라는 의미로도 쓰지만 '본디부터 원래'라는 의미로도 쓰고 있다. 또한 문두에 쓰이면 '그러면 그렇지'라는 화용적인 의미를 나타낸다. 이럴 경우 주로 어떤 사실을 비아냥거릴 때 쓰인다. 채만식의 소설에서 많이 보이는데 전라도에서 아주 많이 쓰는 어휘이다.

으젓잖다

- 표준어 : 으젓하지 않다
- 품　　사 : 형용사
- 뜻풀이 : ① 말이나 행동 따위가 점잖지 않고 무게가 없다.
　　　　　② 모양이나 차림새 따위가 깔끔하지 않다.
- 다른 방언형 : 으짓잖다, 으젓잔허다
- 사용 지역 : 전라도

　　전라 방언 '으젓잖다'는 '으젓하지 않다.'의 축약으로 이루어진 말이다. 이 어휘는 '으짓잖다, 으짓잔허다'로도 쓰는데 사람에게 쓸 경우에는 '말이나 행동 따위가 점잖지 않고 무게가 없다.'라는 의미이고, '으짓잖은 짓, 으짓잖은 물건'과 같이 쓸 때는 '모양이 깔끔하지 않다.'라는 의미를 갖는다. 후자의 의미로 쓸 경우에는 표준어 '깔밋잖다'와 의미가 같다. 전라 방언에서 많이 쓰는 어휘이다.

응등물다

- 표준어 : 악물다
- 품 사 : 동사
- 뜻풀이 : 단단히 결심하거나 무엇을 참아 견딜 때에 힘주어 이를 꼭 마주 물다.
- 다른 방언형 : 앙당물다, 응덩물다
- 사용 지역 : 전라도

입술을 **응등물고** 있는 방태수의 얼굴에서는 분이 끓고 있었다. 〈조정래, 아리랑, 1995, 1, 102〉

최현옥은 숨을 들이키며 아랫입술을 **응등물었다.** 〈조정래, 아리랑, 1995, 12, 19〉

웅보는 작대기를 쥔 손이 부르르 떨리는 것을 이를 **응등물고** 참았다. 〈송기숙, 자랏골의 비가 18, 1974, 097〉

옹구네는 시퍼렇게 심지 박힌 음성을 어금니로 짓갈아 **응등그려** 물면서 그렇게 비꼬고는, 외마디 한숨을 토했다. 〈최명희, 혼불, 1996, 6, 169〉

송경희는 그런 사람들 속에서 이를 **앙당문** 채 조회대에 버티고 서 있는 염상진을 노려보며 박수를 따라서 치고 있었다. 〈조정래, 태백산맥, 2001, 7, 65〉

전라방언의 동사 '응등물다'는 표준어 '악물다'에 대응하는 어휘이다. '응등'은 '앙당, 응덩'으로도 쓰는데 얼굴을 찌푸리거나 입을 오그리는 모양을 나타내는 의태어로 보인다. 여기에 동사파생접미사인 '-그리-, -거리-'가 연결되어 표준어에서는 '응등그리다'를 쓰고 방언에서는 '응등거리다'를 쓰고 있다. '응등물다'의 경우, '응등 물다'에서 시작하여

'응등물다'가 한 어휘로 굳어진 것이다. 작품에서는 '응등그려 물다.'도 쓰고 있다. 문순태의 글에도 '응등물다'가 보인다.

이무럽다

- 표준어 : 허물없다, 임의롭다
- 품 사 : 형용사
- 뜻풀이 : ① 서로 매우 친하여, 체면을 돌보거나 조심할 필요가 없다.
          ② 일정한 기준이나 원칙이 없어 하고 싶은 대로 할 수 있다.
- 다른 방언형 : 이무랍다, 이무롭다, 이므럽다, 임우럽다
- 사용 지역 : 전라도, 경상도

굳이 마실이라고 할 것도 없이 이 공배네 오두막을 제 집처럼 **이무럽게** 여기어 드나드는 춘복이었으니, 며칠간 얼굴 안 보인 것이 외려 이상한 일이었다. 〈최명희, 혼불, 1996, 4, 206〉

그러나 아무래도 백단이보다는 만동이가 주막에는 **이무러워**, 틈만 나면 그는 마치 일없이 막걸리나 한 사발 마시러 온 것처럼 혼연스럽게 평상에 앉아 〈최명희, 혼불, 1996, 5, 322〉

조심해야 할 일만 켜켜로 산더미 같은 시집살이에, 신랑이라도 **이무러우면** 좀 나았을까. 허나 그것도 말이 안되는 일이었다. 〈최명희, 혼불, 1996, 6, 210〉

매안으로 들어오는 초입인데다가 임서방이 사람을 좋아하고 이야기도 잘 하는 것이 **이무러워**, 방물장수나 비단봇짐 황아장수나 해물장수나 간에 쉽게 들어와 다리를 쉬는 것이 임서방네 집이었다. 〈최명희, 혼불, 1996, 7, 138〉

어려워 하지 말고. **이무럽게** 생각해. 〈최명희, 혼불, 1996, 10, 102〉

전라 방언 '이무럽다'는 아주 많이 쓰는 어휘로 표준어로는 '허물없

다, 임의롭다'가 해당한다. '이무런 사이'라고 하면 '친근하다'라는 의미
이고, '이무럽게 생각하다.'라고 하면 '부담이 없다.'라는 뜻이다. '이무
런 일'이라고 하면 '익숙하다'라는 의미이다.
　박경리의 '토지'에 '임우럽다'가 많이 쓰이고 '이무럽다'도 쓰인다.

일트레면

- 표준어 : 이를테면
- 품　사 : 부사
- 뜻풀이 : 가령 말하자면.
- 다른 방언형 : 일테면, 일트라먼, 일테르면, 일트먼
- 사용 지역 : 전라도

"**일트레면**은 가짜배기 나이롱 고등과 학생인 심이지." 언제 학교에 들어갔었느냐는 내 물음에 형은 천연덕스레 대꾸하고 나서 한바탕 히히거렸다. 〈윤흥길, 소라단 가는 길, 2003, 156〉

"아직까장 천석꾼 애비가 두 눈 시퍼런허니 뜨고 요러코롬 피둥피둥 살어있는디 우리 귀용이란 놈이 무단시 왜 자청허서 불행을 흠빡 뒤집어쓴단 말이냐? 사회주의를 국법으로 금허고 있는지 뻔히 알음시나 날더러 시방 그놈을 도와주란 소리는 **일트레면** 이 늙은 애비더러 낙철이 그놈허고 덩더꿍으로 함께 미쳐서 똑같은 사회주의 헥멩가가 되야서 가막소 콩밥이나 실컨 자시라는 욕이 아니고 뭣이냐, 이 불충허고도 불효헌 놈아!" 〈윤흥길, 낫, 2005, 380〉

"퇴정비결에 나오는 바로 그 귀인이여, 귀인. 손에다 쥐어줘도 여적지 못 알어채려? 저분이 우리한티는 **일트레면** 생명에 은인이란 말여, 이 등신아!" 〈윤흥길, 빛 가운데로 걸어가면, 1, 29〉

그런데, 양문이 묘를 먼데서 떠받쳐주는 정기가 바로 이 바위에 뭉쳐진다는 것으로 **일테면** 그 바위가 자라밥에 해당된다는 거였다. 〈송기숙, 자랏골의 비가 5, 1974, 262〉

전라방언의 '일트레면'은 표준어 '이를테면'에 대응하는 어휘이다. 전

라방언의 화자들이 자주 쓰는 이 어휘는 '이를테면'과 그 준말인 '일테면'이 혼태되었거나 아니면 '이를테면'이 음운도치를 일으켜 생성된 것으로 보인다. 주로 윤흥길의 작품에서 쓰고 있다.

입잣

- 표준어 : 입길, 입방아
- 품　사 : 명사
- 뜻풀이 : 이러쿵저러쿵 남의 흉을 보는 입의 놀림.
- 사용 지역 : 전라도

　　"……것두 다아 에미 잘못 만난 죄다짐이다! 고생 면하려거든 진즉 뒤여지려무나!" 초봉이는 이 소리가 배가 채이기보다 형보의 **입잣**이 밉살스러웠다. 〈채만식, 탁류, 1987, 338〉

　　윤직원 영감의 걸쩍한 **입잣**대로 하면, 오두가 나는 것도 그러므로 무리가 아닐 겝니다. 〈채만식, 태평천하, 1987, 62〉

　　이년아 너는 잠자코 있지 않고서 무얼 초라니처럼 나서느냐고, 한바탕 욕을 해야할 텐데, 억지춘향이가 아니라 애먼 할아버지가 되었으니, 어떻게 손녀애기더러 쌍스런 **입잣**을 놀립니까. 〈채만식, 태평천하, 1987, 179〉

　　그러자 호랑이도 제 말을 하면 온다더니 혹시 노파의 **입잣**이 방정맞았던지 별안간 대문간이 요란하게 "이리 오너라." 찾는 소리가 나면서 뒤미처 웬 양복장이가 끼웃이 고개를 들이밀던 것이다. 〈채만식, 摸索, 1987, 490〉

　　전라 방언의 어휘 '입잣'은 표준어 '입길'에 대응되는 어휘이다. '입길'은 흔히 '입질'로 잘못 쓰는 경우가 많다. 남의 흉을 보거나 욕을 하는 입의 놀림을 '입길'이라고 하는데 방언형 '입잣'은 주로 채만식의 작품에서 나타난다. '입잣'은 '입＋잣'의 구성으로 보이는데 '잣'의 어원을 밝히기가 어렵다.

잉끄리다

- 표준어 : 으깨다, 응그리다, 으그리다
- 품　사 : 동사
- 뜻풀이 : ① 이리저리 짓찧어서 일그러뜨리다.
　　　　　② 굳은 물건이나 덩이로 된 물건을 눌러 부스러뜨리다.
- 다른 방언형 : 잉깨다, 능께다, 닁끼다, 잉깔르다
- 사용 지역 : 전라도

"그놈의 등급이란 것 도대체 어떤 놈들이 매긴 것인가. 목욕탕 얘길 들으면 영 재수가 없어." 김칠성이 꽁초를 **잉끄리며** 역정을 냈다. 〈조정래, 아리랑, 1995, 2, 233〉

손톱 밑에 이 한 마리를 놓고 **잉끄려** 죽여버리듯 백종두는 김 참봉을 마음에서 미련없이 지워버렸다. 〈조정래, 아리랑, 1995, 2, 273〉

허탁은 손가락이 타들도록 빨아댄 꽁초를 **잉끄려** _끄며_ 냉정하게 말했다. 〈조정래, 아리랑, 1995, 8, 104〉

재단사가 담배꽁초를 발끝으로 **잉끄려대며** 손일남을 사납게 노려보았다. 〈조정래, 아리랑, 1995, 9, 303〉

껍질을 벗기다 만 찔레순은 그 동안에 엄지와 검지손가락 사이에서 **잉끄려**져 있었다. 〈조정래, 태백산맥, 2001, 9, 60〉

표준어 '으깨다'는 전라 방언에서 '잉깨다'로 발음한다. 예문을 보면 '잉끄리다'는 '짓이기다'의 의미로 많이 쓰고 있다. 이것을 표준어에서

찾아보면 '으그리다'가 해당되는데 이는 '물체의 거죽을 찌그러지게 하다.'라는 뜻을 가지고 있다. 전라 방언에서는 '우그리다'로 많이 발음한다. 또한 국어사전에는 '웅그리다'를 '얼굴을 험상궂게 찌푸리다, 사물을 손으로 움켜주다.'라는 뜻으로 해설하고 있다. 한편으로는 '으그리다'를 "웅그리다'의 잘못'으로 처리하고 있다. '잉끄리다'는 '웅그리다'와 관련이 있는 것 같다. 한편으로는 '잉깨다'와 '우그리다'가 혼태되어 '잉끄리다'가 된 것이 아닌가 생각한다. 주로 조정래의 작품에서 발견된다.

자발맞다

- 표준어 : 자발없다, 방정맞다, 자발머리없다
- 품　사 : 형용사
- 뜻풀이 : 말이나 행동이 찬찬하지 못하고 몹시 까불어서 경망스럽다.
- 다른 방언형 : 자발떨다, 자발스럽다, 자발없다, 자발머리없다
- 사용 지역 : 전라도

"저런 쌔려죽일 놈 조깨 보소이! 다시는 벙끗도 못 허게코롬 나이롱실로 땀땀이 버느질허기 전에 그 **자발맞은** 조당머리 써억 못 닥치겄냐, 이놈아!" 재당숙의 입에서 마침내 막된 욕지거리가 쏟아졌다. 〈윤흥길, 낫, 2005, 256〉

"저, 저런 자발맞은 것들 같으니라고! 물가난도 고만침 지긋지긋허니 당혀 봤으니깨 인자는 제법 하눌님 무서운지도 알아채렸을 법허건마는, 으쩌자고 풍장까장 쳐댐시나 저 참깨방정을 떨어대고 야단들인고!"

이거 참말로 큰일이네. 대처나 저 **자발맞은** 주뎅이를 무신 재주로 틀어막는다냐. 〈윤흥길, 빛 가운데로 걸어가면, 1997, 1, 47〉

"아주까리에 진둥개맨치로 부부찌리 손발이 처어척 잘 도 맞어서 한참 기세 좋게 잘 나가는 판국인디 **자발맞게** 웬 뜬금없는 이혼타령이랴?" 〈윤흥길, 빛 가운데로 걸어가면, 1997, 2, 77〉

"그러다가 그런 소리가 슨지자님 귀에라도 들어가는 날이면 그 뒷감당을 으떻게 헐라고 **자발맞게** 그런 소리를 함부러 씨월거려?" 〈윤흥길, 빛 가운데로 걸어가면, 1997, 2, 234〉

그런데 **자발머리없이** 김칫국을 너무 과도하게 퍼마신 탓일까. 〈윤흥길, 빛 가운데로 걸어가면, 1997, 1, 148〉

　　전라 방언의 형용사 '자발맞다'는 표준어 '방정맞다, 자발없다'에 대응하는 어휘이다. '자발'은 명사로 보이는데 '방정'과 같은 의미인 '찬찬하지 못하고 몹시 경망스럽게 하는 말이나 행동'을 말한다. 표준어에는 '자발없다'를 쓰고 전라 방언에서는 '자발맞다'를 많이 쓰는데 이는 '방정맞다'와 전혀 다를 게 없는 의미이다. 주로 '자발맞은 소리, 자발맞은 행동, 자발맞은 사람' 등의 표현에서 사용한다. <전남 방언 사전>에는 '자발떨다, 자발스럽다'도 보인다.

자빠지다

- 표준어 : 넘어지다
- 품   사 : 동사
- 뜻풀이 : 뒤로 또는 옆으로 넘어지다.
- 사용 지역 : 전라도

그런 것을 글세 절하고 보입던 못할 망정 버얼떡 **자빠저서는** 한다는 소리가 무얼 핥어 먹느라고 주둥이를 끌고 다녔냐는 게 첫인사니 놈이 후레자식이 아닙니까 〈채만식, 천하태평춘, 1938, 8, 241〉

그 어디 보리밭에 **자빠졌다가** 눈도 코도 相思夢도 다 없어진 후 燒酒와 같이 燒酒와 같이 나도 또한 나라나서 공중에 푸를리라. 〈서정주, 멈둘레꽃〉

시꺼먼 털이 숭얼숭얼한 정강이를 통째로 드러내놓고 **자빠져** 자는 꼬락서니가 보기 싫어서, 초봉이는 커튼으로 몸을 가렸다. 〈채만식, 탁류, 1987, 267〉

"밀지 말어, **자빠지겄네잉**." 〈최명희, 혼불, 1996, 1, 26〉

'자빠지다'는 전라 방언에서 아주 많이 쓰는 방언이지만, '넘어지다'와 함께 표준어로도 쓰이고 있다. 전라 방언에서는 '넘어지다'는 거의 사용하지 않고 '자빠지다'를 사용한다. 경남 방언에서 '자빠라지다', 평북 방언에서 '자뿌라디다'를 쓰는 것으로 보고하고 있다.

전라 방언에서는 '자빠져 자라!'에서와 같이 '자빠지다'란 동사를 비하하는 표현에 쓰는 경우가 있다. '자빠지다'의 사용이 빈번하다 보니 조동사로서도 쓰게 되었다. 그래서 '놀고 자빠졌네.'에서와 같이 비하하는 표현에 '자빠지다'를 많이 사용하고 있다.

현대 국어 '자빠지다'에 대응하는 15세기 어형은 '졋바디다'이다. 이 어휘의 형태 변천 과정은 '졋바디다>졋바지다>*젓바지다>잣바지다>자빠지다'로 정리할 수 있다.

작것

- 표준어 : 잡것
- 품 사 : 명사, 대명사, 감탄사
- 뜻풀이 : ① 순수하지 못하고 여러 가지가 섞여 있는 잡스러운 물건.
          ② 점잖치 못하고 잡스러운 사람을 속되게 이르는 말.
- 다른 방언형 : 자껏, 자 : 껏
- 사용 지역 : 전라도, 충청도

에라 **작것** 굿이나 치자. 〈김용택, 섣달그믐 2, 7〉

에라 **작것** 놀아보세. 에라 작것 취해보세. 〈김용택, 해와 달, 10, 23〉

대처나 고 **작것**이 무신 잡것이간디. 〈김용택, 또? 2, 5〉

무심결에 엿장수의 어깨에 가 앉았던 모양이었다. "**작것**, 재수 없네!" 엿장수가 손바닥으로 탁 치는 바람에. 〈채만식, 왕치와 소새와 개미, 1987, 594〉

고 **잡것**덜이 점잔허니 살고 잡은 사람 속에 불질르는디, 요 염상구가 두 눈 똑바라지게 뜨고 있는 한 벌교넌 못 묵어. 〈조정래, 태백산맥, 2001, 10, 69〉

"저 썩어 문드러질 **잡것**이 기연시 또 찾어왔고나." 〈윤흥길, 소라단 가는 길, 2003, 31〉

전라 방언의 '작것'은 표준어로는 '잡것'에 해당한다. 따라서 명사, 대명사, 감탄사로 쓰인다. 명사일 때는 '잡스러운 물건'을 말하고, 대명사일 때는 '점잖치 못하고 잡스러운 사람'을 일컫는다. 감탄사로 쓸 때는 단독으로도 쓰지만 '에라, 아따'와 같은 감탄사와 함께 쓰면서 '그냥, 아무 생각없이' 정도의 의미를 갖는다. 이문구의 '으악새 우는 사연'과 '관촌수필'에서도 쓰고 있다.

잔생이

- 표준어 : 지지리
- 품　사 : 부사
- 뜻풀이 : (주로 부정적인 뜻을 나타내는 말과 함께 쓰여) '아주 몹시' 또는 '지긋
　　　　　지긋하게'의 뜻을 나타내는 말.
- 다른 방언형 : 잔상이, 잔셍이
- 사용 지역 : 전라도

"체, 쏭헐 것 **잔생이**도 없등갑다. 도든 옻이든 속씨언허니 딱 놓덜 못하고 맘만 싱숭생숭헝께로 그러재." 〈조정래, 아리랑, 1995, 10, 171〉

"참말로 빨갱이 예펜네 된 것도 서러울 것인디, 그런 꼴할라 당허고, 소문 꺼정 나부렀으니. 복쪼가리는 **잔생이**도 읎는 예펜네시." 들몰댁의 가슴은 두근두근 뛰고 있었다. 〈조정래, 태백산맥, 2001, 3, 348〉

"와따 참말로, 성님언 못 말기겄소. 헐 생각이 **잔생이** 읎어서 그런 심 파허는 생각 허고 앉었소. 나가 한 말 팍 혀뿔께라. 워쩔께라?" 마삼수가 쌈지를 거칠게 꺼냈다. 〈조정래, 태백산맥, 2001, 8, 297〉

　전라 방언의 부사 '잔생이'는 '잔상이'로도 발음되며 전남 방언에서 사용되고 있다. 조정래의 소설에서 주로 발견된다. 표준어의 부사 '지지리'와 거의 같은 의미로 쓰고 있다. 한자어에서 온 것으로 추측할 수 있는데 정확한 어원을 확인하기는 어렵다. 홍명희의 '임꺽정'에도 쓰고 있다.

　'잔생이'가 '지긋지긋하게 말을 듣지 않는 모양'이나 '애걸복걸하는

모양'으로 쓸 경우에는 표준어로 인정하고 있다. 그러나 '지지리 못나다, 지지리 궁상이다.'와 같이 '매우 심하게, 몹시'로 쓸 경우에는 비표준어이다.

잠충이

- 표준어 : 잠보, 잠꾸러기
- 품　사 : 명사
- 뜻풀이 : 잠이 아주 많은 사람을 낮잡아 이르는 말.
- 다른 방언형 : 잠칭이, 잠텡이, 잠퉁이
- 사용 지역 : 전라도, 충청도, 강원도, 경상도, 제주도

"치이, 큰시님언 맨날 밥충이 **잠충이** 멈충이라고 야단이신디요?" 아기중은 빨래를 받아들며 입을 삐죽 내밀었다. 〈조정래, 아리랑, 1995, 2, 306〉

신랑은 벼락에 떨어진 **잠충이**처럼 신부 밑에 깔려서 기가 막혀 있는 참인데. 매화타령까지 하느라고 천당이 어떻고 지옥이 어떻고 회악질 소리까지 또 낭자합니다그려. 〈송기숙, 녹두장군 2, 1989, 155〉

달주는 여전히 벼락소리에 깨어난 **잠충이**처럼 그냥 눈만 껌벅거리며 강쇠네를 건너다보고 있었다. 〈송기숙, 녹두장군 6, 1989, 166〉

벼락에 깨난 **잠충이** 상판도 아니고, 얼음에 미끄러진 황소 상판도 아니고, 천둥에 놀란 풀강아지 상판도 아니고, 〈송기숙, 녹두장군 7, 1989, 017〉

"깨우기는 깨웠는데 하도 **잠충이**라 그러요." 〈송기숙, 녹두장군 10, 1989, 180〉

전라 방언의 명사 '잠충이'는 표준어 '잠보, 잠꾸러기'에 해당하는 어휘다. '잠충이'는 '잠＋충(蟲)＋이'의 구조로 되어 잠을 많이 자는 사람을 벌레(蟲)에 비유하여 일컫는 비어이다. 이런 조어에는 '밥충이, 식충이' 등이 있다. 이 어휘는 전라도는 물론 충청도, 강원도에서도 쓰고

있다. 전라 방언에서는 '잠충이'와 의미가 같은 어휘로 '잠텡이, 잠퉁이'가 쓰인다.

　박경리의 '토지'에도 '내사 아무것도 모르구만. 떡이나 묵고 구겡이나 하고 …… 본시부터 잠충이가 돼서 해만 지믄 업어가도 모르누만.<토지1,042>'의 예가 보인다. 박상륭의 소설에서는 '잠퉁이'가 보인다.

잠푹하다

- 표준어 : 잠포록하다, 잔풍하다
- 품　사 : 형용사
- 뜻풀이 : 바람이 불지 않고 포근하다.
- 다른 방언형 : 잠푹허다, 잠풍하다
- 사용 지역 : 전라도, 북한

텃밭의 남새들은 **잠푹한** 안개발에 잠겨 있었다. 〈조정래, 아리랑, 1995, 5, 58〉

안개가 **잠푹하게** 서린 논길을 차득보는 마구 활개질치며 빠르게 걷고 있었다. 〈조정래, 아리랑, 1995, 9, 68〉

잠푹하게 가라앉아 있던 안개의 요동이었다. 〈조정래, 아리랑, 1995, 9, 69〉

가을 하늘은 물 속맹키로 투명험시로 먼 것이 싸아허게 추운 기색이고, 봄 하늘은 아조 흐린 안개가 사르르 낀 것맹키로 덜 투명험시로 **잠푹허게 따땃헌** 기색이 도는 것이 서로 달븐 차이 아니라고? 아이고메 못해묵것다. 〈조정래, 태백산맥, 2001, 9, 18〉

전라방언의 형용사 '잠푹하다'는 표준어에서는 대응어를 찾기가 어렵다. '잔잔한 바람'을 뜻하는 '잔풍(殘風)'에 형용사파생접미사 '-하-'가 연결되어 '잔풍하다'가 쓰이고 있다. '잔풍하다'는 북쪽의 〈조선말대사전〉에서는 '잠풍하다'로도 쓰기 때문에 여기서 온 것이 아닐까 생각한다. 또한 '잠포록하다'가 표준어에서 쓰이는데 여기서 생성된 것이 아닐까 생각한다. 〈소설어사전〉에는 '잠푹스럽다'의 예가 보인다.

잣지받지하다

- 표준어 : 대응 표준어 없음.
- 품　사 : 동사
- 뜻풀이 : 거만스럽게 고개를 뒤로 젖힐 듯 말 듯하다.
- 다른 방언형 : 잣지받지허다, 잣지밧지하다, 잣대밧대
- 사용 지역 : 전라도

"알겄어, 알겄어. 당신은 키도 훤칠허고 인물도 잘나고 다 존디, 사람을 눈 아래로 깔아보는 대끼 허는 거만시럽고 **잣지받지헌** 태도가 글러묵었어. 지끔도 알먼 안다고 앗싸리허게 헐 것이제, 위째 그러냐 그거여." 〈조정래, 태백산맥, 2001, 2, 224〉

존 것이 존 일이다 생각험시로 덮어온 일로, 북조선 동무덜이 그 동안에 을매나 **잣지받지허니** 우리럴 눈아래로 깔아보고, 큰방구 뀌고 그랬소. 〈조정래, 태백산맥, 2001, 7, 195〉

그때 권세잡았든 높덜이 그대로 권세잡고 모강댕이 **잣지밧지해갖고** 뻗대고 사는 꼴 보는 것도 환장헐 일이겄는디, 인자 고높덜 꼴 안 보게 생겼응께 삼 년 묵은 쳇증 떨어지겄다. 〈조정래, 태백산맥, 2001, 4, 227〉

느그들은 대관절 무슨 권세를 쥐고 있길래 그토록 **잣대밧대** 거만하며, 나는 무엇을 못 가졌길래 이 수모와 박대를 받어야만 하는가. 〈최명희, 혼불, 1996, 6, 269〉

전라방언의 동사 '잣지받지하다'는 해당 표준어를 찾기 어렵다. 또한 그 어원을 찾기 어려운데 '잣지받지'가 고개를 거만하게 뒤로 젖히는

모습을 나타내는 의태어로 보인다. <소설어사전>에서는 '거만스럽게 고개를 뒤로 젖힐 듯 말 듯하다.'로 풀이되어 있는데 예문을 보면 그 풀이가 합당한 것 같다. 예문에서는 '거만하다, 눈아래로 깔아보다, 목을 뻗대다.'의 표현과 함께 쓰는 것으로 보아서 매우 거만한 모습을 나타낸다. 최명희의 소설에서는 '잣대밧대'가 쓰인다.

장꽝

문학 속의 전라 방언

- 표준어 : 장독대
- 품 사 : 명사
- 뜻풀이 : 장독 따위를 놓아 두려고 뜰 안에 좀 높직하게 만들어 놓은 곳.
- 다른 방언형 : 장깡, 장광, 장꼬방
- 사용 지역 : 전라도, 충청도, 경상도

> 동현네 **장꽝** 뒤 시암에 가서 물 떠오니라. 〈신경숙, 풍금이 있던 자리, 1992, 143〉
>
> 반색하는 동현이를 본 척도 안 하고 **장꽝**이 있는 대숲 뒤로 돌아간다. 〈신경숙, 풍금이 있던 자리, 1992, 144〉
>
> 도대체 어느 인간이 뒤안의 **장꽝**마다 놓인 독아지 속의 고추장과 된장에 박은 짠지를 다 팔고 산단 말인가. 〈최명희, 혼불, 1996, 5, 93〉
>
> **장광**에 골붙은 감닙 날러오와/ 누이는 놀란듯이 치어다보며 〈김영랑, 오매 단풍 들것네〉

전라 방언의 어휘 '장꽝'은 표준어로는 '장독대'이다. '장독대'는 '醬＋독＋臺'로 이루어진복합어이다. '장꽝'은 '醬＋ㅅ＋광(廣)'으로 이루어진 한자어로 추정된다. 전라도에서는 주로 '장꽝, 장깡'으로 쓰고 있다. '장꽝'은 전라도와 충청도에서 많이 사용하고 있다.

정구다

- 표준어 : 담그다, 잠그다
- 품 사 : 동사
- 뜻풀이 : 물이나 액체 속에 물체를 넣다.
- 다른 방언형 : 징구다, 당구다
- 사용 지역 : 전라도

> 그러고 얼음 백힌 디는 까짓대가 질이다. 까짓대를 푹 쏾어서 그 물에다가 한참썩 수족을 **정구고** 나면 고닥 풀리느니라. 〈윤흥길, 장마, 39〉

표준어 '담그다'는 전라 방언에서는 '당구다'로 발음한다. '담그다'는 신체나 어떤 물건을 물에 넣을 때 쓰고, 김치나 장, 젓갈을 담글 때도 사용한다. 그러나 '정구다'는 신체나 어떤 물건을 물에 넣을 때만 사용하는 특징이 있다. '정구다'는 전라 방언에서 아주 많이 쓰는 어휘로 '잠그다'와 관련이 있는 듯하다. '담그다'가 '당구다'로 발음이 나는 것처럼 '잠그다'는 '장구다, 정구다'로 발음이 되었을 가능성이 높다.

제금나다

- 표준어 : 분가하다
- 품　사 : 동사
- 뜻풀이 : 가족의 한 구성원이 주로 결혼 따위로 살림을 차려 따로 나가다.
- 다른 방언형 : 제금 나다
- 사용 지역 : 전라도, 경상도, 충청도

제금 나와 살면서/ 허기진 배 움켜쥐고/ 풋보리 잡아 절구질/ 풋나락 잡아 절구질. 〈김용택, 밭1, 30〉

"그려, 어디 **제금나서** 살어봐. 행투 사납고 맘보 고약헌 작인놈덜 등쌀에 시상 사는 맛이 짭짜름허니 졸 것잉게." 〈조정래, 아리랑, 1995, 6, 73〉

"나중에 네 살림 **제금나면** 저 솥을 가지고 가라." 〈최명희, 혼불, 1996, 9, 271〉

새각시 **제금 나서** 살림을 맡아, 맨 처음 솥을 닦던 그날로부터 이날에 이르기까지 어느 한 날 빼놓지 않고 〈최명희, 혼불, 1996, 9, 274〉

그는 **제금난** 지가 얼마 안 된 신접살림으로 식구는 내외에다 돌잡이 하나 뿐이었지만, 소작논 서 마지기로 제금을 났으므로 큰댁인 산매댁처럼 찢어지는 형편이었다. 〈송기숙, 녹두장군 3, 1989, 031〉

작은당숙네는 한때 낮에만 대한민국이고 밤이면 인민공화국이 되곤 했다는 건지산 아래 가실리로 **제금나가** 살았었다. 〈한국소설문학대계, 윤흥길, 무지개는 언제 뜨는가, 344〉

'제금'은 국어 사전에 '딴살림'의 방언으로 처리하고 있다. 실제로 '제금을 내다.'라는 표현이 있는 것으로 보아 '제금'은 명사임이 분명하다. '제금'은 전라 방언에서 '제금, 저금, 지금, 제금살이, 지금살이' 등으로 다양하게 쓰고 있다.

중세국어의 '제여곰'은 '제각기'란 뜻으로 쓰면서 '받도 제여곰 눈호며 집도 제여곰 짓더니≪月釋 1 : 45≫'의 예에서 쓰이고 있다. 따라서 이 '제여곰'에서 '제금'이 왔을 가능성이 매우 높다. 원래 '제금'은 '각자'를 의미하다가 문장에서 '분가(分家)'의 의미를 갖게 된 것으로 보인다.

'제금나다'는 '제금 나다.'로 쓰기도 하는데 '제금이 나다.'가 굳어져서 관용 표현으로 쓰는 것이다. '제금나다'는 같이 살던 자녀를 분가하여 내보낼 때 주로 사용하는 말이다. 박경리의 '토지'에도 '제금을 내다, 제금내다' 등을 쓰고 있다.

조단조단

- 표준어 : 조근조근
- 품　사 : 부사
- 뜻풀이 : 이야기를 서두르지 않고 조리있게 하는 모양.
- 다른 방언형 : 조당조당, 조랑조랑, 조잔조잔
- 사용 지역 : 전라도

"이 무식헌 것이 무신 말인지 못 알아묵겄구만요. **조단조단** 말씸해 주셔야 제라." 옥향이는 백종두 옆으로 살짝 다가앉았다. 〈조정래, 아리랑, 1995, 1, 63〉

"일본말 배우기가 쉽기야 허겠소. 그러니 왈기지만 말고 **조단조단** 알아듣게 말로 허시시요." 그녀는 애원하다시피 말하고 있었다. 〈조정래, 아리랑, 1995, 1, 83〉

"이 그려, 고것이 좋겄구마. 근디 이얘기럴 허기넌 허는디 설렁설렁해불지 말고 할무니덜이 장화홍련전이고 심청전 이얘기허디끼 **조단조단**허니 맛나고 찰지게 허란 말이여." 남용석은 어느덧 편안하게 말을 낮추어 하고 있었다.
〈조정래, 아리랑, 1995, 4, 318〉

"무신 소린지 통 몰르겄소, 지도원 동지. 쪼깐 **조단조단**허니 말해봇씨요."
〈조정래, 태백산맥, 2001, 10, 243〉

오늘은 이런 것이나 **조단조단** 한 번 따져 봅시다. 〈송기숙, 녹두장군 6, 1989, 038〉

전라 방언의 부사 '조단조단'은 주로 조정래, 송기숙의 소설에서 발견되는데 표준어로 '조근조근'과 대응된다고 할 수 있다. 한편으로는 '차근차근'과 같은 부사와 같은 의미로도 쓰는데 전남 지역에서 주로 쓰인다. 전북에서는 주로 '조근조근, 조곤조곤'을 많이 쓰고 있다.

조몰조몰하다

- 표준어 : 조몰락조몰락하다
- 품　사 : 동사
- 뜻풀이 : 작은 동작으로 연한 물건을 자꾸 주무르다.
- 다른 방언형 : 조몰조몰허다, 조물조물하다, 조몰조몰, 조물조물
- 사용 지역 : 전라도

이주사는 노라의 손을 잡아다가 **조몰조몰** 만진다. 〈채만식, 인형의 집, 1987, 230〉

계봉이가 저라서 승재의 손을 뜰어다가 두 손으로 꽈악 쥐고 **조몰조몰**한다. 〈채만식, 탁류, 1987, 415〉

윤장의영감은 달은 한 손으로 춘삼이의 남어지 한 손을 **조물조물** 주무릅니다. 〈채만식, 천하태평춘, 1938 : 6, 172〉

"엊그저게 처음으로 제 저고리 하나를 **조물조물** 허드니 그런대로 모양은 만들어 놨드만요." 〈최명희, 혼불, 1996, 6, 97〉

　전라 방언의 부사 '조몰조몰, 조물조물'은 손으로 연한 물건을 주무르는 모양을 표현하는 의태어이다. 따라서 여기에 '-하-'가 연결되면 '조몰조몰하다, 조물조물하다'가 되어 동사로 쓰인다. 예를 들면 나물과 같은 무침을 손으로 주무를 때 대체로 '조몰조몰하다'를 사용한다. 표준어의 경우 손으로 크게 주무르는 것을 '주물럭주물럭하다'라고 말하고 작게 주무르는 것을 '조몰락조몰락하다'라고 말한다. 그러나 전라 방언의 '조몰조몰하다, 조물조물하다'는 작은 동작을 나타내기 때문에 손끝으로 주무르는 것도 이에 해당한다.

졸갱이(를) 치다

- 표준어 : 졸경(卒更)을 치르다(치다)
- 품　　사 : 구
- 뜻풀이 : 한동안 남에게 모진 괴로움을 당하다.
- 다른 방언형 : 졸갱이치다
- 사용 지역 : 전라도

"아이고, 저눔에 입, 큰탈 나겄다. 우리찌리라도 안헐 말언 안혀야 쓰는겨. 미국 이약 씀벅씀벅 잘못혔다가 좌익으로 몰려 **졸갱이친** 사람덜이 워디 한둘이여? 말언 해버릇허먼 자꼬 느는 것잉께 그 이약은 애시당초 입에 담덜 말어." 〈조정래, 태백산맥, 2001, 3, 148〉

"짐칫국 먼첨 넘기지 마씨요. 요 쌀 임자야 뻔헌께, 날이 더 새먼 눈에 불키고 쫓아와 찾어갈 것이고, 넘 먼첨 요 쌀 손댔다가는 목구녕에 넘게보지도 못허고 좌익으로 몰려 **졸갱이럴 칠** 것잉께." 다른 남자의 입바른 말이었다. 〈조정래, 태백산맥, 2001, 4, 180〉

하대치는 눈을 부릅떠 맞쏘아보며, "싸게 나오씨요, 싸게. 늦게 왔다고 **졸갱이질** 당혀도 내사 몰릉께." 은근히 겁을 먹였다. 〈조정래, 태백산맥, 2001, 5, 9〉

"이름이 하도 요상시런께 안 그렇소. 요러다가는 영축읎이 늦어 참말로 **졸갱이치겄소.** 미안시럽게 됐응께, 싸게 갑시다." 하대치가 팔을 끌었고, 피 서방은 마지못한 듯 발을 떼어놓았다. 〈조정래, 태백산맥, 2001, 5, 10〉

"저분참에 **졸갱이럴 쳐서** 그런가 워쩐가 지가 만낸 사람덜도 말방구만 뀌제, 워째 허는 짓은 뜨광허당께요." 노 서방이 마땅찮아하는 얼굴로 말했다. 〈조정래, 태백산맥, 2001, 6, 20〉

전라 방언에서 주로 쓰는 ‘졸갱이 치다.’라는 표현은 주로 조정래의 작품에서 나타나는데 전남에서 쓰는 표현으로 이해된다. ‘졸갱이’는 표준어 ‘졸경(卒更)’의 발음이 변한 것으로 표준어에서는 ‘졸경을 치르다.’로 표현하고 있다. ‘졸경’은 ‘순라군(巡邏軍)이 밤을 경계하느라고 도성(都城) 안을 돌아다님.’이란 뜻이 있는데 여기서 ‘졸경을 치다.’가 ‘괴로움을 당하다.’라는 뜻으로 변한 것으로 이해할 수 있다.

종그다

- 표준어 : 벼르다
- 품　사 : 동사
- 뜻풀이 : 어떤 일을 이루려고 마음속으로 준비를 단단히 하고 기회를 엿보다.
- 다른 방언형 : 종구다
- 사용 지역 : 전라도

"헛소리 말어. 나도 보름이가 당허고나서야 안 일이여. 누가 또 보름이럴 **종그는지도** 몰르고 그저 헛바람만몰고 댕긴 자네가 헛짜제." 손판석은 정색을 하고 서무룡을 쳐다보며 추궁하듯 말했다. 〈조정래, 아리랑, 1995, 5, 163〉

"저 개좆 겉은 새끼가 사람 대허는 꼴 잠 보소. 삭신을 못 쓰게 맹글날을 폴세부텀 **종그고** 있단 것을 지눔이 알어야 쓸 것이여." 염상구가 살벌하게 내쏘며 탁 침을 뱉았다. 〈조정래, 태백산맥, 2001, 1, 176〉

"장흥댁도 참…… 이 일이 그 사람 혼자서만 허는 일이요? 정 사장이 뒤에서 **종그고** 있당께요." 그때서야 장흥댁의 얼굴이 변했다. 〈조정래, 태백산맥, 2001, 3, 145〉

"작인이란 것덜, 참말로 가당찮소. 무신 도적눔 심뽀로 넘 재산얼 꽁짜로 묵겄다고 **종그는지** 몰르겄소." 〈조정래, 태백산맥, 2001, 4, 336〉

　전라 방언의 동사 '종그다'는 주로 전남에서 쓰는데 조정래의 작품에서 발견된다. 사람을 해할 목적으로 노리는 행위를 의미하는데 표준어로는 '벼르다'에 해당한다. '종구다'로도 발음되는 이 어휘가 어디에 기원을 둔 것인지 알 수 없으나 독특한 전남 방언임이 분명하다.

박경리의 '토지'에서는 '종구다'를 쓰는데 '좇다, 찾다'의 의미로 쓰고
있다. 제주방언에서도 '쫓아가다'의 의미로 쓰인다.

즈문밤

- 표준어 : 대응 표준어 없음.
- 품 사 : 명사
- 뜻풀이 : ① 천 날의 밤.
        ② 아주 오래된 날들의 밤.
- 다른 방언형 : 즈믄밤
- 사용 지역 : 전라도

> 내 마음 속 우리님의 고은 눈섭을 **즈문밤**의 꿈으로 맑게 씻어서 하늘에다 옴기어 심어 놨더니 동지 섣달 나르는 매서운 새가 그걸 알고 시늉하며 비끼어 가네 〈서정주, 冬天〉

중세국어에서 '백(百)'을 나타내는 말은 '온'이고 '천(千)'을 나타내는 말은 '즈믄'이다. 이 어휘는 관형사이기 때문에 뒤에 나오는 명사와 띄어 쓰는 것이 원칙이다. 그러나 시인 서정주는 '동천'이란 시에서 '즈문 밤'이란 개인어를 만들어 쓰고 있다. '즈문 밤'이라고 띄어 쓸 경우에는 '천날의 밤'이라고 해석할 수 있으나 이 시에서는 '즈문밤'으로 붙여 쓰고 있기 때문에 작가가 하나의 단어로 조어를 했음을 알 수 있다. 따라서 의미도 '아주 오래된 날들의 밤'이라고 해석하는 것이 옳을 듯하다.

즈믄해

- 표준어 : 대응 표준어 없음.
- 품　사 : 명사
- 뜻풀이 : 아주 오랜 세월.
- 다른 방언형 : 즈문해
- 사용 지역 : 전라도

> 　아버지. 아버지에게로도, 내 어린 것 弗居內에게로도, 숨은 弗居內의 애비에게로도, 또 먼 먼 **즈믄해** 뒤에 올 젊은 女人들에게로도, 生金 鑛脈을 하늘에 폅니다. 〈서정주, 娑蘇 두 번째의 편지 斷片〉

　중세국어에서 '백(百)'을 나타내는 말은 '온'이고 '천(千)'을 나타내는 말은 '즈믄'이다. 이 어휘는 관형사이기 때문에 뒤에 나오는 명사와 띄어 쓰는 것이 원칙이다. 그러나 시인 서정주는 '즈믄해'란 개인어를 만들어 쓰고 있다. '즈믄 해'라고 띄어 쓸 경우에는 '천 년'이라고 해석할 수 있으나 이 시에서는 '즈믄해'로 붙여 쓰고 있기 때문에 작가가 하나의 단어로 조어를 했음을 알 수 있다. 따라서 의미도 '아주 오랜 세월'이라고 해석하는 것이 좋을 듯하다.

지댄하다

- 표준어 : 기다랗다
- 품 사 : 형용사
- 뜻풀이 : 매우 길거나 생각보다 길다.
- 다른 방언형 : 지댄허다, 지드란허다
- 사용 지역 : 전라도

"혜기는, 나이 마흔이면 쉬염도 **지댄허니** 지룰라고 허고, 인자 어른 가락을 빼라고 헐 때지." 〈최명희, 혼불, 1996, 3, 293〉

"홀에미다리라는 **지댄헌** 돌다리가 있제." 〈최명희, 혼불, 1996, 4, 132〉

언제 쩍에 놨는지 고색이 창연허제. **지댄허고** 판판허기 똑 비석맹이로 생겼는디, 〈최명희, 혼불, 1996, 4, 133〉

아, 사쾌가 나왔으면 그거이 국순디. 비얌도 **지댄허고** 국수 가닥도 지댄형게 그게 맞는디, 왜 수제비라고 그러싱고? 〈최명희, 혼불, 1996, 4, 213〉

어뜬 놈은 요만헌디 노랗고, 어뜬 놈은 요렇게 **지댄헌** 대궁에 남색이고, 흰꽃도 있제. 〈최명희, 혼불, 1996, 6, 74〉

체를, 이 구녁 뚫린 체를 걸어 노먼 되야. 마당 가운데다가 **지드란헌** 장대를 높으댄허게 세워 놓고이, 그 꼭대기다가 이 체를 딱 둘러씌워 놓는 거여. 〈최명희, 혼불, 1996, 5, 25〉

표준어 '기다랗다'의 준말은 '기닿다'이다. 그러나 전라 방언에서는

'지댄허다, 지드란허다'로 쓰여 접미사 '-허-'가 붙은 형태로 나타난다. 강원도에서는 '지닿다'가 보인다. 따라서 '지다랗-, 지닿-+-허다'의 구성이 아닌가 생각한다. 이 구성에 'ㄴ'이 첨가되면서 '지댄허다'가 생긴 것으로 보인다. 아주 많이 쓰는 어휘이다. 최명희의 '혼불'에서는 '높으댄허다, 크댄허다'를 쓰고 있다. 결국 '길다, 높다, 크다'에 접미사 '-댄허-'가 연결되는 구성으로 볼 수 있다.

지발덕덕

- 표준어 : 제발, 제발 덕분(에)
- 품　사 : 부사
- 뜻풀이 : ① 간절히 바라건대.
  　　　　② 간절히 은혜나 도움을 바라건대.
- 다른 방언형 : 지발덕분, 지발덕분에, 지발 덕분에
- 사용 지역 : 전라도

"알고 있었다니깨 고맙네. **지발덕덕** 우리 재실에다가는 터럭맨치도 흠집을 내지 말어주게. 부탁이네." 〈윤흥길, 낫, 2005, 145〉

"**지발덕덕** 챙피헌 지나 쪼깨 아시요!" 운전석의 너털웃음이 때아닌 부부싸움을 훼방했다. 〈윤흥길, 빛 가운데로 걸어가면, 1997, 1, 33〉

"**지발덕덕** 무신 문제가 생겨돌라고 떡 쪄놓고 고사라도 지낼 작정인가?" 〈윤흥길, 빛 가운데로 걸어가면, 1997, 1, 164〉

"월아, 적선허는 폭잡고 **지발덕덕** 내 말 쪼깨 들어봐라." 〈윤흥길, 빛 가운데로 걸어가면, 1997, 2, 66〉

"걱정 마시요. **지발덕덕** 찍지 말어달라고 빽을 쓰고 사정사정 혀도 증명이 될 만헌 것은 악착같이 다찍고 말 티니깨!" 〈윤흥길, 빛 가운데로 걸어가면, 1997, 2, 271〉

"그래도 우리 집에 들오시그나 나가실 적에 누가 볼지도 모르지라잉. 그라면 좁은 동네서 소문이 어뜨코 나겄소? 어서 가씨오. **지발덕분에** 어서 가시오. 밸일이 있어도 오늘 저녁에는 안돼요." 〈송기숙, 녹두장군 4, 1989, 085〉

전라방언의 부사 '지발덕덕'은 표준어 '제발 덕분'에 해당하는 어휘이
다. 표준어 '제발'은 전라방언으로 '지발'로 발음한다. 표준어 '덕분(德
分)'은 '베풀어 준 은혜나 도움.'이란 뜻으로 '덕(德)'으로도 쓴다. 따라
서 '지발덕덕'은 '지발'과 '덕덕(德德)'이 결합된 복합어이다. '덕분'의
뜻으로 '덕덕'을 쓴 것이다. '지발덕분'도 함께 사용한다.

지심매다

- 표준어 : 김매다
- 품　사 : 동사
- 뜻풀이 : 논밭의 잡풀을 뽑아내다.
- 다른 방언형 : 기심매다, 기음매다
- 사용 지역 : 전라도, 전국

내가 아읍 살버텀 쪽지게럴 지구 나무럴 히여다 때구, 열두 살버텀 장정덜 틈으 가 찡겨서 **지심얼 맸다!** 〈채만식, 강선달, 1987, 203〉

아주까리 기름을 바른 이가 **지심 매던** 그 들이라도 보고 싶다 〈조정래, 아리랑, 1995, 8, 216〉

거그서 어뜬 알 만헌 양반 하나가 논바닥에 꾸부리고 **지심을 매고** 있드란 말이여? 〈최명희, 혼불, 1996, 3, 139〉

"아이고, 더운디 먼 **지심을** 혼자 그렇게 매고 지싱가요?" "암만 더워도 일을 해야지, 내가 안허면 누가 해?" "양반이 그렇게 땀을 뻘뻘 흘림서 지심을 맹게 왜 우습소예." 〈최명희, 혼불, 1996, 3, 140〉

아 이렇게 더운디, 같은 양반으로 나서 누구는 좋게 살고, 누구는 놉도 없이 **지심 매서** 어디 쓰겄능교? 〈최명희, 혼불, 1996, 3, 140〉

　전라 방언에서는 표준어 '김매다'를 '지심매다, 기심매다, 기음매다'라고 한다. 이때 '기심'은 역사적으로 '기슴, 기음'에서 발달한 것으로 한자어 '草'에 대한 우리말이었다. '기심'에서 '기>지'와 같이 구개음으로 변하여 '지심'이 된 것이다. 그러니까 '지심매다'는 '풀을 뽑다.'라는 뜻인 것이다.

국어사전에는 '김매다'를 하나의 동사로 처리하고 있으나 '김을 매다.'가 굳어져서 쓰이는 것이기 때문에 작품에서는 '지심 매다'로 떼어 쓰고 있는 경우를 많이 본다. 역사적인 형태라 전국적인 분포를 가지고 있다.

지천꾸러기

- 표준어 : 천덕꾸러기
- 품 사 : 명사
- 뜻풀이 : 남에게 천대를 받는 사람이나 물건.
- 다른 방언형 : 지천꾸레기
- 사용 지역 : 전라도

우리집 **지천꾸러기** 워리란 놈이 전에 없이 사납고 우람찬 소리로 짖어 대기 시작했다. 〈한국소설문학대계, 윤흥길, 장마, 39〉

지천꾸러기로만 자란 우리 윤봉이로서는 그야말로 찬란한 날의 시작이었다. 〈한국소설문학대계, 윤흥길, 양, 109〉

그런데 불행이 엎치고 덮쳐 가래가 찢어지게 어려운 처지인데다 대상이 다름아닌 우리집 **지천꾸러기** 막내였던 것이다. 〈한국소설문학대계, 윤흥길, 양, 111〉

부월은 당연히 그래야만 될 것 같아서 하늘같이 섬기는 가장이라도 되는 양 **지천꾸러기** 남편을 깍듯이 높여 말했다. 〈윤흥길, 빛 가운데로 걸어가면, 1997, 1, 32〉

지천꾸러기 부부가 잠시 자리를 비운 그 사이를 이용해서 서울은 귀한 선물을 마련해놓고 그들을 괄목상대할 만반의 태세를 갖추고 있었다. 〈윤흥길, 빛 가운데로 걸어가면, 1997, 2, 7〉

전라방언의 명사 '지천꾸러기'는 표준어 '천덕꾸러기'에 대응하는 어휘이다. '지천(至賤)'은 '더할 나위 없이 천함, 매우 흔함'의 뜻으로 쓰

는데 '봄이 한창이라 들에는 꽃들이 지천으로 피어 있다.'와 같은 예에
서 사용한다. '지천꾸러기'는 윤홍길의 소설에서 주로 쓰는데 짐승과
사람일 경우에 쓰고 있다. '지천꾸러기'는 '지천'에 접미사 '-꾸러기'가
결합된 단어이다. '-꾸러기'는 명사 뒤에 붙어 그것이 심하거나 많은
사람의 뜻을 더하는 접미사이다. '장난꾸러기, 욕심꾸러기, 잠꾸러기,
말썽꾸러기' 등의 예를 들 수 있다.

진지리꼽재기

- 표준어 : 구두쇠
- 품 사 : 명사
- 뜻풀이 : 아주 인색한 사람을 이르는 말.
- 다른 방언형 : 진저리꼽쟁이, 진지꼽재기, 진저리꼽잭이, 진지리꼽짝이
- 사용 지역 : 전라도

> 이악하대서 '살쾡이'라는 별명을 듣고 인색하대서 **'진저리꼽잭이'**라는 별명을 듣고 잔말이 많대서 '담배씨'라는 변명을 듣고 하든 시어머니 오씨 〈채만식, 천하태평춘, 1938, 3, 267〉
>
> 좀 호협한 푼수로는 그의 조부 말대가리 윤용규를 닮었다고나 할른지 그리고 살쾡이요 **진지리 꼽짝이**요 담배씨라는 그의 모친 오씨와는 아주 딴 세상 사람입니다. 〈채만식, 천하태평춘, 1938, 3, 269〉

전라 방언에는 구두쇠란 말보다는 '진지꼽쩩이, 진지리꼽쟁이'란 말이 많이 쓰였다. 이 말은 채만식 선생의 작품인 '태평천하'에도 나온다. 채만식은 방언을 많이 쓴 작가였는데 1930년대에도 '진지리꼽잭이'가 쓰인 것으로 보면 상당히 오래 된 말인 듯하다. 개작된 '태평천하'에서는 '진지리꼽재기'로 표기되어 있다.

전라 방언에서 '꼽꼽하다'라는 말은 '인색하다'라는 뜻을 가진 형용사이다. 그리고 인색한 사람을 '꼽꼽쟁이' 또는 '꼽재기'라고 말한다. 물론 '꼽재기'는 표준어에도 있는 말이나, '때나 먼지 같이 작고 더러운 물건'이나 '하찮고 작은 사물'을 이르는 말로 쓰여 전라 방언의 '꼽재기'와는 뜻이 구별된다.

한편 '진저리'란 말은 명사로서 '몹시 싫증이 나거나 무시무시할 때 몸을 떠는 일'을 말하는데 이 말이 전라 방언에서는 '진지리'라고 표현된다.

따라서 '진저리 / 진지리'와 '꼽쟁이 / 꼽재기'가 복합되어서 '진지리꼽재기, 진지꼽쟁이'로 실현되는 것이다. '눈꼽'의 뜻을 가진 '눈꼽재기'도 '눈'과 '꼽재기'가 복합되어 쓰이는 말이다. 또 인색한 사람을 '약다'란 말과 '꼽재기'를 복합하여 '약꼽재기'라고도 쓴다.

질겁잔망을 하다

- 표준어 : 질겁하다
- 품 사 : 구
- 뜻풀이 : 뜻밖의 일에 자지러질 정도로 깜짝 놀라다.
- 사용 지역 : 전라도

여섯 살배기 어린것과 마주쳐도 두억시니나 만난 듯 **질겁잔망을 하고** 도망치는 허겁쟁이 도둑을 경계할 사람은 이제 동네에서 찾아볼 수 없게 되었다.
〈윤흥길, 소라단 가는 길, 2003, 130〉

아버지가 우물가에서 엎드려뻗쳐 자세로 고개를 홱 돌리며 툽상스레 핀잔을 먹이자 어머니는 그만 **질겁잔망을 했다.** 〈윤흥길, 소라단 가는 길, 2003, 136〉

'질겁잔망을 하다.'는 윤흥길의 소설에서 나타난다. 이 어휘는 윤흥길의 개인어로 보인다. 이는 '질겁을 하다.'와 '잔망(孱妄)을 하다.'가 합쳐진 것이다. '잔망하다'는 '행동이 자질구레하고 가볍다.'라는 뜻을 가지고 있는데 '질겁하다'가 갖는 행동성과 결합한 것이다. 윤흥길은 이러한 개인어를 잘 구사하는 작가이다. '기구절창하다, 난리법석을 떨다, 무사무탈하다, 요란뻑적지근하다' 등의 예를 들 수 있다.

징상스럽다

- 표준어 : 징그럽다
- 품　사 : 형용사
- 뜻풀이 : ① 보거나 만지기에 소름이 끼칠 정도로 흉하거나 끔찍하다.
　　　　　② 하는 행동이 유들유들하여 역겹다.
　　　　　③ 어떤 정도가 심하거나 지나치다.
- 다른 방언형 : 징상시럽다, 증상스럽다, 징상허다, 징허다, 징살맞다
- 사용 지역 : 전라도, 평안도

"참말로 이놈에 만주땅언 사람 살디가 못돼요. 삼동언 **징상시럽게** 춥고 길제, 쌀농새넌 허기 예롭제, 물언 떠 어찌 그리 못돼 묵었는지." 〈조정래, 아리랑, 1995, 5, 15〉

"와따 참말로, 젊은 사람이 **징상시럽게도** 쩔기네잉. 갱엿만 묵고 살았능가 칡뿌랑구만 묵고 살았능가, 워찌 그리 쩔기당가?" 〈조정래, 태백산맥, 2001, 1, 131〉

그 병 속에는 **징상스럽게도** 뱀이 들어 있었다. 〈조정래, 태백산맥, 2001, 1, 266〉

"와따 고런 **징상시런** 소리 허덜 마씨요." 〈조정래, 태백산맥, 2001, 10, 14〉

아이고 그 **징상헌** 소리 말소. 〈조정래, 아리랑, 1995, 2, 91〉

그 자매님 소리, 듣기만 혀도 **징상시럽소**! 〈윤흥길, 빛 가운데로 걸어가면, 1997, 2, 220〉

　전라 방언의 '징상스럽다'는 형용사로 표준어 '징그럽다'와 의미가 같다. 사람이나 동물의 모습이나 행동, 말씨에 대해서도 쓰고, 극단적인

자연 현상이나 모습에 대해서도 사용한다. '징상허다'로도 표현한다.
전남 방언에서는 '징허다'로도 '징그럽다'의 의미를 표현한다.

징하다

- 표준어 : 증(憎)하다
- 품　사 : 형용사
- 뜻풀이 : ① 모양이 지나치게 크거나 괴상하여 보기에 흉하고 징그럽다.
　　　　　② 모양이 지나치게 커서 굉장하다.
　　　　　③ 어떤 정도가 심하거나 지나치다.
- 다른 방언형 : 징허다
- 사용 지역 : 전라도

"삽 들고 개지랄친 것은 강가눔이고 즈그야 거들기만 혔응께 저 **징하고** 숭악헌 것덜이 즈그는 죄가 읎다고 생각혔겄제라." 〈조정래, 태백산맥, 2001, 4, 316〉

그 두꺼운 입술허고, 툭툭 불거진 광대뼈허고, 못나도 어찌 그리 **징허게** 못날 수가 있당게라. 〈조정래, 아리랑, 1995, 3, 200〉

사람덜 딴 디 정신 놓고 있겄다, 달언 **징허게** 밝겄다, 우리가 질 잡어 도망허기로넌 오늘보담 더 존 날이 따로 없당게. 〈조정래, 아리랑, 1995, 4, 25〉

입덧도 참말로 **징허게** 요란허네이. 〈최명희, 혼불, 1996, 9, 247〉

"워찌 안 그러겄소. 순사덜 손에서 보돕시 살아나와갖고 그 젊은 것덜헌테 또 매타작얼 당허잔게 을매나 **징허겄소.**" 〈조정래, 태백산맥, 2001, 2, 21〉

"아니구만요, 선생님. 여그넌 불구뎅이라 **징허게** 더운게 바깥에 나가셔서 쪼깐만 기둘려주시제라. 쩌 속에 든 쌀이 불기럴 쐬뿌러서 워쩔 방도가 읎구만이라." 〈조정래, 태백산맥, 2001, 9, 159〉

　전남 방언의 '징하다'는 표준어 '징그럽다'와 의미가 유사하다. 전라 방언의 '징상허다, 징상스럽다'의 의미와 거의 같다. '징하다'는 주로 '모양이 지나치게 크거나 괴상하여 보기에 흉하고 징그럽다.'라는 의미와 어떤 정도가 심하거나 지나칠 때 하는 표현이다. '징하다'는 '징하게'의 형태로 '굉장히'의 의미를 갖는데 이는 '징그럽게'의 일부 의미를 그대로 갖고 있다. 따라서 '징그럽다'의 의미에서 파생된 의미로 보아야 할 것이다.

짜잔하다

- 표준어 : 자잘하다
- 품　사 : 형용사
- 뜻풀이 : 여러 가지 물건이나 일, 또는 여러 생각이나 행동 따위가 다 작고 소소하다. 속이 좁고 마음을 쓰는 것이 잘다.
- 다른 방언형 : 짜잔허다, 쪼잔하다
- 사용 지역 : 전라도, 경상도

전남 방언의 형용사 '짜잔하다'는 표준어로는 '자잘하다'에 대응한다. 그러나 '짜잔하다'는 속이 좁고 마음을 쓰는 것이 잘 때 사용한다. 전북에서는 같은 의미로 '쪼잔하다'라고 말한다. 예를 들면 '쪼잔한 사람'이라고 하면 '속이 좁은 사람'을 말하고, '쪼잔한 일'이라고 하면 '아주 자잘한 일, 신경 쓰지 않아도 될 일'을 말한다.

박경리의 '토지'에 '허 참 굿고 짜잔한 계집들은 아무일이 없었는데 우찌 그리 됐던지 솥을 안 씻어놨던 모앵이라.<토지5,075>'의 예가 보인다.

짬매다

- 표준어 : 잡아매다, 잡매다
- 품　사 : 동사
- 뜻풀이 : 흩어지지 않게 한데 매다.
- 다른 방언형 : 찜매다, 쫌매다, 첨매다
- 사용 지역 : 전라도, 경상도, 충청도

> 수건으로라도 **짬매든지** 해야지, 풀머리 쏟아져서 어디 쓰겠냐? 〈최명희, 혼불, 1996, 4, 207〉
>
> 그래 그만 딸허고 사우허고 **짬매서** 내쫓아 부렀네. 새경도 안 주고. 〈최명희, 혼불, 1996, 5, 212〉
>
> 내가 이 몸뎅이에다 동아줄을 **짬매서** 작은아씨 애기씨를 묶어 놓든지, 등짝이 썩어도 업고 앉었든지 절대로 띠여 놓든 안헐 거잉게. 〈최명희, 혼불, 1996, 9, 223〉
>
> "위원장님, 혼자서만 좋지 말고 나헌테도 그 선 잠 **짬매주씨요.** 나가 사례야 톡톡허니 헐 판잉께요." 〈조정래, 태백산맥, 2001, 5, 335〉

표준어 '잡아매다'의 준말은 '잡매다'이다. '매다, 묶다'의 의미를 갖는다. '잡아매다'는 15세기에 '자바미다'로 나타난다. '잡다'와 '미다'가 복합되어 만들어진 말이다. 이 말이 줄어서 '잡매다'가 된 것이다. 된소리로 발음하면 '짭매다'가 되고 이것은 동화되어 '짬매다'로 발음된다. 지역과 사람에 따라서 '쫌맨다, 찜맨다, 쯤맨다' 등으로 말하기도 한다. 전라도의 대표적인 어휘로 굳어져 쓰인다.

짱짜란하다

- 표준어 : 나란하다
- 품 사 : 형용사
- 뜻풀이 : 여럿이 줄지어 늘어선 모양이 가지런하다.
- 다른 방언형 : 짱짜란허다, 짜란하다, 쌍나란하다
- 사용 지역 : 전라도

"참말로 걱정도 팔잣속이구만. 원래 사창가 역사는 인류 역사랑 어깨를 **짱짜란히** 맞대고 발전에 발전을 거듭헌 거여. 그러니께 우리 후손들 문제는 우리가 염려헐 필요 없단 말여." 〈윤흥길, 소라단 가는 길, 2003, 264〉

거참, 공교롭기도 허다. 사십명 동창 중에 해필이면 또 인철이허고 **짱짜란히** 앉어서 가게 되다니. 〈윤흥길, 소라단 가는 길, 2003, 298〉

느그 이모부네 선영허고 의초롭게 **짱짜란허니** 붙어 있는 꼴이여. 〈윤흥길, 낫, 2005, 102〉

"그 냥반뿐만이 아니여. 자네 자당님 산소도 그 옆에다가 **짱짜란허니** 뫼셔 놓았다네." 〈윤흥길, 낫, 2005, 263〉

"요리콤 어깨를 맞대고 **짱짜란허니** 앉어 있는 우리 냄편을 대관절 으디 가서 또 불러오라고 저 야단이라냐." 〈윤흥길, 빛 가운데로 걸어가면, 1997, 1, 127〉

"김부월이라고, 바로 즈이 집사람인디요. 자고로 부부일신이라니께 **짱짜란허니** 부부동반으로 니려오는 것이 댕연지사겄지요." 〈윤흥길, 빛 가운데로 걸어가면, 1997, 1, 287〉

> 그 다리 옆으로 **짜란히** 또 하나가 쌍을 지어 뇌였그던. 〈최명희, 혼불, 1996, 4, 133〉
>
> 에라이 썩을 놈. 죽어라, 죽어. 이름값도 못허고 박달방맹이가 도적놈허고 **짜란히** 서서, 막 도적질허고 낼오는 놈 때레잡든 못허고 달타령을 했었다니. 〈최명희, 혼불, 1996, 7, 92〉
>
> "그렇게 환장허겄제. 다 같은 대장부로 나서 누구는 지 목구녁 풀칠도 제때 못허는디, 누구는 처첩을 **쌍나란히** 줄 세우고." 〈최명희, 혼불, 1996, 4, 117〉

전라방언의 형용사 '짱짜란하다'는 표준어 '나란하다'에 해당하는 어휘이다. 그러나 '나란하다'는 여럿이 늘어선 모양을 말하는데 비하여 '짱짜란하다'는 대체로 둘이 늘어선 모양을 말한다. 주로 '짱짜란히, 짱짜란하니'와 같이 부사형으로 많이 사용한다. 예문에서 보는 것처럼 전라방언 '짜란하다'는 표준어 '나란하다'의 의미로 쓰고 있다. '짱짜란하다'는 윤흥길의 소설에서 사용되는 것으로 보면 주로 전북 지역에서 많이 사용하는 것을 알 수 있다. 실제로 방언에서 많이 사용하는 어휘이다.

북쪽에서는 '둘이 나란하다.'의 뜻으로 '쌍나란하다'를 쓰고 있다. 이는 최명희의 소설에서도 보인다. 경상도 방언에서는 '쌍나라니허다'가, 전라도 방언에서는 '쌍그라니허다'가 쓰이는 것으로 보고되어 있다.

쬐깐하다

- 표준어 : 조그맣다
- 품　사 : 형용사
- 뜻풀이 : 아주 작다.
- 다른 방언형 : 쬐깐허다, 죄깐허다, 쪼깐허다, 째깐허다, 쩨간허다, 찌깐허다, 쬐꼬만하다, 쬐외깐하다
- 사용 지역 : 전라도, 경상도, 평안도

이 사람아 그럴티면 나넌 이 큰 몸집으루 자네 **쬐깐헌** 일력거 타니라구 더 욕을 부았다네. 자통차나 기차나 몸 무겁다구 돈 더 받넌디 부았넝가? 〈채만식, 천하태평춘, 1938, 1, 173〉

"……반지 파넌 가게서 **쬐깐헌** 여학생이 반지 낀다구 숭보면 어쩔래?" 〈채만식, 태평천하, 1987, 176〉

"**쬐깐헌** 것이 생각이야 여물다만 그 새다리로 무신 꼼머심이나 허겄냐. 밥만 죽인다고 받을 집이 없제." 〈조정래, 아리랑, 1995, 4, 153〉

거그다가 지금은 그 냥반이 늙었잉게 보타져서 그만이라도 **쬐깐해졌제**. 〈최명희, 혼불, 1996, 1, 280〉

"음마, 음마, 키는 **쪼깐허고** 젊디나 젊은 양반이 입심 한분 칡넝쿨이시. 늙기도 전에 양기가 다 입으로 올라붙어뿐 모양인디, 참 안되얐소이." 〈조정래, 태백산맥, 2001, 1, 295〉

전라 방언의 '쬐깐허다, 쪼깐허다'는 표준어 '조그맣다'보다 훨씬 의

미가 강하다. 그래서 '아주 작다.'라는 의미가 있다. 전남 방언에서는 '쪼깐허다'를 주로 쓰고, 전북 방언에서는 '쬐깐허다'를 주로 쓴다. 전라도에서는 '조그마하다'를 '쪼그만하다, 쬐그만하다, 쪼만하다'라고 발음하는데 여기서 비롯된 것이 아닌가 추정한다. 또 한 가지는 전라도에서는 부사 '조금'을 '쪼깐, 쬐깐'이라고 하는데 여기에 접미사 '-하-'가 연결되어 형용사가 된 것으로 해석할 수 있다. 충청도에서는 '쪼만하다'를 주로 쓰는 것으로 보고되어 있다.

쬐꼬만하다

- 표준어 : 조그마하다
- 품　사 : 형용사
- 뜻풀이 : 아주 작거나 적다.
- 다른 방언형 : 쬐꼬만허다, 쬐그맣다, 쬐꼬맣다, 쬐깐하다, 쪼깐하다
- 사용 지역 : 전라도, 강원도

"하하하, 아이참, **쬐꼬만한** 새서방이라믄 왜 그렇게 질색을 허꼬!" 〈채만식, 두순정, 1987, 283〉

저요? 다섯 살이었죠. 참 **쬐꼬맸습니다.** 〈최명희, 혼불, 1996, 5, 68〉

그리고 운동장의 모래는 사금가루라도 달팍 쏟아부은 듯 저마다 하나씩들 **쬐꼬만** 태양이 되어 무수히 반짝이면서 까끌까끌 유난히도 시선에 밟혔다.
〈한국소설문학대계, 윤흥길, 제식훈련 변천약사, 135〉

"자네 선친 시신은 나가 뒤늦게나마 수습을 혀서 조상님네들께 용서를 빌고는 선영 한구퉁이다 **쬐꼬만허게** 산소를 뫼셔놓았네. 좋은 시절이 돌아오면은 그때 가서……." 〈윤흥길, 낫, 2005, 263〉

우리 부모님은 잔뜩 기대를 걸었던 큰자식이 뭘로 보나 유리한 대목이라곤 하나도 없는 **쬐꼬만** 이질 녀석 엉덩이 밑에 깔려서 노상 맥을 못 추는 꼴을 도무지 자존심이 상해서 참을 수가 없으셨던 게지. 〈윤흥길, 낫, 2005, 361〉

밤이 깊으면 淑아 너를 생각한다. 달래마눌같이 **쬐그만** 淑아 너의 全身을.
〈서정주, 밤이 깊으면〉

> 오늘은 앞방죽가를 지내다가 언덕백이에 **쬐그만** 자짓빛 앉은뱅이꽃 하나를 보았다. 〈서정주, 全州隅居〉

전라방언의 형용사 '쬐그만하다'는 표준어 '조그마하다'에 대응하는 어휘이다. 그러나 '조그마하다'가 '조금 작거나 적다.'의 의미를 가지는 데 비해서 '쬐그만하다'는 '아주 작거나 적다.'의 의미를 갖는다. 표준어 규정에서는 '조그마하다'가 '조그만하다'보다 많이 쓰여서 표준어로 삼고 있다. '조그만하다'가 된소리가 되면 '쪼그만하다, 쬐그만하다, 쪼꼬만하다, 쬐꼬만하다'로 쓰인다. 표준어에서 '조그마하다'의 준말이 '조그맣다'인 것처럼 방언에서도 준말인 '쪼그맣다, 쪼꼬맣다'를 자주 쓴다. 강원도 방언에서도 '쬐고마하다, 쬐꼬매하다, 쬐그마하다, 쬐그매하다, 쪼그마하다, 쪼매하다, 쪼그맣다'가 쓰이는 것으로 보고되어 있다.

찌클다

- 표준어 : 뿌리다, 끼얹다
- 품 사 : 동사
- 뜻풀이 : 곳곳에 흩어지도록 던지거나 떨어지게 하다. 액체나 가루 따위를 다른 것 위에 흩어지게 내던지듯 뿌리다.
- 다른 방언형 : 찌끌다, 찌크리다, 찌끄리다
- 사용 지역 : 전라도

"태신아, 모새 퍼와! 얼릉!" "응, 알었어! 확 **찌크러버리자**." 〈이병천, 모래내 모래톱, 1993, 16〉

공배네는 그 옹배기의 물을 쳐들어 옹구네한테 쫙 **찌크러주고** 싶은 충동을 참는다. 〈최명희, 혼불, 1996, 8, 35〉

서방님 발치 마당에다가 짝, 자숫물을 **찌크러 버리고는**, 〈최명희, 혼불, 1996, 10, 220〉

"벌거지 겉은 것덜 죽으나 사나 나 알 일 아니다. 머 허고 있냐! 물 **찌끄러** 내몰아라." 〈조정래, 태백산맥, 2001, 4, 248〉

개가 해 넘어가그라 허고 오래오래 흘레붙는 꼬라지 비기 싫으먼 찬물 **찌끌어대서** 떠놓는 것 말이시. 〈조정래, 태백산맥, 2001, 5, 245〉

그 아까운 젖 짜내 암디나 **찌끄러불지** 말고 나헌테 살짝허니 넘게주씨요. 〈조정래, 태백산맥, 2001, 6, 105〉

전라 방언 '찌클다'는 작품에서 보면 주로 전북 방언으로, '찌끌다'는 전남 방언으로 사용되고 있다. 이 어휘는 표준어의 '뿌리다, 끼얹다'와 의미가 같다. 그러나 전라 방언 '찌클다'는 표준어 '뿌리다'와는 다르게 감정적인 어조가 있는 어휘이다. 전라 방언에서 '물을 찌클다.'라는 표현은 상대방에게 기분이 좋지 않거나 개인의 마음에 차지 않아서 물을 뿌리는 것을 말하는 경우가 많다. 방언과 표준어가 일대일로 대응할 수 없음을 보여주는 예라 할 수 있다.

찔벅거리다

- 표준어 : 집적거리다
- 품　사 : 동사
- 뜻풀이 : 말이나 행동으로 자꾸 남을 건드려 성가시게 하다.
- 다른 방언형 : 찔벅이다, 찔벅대다, 찔벅하다
- 사용 지역 : 전라도

알콜 솜으로 자리를 닦아놓고서 기다리다 못해 간호부가 **찔벅거리는** 바람에 승재는 눈을 도로 뜨고 가까스로 주사 한 대를 마쳤다. 〈채만식, 탁류, 1987, 138〉

계봉이는 오꼼이를 손으로 **찔벅거리면서** 남자 어른들 음성을 흉내내어……
〈채만식, 탁류, 1987, 402〉

공연히 귀신덩어리를 만나 경을 칠 테고 경뿐이 아니라 창피하게 나가란 말까지 들을지 모르는데 차마 문을 **찔벅거릴** 용기가 나지 아니하였다. 〈채만식, 앙탈, 1987, 501〉

발끝으로 김종연의 허벅지를 **찔벅였다.** 〈조정래, 태백산맥, 2001, 3, 206〉

그런데 첫번째 여자가 두번째 여자의 다리를 **찔벅거렸다.** 〈조정래, 태백산맥, 2001, 9, 168〉

거사를 눈앞에 둔 남편의 심정을 자꾸만 **찔벅찔벅** 건드려서 이로울 게 하나도 없었다. 〈윤흥길, 빛 가운데로 걸어가면, 1997, 2, 252〉

"얼른 가서 아가씨한테 인사드려!" 강쇠네가 옆구리를 **찔벅했다.** 〈송기숙, 녹두장군 10, 1989, 049〉

　전라 방언의 '찔벅거리다'는 표준어 '집적거리다'와 의미가 유사하다. 그러나 '집적거리다'가 가지고 있는 '아무 일에나 함부로 자꾸 손을 대거나 참견하다.'의 의미는 없다. 따라서 '남을 건드려 성가시게 하다.'라는 의미를 일차적으로 갖는다. 채만식의 작품에는 '문을 찔벅거리다.'라는 표현이 나오는데 이는 확대된 의미로 보인다. 전라 방언에서는 '찔벅, 찔벅찔벅'과 같은 부사를 쓰고 있다. '찔벅거리다'와 같은 의미로 '찔벅이다, 찔벅대다'를 주로 쓰고 옆에 있는 사람을 건드린다는 의미로 '찔벅하다'도 쓰고 있다.

찰방지다

• 표준어 : 매력적이다, 옹골지다
• 품 사 : 형용사
• 뜻풀이 : ① 사람의 마음을 사로잡아 끄는 힘이 있다.
         ② 실속이 있게 속이 꽉 차 있다.
• 사용 지역 : 전라도

"일본기생덜이 아조 **찰방지고** 간이 사리살짝 녹게 맨근다든디, 나넌 은제나 그런 디 가서 술얼 원없이 묵어볼꼬." 〈조정래, 아리랑, 1995, 1, 106〉

우리 전라도말얼 그리 징허게 싫어해쌓등마 원제 그리도 **찰방지게** 익혔습디여? 서당개 삼 년이면 풍월을 읊는다등마, 참말로 임 대장님이 그 짝 나부렀소이. 〈조정래, 태백산맥, 2001, 4, 14〉

"하면, 자네보담 이쁘고 **찰방진** 여자가 쩌짝에 있데." 하대치는 서너 발짝 옆걸음질을 쳐 지게를 벗었다. 〈조정래, 태백산맥, 2001, 4, 263〉

"음마, 음마, 저어 말 독허고 **찰방지게** 허는 것 잠 보소. 니 맘이 춘향이 맘보담 더헌게 니넌 천리길 찾아나서고 춘향이야 못 그런 것 아니겄냐, 아이고 이 미친년아." 〈조정래, 태백산맥, 2001, 6, 46〉

"위원장 동무가 을매나 딴딴허고 **찰방진** 여자라고 고런 실답잖은 소문 내겄어? 위원장 동무럴 믿소." 〈조정래, 태백산맥, 2001, 7, 118〉

'찰방'은 '찰바당'의 준말로, '조금 묵직한 물체가 물에 거칠게 부딪치는 소리. 또는 그 모양.'을 가리키는 말이다. 전남 방언의 형용사 '찰방지다'는 '찰방'에서 파생된 것으로 보인다. 용례를 통하여 의미를 파악해 보면 여자의 모습을 묘사하거나, 말을 하는 모습이나 행동을 묘사하는 어휘로 쓰고 있다. 따라서 여자의 모습을 묘사할 때는 '매력적이다'라는 뜻을 가지고, 말을 하는 모습이나 행동을 묘사할 때는 '옹골지다'의 의미를 갖는 것으로 해석된다.

찰지다

- 표준어 : 차지다
- 품   사 : 형용사
- 뜻풀이 : ① 반죽이나 밥, 떡 따위가 끈기가 많다.
          ② 말이나 성질이 야무지고 깐깐하다.
- 사용 지역 : 전라도, 경상도, 강원도

50대씩을 쳐도 다시는 그놈들이 떠거리로 몰려들 생각이 생기지 못하게 맵고 **찰지게** 치라 그것이오. 〈조정래, 아리랑, 1995, 3, 178〉

예전보톰 나라에 우환이 생기면 풍악얼 더 심지고 **찰지게** 울려대서 사람덜 맘얼 한덩어리로 뭉치게 허고 심얼 짱짱허니 돋구고 혔응게. 〈조정래, 아리랑, 1995, 4, 13〉

"아이고, 요거 죄송시럽구만이라. 잠귀신이 어찌케나 **찰지게** 달라붙든지 간에……" 공허는 낯을 훔쳐대고 맨머리를 쓰다듬고 하며 면구스러워했다. 〈조정래, 아리랑, 1995, 4, 131〉

그리고 밤낮을 모르고 집안을 울리던 **찰진** 다듬이 소리 같은 것이 멎어 놓아 차라리 조용한 편이라고 할 수 있었으나, 〈최명희, 혼불, 1996, 1, 15〉

날이 갈수록 요요하여지던 홍씨부인의 아름다움이 허리가 휘게 팽팽하여지는가 싶더니, 드디어 사람들의 입살에도 그만큼 **찰지게** 오르내렸다. 〈최명희, 혼불, 1996, 1, 223〉

그러면서도 그네는 **찰진** 입심만큼 손끝도 야물어, 위뜸 일이라면 자기 손바닥처럼 훤히 알고 궂은일 잘일을 잘 찾아 하였다. 〈최명희, 혼불, 1996, 1, 281〉

> "아니, 그렇게 그 물이 다 말러서 밑바닥을 뒤집고 있당 거이요?" 담장 밖
> 에서 옹구네의 목소리가 **찰지게** 들린다. 〈최명희, 혼불, 1996, 2, 13〉
>
> 그것은 신랑·신부가 서로 찰밥처럼 **찰지고** 다정하게 살라는 축수와 붉은
> 색이 모든 액을 물리쳐 주기 바라는 벽사(辟邪) 제액(除厄)의 기원이 깃든
> 밥이었다. 〈최명희, 혼불, 1996, 6, 251〉

'찰떡, 찰벼, 찰옥수수, 찰흙'의 예에서 보는 바와 같이 '찰'은 '끈기
가 있고 차진'의 뜻을 더하는 접두사로 사용된다. '찰지다'는 반대어
'메지다'가 있는 것으로 보아서 접두사임이 분명하다. 역사적으로 '출
디다'가 '찰지다'가 되고 다시 '차지다'가 된 것임으로 역사적 잔존형을
방언에서 쓰고 있는 것이다. 일차적으로는 반죽이나 물건이 끈적끈적
한 것을 말하지만 성격이나 말이 매우 깐깐한 것을 형용할 때도 쓰고
있다.

김원일의 '불의 제전', '늘 푸른 소나무'에도 보이고, 현진건의 'B 사
감과 러브레터'에도 보인다.

참깨방정

- 표준어 : 오두방정
- 품　사 : 명사
- 뜻풀이 : 몹시 방정맞은 행동.
- 다른 방언형 : 참깨방정, 깨방정, 되방정, 초렝이방정
- 사용 지역 : 전라도

"저, 저런 자발맞은 것들 같으니라고! 물가난도 고만침 지긋지긋허니 당혀 봤으니께 인자는 제법 하눌님 무서운지도 알어채렸을 법허건마는, 으쩌자고 풍장까장 쳐댐시나 저 **참깨방정**을 떨어대고 야단들인고!" 〈윤흥길, 낫, 2005, 535〉

　전라방언의 '참깨방정'은 표준어 '오두방정'에 해당하는 어휘다. '참깨방정'은 '참깨'와 '방정'이 결합한 복합어이다. <표준국어대사전>을 참고하면 '참깨가 기니 짧으니 한다.'라는 속담의 의미로 '그만그만한 것들 가운데에서 굳이 크고 작음이나 잘잘못을 가리려고 함을 비유적으로 이르는 말.', '자질구레한 말을 하기 좋아하는 사람을 비꼬는 말.', '참깨 들깨 노는데 아주까리 못 놀까'라는 속담은 '남들도 다 하는데 나도 한몫 끼어 하자고 나설 때 이르는 말.' 등으로 해설하고 있다. 이 속담에서 '참깨'는 나서기 좋아하는 사람을 비유하고 있다. 따라서 이런 말에서 연유하여 '참깨방정'이 만들어진 것으로 보인다. 전라방언에서는 '깨방정'이라고 많이 쓰고, '되방정, 초렝이방정'도 쓰고 있다. 한승원의 '구운몽'에는 '참깨 방정, 들깨 방정'을 같이 쓰고 있다.

창시

- 표준어 : 창자
- 품　사 : 명사
- 뜻풀이 : 큰창자와 작은창자를 통틀어 이르는 말.
- 다른 방언형 : 창사, 창사구, 창아리
- 사용 지역 : 전라도, 경상도, 충청도

근다고 혀서 밥이 고맙다고 인사 안 혀어. 외려 배고플 때는 밥이 **배창시**를 잡아생킬려고 환장을 허먼 혔지…… 오살놈으 쌀들이 어디 처백혀서 다 배를 곯고 있는지, 〈이병천, 모래내 모래톱, 1993, 34〉

"아이고메 가시네야, 애 떨어지기 전에 **배창시** 터져 니가 먼저 죽겄다." 필녀는 질겁을 하고는 했다. 〈조정래, 아리랑, 1995, 7, 303〉

창시 빼서 걸어 놓고 지 속속까지 주인네 일로 꽉꽉 채워서 저를 통으로 내놔얀디, 가가 허겄능가? 어림없제. 〈최명희, 혼불, 1996, 4, 201〉

상년은 **창시**도 없간디? 〈최명희, 혼불, 1996, 9, 248〉

참말로 **배창시**가 터져부렀는갑다! 염상구는 아찔해졌다. 〈조정래, 태백산맥, 2001, 3, 283〉

"이 사람아 그런 소리 말소. 욕심 읍시 세상 살라다가넌 제 **창사구** 뽑아서 남 주어야 허네" 〈채만식, 천하태평춘, 1938, 4, 108〉

그레 남은 잘 살구 즈덜은 못산다구 생판 남의 것을 빼어다가 즈이덜 **창사구**를 채우러드러? 〈채만식, 천하태평춘, 1938, 5, 143〉

우리라고 뭐 눈도 없고 귀도 없고/ **창사**도 없는 줄 알어 〈김용택, 마당은, 52〉

아앗따아, 아재는 징그럽도 안허요? 그만치 참고 살았으면 원 쇠심줄 **창사**라도 썩어 부리고, 그 **창사**가 구리라도 녹아 부렀겄소. 〈최명희, 혼불, 1996, 2, 285〉

"허허, 조선놈 양반 꼬라지 참 싸다. 저 꼬라지 헐람사 양반이라고 족보 자랑이나 말든지. **속창아리** 없는 놈!" 〈조정래, 아리랑, 1995, 5, 217〉

장사해 묵자면 **속창아리**럴 다 빼놔야 헌다는 말도 있제만 그려도 농사꾼덜언 배곯코 살아도 장사꾼덜언 다 하로 세 끄니 찾아묵고 〈조정래, 아리랑, 1995, 7, 42〉

창아리 빠진 잡소리 다 들어주다간 똑같이 **창아리** 빠진 잡놈 된다, 이놈아! 지랄버릇 고만 떨고 싸게 나와서 밥값이나 혀, 이놈아! 〈윤흥길, 소라단 가는 길, 2003, 159〉

전라 방언 '창시'는 표준어 '창자'와 같은 말이다. '창자'는 16세기 문헌에 '챵ᄌ'로 쓰이고 있다. 이것은 한자 '腸子'(장자)의 중국 한자음이다. 전라 방언에서는 '창사, 창사구'로도 쓰인다. 채만식의 작품에서는 '창사구'가 많이 쓰이고 대부분의 작품에서는 '창사, 창시, 창아리'를 쓰고 있는데 복합어 '배창시'란 말로 많이 쓰고 있다. '창아리'도 많이 보이는데 '속창아리'와 같은 복합어로 주로 쓰면서 '자존심'의 의미를 갖는다. '창아리 없다, 창아리 빠지다.'와 같은 표현을 많이 쓴다.

추렷하다

- 표준어 : 추레하다
- 품 사 : 형용사
- 뜻풀이 : ① 겉모양이 깨끗하지 못하고 생기가 없다.
          ② 태도 따위가 너절하고 고상하지 못하다.
- 다른 방언형 : 추렷허다
- 사용 지역 : 전라도, 평북

시름없이 섰는 동안에 **추렷한** 부친의 몰골, 바느질로 허리가 굽은 모친, 배가 고파서 비실비실하는 동생들의 애처로운 꼴, 이런 것들이 자꾸만 눈앞에 얼찐거리면서 저절로 눈가가 따가와진다. 〈채만식, 탁류, 1987, 29〉

그러나, 그들은 허생의 단속으로 패하여 **추렷이** 물러가는 자에게 손을 대지는 아니하였다. 〈채만식, 許生傳, 1987, 257〉

그래도 핏줄이 무엇인지, 누이동생의 **추렷한** 얼굴이 눈에 밟히면서 불쌍한 생각이 한편으로는 들지 않질 못하였다. 〈채만식, 이런 男妹, 1987, 457〉

내외는 의복이 휘휘 감기고 구두는 뒤축이 닳고 통히 돈에 쪼들린 귀동자(貴童子) 귀동녀의 **추렷한** 행색이 완연히 나타난다. 〈채만식, 落日, 1987, 225〉

잔뜩 옹송그리고 눈발을 헤치며 가는 꼴들은 **추렷하기** 짝이 없었다. 〈송기숙, 녹두장군 3, 1989, 290〉

질천이는 잔뜩 주눅이 들어 그 덩치가 민망스러울 만큼 **추렷한** 꼴이었다. 〈송기숙, 자랏골의 비가 8, 1974, 222〉

전라방언의 형용사 '추렷하다'는 표준어 '추레하다'에 해당하는 어휘이다. 국어사전에는 평북방언으로 되어 있다. 주로 사람의 모양이나 태도가 깨끗하지 못한 것을 나타내는데 전북출신의 작가인 채만식의 소설에서 아주 많이 보이고, 전남 출신의 작가인 송기숙의 작품에서 많이 보인다. 따라서 이 어휘는 다양한 지역에서 사용하는 것으로 볼 수 있다.

<소설어사전>에서는 '겉모양이나 차림새가 허술하여 보잘것없고 궁상스럽다.' 또는 '생생한 기운이 없다.'의 의미로 해석하고 있고, <시어사전>에서는 '낡고 힘없어 보이다.'라는 의미로 해석하고 있다.

축대기다

- 표준어 : 부추기다, 선동하다
- 품　사 : 동사
- 뜻풀이 : ① 남을 이리저리 들쑤셔서 어떤 일을 하게 만들다.
　　　　　② 감정이나 상황 따위가 더 심해지도록 영향을 미치다.
- 사용 지역 : 전라도

"아매 그리 될 모냥인갑소. 아그덜 아부지가 일얼 **축대기고** 나서서 더 심들게 생겼소." 기미 낀 얼굴이 울상이 되며 초지댁은 진한 한숨을 토해냈다. 〈조정래, 태백산맥, 2001, 6, 24〉

"앞으로도 그 나이 잘 눌르고, **축대겨감서** 더 장헌 일 많이 허소이!" 무게 실린 얼굴로 조원제의 어깨를 흔들었다. 〈조정래, 태백산맥, 2001, 9, 22〉

조정래의 작품에서 발견되는 '축대기다'는 전남방언으로 이해된다. 전라 방언에서 '추대다'는 예를 들면 '어떤 일을 추대다.'와 같은 구문에서 쓰는데, 이는 '내세우다, 부추기다'의 뜻을 갖는다. 전남 방언의 '축대기다'는 '부추기다'와 '추대다'의 어휘가 혼태를 일으킨 것으로 보인다. 참고로 강원 방언에서는 '축축거리다'가 사용되어 이 어휘와의 관련성도 배제할 수는 없을 것이다.

크막하다

- 표준어 : 큼직하다
- 품　사 : 형용사
- 뜻풀이 : 꽤 크다.
- 다른 방언형 : 큼지막하다
- 사용 지역 : 전라도, 충청도

그놈을 **크막한** 자물쇠 한 개와 얼러, 보따리에 짊어지고 계집을 찾아나섰다. 〈채만식, 탁류, 1987, 445〉

단호박을 많이 두고 팥고명도 많이 두고 한 지름한 호박떡을 **크막한** 사기 함에 담아 뚜껑 덮고 〈채만식, 여인전기, 1987, 325〉

통통하니 **크막한** 체구조차 남보다는 실하여 이름값을 넉넉히 하고도 남는 소례는, 언제 잠깐 잠시도 쉴 틈이 없었다. 〈최명희, 혼불, 1996, 10, 302〉

눈깔들을 **크막허니** 뜨고 잘만 찾어볼라치면 전쟁에 와중에서도 얼매든지 쓸 만헌 기억들을 줏어올릴 수가 있는 벱이다. 〈윤흥길, 소라단 가는 길, 2003, 116〉

전라 방언 '크막하다'는 '크다'의 어간에 형용사를 파생시키는 접미사 '-으막하-'가 연결된 것이다. 접미사 '-으막하-'는 전라 방언에서 형용사에 주로 연결되는데, '짤막하다, 야트막하다, 나지막하다, 그들막하다, 멀찌막하다'에서와 같이 생산적으로 쓰고 있다. 따라서 '크막하다'는 방언의 규칙 안에서 생산적으로 쓰는 어휘임을 알 수 있다.

이문구의 '관촌수필, 장한몽' 등의 소설에서도 자주 쓰고 있다.

탁하다

- 표준어 : 닮다
- 품   사 : 동사
- 뜻풀이 : 사람 또는 사물의 생김새나 성질 따위가 다른 사람이나 사물과 서로 비슷하다.
- 다른 방언형 : 탁허다
- 사용 지역 : 전라도, 경상도, 충청도, 평안도

자세히 뜯어놓고 볼 양이면, 이목구비나 손발 어느 구석이고 한 곳은 나를 **탁한** 데가 있을 것이다. 〈채만식, 탁류, 1987, 326〉

고운 눈매, 가지런한 콧날, 애련스런 입, 그리고 귀와 이마까지, 음성까지도 딿은 죄다 어머니의 모습을 **탁하였다.** 〈채만식, 여인전기, 1987, 313〉

반대로 문주는 계집아이면서도 왈패스럽고 앙칼지고 한 것이 철과는 전혀 딴판이요, 어쩌면 저의 할머니—박씨부인을 많이 **탁한** 것도 같았다. 〈채만식, 여인전기, 1987, 459〉

전라 방언에서는 '누구를 닮았다.'라는 표현을 '누구를 탁했다.'라고 말한다. 얼굴을 닮은 것도 '탁했다'라고 말하고, 행동을 비슷하게 하는 것도 '탁했다'라고 말한다. 표준어에서는 주로 아버지나 할아버지를 닮았을 때는 '친탁(親託)하다'라고 하고, 외가를 닮았을 때는 '외탁(外託)하다'라는 말을 쓴다.

이때 사용하는 '친탁하다, 외탁하다'는 목적어가 없는 자동사이기 때문에 '철수는 친탁했다, 철수는 외탁했다.'와 같이 사용하지만, 전라

방언에서는 '철수는 아빠를 탁했다.'와 같이 사용하여 목적어를 갖는 특징이 있다.

'탁했다'라는 말은 '탁하여 있다.'가 줄어서 된 말이다. 전라도에서 어른들은 같은 뜻으로 '도성하다'라는 말을 사용한다. 그러나 '도성하다'라는 말이 한자어에서 온 말인지는 알 수 없다.

통시깐

- 표준어 : 뒷간
- 품　사 : 명사
- 뜻풀이 : 대소변을 보도록 만들어 놓은 곳.
- 다른 방언형 : 동시깐, 뒷간, 통시, 동숫간, 통세깐
- 사용 지역 : 전라도, 경상도, 충청도, 평안도, 황해도

"와따매, 이 썩는 눔에 **통시깐** 냄새!" 〈조정래, 태백산맥, 2001, 4, 47〉

"**통시깐**에 가고 잡은 거 아녀어?" 〈조정래, 태백산맥, 2001, 4, 103〉

　조정래의 작품에서 보이는 '통시깐'은 강원도와 경상도의 방언으로 알려진 '통시'와 '뒷간'이 혼태되어 쓰이는 어휘이다. 일반적으로 전라도에서는 '뒷간(-間)'을 '뒤깐'으로 발음하는 것이 보통이다. 따라서 조정래의 작품에 보이는 '통시깐'은 다른 방언의 영향으로 인해 사용된 것으로 보인다. '통시'는 중세국어 '통식'에서 비롯된 어휘이다. 박경리의 '토지'에 '통시'가 많이 보인다.

퉁겁다

- 표준어 : 굵다
- 품   사 : 형용사
- 뜻풀이 : 물체의 둘레나 너비가 넓다.
- 다른 방언형 : 퉁곱다, 퉁굽다, 퉁시다, 퉁지다
- 사용 지역 : 전라도, 경상도

남정네 **퉁겁고** 실헌 연장이 거그럴 채우지 않고서야 나을 병이 아니제. 그 병이 도지먼 머리할라 어질어질허고 〈조정래, 태백산맥, 2001, 4, 331〉

전라 방언 '퉁겁다'는 '다리가 퉁겁다.'에서처럼 '굵다'의 의미를 가진 전형적인 전라도 방언이다. '뜨겁다, 싱겁다'는 '뜨뜻하다, 슴슴하다(심심하다)'에 형용사 파생 접미사 '-겁-'이 연결되어 만들어진 어휘이다. 이와 마찬가지로 '퉁겁다'는 살이 쪄서 옆으로 퍼진 모양을 나타내는 형용사 '퉁퉁하다'에 접미사 '-겁-'이 연결되어 만들어진 어휘로 보인다. 박경리의 '토지'에도 보인다.

틉지다

- 표준어 : 구성지다, 툽툽하다
- 품　사 : 형용사
- 뜻풀이 : ① 천연스럽고 구수하며 멋지다.
　　　　　 ② 액체가 맑지 아니하고 농도가 진하다.
- 다른 방언형 : 틉틉하다
- 사용 지역 : 전라도

나무들마다 감도가 다른 연초록 잎들이 뻐꾹새의 **틉진** 울음을 따라 차츰차츰 무성해지면 산들은 더할 수 없이 오묘한 환상의 옷을 입게 된다. 〈조정래, 아리랑, 1995, 4, 99〉

생 칡뿌리를 **틉지게** 달여서 하루 세 차례 공복에 반 사발씩 마시고, 그걸 짓찧어 붙이면 신효하게 낫는다. 〈조정래, 아리랑, 1995, 5, 306〉

"그려, 그려, 공자님 말씸이여." "어이, 아조 **틉지고** 서럽게 불러야 혀." 여자들까지 합세해서 손뼉을 쳤다. 〈조정래, 아리랑, 1995, 5, 313〉

여자의 목청은 맑은 듯 **틉지고** 청아한 듯 구성진 애원성으로 한스런 그리움을 절절히 풀어내고 있었다. 〈조정래, 아리랑, 1995, 7, 284〉

"그려, 경월이가 그 **틉진** 목소리로 우릴 속얼 씨언허게 맹글어라." 윤삼걸이가 맞장구를 쳤다. 〈조정래, 태백산맥, 2001, 3, 359〉

전라방언의 '틉지다'는 소리와 관련된 형용사로 표준어 '구성지다'의 의미를 갖는다. 또한 액체의 모양을 나타낼 때는 전라방언의 '틉틉하다'와 관련된 어휘이다. '톱톱'은 농도가 진한 모양을 나타내는 말로서 여기에 형용사 파생접미사 '-하-'가 연결되어 '톱톱하다'가 된다. 물론 표준어는 '툽툽하다'이다. '톱톱하다'에 '-어지다'가 연결되면 '톱톱해지다'가 되어 동사가 되어야 한다. 그러나 전라 방언에서는 형용사 '톱지다'로 쓰이는 것으로 보아 의태어 어간 '톱'에 형용사 파생접미사인 '-지-'가 연결된 것으로 이해된다.

톱톱하다

- 표준어 : 톱톱하다
- 품　사 : 형용사
- 뜻풀이 : 액체가 맑지 아니하고 농도가 진하다.
- 다른 방언형 : 톱톱허다, 탑탑하다, 톱톱하다, 텁텁하다, 툽툽하다
- 사용 지역 : 전라도

"이, 저녁밥덜언 집이서들 묵고 맹물언 남씨네 것으로 마시도록 허드라고. 저 집 맹물언 **톱톱헌** 것이 마실 만헝게." 〈조정래, 아리랑, 1995, 5, 64〉

괴기 지글지글 꾸워 쐬주 한잔 허는 것도 좋제만 그보담도 **톱톱헌** 막걸리 한사발 쭈욱 허고 코 톡 쏘는 홍어 한점 척 걸치먼 더 부런 것이 머시가 〈조정래, 아리랑, 1995, 11, 292〉

어미가 손을 뗀 계집아이 구멍 뚫린 볼에서 부연 진액같이 **톱톱하고** 걸쭉한 미음이 덩크르르 쏟아진다. 〈최명희, 혼불, 1996, 10, 229〉

잔을 차오르는 막걸리의 그 **톱톱한** 질감이 문득 염삼진과 손승호와 안창민을 떠오르게 했다. 〈조정래, 태백산맥, 2001, 5, 183〉

열아홉이 되도록 '애기'라고 부르는 딸이 한 번은, 저희 집 술청에 들러 **탑탑한** 막걸리를 마시고 있는 도부장수의 뒷 등을 이만큼 빗긴 곳에 앉아서 무슨 생각에 잠긴 것처럼 바라보면서 〈최명희, 혼불, 1996, 3, 289〉

키가 작달막하고 턱끝이 몽글몽글하게 생긴 마흔 안팎의 애꾸눈 남자는 몸피가 크고 툽상스러운 주막 여주인이 한 바가지 떠다 준 **툽툽한** 밑술을 숨도 안 쉬고 쿨럭쿨럭 들이마시고 나서, 손으로 입 가장자리를 쓰윽 훔치며

614

  전라 방언에서는 국물이 맑지 않고 흐리면서 되직한 모양을 '틉틉하
다'라고 말한다. 방언인 '틉틉하다'의 표준어는 '툽툽하다'이다. 전라 방
언에서는 '틉틉하다, 탑탑하다, 텁텁하다, 툽툽하다' 등을 쓰고 있다.
이 '틉틉하다'는 맛을 의미하는 게 아니라 맑은 정도를 말하는 데 쓰고
있다. 국이나 탕을 먹을 때 주로 쓰는 표현이다. 표준어 '텁텁하다'는
'음식 맛 따위가 시원하거나 깨끗하지 못하다.'라는 의미를 가지고 있
기 때문에 '막걸리 맛이 텁텁하다.'와 같은 표현에서 쓰고 있다.

판속

- 표준어 : 판국, 형편
- 품 사 : 명사
- 뜻풀이 : 일이 벌어진 형편이나 내용.
- 사용 지역 : 전라도

선왕(先王)의 뒤를 이어 즉위는 했으나 권력은 왕자가 쥐게 된 그런 **판속**과 같다고 할른지요. 〈채만식, 천하태평춘, 1938 : 3, 269〉

고놈 경손이가 하는 양이 눈에 거슬리고보니 가뜩이나 부화가 더 치밀고, 그렇지만 이판에 부화를 도꾸어주는 사람이면 차라리 해롭잖을 **판속**입니다. 〈채만식, 천하태평춘, 1938 : 4, 98〉

"고런 눈치야 누가 몰르간디. 그 **판속**이 어쩌크름 되냔 것이제." 〈조정래, 아리랑, 1995, 9, 192〉

"어뜨케 돌아가는 **판속**인지 모르겠구만." 〈송기숙, 자랏골의 비가 18, 1974, 075〉

시끄러운 **판속**을 좋아하는 도둑의 심보로 시한부 종말론에 껴묻어 한몫 단단히 잡을 결심을 했을때, 〈윤흥길, 빛 가운데로 걸어가면, 1997, 2, 253〉

'판'은 '일이 벌어진 자리. 또는 그 장면'을 말한다. 이 '판'에서 일이 벌어진 형편을 표준어에서는 '판국'이란 어휘를 사용한다. 전라 방언의 '판속'도 마찬가지로 '판의 속'이란 뜻으로 '판'과 '속'이 복합되어 이루어진 복합명사이다. 다소 부정적인 견해를 보일 때 주로 사용하는 어휘이다. 전라도 작가의 작품에서 많이 보이는데 박범신의 작품에도 많이 쓰고 있다.

펄씨

- 표준어 : 벌써
- 품　사 : 부사
- 뜻풀이 : ① 예상보다 빠르게 어느새.
　　　　　② 이미 오래 전에.
- 다른 방언형 : 펄써, 폴새, 폴시게, 폴쌔, 폴씨께, 폴세
- 사용 지역 : 전라도

"흐이구야, 아측을 **펄씨** 히먹었다나아, 죽도 못 끓여서 공염불만 허고 앉었다냐? 어치케 사람 불 때고 사는 집에 이러케 냉기가 서린댜아? 새복부터 나아 ……." 〈이병천, 모래내 모래톱, 1993, 28〉

"자네가 토족으로 뛰여들어 성소를 드럽힌 그 일 한나만으로도 **펄씨** 나는 조상님네 뵐 멘목이 없는 불충불효헌 후손이라네." 〈윤흥길, 낫, 2005, 145〉

"첫눈에 **펄씨** 다 알어봤구만요." 미금의 도움에 의해 난생 처음 상면한 친척들끼리 약식으로나마 가까스로 수인사의 형식을 미칠 수가 있었다. 〈윤흥길, 낫, 2005, 250〉

"에헤이, 그러들 말고 나한티만 살째기 귀뜸혀주시오. 나도 뚫어진 귓구녁 덕분에 **펄씨** 다 알고 있소. 성전 구석구석을 아모리 찾어봐도 안 뵈든디, 대관절 으디가 비밀통로다요?" 〈빛 가운데로 걸어가면, 1997, 2, 318〉

　전라방언의 부사인 '펄씨'는 표준어 '벌써'에 대응하는 어휘이다. 전라방언에서는 '벌써'의 유형과 '펄씨'의 유형을 아주 다양한 발음으로 사용하고 있다. 전북에서는 '펄씨'의 유형이 많이 쓰이고 특히 '펄씨'가

예문에서 보는 것처럼 가장 많이 사용된다. 의미는 표준어 '벌써'와 전혀 차이가 없다.

폭폭증

- 표준어 : 갑갑증
- 품　사 : 명사
- 뜻풀이 : ① 갑갑하게 느껴지는 증세.
　　　　　② 가슴 깊숙이 박힌 슬픔이나 한으로 인해 생긴 울화증.
- 다른 방언형 : 폭폭하다
- 사용 지역 : 전라도

> 허허, 사람 **폭폭증**이 나서 미치겠구만잉. 저 수면 전주 한나는 엉뎅이로 뭉개도 뭉개버리겠는데 멀라고 더 지달러라우? 〈송기숙, 녹두장군 9, 1989, 016〉
>
> 목숨이야 한낱 그림자일 뿐이어서 /흙벽에 어룽이는 호롱불 허리 굽은 그림자일 뿐이어서 /독한 소주로도 못다 푼 **폭폭증** /가슴에 불은 이는데 /불은 일어쌌는데 〈김지하, 1993, 수유리 日記, 솔출판사, 101〉
>
> 그려 사는 중인데 저짝으서는 인자 오지도 안흔게 **폭폭증**이 나다 말어 버렸다 그말여. 〈한국구비문학대계, 정주시1편, 정주1, 174〉

　전라 방언의 명사인 '폭폭증'은 표준어 '갑갑증'에 대응하는 어휘다. 전북 방언에서는 '폭폭하다'는 어휘를 많이 사용한다. 이 말은 표준어에는 없는데, '갑갑하다, 답답하다'와 대응한다. 표준어에는 '폭폭'이란 부사가 사용되어, '속을 폭폭 썩이다.'와 같은 표현에 쓰고 있다. 따라서 '폭폭하다'는 전라도에서만 사용하는 독특한 방언이다.

　'폭폭하다'의 어근 '폭폭'에 한자어 '증(症)'이 연결된 복합어이다. 표준어에서는 '갑갑하다'의 어근 '갑갑'에 한자어 '증(症)'이 연결된다. 국어사전에서는 '갑갑증'의 의미를 '갑갑하게 느껴지는 증세'로 처리하고 있으나 '폭폭증'은 훨씬 그 강도가 심한 증세이다. 따라서 <시어사전>에서는 '가슴 깊숙이 박힌 슬픔이나 한으로 인해 생긴 울화증'으로 해석하고 있다. 전라 방언에서 사용하는 의미가 바로 이런 의미라 할 수 있다.

폭폭하다

- 표준어 : 답답하다
- 품　사 : 형용사
- 뜻풀이 : 애가 타고 갑갑하다.
- 다른 방언형 : 폭폭허다
- 사용 지역 : 전라도, 충청도

대복이가 윤직원네 영감한테 지청구를 먹고는 홧김에 써보고, 핀잔을 듣고는 **폭폭하여** 써보내고 하던, 그야말로 눈물의 투서였던 것입니다. 〈채만식, 태평천하, 1987, 17〉

이마빡에 피두 안 마른 것이 벌써버틈 기집 역성 드느라구 에민 **폭폭허라구** 그래. 〈채만식, 女子의 一生, 1987, 250〉

폭폭헝게 앙 그래요오, **폭폭헝게**. 누구는 머 배가 아퍼서 매급시 해꼬지 허는 말인 중 아능게비. 〈최명희, 혼불, 1996, 1, 290〉

벵신 한가지로 일어나도 못허고, 나 죽는다고 울어댕게, 옆으 사람이 하도 **폭폭해서** 당골네한티 점을 치러 갔드라네. 〈최명희, 혼불, 1996, 3, 135〉

전라 방언의 '폭폭하다'는 표준어 '답답하다'와 의미가 유사하다. 표준어에는 '폭폭'이란 부사가 사용되어, '속을 폭폭 썩이다.'와 같은 표현에 쓰고 있다. 전라 방언 '폭폭하다'는 '폭폭'이라는 부사에서 접미사 '-하-'가 붙어 파생된 것으로 보인다. 주로 어떤 일을 해결할 수 없어 마음이 답답할 때 많이 사용하는 전라 방언의 독특한 어휘이다. 이문구의 작품 '내 몸은 너무 오래 서 있거나 걸어왔다'에서도 보이는 것으로 보면 충청도에서도 사용하는 듯하다.

폴세

- 표준어 : 벌써
- 품 사 : 부사
- 뜻풀이 : ① 예상보다 빠르게 어느새.
  　　　　② 이미 오래 전에.
- 다른 방언형 : 벌쌔, 볼쎄, 볼씨, 뽈새, 펄써, 폴시게, 폴씨게
- 사용 지역 : 전라도

"우리 범준이 성님은 지리산 호랭이맨치로 날래고 싸나운께 **폴세** 지리산 천왕봉 넘고 금강산 지내 백두산꺼정 갔을 것이다." 나흘째 되는 날 다소 화색이 돌아온 범우가 힘을 꽁꽁 쓰며 한 말이었다. 〈조정래, 태백산맥, 2001, 1, 138〉

"요 무정헌 가시내야, 우리가 못 만낸 것이 **폴세** 몇 년인디 니는 반갑지도 않냐? 위째 요리 사람을 뜨광허니 대허냐?" 점례가 불만스런 얼굴로 들몰댁의 몰골을 훑었다. 〈조정래, 태백산맥, 2001, 1, 262〉

"아니다, 할메는 **폴세** 묵었다." "아니구만요. 지랑 항꾼에 잡수시씨요." 덕순이는 엿을 할머니 앞으로 더 밀었다. 〈조정래, 태백산맥, 2001, 2, 317〉

　전남 방언의 '폴세, 폴쎄, 폴쌔'는 표준어 '벌써'에 해당하는 부사로 역사적으로는 '뵐셔'에서 시작한다. 전남 방언에서는 아래아(·)가 '오'로 변하는 게 일반적이다. 예를 들면 '폴, 포리' 등을 들 수 있다. '뵐셔'도 역시 '볼셔, 볼쎠'로 발음하다가 강하게 발음하게 되면서 '폴셔, 폴쎠, 폴세'가 된 것이다. 전남 방언에서는 표준어 '벌써'에 해당하는 방언형이 매우 다양하게 나타나는 특징을 보인다.

푸르족족하다

- 표준어 : 파랗다
- 품　사 : 형용사
- 뜻풀이 : 밝고 선명하게 푸르다.
- 다른 방언형 : 푸르죽죽하다, 포리족족하다
- 사용 지역 : 전라도, 전국

아스라히 잊었던 李朝 白磁 빛 **푸르족족** 삼삼한 고향 하늘 뿐. 〈서정주, 마지막 남은 것〉

말처럼 기다란 얼굴이 바탕은 **푸르족족한** 게 표독스럽고 입술은 상스럽게 두꺼웠다. 〈채만식, 生命, 1987, 216〉

포리족족 가지꽃은 새암 많은 애기씨꽃 〈최명희, 혼불, 1996, 8, 318〉

노르족족허고 **볼그족족헌** 것이 바로 토종계란이란 표식이요. 많이도 말고 두 줄만 팔아줏씨요. 〈조정래, 태백산맥, 2001, 2, 208〉

게다가 **푸르죽죽하니** 두터운 입술이 더욱 격에 맞고, 가늘다란 금테 안경도 그러하고 〈채만식, 金의 情熱, 1987, 308〉

동상은 손가락 발가락이 **푸르죽죽하게** 얼부풀어오르다가, 더 가무칙칙한 색깔로 변하며 피와 진물이 흘러내리고 〈조정래, 태백산맥, 2001, 10, 164〉

전라 방언의 형용사 '푸르족족하다, 푸르죽죽하다'는 표준어 '파랗다, 푸르스름하다'와 의미가 유사하다. '푸르다'에 형용사 파생 접미사

'-족족하-'가 연결되어 만들어진 것으로 전라 방언에서는 아주 생산성이 많은 접미사이다. '노랗다, 붉다'에 연결되면 위의 예에서 보는 것처럼 '노르족족하다, 불그족족하다'가 만들어져 쓰인다.

현진건의 '운수 좋은 날'에 '푸르족족, 푸르족족하다'가 보이고, 염상섭의 '어머니'에 '푸루죽죽하다'가 쓰이고 있다. 따라서 '푸르족족하다'는 1930년대에 전국적으로 사용된 어휘로 보인다. 박경리의 '토지'에도 '푸르죽죽하다'가 쓰이고 있다.

푸죽다

- 표준어 : 풀없다, 풀이 죽다
- 품　사 : 형용사
- 뜻풀이 : 기운이나 힘이 빠지다.
- 다른 방언형 : 풀죽다, 풀없다, 풀이 죽다
- 사용 지역 : 전라도

오월의 눈부신 햇볕이 환히 내리는 행길바닥으로 패패 흩어져 나오는 미두꾼이나 하바꾼들은 응달에서 자란 식물을 갑자기 일광에 내쬐는 것같아, 어디라 없이 **푸죽어** 보인다. 〈채만식, 탁류, 1987, 346〉

"자네가 **푸죽은** 반쪽 사람으로 언제까지고 있는 걸 보고 말 수가 없어! 단연코 용서 안할 테야!" 〈채만식, 아름다운새벽, 1987, 46〉

웬일인지 아뭇 소리도 않고 한참은 있더니 한숨을 호오, 다뿍 **푸죽은** 음성으로 "죽어두 고만이구!" 〈채만식, 四號一段, 1987, 61〉

또 역정을 낼줄 알었더니 그런게 아니고 근심끼없든 얼굴이 해질무렵같이 흐리면서 음성은 **풀없이** 까라앉습니다. 〈채만식, 천하태평춘, 1938 : 4, 112〉

'풀'은 '쌀이나 밀가루 따위의 전분질에서 빼낸 끈끈한 물질.'을 말한다. '풀이 죽다.'는 흔히 쓰는 관용구이다. 이 관용구가 '풀죽다>푸죽다'의 과정을 거친 것으로 보인다. 따라서 형용사 '푸죽다'는 '기운이나 힘이 빠진 모습'을 나타내고 있다. 채만식의 작품에서는 '풀이 죽다.'를 아주 많이 쓰고 '풀죽다, 풀없다'도 쓰인다.

〈우리말큰사전〉에는 '풀없다'가 '풀이 죽어 맥이 없다.'의 뜻으로 올라 있다.

풀강아지

- 표준어 : 애송이
- 품 사 : 명사
- 뜻풀이 : 아직 길들이지 않은 어린 강아지란 의미로 애송이를 이르는 말.
- 사용 지역 : 전라도

"여보씨오, 당신덜 눈에는 저 양반덜이 시방 장난하고 있는 것으로 뵈요?" 막동이가 감때 사납게 작자들 위아래를 훑어 봤다.
"당신은 뭐요?"
작자는 어디서 이런 **풀강아지**가 나타났나 하는 눈이었다. 〈송기숙, 녹두장군 5, 1989, 216〉

이갑출이는 여유만만한 자세로 감영군 가슴에 꽂힌 칼을 뽑았다. 감영군 옷에다 칼날 양쪽을 쓱쓱 문질러 칼집에 꽂아 품속에 찔렀다. "어디서 이런 **풀강아지**들이 굴러 왔어?" 이갑출이는 피투성이가 되어 숨을 할딱거리고 있는 감영군의 대가리를 발로 슬쩍 건드려 봤다. 감영군은 이미 눈을 까뒤집고 있었다. 〈송기숙, 녹두장군 6, 1989, 175〉

벼락에 깨난 잠충이 상판도 아니고, 얼음에 미끄러진 황소 상판도 아니고, 천둥에 놀란 **풀강아지** 상판도 아니고, 밥 먹다가 숟가락에 날라든 하룻강아지 씹은 시엄씨 상판도 아니고, 바지에 똥 싸담은 상판도 아니고, 〈송기숙, 녹두장군 7, 1989, 017〉

헌데 이곳의 유사(遺事) 서문에 의하면, 당시에 어떤 종단에서 정치적 실권을 장악하게 되자, 타종단 승려의 생명쯤은 **풀강아지**로 쳐, 누가 그들을 비록 타살(打殺)하였다고 하더라도, 관에선 그저 훈계 방면이나 하고 말 정도였던 모양인데, 〈한국소설문학대계, 박상륭, 죽음의 한 연구, 1995, 285〉

전라방언의 명사인 '풀강아지'는 표준어로는 한자어인 '추구(芻狗)'에 해당하는 고유어다. 원래는 '예전에 중국에서 제사 지낼 때 쓰던, 짚으로 만든 개.'를 말하는 것으로 아무런 소용이 없게 되어 버린 물건을 비유적으로 이르는 말이다. 이 말이 소설에서는 '아직 길들이지 않은 어린 강아지'란 의미로 애송이를 이르는 말로 쓰고 있다. 송기숙, 박상륭의 소설에서 나타나는데 모든 예문이 '애송이'의 의미를 갖는다.

항꾼에

- 표준어 : 함께, 한꺼번에
- 품   사 : 부사
- 뜻풀이 : 한꺼번에 같이. 또는 서로 더불어.
- 다른 방언형 : 항꾸네
- 사용 지역 : 전라도, 경상도

둘이 **항꾼에** 와서 혼자만 먼첨 갈 수도 읎는 일이고, 싸게 줄 팅께 들여놓소. 〈조정래, 태백산맥, 2001, 1, 297〉

"그렇구만이라. 허먼, 나허고 **항꾼에** 행동헙씨다." 〈조정래, 태백산맥, 2001, 2, 169〉

요 계란으로 말헐 것 같으면, 암놈 혼자서 깐 빙신계란이 아니고 암놈 숫놈이 **항꾼에** 일혀서 깐 진짜 계란이요. 〈조정래, 태백산맥, 2001, 2, 208〉

김범우도 염상진허고 **항꾼에** 핵교 댕길 때는 빨갱이 사상을 가졌었다 고런 말이요. 〈조정래, 태백산맥, 2001, 2, 309〉

전남 방언의 '항꾼에'는 조정래의 작품에서만 보인다. 표준어 '함께, 한꺼번에'의 의미를 그대로 갖는다. '항꾼에'는 역사적으로 '함께'의 중세국어형인 '훈쁴'와 관련이 있는 것으로 볼 수 있다. 그러나 '훈'은 '항'으로 변한 것으로 볼 수 있으나 '쁴'가 '꾼'으로 변하면서 조사 '에'가 연결된 것으로 보기에 그 변화 과정을 설명하기 쉽지 않다. '한꺼번에'가 '한끈에, 항꾸네'로 실현되는 것으로 보면 여기서 변화를 일으킨 것으로 볼 수도 있을 것이다. 또 하나는 '함께'와 '한꺼번에'의 혼태가 아닐까 생각한다.

행투

- 표준어 : 행티, 행짜
- 품　사 : 명사
- 뜻풀이 : ① 심술을 부려 남을 해롭게 하는 버릇.
　　　　　② 심술을 부려 남을 해롭게 하는 행위.
- 사용 지역 : 전라도, 경상도

덜머리 진 총각 녀석이 꼬마둥이더러 엿 사주마는 법수와 별반 다를 게 없는 **행투**겠지요. 깊이 캐고 보면 말입니다. 〈채만식, 천하태평춘, 1938 : 6, 162〉

그것도 뺏어다가 소첩을 삼아, 길이 데리고 산다고 해도 나로서는 차마 못할 노릇인데, 그놈의 **행투**로 보아, 며칠 두고 농락이나 하고 나서 헌신짝 버리듯 버려버릴 것이니, 강약이 부동으로 아니 뺏기는 수는 없고, 〈채만식, 許生傳, 1987, 252〉

사람 의심하고 드는 왜놈의 **행투**에 지삼출은 울컥 화가 치밀어올랐다. 그러나 꾹 눌러 참았다. 〈조정래, 아리랑, 1995, 1, 16〉

왜놈들의 물불 가리지 않는 험악한 **행투**를 생각하면 주인의 입장을 이해할 수 있기도 했다. 〈조정래, 아리랑, 1995, 3, 32〉

옛날맨치로 오약팔에다 잔뜩 심주고 댕김시나 마구잽이로 세도 부리는 자네 그 인간문화재급 **행투**를 오늘날 못보게 되야서 쪼깨 섭섭허네. 〈윤흥길, 빛 가운데로 걸어가면, 1997, 1, 264〉

전라 방언의 '행투'는 표준어 '행티, 행짜'에 해당하는 명사이다. '행투'는 그 의미로 미루어 한자어 '行套'가 아닐까 생각한다. '투(套)'는 명사나 의존명사로 쓰면서 '말이나 글, 행동 따위에서 버릇처럼 일정하게 굳어진 본새나 방식.'을 의미하기 때문에 더더욱 그렇게 생각할 수 있다. 윤흥길의 소설에서는 '행짜'가, 문순태의 소설에서는 '행티'가, 채만식과 조정래의 작품에서는 '행투'가 발견된다. 한국방언검색프로그램에서는 중국에서 '행투리'가 쓰인 것으로 보고되고 있다. 박경리의 '토지', 현진건의 '무영탑'에도 '행투'가 보인다.

'행짜'가 '행투'에 비해 널리 쓰이므로 '행짜'를 표준어로 삼는다. 표준어 규정 제25항은 의미가 똑같은 형태가 몇 가지 있을 경우, 그중 어느 하나가 압도적으로 널리 쓰이면, 그 단어만을 표준어로 삼도록 규정하고 있다. 따라서 '행투'를 버리고 '행짜'를 표준어로 삼는다. '심술을 부려 남을 해치는 것'을 말한다.

허실삼아

- 표준어 : 대응 표준어 없음.
- 품　사 : 부사
- 뜻풀이 : 크게 기대를 하지 않고 혹시나 하는 마음으로.
- 다른 방언형 : 허실삼어
- 사용 지역 : 전라도

혜경이는 현과 만나 하던 이야기를 전부 해버리고 또 한번 **허실삼아** 돌아가기를 권고할까 하다가 되레 노라의 반감만 더 살 것 같아서 말머리를 돌리려고 하였다. 〈채만식, 인형의 집, 1987, 197〉

영호는 이렇게 애초부터 생각을 하고 그야말로 **허실삼아** 기다리고 있었던 것이다. 〈채만식, 염마, 1987, 366〉

그러다가 어제는 저 앞 큰거리를 지나던 길에 **허실삼아** 복덕방 영감더러 문의를 했더니, 선뜻 데리고 와서 보여준 것이 이 집 이 방이었다. 〈채만식, 邂逅, 1987, 172〉

내가 남의 아내 되어 한 집안의 주부가 되면, 뜻밖의 일도 혹 생길 수 있으니, 이런 옛이야기도 **허실삼아** 들어 두면 그럴 때 서로 견주어 고찰할 수 있으리라. 〈최명희, 혼불, 1996, 6, 196〉

국어의 현상에서 '핑계 삼아, 시험 삼아, 재미 삼아, 구실 삼아, 구실 삼아, 농담 삼아, 변명 삼아, 장난 삼아' 등과 같은 구문을 볼 수 있다. '핑계, 시험, 구실, 재미, 농담, 변명, 장난'과 같이 진지하지 않고 일회적인 뜻을 가진 명사에 '삼다'가 연결되면 '핑계로, 재미로, 농담으로, 장난으로'와 같은 뜻을 가진 부사가 된다. 이와 마찬가지의 규칙으로 '허실삼아'도 역시 '허실 삼아'와 같은 구성에서 출발하여 이 지역에서는 완전히 부사로 굳어진 것으로 보인다. 이때 '허실'은 '헛되이 잃음'의 뜻을 가지기 때문에 '허실삼아'는 '잃는 셈치고'와 같은 뜻이 있다고 하겠다.

허천나다

- 표준어 : 걸신들리다
- 품 사 : 동사
- 뜻풀이 : ① 굶주리어 음식을 탐하는 마음이 몹시 나다.
          ② ('허천나게'로 쓰여) 아주 심하게.
- 다른 방언형 : 허천이 나다, 허천들리다
- 사용 지역 : 전라도, 전국

이 **허천** 들린 것같이 음식 먹고 싶은 증세가 지나고 나더니, 이번에는 입덧이 나서 욕질이 자꾸만 넘어오고, 〈채만식, 탁류, 1987, 277〉

자연, **허천들린** 뱃속처럼 항상 뒤가 헛헛하던 것입니다. 〈채만식, 태평천하, 1987, 43〉

나의 하는 소리가 **허천**이 난 놈 같기도 하겠지만 밤낮 하루를 꼬박 굶어보면 누구나 함직한 소리다. 〈채만식, 산적, 1987, 445〉

어서 이 노릇 작파허구 무엇이든지 내 영업으로 장사라두 시작해야지 **허천**나 죽겠네…… 〈채만식, 明日, 1987, 161〉

나는 원 옹구 섰을 때, 뱃속에 걸구 하나 들었는지 알았네. 먹어도 먹어도 걸신이 들려서 **허천이 나등만**. 〈최명희, 혼불, 1996, 9, 247〉

풀대죽도 못 묵고 팅팅 부황든 사람덜이 **허천나게** 많은디, 있는 사람덜언 헛간에 쌀가마니 채곡채곡 쟁게놓고 떡 해묵고 유과 맹글어 묵고, 〈조정래, 태백산맥, 2001, 2, 222〉

> 여름이면 손톱에 봉숭아물도 **허천나게** 딜이고, 겨울이면 비갯모에 밤새는
> 줄 모르고 수도 놓고…… 〈조정래, 태백산맥, 2001, 9, 127〉
>
> 서양의학이 지아무리 과학적이라고 혀도 이 세상에 **허천나게** 많이 있는 생
> 물덜이 사람의 병에 위떤 효력얼 나타내는지 일일이 분석실험얼 못혔으면 〈조
> 정래, 태백산맥, 2001, 9, 288〉

전라 방언의 '허천나다'는 표준어의 '걸신들리다'와 의미가 유사하다. '허천나다'는 '허천이 나다.'로도 쓰는 것으로 보아 '허천'이 명사일 가능성이 매우 높다. <우리말큰사전>에서는 '허천'을 '허발'과 같은 뜻으로 보고 있다. '허발'은 '몹시 굶주려 있거나 궁하여 체면 없이 함부로 먹거나 덤빔'이란 뜻이어서 '허천'과 유사하다. 전라 방언에서는 '허천들리다'로도 사용하고 있다. 일차적인 의미로 '걸신들리다'의 의미로 대부분 쓰지만 '허천나게 많다.'라는 표현에서는 '매우'라는 의미로, '허천나게 일을 했다.'라는 표현에서는 '자주, 많이'의 의미를 갖는다. '허발'은 전라도에서는 '허벌'로 쓰여서 '허벌나게'라는 부사로 주로 쓰는데 뜻은 '아주, 매우'의 의미를 갖는다. 그러므로 '허천나게'와는 뜻이 조금 다르게 쓰인다.

허천백이

- 표준어 : 걸신쟁이
- 품 사 : 명사
- 뜻풀이 : ① 음식을 지나치게 탐하는 사람을 일컫는 말.
           ② 게걸스럽게 먹는 사람을 일컫는 말.
- 다른 방언형 : 허천뱅이
- 사용 지역 : 전라도

> "……맛이 고수하냐? 천하 배라먹을 것! **허천백이** 삼신이더냐?…… 대체 조게 어느 놈의 종잘꾸? 응?…… 뉘놈의 종잘 생판 멕여 길르느라구 내가 요렇게 활활 화풀이두 못하구 성활 먹는고?" 〈채만식, 탁류, 1987, 397〉

전라 방언에서 많이 쓰는 '허천'은 표준어의 '허기'와 같은 의미로 쓰인다. '허천이 나다, 허천이 들리다, 허천걸리다' 등을 주로 많이 쓰고 있다. '허천백이'는 '배고픈 사람, 게걸스럽게 먹는 사람'을 나타낼 때 쓰는 말이다. '-백이'는 '-뱅이'와 같이 사람에 붙어 쓰이는 접미사로 주로 비하하는 말에 사용된다. 예를 들면 '거렁뱅이, 거렁백이, 용천뱅이, 용천백이'와 같이 쓰인다.

표준어에서는 '허발'이 '몹시 굶주려 있거나 궁하여 체면 없이 함부로 먹거나 덤빔.'이란 뜻이기 때문에 전라 방언의 '허천'과 같은 뜻이라 할 수 있다. 전라 방언에서 '허발나게, 허벌나게'는 이 '허발'과 관련으로 만들어진 말로 생각된다.

헤성헤성하다

- 표준어 : 헤싱헤싱하다
- 품　사 : 형용사
- 뜻풀이 : 촘촘하거나 가득하지 않아 헐겁고 허전한 느낌이 있다.
- 다른 방언형 : 헤성헤성허다, 헤성하다, 헤성헤성
- 사용 지역 : 전라도

숲건너 자개처럼 반적이는바다로 저녁날이 소리업시 넘어가고 **헤성헤성한** 가을닙 바람에 흔들니는새에는 붉은노을에 단장한 저녁한울이 그 고흔얼골을 내여놉니다 〈신석정, 한머니의 얼골〉

아침 아홉시가 조금 지났고, 문을 방금 연 참이라 손님이라고는 뒷짐지고 이리 끼웃 저리 어릿, 구경온 시골 사람 몇이지 **헤성헤성하다.** 〈채만식, 탁류, 1987, 401〉

승객이 탈 만큼 거진 다 탔는지 북적하던 선창이 엔간히 **헤성헤성했다.** 〈채만식, 아름다운새벽, 1987, 102〉

향교골 동네도 어른 아이 할 것 없이 죄다 끌어나 읍내의 난장으로 몰려가고 동네는 길이고 고샅이고 빈 마을같이 사람 그림자가 드물고 **헤성헤성하였다.** 〈채만식, 여인전기, 1987, 356〉

노인은, **헤성헤성** 성글어서 더욱 추레하게 보이는 수염 몇 낱이 꼭 풀뿌리 마른 것 같은 턱을 목에다 박고, 한참 무엇을 생각하였다. 〈최명희, 혼불, 1996, 10, 82〉

강동식은 바위 옆 **헤성한** 나무그늘에 앉아 무슨 일엔가 골몰해 있었다. 〈조그들은 가을물이 들면서 **헤성해지기** 시작한 나무숲을 파고들어 똑 억지 휴식을 취해야 했다. 〈조정래, 태백산맥, 2001, 7, 287〉

오짐발에 눈이 녹고, 그 담에 **헤성허니** 덮은 흙이 씻겨내림서 쩌 가마니가 콧배긴지 궁뎅인지럴 내민 것 아니겄소?" 〈조정래, 태백산맥, 2001, 10, 139〉

전라방언의 어휘 '헤성헤성하다'는 의태어인 '헤성헤성'에 '하다'가 연결되어 형용사가 된 것으로 보인다. '헤성'의 뜻을 확인할 길이 없으나 '헤성헤성'을 부사로 쓰고, '헤성하다'와 '헤성헤성하다'를 형용사로 쓰는 것으로 미루어 짐작할 뿐이다. 전라 방언에서 아주 많이 사용되는 이 어휘의 표준어는 '헤성헤성하다'인데 표준어에서는 '헤성헤성'은 쓰지만 '헤성하다'는 쓰지 않는다.

헤실거리다

- 표준어 : 헤헤거리다, 헤헤대다
- 품　사 : 동사
- 뜻풀이 : 입을 조금 벌려 싱겁게 자꾸 웃다.
- 다른 방언형 : 헤실헤실
- 사용 지역 : 전라도, 전국

> 갑수가 **헤실거리자** 그들은 더 참견하지 않고 가던 길을 내달았다. 〈송기숙, 녹두장군 1, 1989, 168〉
>
> 조망태는 노상 **헤실거리며** 대답했다. 〈송기숙, 녹두장군 5, 1989, 046〉
>
> 이미 중년을 넘어선 여자가 무엇인가를 넘겨다보는 듯한 시선을 그 눈꼬리에 묻히고 **헤실헤실** 웃으면서, 아무 거리낌도 없이 '아이 아버지', '아들'과 같은 말들을 떠들고 있을 때, 강모는 구겨쥔 전보 용지를 그네의 면상에 내던지고 싶은 심정마저도 치밀었다. 〈최명희, 혼불, 1996, 2, 223〉
>
> 모두 처음에는 **헤실헤실** 웃었으나 이천석이가 하도 진지하게 말을 한데다, 딴은 그럴듯한 소리라 모두 고개를 끄덕였다. 〈송기숙, 녹두장군 6, 1989, 026〉

전라방언의 동사 '헤실거리다'는 어근 '헤실'이 의태어로 보인다. '헤실헤실'이 많이 나타나고 있기 때문이다. '헤실헤실'은 '입을 벌리고 싱겁게 웃는 모양'을 나타내는 의태어 부사이다. 따라서 어근 '헤실'에 동사를 파생하는 접미사 '-거리-'가 연결되어 동사가 된 것이다. <토박이말 쓰임 사전>에서는 '입을 조금 벌리며 싱겁게 자꾸 웃는다.'로 해설하고 있다. 표준어로는 '헤헤거리다, 헤헤대다'가 해당한다.

‘헤실헤실’이 ‘어떤 것이 잘 뭉쳐있지 못하고 풀어진 모양’을 나타내
는 경우가 있으나 예문에서 보는 전라방언의 경우에는 이러한 뜻은 아
니다. 박경리의 ‘토지’에도 ‘헤실거리다’가 보인다.

혼불

- 표준어 : 대응 표준어 없음.
- 품 사 : 명사
- 뜻풀이 : 사람이 죽으면 몸에서 빠져나간다는 상상의 불빛.
- 사용 지역 : 전라도

청암부인의 **혼(魂)불**이었다. 어두운 반공중에 우뚝한 용마루 근처에서 그 혼불은 잠시 멈칫하더니 이윽고 혀를 차듯 한 번 출렁하고는, 검푸른 대밭을 넘어 너훌너훌 들판 쪽으로 날아갔다. 〈최명희, 혼불, 1996, 3, 107〉

사람의 육신에서 그렇게 **혼불**이 나가면 바로 사흘 안에, 아니면 오래가야 석 달 안에 초상이 난다고 사람들은 말하였다. 〈최명희, 혼불, 1996, 3, 107〉

운명하기 전에, 저와 더불어 살던 집이라고 할 육신을 가볍게 내버리고 홀연히 떠오르는 **혼불**은 크기가 종발만 하며, 살 없는 빛으로 별 색같이 맑고 포르스름한데, 다른 사람의 눈에도 선히 보이는 것이었다. 〈최명희, 혼불, 1996, 3, 108〉

당골네의 잠든 꿈길을 지나 청암부인의 푸른 **혼불**은 하늘의 아득한 저 너머 들녘 쪽으로 날아간다. 〈최명희, 혼불, 1996, 3, 110〉

"**혼불** 몰라? 죽을 사람한테서 혼이 그렇게 미리 나간다는 그 **혼불** 말이다. 그 **혼불**을 그 집에 있는 을식이까지 세 사람이나 보았다고 하면 영락없이 믿을 게 아니냐? 바로 그 집 안채 지붕에서 나갔다고 하고 또 꼬리가 달렸다고 해야 한다. 꼬리 달린 것은 남자 **혼불**이고 꼬리가 없는 것은 여자 **혼불**이라고들 한다. 그러니까 그 김가가 죽을 징조가 나타난 것이다. 하하." 〈송기숙, 녹두 장군 4, 1989, 217〉

전라도에서 많이 쓰는 '혼불'이라는 명사는 민속적이고 문화적인 어휘이다. 사람이 죽으면 몸에서 빠져나간다는 상상의 불이다. 산에서 푸른 빛이 돌아다니면 혼불이 돌아다닌다고 말하곤 했다. '혼불'은 한자어 '혼(魂)'과 고유어 '불'이 복합된 복합어 명사이다. 표준어에는 없지만 전라도 지역에서 많이 쓰는 말이다.

후줄그레하다

- 표준어 : 후줄근하다
- 품　사 : 형용사
- 뜻풀이 : ① 옷이나 종이 따위가 약간 젖거나 풀기가 빠져 아주 보기 흉하게 축 늘어져 있다.
  ② 몹시 지치고 고단하여 몸이 축 늘어질 정도로 아주 힘이 없다.
- 다른 방언형 : 후줄그레허다, 후주레하다, 후줄그레, 후질근하다
- 사용 지역 : 전라도, 경상도

　　무명도 낡고 풀기가 없어서 두루마기를 걸친 그의 모습은 **후줄그레했다.**
〈조정래, 아리랑, 1995, 1, 160〉

　　여자고 남자고 아이들이고 가릴 것없이 모두가 깡마른 얼굴들이었고, **후줄 그레하고** 남루한 입성에서는 가난이 질질 흘러내리고 있었다. 〈조정래, 아리랑, 1995, 6, 12〉

　　아무것도 할 일이 없어진 새끼내 사람들은 남자 여자 할 것 없이 모두 **후 줄그레** 젖은 몸으로, 맥이 탁 풀려 우두커니 냇물만 보고 서 있었다. 〈송기숙, 자랏골의 비가 19, 1974, 173〉

　　후주레한 동저고리 바람의 젊은이가 한쪽 다리를 조금 절며 다가오고 있었다. 〈송기숙, 녹두장군 2, 1989, 090〉

　　달구지가 그 벼랑을 돌아서자 저만치 **후주레한** 차림의 거지 하나가 몹시 절름거리며 앞서 가다가 뒤를 돌아본다. 〈송기숙, 자랏골의 비가 1, 1974, 084〉

　　전라방언의 어휘 '후줄그레하다'는 표준어 '후줄근하다'에 대응하는

형용사이다. <소설어사전>과 <시어사전>에서도 보인다. 부사로는
'후줄그레'를 쓰고 있다. '후줄그레하다'와 비슷한 형태로는 '후주레하
다'를 쓰는데 송기숙의 소설과 박경리의 소설에서 보인다. 중국 동포
들이 '후주른하다'를 쓰고 있는 것을 참고할 수 있다. 대체로 옷차림을
이야기하는데, 기운이 없음을 의미하기도 한다. 박경리의 '토지'에 '후
줄그레하다'를 많이 쓰고 있다.

휘낀

문학 속의 전라 방언

- 표준어 : 훨씬
- 품　사 : 부사
- 뜻풀이 : ① 정도 이상으로 많거나 적게.
  　　　　② 정도 이상으로 넓게 벌어지거나 열린 모양.
- 사용 지역 : 전라도

고향이 불르는 소리가 아까보담 **휘낀** 더 가찹게 들리기 시작헌 탓일 거여.
〈윤흥길, 소라단 가는 길, 2003, 19〉

어쩐지 첫날보담 낯꽃이 **휘낀** 밝어 뵌다 싶드니만, 바로 그 덕분이었구나?
〈윤흥길, 소라단 가는 길, 2003, 300〉

삼십 년도 **휘낀** 더 지나간 옛날옛적 일이니라…… 호랭이 담배 먹든 그 시절 그 이름을 안 잊어뿔고 여적지 기억허는 사람이 산서를 몇몇이나 남어 있겄냐……. 〈윤흥길, 낫, 2005, 170〉

박씨 영감님은 부자들 천당 가기가 낙타란 놈 바늘구녁 빠려나가기보담도 **휘낀** 에룹고 심들다는 예수님 말씸도 못 들어봤다요? 〈윤흥길, 빛 가운데로 걸어가면, 1997, 2, 222〉

　전라방언의 부사 '휘낀'은 표준어 '훨씬'에 해당하는 어휘이다. '휘낀'의 변천과정을 말하기 어렵다. '훨씬'과의 음운론적 관계를 설명하기 쉽지 않기 때문이다. 주로 윤흥길의 소설에서 보이는 특징을 갖는다.

희멀건하다

- 표준어 : 희멀겋다
- 품　사 : 형용사
- 뜻풀이 : 희고 약간 흐리다.
- 다른 방언형 : 희멀겋다, 희멀떡하다
- 사용 지역 : 전라도

그 **희멀건하게** 붉은 해가 현란한 빛으로 충만한 노을을 거느릴 리 없었다. 〈조정래, 아리랑, 1995, 3, 47〉

그리 중한 눈 중에 하나가 검은자위가 없어져 **희멀건하게** 되었으니 그 꼴의 흉하기란 아들인데도 빡빡 얽은 곰보나, 눕지도 엎드리지도 못하게 생긴 앞뒤꼽추는 댈 것이 아니었다. 〈조정래, 아리랑, 1995, 4, 172〉

한기팔과 김장섭의 군살 박인 손발은 **희멀건하게** 물에 팅팅 불어 있었다. 〈조정래, 아리랑, 1995, 9, 116〉

박용화의 기세에 눌리는 것인지 속마음을 감추는 것인지 유기준은 **희멀건하게** 웃어 보였다. 〈조정래, 아리랑, 1995, 11, 45〉

눈앞에는 두 여자가 **희멀건하게** 웃고 서 있었다. 〈조정래, 태백산맥, 2001, 2, 42〉

　표준어 '희멀겋다'는 '희다'와 '멀겋다'의 복합어이다. '노랗다'는 '노라하다'에서 축약된 것이다. 따라서 전라방언의 형용사 '희멀건하다'는 '희멀거하다'에서 'ㄴ'이 첨가한 것으로 보아야 할 것이다. 주로 조정래의 소설에서 발견되는데 전라방언에서 아주 익숙한 어휘이다. 신체의 빛깔, 눈의 모습을 묘사할 때 주로 사용하는 어휘이다.

희미롭다

- 표준어 : 희미하다
- 품　사 : 형용사
- 뜻풀이 : 분명하지 못하고 어렴풋하다.
- 사용 지역 : 전라도

김영랑의 시에 나오는 '희미롭다'는 표준어 '희미하다'와 같은 뜻을 가진다. 어근 '희미(稀微)'에 형용사 파생접미사 '-롭-'을 연결하여 만든 어휘이다. '-롭-'은 모음으로 끝나는 일부 명사 뒤에 붙어 '그러함' 또는 '그럴 만함'의 뜻을 더하고 형용사를 만드는 접미사로 '명예롭다, 신비롭다, 자유롭다, 풍요롭다, 향기롭다' 등으로 쓰고 있다. 여기에 유추하여 '희미롭다'를 만들어낸 것이다.

희허옇다

- 표준어 : 새하얗다
- 품　사 : 형용사
- 뜻풀이 : ① 매우 하얗다.
　　　　　② 밝고 선명하게 희다.
- 다른 방언형 : 히허옇다
- 사용 지역 : 전라도

> 땅에 긴 긴 입마춤은 오오 몸서리친 쑥니풀 지근지근 니빨이 **히허여케** 즘 생스런 우슴은 달드라 달드라 우름가치 달드라. 〈서정주, 가시내〉

서정주의 시에 나오는 '히허여케'는 '히허옇다'인데 이는 '희고 하얗다.'를 복합시킨 것으로 보인다. '희다'는 '눈이나 우유의 빛깔과 같이 밝고 선명하다.'라는 의미를 가지고, '하얗다'는 '깨끗한 눈이나 밀가루와 같이 밝고 선명하게 희다.'라는 의미를 가진다. 이 두 의미를 반복하여 이빨이 가진 색의 느낌을 표현하고 있다.

찾아보기

ㄱ

ㅅ

ㅇ

ㅈ

(시집)
김영랑(1935), 영랑시집, 시문학사
김용택(1985), 섬진강, 창작과 비평사.
서정주(2000), 미당 시전집 3권, 민음사.
신석정(1939), 촛불, 인문평론사.

(소설집)
송기숙(1989), 녹두장군 1-10권, 창작과비평사.
신경숙(1992), 풍금이 있던 자리, 문학사상사.
윤흥길(1995), 한국소설문학대계, 금성출판사.
윤흥길(1997), 빛 가운데로 걸어가면, 현대문학.
윤흥길(2003), 소라단 가는 길, 창비.
이병천(1993), 모래내 모래톱, 문학동네.
조정래(1995), 아리랑1권 - 12권, 해냄.
조정래(2001), 태백산맥(3판) 1권 - 10권, 해냄.
채만식(1938), 천하태평춘, 조광.
채만식(1987), 채만식 전집(1권-10권), 창작과비평사.
최명희(1996), 혼불 1권-10권, 한길사.

〈사전과 논문〉
국립국어원(2007), 국어 어휘의 역사 검색 프로그램, 한민족언어정보화 통합 검색 프로
        그램.
국립국어원(2007), 한국 방언 검색 프로그램, 한민족언어정보화 통합 검색 프로그램.
김동언(2006), 국어 비속어 사전, 프리미엄북스.
김윤식 외편(1998), 소설어 사전, 고려대 출판부.
김재홍 편(1997), 시어 사전(한국 현대시), 고려대 출판부.
민충환(1995), <임꺽정> 우리말 용례사전, 집문당.
민충환(2001). 이문구 소설어 사전, 고려대학교 민족문화연구원.
민충환(2002), 송기숙 소설어 사전, 보고사.
민충환(2003), 박완서 소설어 사전, 백산출판사.

우리말큰사전(1997), 한글학회.

이기갑 외(1997), 전남방언사전, 전라남도, 태학사.

이상규(2000), 경북방언사전, 태학사.

이태영(2000), 전라도 방언과 문화 이야기, 신아출판사.

이태영(2001), 채만식 소설 <천하태평춘>에 나타난 방언의 특징, '문학과 방언'에 재수록, 역락.

이태영(2004), <혼불>에 쓰인 방언의 기능과 등장 인물의 성격, 혼불의 언어세계, 혼불학술총서2.

이태영(2006), 방언 어휘의 자료 정리와 연구 방법 - 문학작품의 어휘를 중심으로-, 방언학 4집.

이태영(2006), 윤흥길의 <소라단 가는 길>에 나타난 일상어의 특징, 국어국문학 제142호.

이태영(2009), 윤흥길의 『빛 가운데로 걸어가면』에 나타난 언어·문체의 변화와 그 효용성, 국어문학 47.

임무출(1997), 채만식 어휘사전, 토담.

임무출(2001), 김유정 어휘사전, 박이정.

임우기·정호웅 외(1997), 토지 사전, 솔출판사.

장일구(2003), 혼불의 언어, 한길사.

제주도(1995), 濟州語辭典.

조선말대사전(1992), 사회과학출판사(평양).

조선말큰사전(1947), 조선어학회.

최기호(1995), 사전에 없는 토박이말 2400, 토담.

최기호·이근술(2001), 토박이말쓰임사전, 동광출판사.

표준국어대사전(1999), 두산동아.

홍윤표 외(1995), 17세기국어사전, 태학사.

저자 약력

이태영

전북 전주 출생
전북대학교 인문대학 국어국문학과교수
전라북도 문화재 위원
21세기 세종계획 한민족언어정보화 분과 연구책임자 역임
문화체육관광부 국어심의회 심의위원
문화체육관광부 <한국어지식대사전> 편찬위원
<겨레말큰사전> 편찬위원 역임
국어문학회 회장 역임
한국방언학회 부회장
한국언어문학회 부회장

〈저서〉
『국어 동사의 문법화 연구』(1988, 한신문화사)
『역주 첩해신어』(1997, 태학사)
『채만식문학 연구(공저)』(1997, 한국문화사)
『언어와 대중매체(공저)』(2000, 신아출판사)
『전라도 방언과 문화 이야기』(2000, 신아출판사)
『문학과 방언(공저)』(2001, 역락)
『한국어와 정보화(공저)』(2002, 태학사)
『판소리사설전집7, 현대어역본 춘향가(공저)』(2005, 민속원)
『판소리사설전집8, 현대어역본 심청가, 홍보가(공저)』(2005, 민속원)
『판소리사설전집9, 현대어역본 수궁가, 적벽가(공저)』(2005, 민속원)
『판소리사설전집10, 현대화사설본 춘향가(공저)』(2005, 민속원)
『판소리사설전집11, 현대화사설본 심청가, 홍보가(공저)』(2005, 민속원)
『판소리사설전집12, 현대화사설본 수궁가, 적벽가(공저)』(2005, 민속원)
『한국어의 규범성과 다양성- 표준어 넘어서기 - (공저)』(2008, 태학사)

국립국어원 문학 속의 방언 총서 02

문학 속의 전라 방언

초판 인쇄 2010년 11월 12일
초판 발행 2010년 11월 22일

지 은 이 이태영
펴 낸 이 최종숙
펴 낸 곳 글누림출판사 / 서울 서초구 반포4동 577-25 문창빌딩 2층
전   화 02-3409-2055 FAX 02-3409-2059
홈페이지 http://www.geulnurim.co.kr
이 메 일 nurim3888@hanmail.net
등   록 2005년 10월 5일 제303-2005-000038호

정   가 47,000원

ISBN 978-89-6327-070-8 94710
      978-89-6327-068-5 (전5권)